DAVID-SAUVAGEOT

Ancien élève de l'École normale supérieure
Agrégé de Grammaire, Agrégé des Lettres, Docteur ès lettres,
et de l'Académie des Sciences morales et ...

Monsieur Prévòt

Livre de lecture courante.
223 gravures dont 20 figures d'ensemble. — 16 cartes.

Culture du sens moral

Bons exemples — Bons conseils.

Culture du patriotisme

Le relèvement de la France — Extension coloniale.

Culture de l'intelligence

Connaissances usuelles — Orthographe visuelle.

Armand COLIN & Cie

ÉDITEURS

des Livrets Charles Dupuy.

DAVID-SAUVAGEOT

Ancien élève de l'École normale supérieure. Agrégé de Grammaire,
Agrégé des Lettres. Lauréat de l'Académie française
et de l'Académie des Sciences morales et politiques.

Armand COLIN et Cie, éditeurs, Paris.

PRÉFACE

Mes Enfants, on a pris beaucoup de peine pour rendre attrayant et utile ce livre de lecture courante.

Les dessinateurs ont fait pour vous des gravures très nombreuses, qui vous aideront à bien comprendre le texte, et des cartes géographiques d'un genre spécial, qui vous permettront de suivre nos personnages dans tous leurs trajets.

Et moi, mes chers Enfants, j'ai rassemblé dans mon récit tout ce que j'ai pu trouver de meilleur pour vous instruire, pour vous toucher, pour contribuer à votre éducation morale.

Intéressez-vous donc non seulement aux aventures de mes héros, mais aussi à leurs efforts pour bien faire; puissent-ils garder une place dans votre souvenir, et rester pour vous des amis et des guides. ALBERT DAVID-SAUVAGEOT.

INDICATIONS

Orthographe visuelle. — Il y a dans les mots français une foule de lettres que l'enfant **oublie** sans cesse, parce qu'il n'en voit pas bien la raison d'être : les unes en effet lui semblent superflues, du moment qu'elles ne se prononcent pas et ne servent qu'à l'étymologie, comme par exemple l'*h* d'**horizon**; d'autres se distinguent dans l'écriture et se confondent dans la prononciation, comme les *ph* de **physique** et l'*f* de **fantôme**; il en est qui présentent des contradictions fâcheuses et préoccupent à bon droit l'Académie française, comme l'*n*, simple dans **honorer**, et double dans **honneur**, etc.

Dans des listes placées à la fin de chaque Livre nous avons fait **ressortir** ces lettres particulièrement **rebelles à la mémoire**, en les imprimant avec des caractères un peu plus **noirs** que les autres. Ainsi nous parlons aux yeux, pour faciliter l'étude de l'orthographe d'usage. Ce n'est là qu'une application particulière de l'enseignement par la vue : aussi avons-nous désigné du nom d'**orthographe visuelle** notre innovation.

Lexique. — On trouvera dans un lexique placé à la fin du volume la **signification** des mots marqués d'un **astérisque** (*) et celle de quelques termes savants employés dans les tableaux encyclopédiques.

Leçons de choses, biographies. — Les mots en **lettres noires** ont pour but d'attirer l'attention sur des **notions** importantes. La plupart de ces notions font l'objet d'une **explication** soit au bas des pages, soit au-dessous des gravures.

MONSIEUR PRÉVOT

INTRODUCTION

LE TIRAGE AU SORT

Sur la route qui va de la ville de Sceaux au village de Cachan, près d'Arcueil, dans le département de la Seine, des conscrits descendaient en chantant.

C'était le jour du **tirage au sort**, quelques mois seulement après l'heureuse expédition de 1881, qui avait mis la **Tunisie** (carte page 11) sous la protection de la France.

Aussi les conscrits de cette année-là étaient-ils plus joyeux que ceux des années précédentes; ils marchaient d'une allure décidée, et faisaient fièrement cortège au **drapeau français**, qui venait de triompher pour la première fois depuis la douloureuse guerre de 1870.

Plusieurs enfants du pays, profitant d'un congé, les accompagnaient, en se tenant par le bras. Ils allongeaient le pas pour suivre leurs aînés, et leurs voix claires se mêlaient agréablement aux accents mâles et sonores des jeunes hommes, qui, ayant eu leurs vingt ans avant le premier janvier, étaient appelés à l'armée pour servir la France à leur tour.

Trois de ces enfants, âgés de treize à quinze ans, se distinguaient par leur bonne mine et par leur entrain : c'étaient **Nicolas Chaplambert, Simon Ferrier** et **Yves Gloanec**.

Retenez bien les noms de ces trois écoliers, chers petits lecteurs, car leur histoire vous sera contée, quand vous aurez fait connaissance avec leur instituteur, **M. Prévôt** (fig. p. 3).

Nicolas Chaplambert.

Nicolas Chaplambert, le plus âgé des trois, était fils d'un cultivateur des environs.

Il venait d'avoir quinze ans, mais on lui en aurait donné seize, tant il était grand et vigoureux.

Il se plaisait également à l'école et aux champs.

A l'école, il avait la vie heureuse des élèves obéissants et studieux, qui s'appliquent à tous leurs devoirs.

Sa loyauté, son bon sens, sa volonté patiente, lui donnaient une sorte d'autorité parmi ses camarades; mais ceux-ci n'étaient point jaloux de ce bon et gai Nicolas Chaplambert, qui savait, d'un seul mot, apaiser les querelles et organiser des jeux amusants.

Nicolas Chaplambert.

Une fois de retour dans la ferme de son père, Nicolas faisait ses devoirs d'écolier, puis il prenait une bêche, une faux ou un râteau, et se rendait utile à la maison ou dans les champs : sa récréation préférée était d'atteler un bœuf (fig.) ou de conduire la charrue.

Simon Ferrier.

Simon Ferrier, qui disputait à Nicolas Chaplambert le premier rang dans la classe, n'avait pas comme lui un air de joie et de santé.

C'était un jeune garçon un peu renfermé, un peu triste, et qui restait souvent silencieux et pensif.

Tous ses parents étaient morts, à l'exception d'une bonne vieille grand'mère, qui le comblait, à la vérité, de soins et de tendresse; mais la vénérable aïeule avait beau se dévouer, s'empresser, se multiplier : elle ne pouvait mettre dans la pau-

Simon Ferrier.

vre maison où elle vivait seule avec son petit-fils, la gaîté et l'animation qui règnent d'ordinaire dans les nombreuses familles.

Du moins, Simon Ferrier avait une bonne ressource pour se distraire un peu : il était très adroit de ses mains, il savait scier, limer, raboter (fig.). Il était déjà capable de construire de petites mécaniques très ingénieuses.

Aussi, quand Nicolas Chaplambert disait : « Je serai **cultivateur !** » Simon Ferrier répondait : « Je serai **mécanicien !** »

Yves Gloanec.

Mais si par hasard **Yves Gloanec** entendait ses camarades parler ainsi, il ne manquait pas de s'écrier aussitôt : « Moi, j'aime le mouvement, j'aime les aventures, je veux voyager, je veux voir du pays : je serai **marin !** (fig.) »

En s'exprimant de cette façon, Yves Gloanec prouvait qu'il se connaissait bien lui-même. Prompt comme la poudre, agile et vif

Yves Gloanec.

comme un mousse de navire, il ne pouvait tenir en place.

Certes, il aimait, lui aussi, la campagne comme Nicolas

Chaplambert, mais c'était surtout parce qu'on y court plus à l'aise que dans les rues d'un bourg.

Il ne méprisait pas les scies, les limes et les ciseaux de Simon Ferrier, mais pourquoi? Vous l'avez deviné, n'est-ce pas? C'est qu'avec des outils on peut faire de petits bateaux, qui flottent agréablement sur les ruisseaux et sur les fontaines.

Justement nos trois amis, Yves Gloanec, Simon Ferrier et Nicolas Chaplambert, venaient d'essayer sur la fontaine publique un navire fabriqué par Simon, quand ils avaient entendu le tambour : aussitôt ils avaient couru rejoindre les conscrits, parce qu'ils étaient comme tous les enfants de France, dont le petit cœur bat plus fort, dès qu'ils entendent le son du tambour ou de la trompette.

Monsieur Prévôt.

Au moment même où ils descendaient la pente, l'instituteur de Cachan, **Monsieur Prévôt**, la remontait. Il profitait de sa liberté du jeudi pour faire un petit tour à travers le pays et dire bonjour aux uns et aux autres.

Le tirage au sort.

Sur son chemin, il rencontra de pauvres femmes, qui se lamentaient du départ de leurs fils; et leur tristesse faisait un pénible contraste avec le joyeux enthousiasme des jeunes gens.

L'une d'elles avait encore plus de peine que les autres à se consoler. C'était une femme assez âgée, un peu infirme, n'ayant d'autre ressource que le travail de son mari, presque aussi faible qu'elle. Ces deux infortunés avaient pour fils un brave garçon, honnête et dévoué, qui chaque semaine leur donnait un peu d'argent. Et maintenant ce jeune homme, pris par la conscription militaire, venait de **tirer au sort**[1] (fig.), et bientôt il partirait pour la caserne!

« Qu'allons-nous devenir, hélas! », se demandait sa mère. Et la pauvre vieille, avec ses deux mains croisées sur son bâton et son misérable panier pendu à son bras, paraissait si accablée, si triste, si anxieuse, qu'on ne pouvait la voir sans la prendre en pitié.

Aussi lorsque M. Prévôt passa près d'elle et qu'il entendit ses plaintes, il se garda bien de lui faire des reproches; il lui parla au contraire avec respect, et aussi avec une douceur affectueuse qui lui était particulière et qui pénétrait les cœurs.

« Ah! madame, lui dit-il, soyez sûre que je comprends votre douleur; certes, votre fils vous manquera bien, quand il sera parti pour le régiment. Mais enfin c'est la Patrie qui vous le demande, ce fils chéri, c'est à la Patrie que vous le donnez!

---

[1] **Loi militaire de la France. — Tirage. — Service.** — Tout Français doit le service militaire personnel. — L'obligation du service militaire est égale pour tous. Elle a une durée de vingt-cinq années. — Tout Français reconnu propre au service militaire fait partie successivement : de *l'armée active* pendant trois ans; de la *réserve de l'armée active* pendant dix ans; de *l'armée territoriale* pendant six ans; de la *réserve de l'armée territoriale* pendant six ans. — Chaque année, le ministre de la guerre fixe, sur la liste du **tirage au sort** de chaque canton et proportionnellement, en commençant par les numéros les plus élevés, le nombre d'hommes qui seront envoyés dans leurs foyers en disponibilité après leur première année de service. — Si la flotte et l'armée de mer, fournies d'ordinaire par l'**inscription** * **maritime**, viennent à manquer d'hommes, on y supplée en prenant les hommes du contingent * annuel auxquels les numéros les moins élevés sont échus par l'effet du tirage au sort (fig.).

Tous les jeunes gens qui, en vertu des dispenses légales, n'ont servi qu'un an, demeurent inscrits encore pendant deux ans sur les rôles de l'armée active; ils passent ensuite, comme les autres soldats, dans la réserve de l'armée active, puis dans l'armée territoriale.

Tous les jeunes gens qui ont été dispensés du service sont astreints à payer, à titre de compensation, une redevance spéciale, qui porte le nom de *taxe militaire*.

— Un si bon sujet, monsieur Prévôt, pourquoi faut-il qu'on nous le prenne!

— Je le connais bien, madame, et je puis dire que c'est un des meilleurs élèves qui aient passé par mes mains; mais ce sont justement les bons sujets comme votre fils qui rendent les plus grands services à leur pays : car ils donnent

Faites votre sacrifice en brave Française!

le bon exemple à tous les autres soldats. Allons, je vous en prie, madame, ne pleurez plus et faites votre sacrifice en brave Française que vous êtes! (fig.) Et d'ailleurs, écoutez! N'entendez-vous pas la voix de votre fils, qui chante avec ses camarades le *Chant du Départ*, notre plus beau chant national, après la *Marseillaise*? Et même, si je ne me trompe, ces jeunes gens en sont au couplet des mères; dans ce couplet ce sont les mères qui sont censées parler, pour envoyer elles-mêmes leurs enfants au combat; elles leur disent :

> Nous vous avons donné la vie :
> Guerriers, elle n'est plus à vous :
> Tous vos jours sont à la Patrie :
> Elle est votre mère avant nous !

La pauvre femme entendit et comprit ces beaux vers : il lui sembla que son fils lui-même lui dictait sa conduite. Elle ressentit une émotion généreuse, ses regrets s'adoucirent, et M. Prévôt devina sans peine que dans le cœur de cette mère désolée, la Patrie venait de reprendre la première place.

Et pourtant il restait dans les yeux de la malheureuse une visible inquiétude, l'inquiétude des gens qui ne sont pas assurés d'avoir un morceau de pain tous les jours.

« Madame, lui dit M. Prévôt, vous allez vous trouver, votre mari et vous, bien seuls, bien abandonnés, bien embarrassés peut-être. Aussi retenez, je vous prie, ce que je vais vous dire :

« Chaque fois que vous aurez un souci, un ennui, venez trouver ma sœur, qui demeure avec moi, comme vous le savez : elle vous consolera, elle vous donnera de petits renseignements; au besoin elle cherchera de l'ouvrage pour vous ».

La pauvre mère, si affligée auparavant, sourit à travers ses larmes, et regarda d'un œil presque consolé les conscrits qui se rapprochaient, et qui saluaient M. Prévôt du plus loin qu'ils pouvaient.

Les conscrits.

M. Prévôt fit quelques pas au-devant des jeunes gens, après avoir dit adieu aux pauvres femmes.

« Hé bien, cher maître, s'écria le conscrit qui portait le drapeau, nous voilà soldats à notre tour! Nous partirons sans crainte, et nous sommes résolus à nous conduire en braves garçons, tant à la caserne que sur le champ de bataille. Tout ce que nous demandons, c'est de revenir comme vous avec le ruban de cette **médaille militaire** (fig. d'ensemble, page 10) que vous avez si bien gagnée en 1870.

— C'est bon, c'est bon, reprit M. Prévôt d'un ton cordial,

PRINCIPALES DÉCORATIONS FRANÇAISES (Fig. d'ensemble).

**Chevalier
de la
Légion d'honneur.**
(Ruban rouge.)

**Grand Officier
de la
Légion d'honneur**
(plaque en or).

Médaille militaire.
(Ruban fond jaune, liséré vert.)

Médaille de sauvetage.
(Ruban tricolore.)

Palmes académiques.
(Ruban violet.)

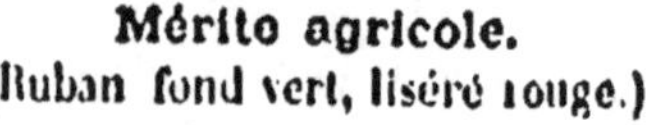

Mérite agricole.
(Ruban fond vert, liséré rouge.)

mais avec un peu d'impatience, car il était si modeste et si réservé, qu'on le gênait beaucoup quand on le forçait à parler de lui; laissons de côté ces souvenirs d'un passé trop cruel; songeons plutôt au présent, qui est déjà si rassurant; songeons à l'avenir, qui nous permet de belles espérances. Que de progrès réalisés pendant les dix années qui nous séparent de nos désastres de 1870, mes chers amis! Le relèvement de la France est presque un fait accompli : car elle a retrouvé sa prospérité intérieure, et de plus elle est assez forte pour se faire respecter au dehors. C'est plaisir de voir comme elle a mis à la raison les **Tunisiens**, qui voulaient inquiéter les habitants de notre **Algérie** (carte). Je viens

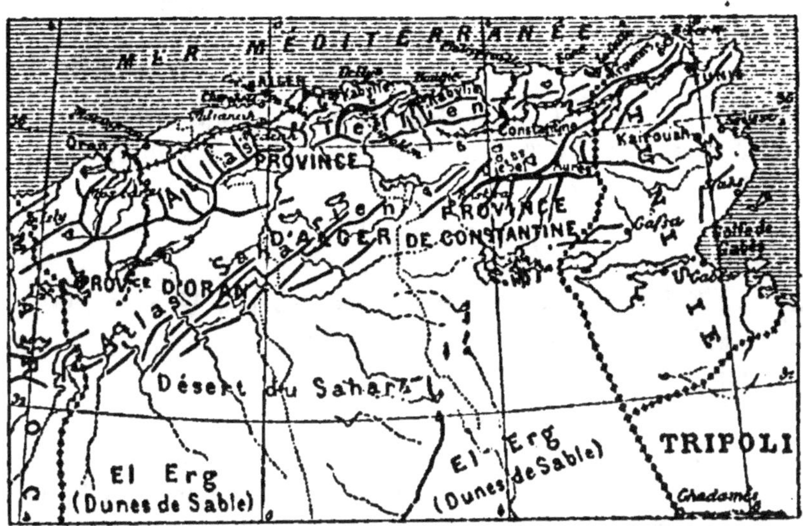

Algérie et Tunisie. — L'Algérie, dont la conquête, commencée en 1830, a demandé trente ans d'expéditions continuelles, est devenue un territoire bien français, surtout depuis que la **Tunisie**, son prolongement naturel, a été mise sous la protection de la République française. — L'Algérie et la Tunisie sont au Sud de la France, au delà de la Méditerranée. (Voir page 216, carte d'Europe, et page 41, carte d'Afrique.) — L'Algérie et la Tunisie, réunies, sont plus grandes que la France. — *Sfax* ou *Sfaks* est sur la côte, à l'Est.

justement de lire la relation de ces événements dans la brochure que voici, et j'ai été vraiment flatté dans mon amour-propre de Français.

— Cher maître, dit un conscrit, nous avons du temps devant nous, et, si vous vouliez nous lire quelques lignes de ce récit, nous en serions bien aises.

« — Non, non, mes amis, je ne veux pas avoir l'air de vous faire la classe un jour de tirage au sort ! Je ne vous retiens pas; poursuivez votre chemin, vous avez sans doute des amis qui vous attendent....

« — Je vous assure, cher maître, reprit le porte-drapeau, que nous n'avons pas de plus vif désir que de vous entendre. Cela nous rappellera nos bonnes années d'école.

M. Prévôt. — Hé bien, je ne résiste plus. Après tout, vous avez raison de vouloir écouter un récit de victoire, avant de partir pour le régiment : ça réchauffe le cœur; c'est un verre de vin qui en vaut bien d'autres, n'est-ce pas? »

En disant ces mots, M. Prévôt souriait malicieusement; les conscrits, qui comprenaient fort bien sa petite allusion, sourirent aussi; ils firent cercle autour de leur ancien maître pour entendre la lecture annoncée.

« Je commence, dit M. Prévôt; je vous donne les termes mêmes de cette brochure, qui date de quelques semaines :

Conquête de la Tunisie

« Les renseignements que nous recevons d'Afrique nous
« permettent d'annoncer que la conquête et la pacification de
« la Tunisie sont achevées.

« C'est là un événement d'une importance capitale, et qui
« mérite d'être porté à la connaissance de la France entière.
« Pour la première fois en effet depuis 1870, les armées fran-
« çaises ont reçu l'ordre de marcher en avant. Après dix ans
« d'études savantes et de travaux patients, l'armée française,
« réorganisée, est entrée en campagne, et notre artillerie,
« perfectionnée par nos officiers et par nos ingénieurs, a
« fait l'expérience de ses forces.

« On peut le dire hautement, cette expérience a réussi,
« comme le montre la brillante affaire de Sfax (carte
« page 11), qui a eu lieu au mois de juillet 1881.

« Rappelons en deux mots que depuis quelques années les
« Kroumirs ne cessaient de ravager les frontières de notre
« Algérie. La France châtia sévèrement ces pillards, par-
« donna aux Tunisiens qui les avaient soutenus, et rappela
« ses soldats.

« C'est ce moment que la ville de Sfax choisit pour se révol-

« ter. Les habitants, comptant sur le secours de l'empereur
« des Turcs* qu'ils appellent le Grand Seigneur, se croyaient
« à l'abri de notre artillerie.

« Qu'on juge de leur surprise, lorsqu'au lieu de leur Grand
« Seigneur, ils virent devant leur port les petits marins
« français, qui n'ont peur de rien, pas même du Grand Turc;
« et lorsqu'au lieu de boulets inoffensifs, lancés par de
« bons vieux canons se chargeant par la bouche (fig. d'em-
« semble, page 39), ils reçurent les **obus**[1] à mitraille que
« leur lançaient des canons rayés et se chargeant par la
« culasse !

« Il faut reconnaître cependant que la ville de Sfax a
« résisté vaillamment. Ses artilleurs se sont fait clouer sur
« leurs pièces à coups de baïonnette; il a fallu prendre
« d'assaut non seulement les remparts de la ville, mais
« aussi les murs de chaque maison, devenue comme une
« petite citadelle. A la fin tout a été renversé par les obus,
« tout a été balayé par les charges de nos soldats. Oh ! les
« bons soldats français ! Ils sont bien toujours les mêmes :
« doux et faciles à attendrir après la bataille; mais terribles
« pendant la lutte, intrépides sous la grêle des balles, irré-
« sistibles dans leur marche en avant !

---

[1] **Obus.** — Un *obus* (fig.) est un projectile en acier, dont l'intérieur est creux. On y met de la poudre, parfois aussi, de la
poudre et des balles. — Au moment où
l'obus achève sa **trajectoire**, un mécanisme
adapté à sa pointe (fusée) met le feu à la
poudre : l'obus éclate et lance en tous
sens ses débris meurtriers.

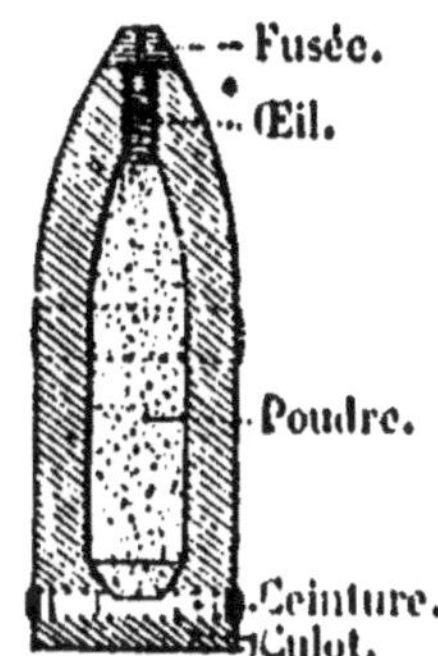

Coupe d'un obus.

Trajectoire.

Trajectoire. — L'obus, lancé par un canon A, obéit aux lois
de la pesanteur et n'atteint son but C, qu'en décrivant une
courbe B, qui s'appelle *trajectoire* ou *parabole* (fig.).

« Au nom de la France, nous envoyons des remerciements
« et des félicitations à ces braves, qui soutiennent si éner-
« giquement l'honneur de la patrie française sur la terre
« algérienne ! »

Cette lecture achevée, M. Prévôt regarda les conscrits
rangés autour de lui et leur dit :

« Voilà, mes chers amis, la page que vous désiriez connaître. Et maintenant vous pouvez poursuivre votre marche
et reprendre le *Chant du Départ* : on dirait que ce premier
vers « *La Victoire en chantant nous ouvre la barrière* » a
été fait tout exprès pour vous; car c'est bien vraiment la
victoire qui vous ouvre le chemin et qui préside à votre
entrée au régiment ! »

Les conscrits reformèrent leurs rangs avec une rapidité
déjà toute militaire, et, serrant vigoureusement la main de
leur ancien maître, ils reprirent avec un nouvel enthousiasme l'admirable début du *Chant du Départ* :

La Victoire en chantant nous ouvre la barrière ;
La Liberté guide nos pas;
Et du nord au midi la trompette guerrière
A sonné l'heure des combats !

M. Prévôt raconte à ses élèves l'histoire de sa mitrailleuse.

LIVRE I

LES SOUVENIRS ET LES ESPÉRANCES DE M. PRÉVÔT

1. — UN MOT SUR M. PRÉVÔT

Tandis que les derniers échos du chant des conscrits se perdaient dans le lointain, M. Prévôt restait immobile, tout absorbé par ses pensées et ses souvenirs.

Auprès de lui, mais un peu en arrière, se tenaient les trois enfants dont nous avons parlé déjà, Nicolas Chaplambert, Simon Ferrier, Yves Gloanec. Au lieu de continuer à suivre les conscrits, ils avaient préféré rester avec leur maître, dans l'espoir de causer un peu avec lui, comme ils l'avaient déjà fait plusieurs fois.

Ces aimables garçons étaient trop discrets pour interrompre brusquement les réflexions de M. Prévôt. Seulement dès qu'ils le virent se détourner vers eux, ils l'assaillirent de questions, et lui demandèrent de leur conter une histoire de guerre, en l'honneur du tirage au sort.

M. Prévôt se défendit à peine. En classe, il était sévère et ferme; quand il avait dit : *non*, personne ne pouvait changer sa détermination. Mais hors de la classe, il ne savait rien refuser à ses élèves, du moment qu'il s'agissait de leur être utile.

« Allons, dit-il à la fin, il faut bien en passer par où vous voulez. Mais nous ne pouvons rester au soleil, sur la grande route; nous ferons mieux d'aller nous asseoir dans mon jardin, derrière la maison d'école, pour avoir un peu d'ombre : car les arbres sont encore dépouillés.

— Monsieur, dit Nicolas Chaplambert, mes deux frères, Sylvain et Blaise, sont tout près d'ici, chez le forgeron : ne pourrais-je les aller chercher? Ils seraient si heureux de vous entendre!

— Va, mon ami, et ramène-les, répondit M. Prévôt. »
Nicolas partit comme un trait.

*
* *

En attendant que Nicolas Chaplambert revienne avec ses deux frères, et pendant que M. Prévôt se rend dans son jardin avec Yves Gloanec et Simon Ferrier, disons un mot de ce bon maître.

M. Prévôt était né dans le pays même où nous venons de le rencontrer. Son enfance s'était doucement passée dans une famille étroitement unie par l'affection et le dévouement, entre un père toujours soucieux de faire consciencieusement son métier de géomètre-arpenteur*, une mère qui n'avait d'autre plaisir que de se dévouer à ses enfants et à son mari, une jeune sœur enfin, gentille et gracieuse fillette, vive comme un oiseau et gaie comme le soleil du matin.

A quinze ans, M. Prévôt eut le malheur de perdre son père. Il continua ses études avec l'ardeur d'un bon fils qui veut, par son travail, donner des consolations à sa mère. Reçu à l'École* normale des instituteurs de la Seine, il se distingua par son intelligence, et se fit aimer par sa bonté. A sa sortie de l'École, il demanda à revenir comme instituteur dans son cher village de Cachan (carte). Chaque jour, après sa classe, il se rendait auprès de sa mère et de sa sœur, qui continuaient d'habiter la maison de famille, et tous trois causaient ensemble, en se promenant dans le jardin.

La guerre de 1870 vint troubler ce bonheur-là, comme bien d'autres. Mme Prévôt dut se retirer avec sa fille chez une parente de province, tandis que M. Prévôt s'engageait

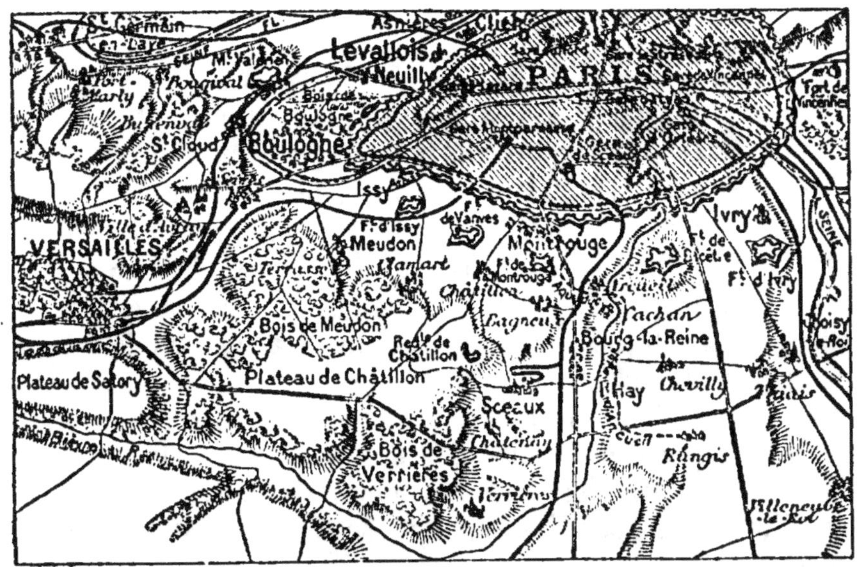

Environs de Paris. Ouest et Sud. — Remarquez, au Sud de Paris Cachan, séjour de M. Prévôt. Remarquez aussi **Versailles, Sceaux, Meudon.**

comme volontaire. Car en 1870, tout le monde n'était pas, comme aujourd'hui, astreint au service militaire.

Chers petits lecteurs, vous avez assez souvent entendu raconter les événements de cette guerre, pour comprendre tout ce que M. Prévôt eut à souffrir. Mais il avait une volonté très énergique, et de plus il s'était fait des muscles d'acier en pratiquant la **gymnastique**; aussi, malgré son apparence un peu frêle et délicate, il supporta sans faiblir les fatigues de la guerre, et même il gagna la médaille militaire au siège de Paris.

Quand la paix fut signée, il reprit son poste d'instituteur, et nul ne travailla plus ardemment que lui à préparer pour le service de la France des jeunes gens honnêtes, laborieux et bons patriotes.

Au reste, nous allons maintenant lui laisser, pour quelque temps, la parole : c'est le meilleur moyen de vous faire connaître cet homme de bien, en qui vous retrouverez les traits de vos maîtres; car M. Prévôt était attaché aux mêmes devoirs qu'eux, animé du même dévouement, toujours prêt à faire appel aux bons sentiments de ses élèves, et bien convaincu que « *ce qui vient du cœur va au cœur* ».

2. — L'IDÉE DE M. PRÉVÔT

(Récit de M. Prévôt à ses élèves.)

Quand Nicolas Chaplambert eut ramené ses deux frères, Sylvain et Blaise, les enfants s'assirent le plus près possible de M. Prévôt. Nicolas se mit à sa droite, Blaise et Sylvain se placèrent à sa gauche, Yves Gloanec et Simon Ferrier s'installèrent sans façon sur le sable, pour être bien en face de leur maître (fig. page 15).

Tous ces enfants prirent, sans s'en apercevoir, un air réfléchi, une attitude recueillie, même le petit Blaise, qui cependant, il faut bien l'avouer, devait se laisser distraire plus d'une fois par les abeilles sorties du rucher* de l'école.

A peine M. Prévôt fut-il assis, qu'Yves Gloanec, — celui qui voulait être marin, — s'écria, en contenant mal son impétuosité naturelle :

« Monsieur, vous allez me trouver trop curieux, mais je serais bien heureux de savoir pourquoi, parmi vos modèles de dessin, il y en a plusieurs qui représentent des canons et des mitrailleuses (fig. page 26).

— Ah! tu as remarqué cela? dit M. Prévôt, en riant.

— Et moi aussi, dit Simon Ferrier; et de plus j'ai vu chez vous un morceau de métal qui doit provenir d'une pièce d'artillerie.

— Et moi, dit Nicolas Chaplambert, je sais aussi un secret; mon cousin, qui est soldat, m'a dit : « Nicolas, un jour que M. Prévôt sera très satisfait de toi, demande-lui donc de te raconter l'histoire de sa mitrailleuse. »

— Je vois qu'on m'a trahi, dit M. Prévôt; je suis pris, pas moyen de m'échapper! Il faut donc que je vous parle de ma mitrailleuse : mais sachez-le bien, mes enfants, si je consens à vous faire un récit qui remue en moi de tristes souvenirs, déjà anciens heureusement, c'est pour vous permettre de mieux mesurer ensuite les efforts que la France a dû faire depuis la guerre de 1870, pour reprendre son rang parmi les nations.

*
* *

M. Prévôt. — Donc, mes chers enfants, un soir de l'année fatale, en 1870, je me trouvais sur le plateau* de Châtillon, dans une redoute* à peine achevée. Toute la journée, nos **batteries d'artillerie (fig.)** avaient tenu les Allemands en

Batterie d'artillerie. — Une batterie d'artillerie se compose de **six** pièces de canon. Chaque pièce est servie par **six** artilleurs, commandés par un **sous-officier.** Le commandement de la batterie appartient à un **capitaine.**

respect. Mais, par suite d'une funeste imprévoyance, il n'y avait plus sur ces hauteurs ni puits, ni citerne, ni fontaine, pour nous donner la moindre goutte d'eau : la soif nous força d'abandonner la position pour rentrer dans Paris.

« Par malheur, quand il s'agit d'emmener les canons de la redoute, il nous fut impossible de les déplacer, faute du matériel nécessaire.

« Alors, mes chers enfants, je vis un des spectacles les plus douloureux qui puissent affliger un soldat. Pour empêcher nos canons de servir à l'ennemi, nos artilleurs durent les *enclouer* eux-mêmes : ils allaient tristement auprès de chaque pièce, et, d'une main mal assurée, ils enfonçaient des clous dans le petit orifice appelé *lumière*, et pratiqué à l'arrière du canon pour permettre d'enflammer la poudre.

« L'officier qui commandait ces hommes semblait au supplice ; en les regardant faire, il avait l'air consterné, le visage pâle, les dents serrées ; et ce chef à la rude moustache, qui sans doute n'avait pas pleuré depuis bien des années, s'efforçait en vain de contenir ses larmes.

« Moi aussi, j'étais bien affligé à la vue de ces belles pièces d'artillerie perdues pour la défense nationale, et je me demandais comment cette perte pourrait être réparée, quand il me vint une idée. Depuis quelques jours j'entendais parler sans cesse de souscriptions patriotiques : tous les bons Français se cotisaient soit pour armer des volontaires, soit pour faire fondre des canons et les donner à la Patrie. Je me dis à moi-même : « Si je faisais une quête, à l'exemple de tant « d'autres ? Qui sait ? Avec un peu de chance, j'amasserais « peut-être assez d'argent pour donner un canon de petit « calibre à la *Défense nationale* ; ou, plutôt, je tâcherais de « lui fournir une de ces mitrailleuses récemment inventées, « qui lancent vingt-cinq projectiles de suite, et qui font si « grand peur aux Prussiens ! » Tel était mon rêve, mes chers enfants. Pour le réaliser, je me promis bien de saisir la première occasion favorable.

« Cette occasion se présenta le soir même, et voici comment. Deux heures après avoir quitté la redoute de Châtillon, je me trouvais sur la terrasse de Meudon (fig.) avec une troupe de soldats de toutes armes, fantassins et cavaliers sans montures, mobiles* et francs-tireurs, artilleurs, zouaves et turcos. Ces pauvres gens, blessés ou du moins épuisés de faim, de soif et de fatigue, ne se tenaient debout qu'à grand'peine, et le froid des soirées d'automne faisait grelotter les zouaves, accoutumés au climat chaud de l'Afrique. Un officier vint à moi et me demanda mon livret, qui portait mon nom et l'indication de ma profession ; il le lut attentivement et me dit :

« Vous étiez instituteur avant d'être soldat ; vous avez

« étudié, vous savez beaucoup de choses que ces braves gens
« ignorent; tâchez de les égayer, de les encourager, sinon,
« ils se démoraliseront, et nous ne pourrons plus compter
« sur eux. »

« J'obéis et je m'approchai des soldats accoudés sur la balus-
trade de la terrasse. Ils étaient bien abattus, en effet, et leur
conversation était interrompue par de longs silences. Pour les
distraire, je leur montrai les principaux monuments de
Paris, je leur racontai des historiettes, et, quand je vis qu'ils

La terrasse de Meudon. — M. Prévôt présente son livret à son
commandant. — De la terrasse on découvre **Paris**. Remarquez à
gauche le fort du **Mont Valérien**; au centre la **Seine**; au fond la
butte **Montmartre**; à droite le dôme des **Invalides**.

avaient repris un peu de bonne humeur, je les exhortai doucement à faire provision de courage et de patience, pour soutenir bravement les épreuves qui les attendaient encore.

« Mais mes paroles ne furent pas du goût d'un grand garçon à l'air mou et indolent, qui ne cessait de se plaindre.

— Vous avez beau dire et beau faire, murmura-t-il, les
Prussiens sont plus forts que nous. Nous ferions mieux de
signer la paix, que de soutenir un siège. Le beau plaisir, ma
foi, que de recevoir des bombes et de manger du pain moisi!
Au fait, ajouta-t-il, qui de vous peut se vanter d'avoir de
quoi souper, camarades?

« Je sentis qu'il fallait couper court aux lamentations de ce mauvais soldat.

— Tais-toi, lui dis-je, d'un ton sévère : ce n'est pas ainsi que parlent les bons Français ! N'écoutez pas ce que dit cet homme, camarades ; écoutez plutôt un mot du général **Kléber** (fig.), qui se comporta si vaillamment pendant la campagne d'Égypte. Ses soldats, épuisés d'avoir marché dans le désert, se refusaient à porter leurs blessés : Kléber leur cria, avec l'accent de l'indignation : « Miséra-

Kléber(1753-1800),
général français, né
à Strasbourg.

« bles, vous êtes des lâches, vous n'êtes « pas des soldats ! Être soldat, c'est, « quand on a faim, ne pas manger; quand « on a soif, ne pas boire; quand on est « épuisé de fatigue, marcher; quand on « ne peut plus se porter soi-même, porter ses camarades « blessés; voilà ce que doit être un soldat ! misérables, « reprenez vos blessés ! » Et les soldats les reprirent....

« Voilà, mes chers enfants, continua M. Prévôt, ce que je dis à mes compagnons d'armes. Il faut croire que j'avais eu raison de leur citer le discours de Kléber, car ils éclatèrent en applaudissements.

— Bravo pour l'instituteur ! s'écrièrent ceux des zouaves et des mobiles qui me connaissaient.

— Ma foi, dit un zouave, c'est bien heureux qu'il ne fasse pas la quête, je lui donnerais toute ma bourse !

Ces mots me frappèrent : il me vint une inspiration :

— Et si je la faisais, m'écriai-je; si je la faisais pour acheter une mitrailleuse et la donner à la défense nationale?

— Approuvé ! dirent ensemble mes compagnons d'armes.

Je tendis mon képi, et les pièces de monnaie y tombèrent.

Un mobile me dit : — Attendez un instant ! Déchirant la doublure de sa vareuse*, il tira d'un portefeuille un billet de 100 francs, qu'il me tendit : j'hésitais à accepter une si grosse offrande. Mais lui :

— Prenez, prenez, dit-il, je suis riche : mes cent francs ne valent pas plus que les cinq sous du pauvre zouave qui donne à la France tout ce qu'il possède.

— Voilà, dis-je au mobile, un mot qui vous fait honneur. Oui, *que chacun de nous serve la patrie de tout son cœur, de tous ses moyens, et nous aurons tous un égal mérite.* »

3. — LA QUÊTE POUR LA MITRAILLEUSE

(Récit de M. Prévôt à ses élèves. *Suite.*)

M. Prévôt était secrétaire de la mairie*. Quelqu'un étant venu lui demander un renseignement de la part du maire, il alla donner la réponse qu'on attendait, et, reprenant sa place parmi ses jeunes auditeurs, il leur dit :

« Mes chers enfants, ma quête fut plus facile à poursuivre que je ne l'avais cru; car, au lieu de me renvoyer faire le coup de feu contre l'ennemi, on me mit dans les bureaux de l'intendance* militaire. J'y fus employé, avec beaucoup d'autres soldats, à faire des calculs et des écritures.

— Ah! monsieur, s'écria Yves Gloanec, c'est moi qui n'aurais pas été content à votre place!

— Mon cher ami, lui dit avec douceur M. Prévôt, le soldat n'a pas à discuter les ordres qu'on lui donne : l'obéissance absolue est son premier devoir. Et d'ailleurs, ce n'est pas seulement en combattant que l'on sert bien son pays : un bon administrateur, qui fournit sans retard aux armées en campagne les approvisionnements dont elles ont besoin, pain, vin, viande, café, biscuit, chaussures, et tout le reste, rend à la patrie des services inappréciables, et la victoire dépend presque autant de lui que des officiers qui commandent la manœuvre sur les champs de bataille. Je m'appliquai donc de tout mon pouvoir à mes calculs et à mes écritures, mais sans perdre de vue ma mitrailleuse. Chaque fois que j'avais un moment de loisir, j'allais trouver mes collègues du bureau, je leur récitais quelques beaux vers, et je faisais une quête fructueuse. D'ailleurs ils s'intéressèrent de plus en plus à mon projet et firent tout le possible pour m'aider à le réaliser. Les uns étaient riches : ils me remirent des billets de banque de cinquante, de cent francs même. Les autres, moins favorisés de la fortune, firent des collectes parmi leurs amis et réunirent quelques centaines de francs.

« Leur succès ne faisait que stimuler mon zèle. Je fouillai dans tous les coins et recoins de ma mémoire pour y retrouver quelque beau fragment de prose ou de poésie. Une sorte d'allégresse me transportait et rendait plus facile pour moi l'accomplissement de mon dessein. Si parfois je me sentais un peu fatigué, je me disais à moi-même : « Allons, « encore un peu de courage et de patience; il faut que je « réussisse. Quand je devrais réciter des vers dans les rues, « comme un chanteur ambulant, quand je devrais aller qué- « ter de porte en porte, j'aurai ma mitrailleuse! » Mes efforts, joints à ceux de nos compagnons du Ministère, réunirent deux mille cinq cents francs. Je me trouvais en possession d'une somme suffisante pour songer sans plus de délai à la fabrication de la mitrailleuse.

« Je fis la commande en toute hâte; car, d'après certains bruits qui circulaient dans Paris, la province avait envoyé une armée au secours de la capitale assiégée. Les Parisiens n'attendaient plus que la confirmation de cette bonne nouvelle, pour se porter à la rencontre de leurs frères, en faisant une trouée à travers l'armée allemande. Chaque fois qu'on voyait arriver un de ces pigeons voyageurs qui servaient alors de courriers entre Paris et la province, on se hâtait d'ouvrir et de déchiffrer la petite dépêche attachée à sa queue. Bien des messages n'apportèrent que des déceptions : mais les Parisiens ne voulaient pas renoncer à leurs espérances, et le poète *Eugène Manuel* se faisait l'écho de la voix publique, lorsqu'il disait, en s'adressant aux pigeons voyageurs :

> Parlez! Dans les bois, dans les plaines,
> Sur les coteaux, le long des champs,
> Avez-vous entendu les chants
> Des légions républicaines?
>
> Avez-vous vu leur pas hardi
> Frapper le sol en longues files?
> Vient-on des hameaux et des villes?
> Vient-on du Nord et du Midi?
>
> On vient! votre aile palpitante
> Bat plus joyeuse au colombier!
> Béni soit ce frêle papier,
> Espoir d'une héroïque attente! »

E. MANUEL, Pendant la guerre (éd. Calmann-Lévy).

Réduction d'une page spécimen du « Petit Français illustré »
Dimension réelle : 28 cent. de hauteur sur 19 cent. de largeur.

| 5ᵉ année. | 10 centimes. | 5ᵉ année. |

LE
Petit Français illustré

JOURNAL DES ÉCOLIERS ET DES ÉCOLIÈRES

L'ABONNEMENT : EN AN. SIX FRANCS | Armand COLIN & Cⁱᵉ, éditeurs | ÉTRANGER : 7 fr. — PARAIT CHAQUE SAMEDI
Port du 1ᵉʳ de chaque mois | 5, rue de Mézières. Paris | Tous droits réservés

P. 3348.   Elle aperçut, sur le perron, un enfant évanoui.   A

Jours d'Épreuves. 1 volume in-18, relié toile, tranches dorées..... 3 fr.

(Bibliothèque du Petit Français)

Librairie classique ARMAND COLIN et Cie.

LE
Petit Français illustré

JOURNAL DES ÉCOLIERS ET DES ÉCOLIÈRES

Paraît le samedi.

10 centimes le numéro avec Supplément

Chez tous les libraires et marchands de journaux.

ABONNEMENTS :

France : Un an, 6 fr.; six mois, 3 50 — Étranger : Un an, 7 fr.
630 pages, 520 gravures par an

Contes. — Histoires. — Voyages.	Biographies d'hommes illustres
Aventures extraordinaires.	Histoire des inventions utiles.
Récits et Légendes historiques.	Histoire naturelle.
Poésies.	Phénomènes de la nature.
Beaux-Arts.	Horticulture, Agriculture.
Charades et Jeux divers, etc.	Sciences vulgarisées.
Biographies d'enfants célèbres.	Questions amusantes.

Belles et nombreuses gravures. — *Dessin, coloriage, découpage, etc.*

ENVOI D'UN NUMÉRO SPÉCIMEN SUR DEMANDE.

Nous avons reçu d'un instituteur, au sujet de notre *Petit Français illustré*, une lettre qui nous fait d'autant plus de plaisir qu'elle réalise nos prévisions et nos espérances quant à l'action bienfaisante de notre journal comme auxiliaire des maîtres :

« J'ai remarqué chez ceux de mes élèves qui suivent assidûment
« le *Petit Français* un goût plus vif pour la lecture, l'acquisition
« de certaines connaissances générales dont leurs petites études
« bénéficient; votre excellent journal nous rend réellement des
« services. » H*** D***, Instituteur.

Le Petit Français illustré est

Le plus recommandable	*Le plus varié*
Le plus intéressant	*Le mieux illustré*

de tous les journaux d'enfants

Le *Petit Français illustré* forme chaque année un volume in-8° jésus de 630 pages, illustré de plus de 500 gravures, broché, 6 fr.; relié toile, fers spéciaux, tranches dorées.............................. 9

Paris. — Imp. E. Capiomont et Cie, rue des Poitevins, 6.

« Enfin la dépêche si impatiemment attendue arriva : elle annonçait que le *Gouvernement de la Défense nationale*, établi à Tours, avait suivi les inspirations de **Gambetta** (fig.) et organisé en province une lutte à outrance; l'armée de la Loire, victorieuse à Coulmiers*, marchait vers Paris.

« Alors, mes enfants, les défenseurs de Paris se préparèrent au combat avec une ardeur indescriptible. Ils réunirent toutes leurs forces et se portèrent sur la Marne (carte) pour la traverser, gagner le plateau qui la domine, et tendre la main aux Français de l'armée de la Loire, qui accouraient. Je n'ai pas besoin de vous dire qu'en ces jours de tristesse, les

Léon Gambetta (1838-1882), né à Cahors, orateur français, fut un des fondateurs de la République.

ouvriers des usines de Paris étaient héroïques à leur manière, et travaillaient nuit et jour pour multiplier les engins de

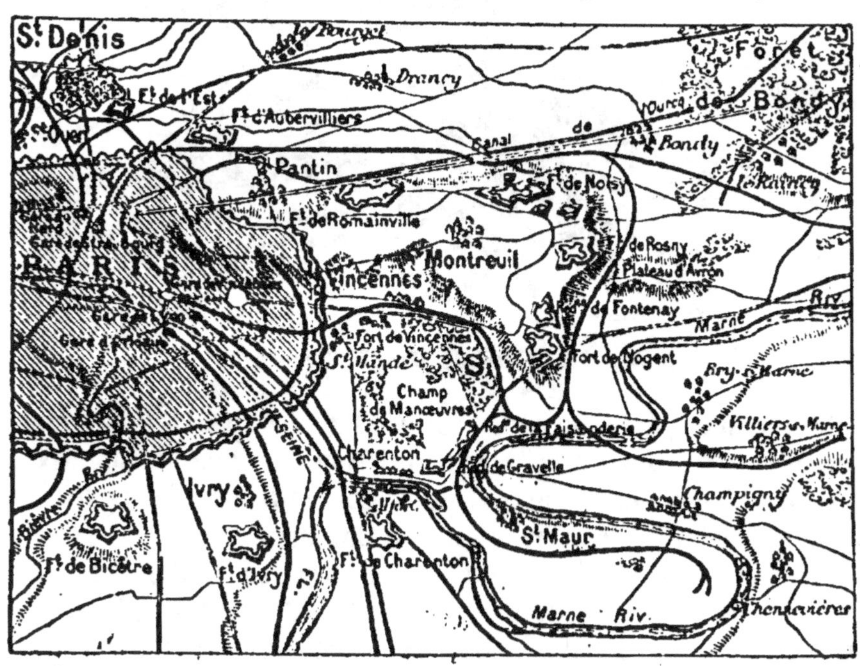

Environs de Paris. — Est. Remarquez Champigny.

défense : aussi ma mitrailleuse fut elle achevée l'avant-veille du combat. Pour gagner du temps, son constructeur la fit conduire directement à Bry, sur le bord de la Marne, et je reçus l'ordre d'aller la rejoindre, avec le grade de maréchal des logis. Je la retrouvai à l'endroit indiqué. Dès que je l'aperçus, non en songe cette fois, mais en réalité, toute luisante, sous un beau soleil d'hiver, je me précipitai vers elle avec une sorte d'affection :

« Voilà donc, murmurai-je, ce que sont devenus les sous
« des pauvres soldats et les billets de banque des riches
« bourgeois! Il a suffi d'une quête patiente pour donner
« naissance à cette redoutable machine! Oh! ma mitrailleuse

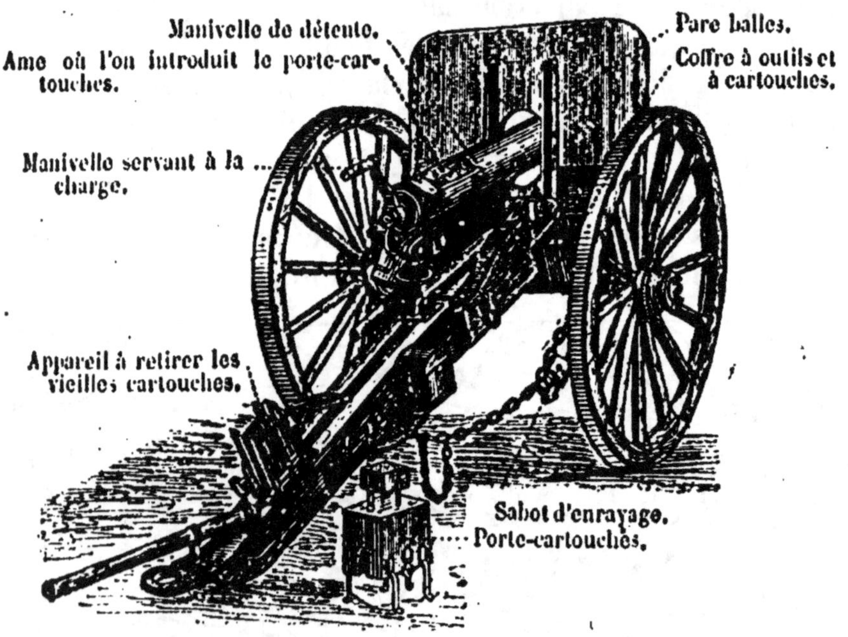

La mitrailleuse de M. Prévôt

« tant rêvée, je te possède enfin! Tu n'es pas tombée en
« mauvaises mains, sois tranquille! Nous te conduirons aux
« endroits les plus exposés, nous combattrons courageuse-
« ment, et la France sera contente de nous. »

« Je me hâtai de faire connaissance avec les artilleurs atta-
chés en même temps que moi au service de ma mitrailleuse,
et, jusqu'au soir, nous nous exerçâmes à la manœuvrer,
sous la direction d'un sous-lieutenant d'artillerie.

— Monsieur, dit Simon Ferrier, si vous aviez un dessin
représentant cette mitrailleuse, nous serions bien heureux de
le voir.

— Tu vas être satisfait, Simon. »

A ces mots, M. Prévôt entra dans la maison, et reparut bientôt, portant un dessin qui représentait exactement sa mitrailleuse (fig.). Après avoir fait passer ce dessin sous les yeux de ses élèves et leur avoir fourni toutes les explications utiles, M. Prévôt dit à Simon Ferrier :

— Te voilà renseigné maintenant, Simon! es-tu content?

Simon. — Très content, monsieur, car enfin cette mitrailleuse peut bien nous intéresser, puisque c'est vous qui, *à force de persévérance, l'avez donnée à la Patrie.*

4. — LA MITRAILLEUSE DE M. PRÉVÔT SAUVE LE DRAPEAU

(Récit de M. Prévôt à ses élèves. *Suite.*)

« Le lendemain, poursuivit M. Prévôt, je pris part à la grande bataille de Champigny, près Paris (carte page 25). Ce que fut cette bataille, mes chers enfants, je ne saurais vous le dire, car elle s'étendit sur un espace immense. Mais j'ai encore dans l'oreille le grondement du canon, les détonations des obus, le crépitement de la fusillade, le son déchirant des mitrailleuses, les commandements multipliés, les appels des blessés se croisant avec les cris de victoire. Je vois encore les cavaliers prussiens qui chargent en faisant trembler le sol, les fantassins français qui les arrêtent à la pointe de la baïonnette, les officiers d'infanterie s'engageant au plus épais de la mêlée, les officiers d'artillerie dirigeant le tir, et faisant leurs calculs avec le calme et le sang-froid d'un ingénieur qui travaille chez lui, au coin de son feu.

« Et je crois voir aussi, au milieu de cette confusion terrible, non loin des combattants, parmi les balles qui sifflent et les obus qui éclatent, des hommes qui s'avancent sans armes, sans autre protection que la **Croix de Genève**[1] à leur bras; et sur ce champ de douleur et de mort, ils vont d'un pas tranquille, consolant les mourants, enlevant les blessés sur

---

[1] Les brancardiers et la Croix de Genève. — Les brancardiers ramassent les blessés sur le champ de bataille et les empor-

des brancards, et représentant, au milieu même du carnage, le dévouement, la clémence et l'**humanité**.

— Ah! monsieur, s'écria Nicolas Chaplambert, quelle chose noble et grandiose, et que vous êtes heureux d'avoir lutté pour la France dans cette grande journée!

M. PRÉVÔT. — Mon rôle fut modeste, mon cher Nicolas. Au moment le plus critique, nous étions encore en réserve, et je me demandais si nous serions condamnés à rester jusqu'à la fin dans l'immobilité, sans pouvoir montrer notre courage. Mais tout à coup nous voyons arriver un officier d'état-major* qui nous commande, au nom du général, d'aller secourir un bataillon à demi écrasé par des forces supérieures.

« Nous partîmes dans la direction indiquée, et nous pûmes bientôt juger de la situation. Les Français, décimés par le feu des ennemis, s'étaient groupés autour de leur drapeau, résolus à le défendre jusqu'à leur dernier souffle. Ils avaient perdu tous leurs chefs, à l'exception d'un sergent, qui avait l'honneur de tenir le drapeau. Ce sergent tomba mortellement frappé pendant que nous approchions; mais il eut encore la force de tendre l'étendard national à l'un de ses compagnons. Ce soldat périt à son tour, et d'autres, qui lui succédèrent, eurent le même sort.... Et pendant que ces braves tombaient, le drapeau, passant des mains des morts aux mains des survivants, continuait de flotter fièrement au-dessus de ses défenseurs.

« Mais il était temps que le secours arrivât : car déjà les

---

tent sur des *brancards*. — La **Croix de Genève** (fig.) s'appelle ainsi en souvenir d'une convention inter-nationale* qui fut signée à *Genève* en 1864, et par laquelle les nations s'engageaient à adoucir les horreurs de la guerre, en épargnant les blessés et les personnes ayant pour mission de les secourir. Ces dernières, qui risquent d'être confondues avec les combattants, se reconnaissent à la Croix de Genève (**rouge** sur un fond **blanc**) qu'elles portent à leur bras. Ce signe les rend **invio-lables et sacrées**. Peinte sur un drapeau, la Croix de Genève protège aussi les voitures médicales, les postes de secours et les hôpitaux.

Croix de Genève.

Allemands prenaient leur élan pour se ruer sur leurs adversaires; et nous entendions distinctement leurs hurrahs.

— Attendez, les amis, on va vous faire taire, dit un des servants de la mitrailleuse.

— Silence, dit sévèrement l'officier qui nous commandait : silence et attention !

« Il s'assura que la mitrailleuse était sur un bon terrain, la pointa lui-même avec le plus grand soin, et me dit ·

— Prévôt, c'est vous que je charge du tir : attention au commandement !...

« Je saisis la manivelle de la détente et je me tins prêt à la tourner.

« Les Allemands avançaient toujours. Une seconde encore, et je les tiendrais à bonne portée de notre mitrailleuse. Mon cœur battait à coups précipités : mais j'étais en possession de toute ma volonté, et ma main ne tremblait pas.

— Feu ! dit l'officier. Je fis faire un tour à la manivelle : un bruit terrible déchira mes oreilles, et des vides nombreux apparurent dans les rangs des Prussiens.

— Chargez ! dit froidement le lieutenant.

« Dominé par son sang-froid, je continuai de garder le mien. En un clin d'œil, les cartouches usées furent remplacées, et la mitrailleuse fut pointée de nouveau sur les Prussiens, qui avaient reculé.

— Feu ! cria notre chef pour la seconde fois. Cette fois encore des Prussiens tombèrent sur le sol, et l'on entendit des cris affreux, cris de douleur, cris de terreur.

« Cependant nos adversaires n'avaient pas entièrement perdu courage. Après un moment d'hésitation, ils se portèrent en avant. Mais une nouvelle décharge fit parmi eux les ravages les plus cruels; la mitrailleuse abattait des hommes comme le faucheur abat l'herbe des champs. Alors les Prussiens s'ébranlèrent pour fuir. Peut-être auraient-ils tenu bon, s'ils n'avaient eu en face d'eux que des canons ordinaires : mais le fracas sinistre, la forme étrange de la mitrailleuse leur inspirait une épouvante singulière, qui les entraîna dans une déroute, dans une débâcle dont rien ne peut donner l'idée.

« C'est à ce moment que je reçus une blessure qui me fait souffrir encore de temps en temps. Une balle m'atteignit à l'épaule, et je sentis que j'allais perdre connaissance. Mais, avant de m'évanouir tout à fait, j'eus le temps de voir les Allemands qui fuyaient, ma mitrailleuse qui les poursuivait, et tout près d'elle, au-dessus d'elle, plus haut et plus triomphant que jamais, le **drapeau** sauvé par elle! (fig.)

La mitrailleuse de M. Prévôt sauve le drapeau.

— Ah! bravo, monsieur! s'écria Yves Gloanec : bravo pour vous, bravo pour la mitrailleuse; nous aussi, quand nous serons soldats, *nous défendrons le drapeau jusqu'à la mort!*

5. — LA MITRAILLEUSE SUCCOMBE AVEC LA FRANCE

(Récit de M. Prévôt à ses élèves. *Suite.*)

M. Prévôt. — Quand je revins à moi, mes chers enfants, j'étais à Paris, dans l'ambulance* du Palais de l'Industrie. Ce palais est une immense galerie vitrée, qui fut construite pour servir à l'Exposition de 1855, la première de nos Expositions universelles. Aussi il y faisait très froid. Mais si

l'on ne pouvait nous y garantir des courants d'air, du moins
les premiers médecins nous y soignaient, sous la direction du
célèbre chirurgien Nélaton*.

« Pendant plusieurs jours, je fus en proie à une fièvre brû-
lante. La nuit, des cauchemars affreux me tourmentaient.
Les malheurs de la Patrie, le sort de ma mère et de ma
sœur en faisaient le sujet le plus ordinaire. Mais parfois
aussi je me revoyais étendu sur le champ de bataille, parmi
les morts et les mourants. Puis, tandis que je prêtais l'oreille
à l'appel déchirant des blessés, ma mitrailleuse se trouvait
devant moi, je ne sais comment. Ce n'était plus un objet
inanimé : elle semblait prendre vie et me dire : « O toi, mon
« maître, pourquoi m'as-tu abandonnée dès le premier com-
« bat, pourquoi m'as-tu laissée aux mains des ennemis, qui
« vont me tourner contre les Français? ». Ces visions douloureuses me poursuivaient jusqu'au matin.

« Enfin la fièvre tomba. Dès lors ma guérison fut rapide;
je fus sur pied au bout de peu de jours, et, après un mois de
maladie, je pus rejoindre la batterie d'artillerie à laquelle
j'appartenais. Elle était maintenant à l'ouest de Paris, sur le
bord de la Seine, en face de Saint-Cloud (carte page 17). Dès
que j'eus serré la main de mes anciens compagnons d'armes,
dès que je sus ce qu'ils avaient fait pendant mon absence,
un cri s'échappa de ma poitrine :

— Et ma mitrailleuse, leur dis-je, où est-elle?

— La voilà, me répondit l'un d'eux, elle est présente à
l'appel, comme un bon troupier.

— Où donc?

— Là-bas, le long de la haie; vous ne la reconnaissez pas?

« Je ne la reconnaissais pas, en effet, au premier moment.
Elle n'avait plus son air gai et triomphant des premiers
jours : l'humidité l'avait rouillée, un obus avait ébréché
l'un de ses canons. Mais je l'aimais encore davantage, en
constatant les meurtrissures et les coups qu'elle avait reçus
à la bataille. Aussi, je ne pouvais me lasser de la regarder,
et même il m'arriva de la caresser et de lui donner, comme
à un bon cheval, de petites tapes amicales.

« Le 19 janvier 1871 fut une mémorable journée, mes enfants. Paris fit à *Buzenval* (carte p. 17) un effort suprême pour
rompre le cercle que les Prussiens formaient autour de ses

murs (fig.). Mais quoi! Il fallut une fois de plus céder au nombre et battre en retraite. Nous voulions du moins emmener notre mitrailleuse, car les soldats doivent toujours se retirer en bon ordre, sans abandonner leur drapeau, ni leurs armes. La nuit tombait. Nous suivions un mauvais petit chemin : le sol était inégal, raboteux. Les canons passèrent sans trop de difficulté. Mais une racine accrocha

L'effort suprême. — Buzenval.

l'une des roues de la mitrailleuse. La roue fut rompue et la mitrailleuse tomba sur le côté.

— Ah! monsieur, s'écrièrent les élèves de M. Prévôt, quel malheur, la voilà prise!

M. Prévôt. — Non, mes petits amis : un obus prussien l'atteignit presque aussitôt et la fit voler en éclats, sans d'ailleurs blesser personne. « Eh bien tant mieux, me dis-je, « j'aime mieux la voir détruite que prisonnière! » Je ramassai pieusement un des ressorts de la culasse, pour le garder comme un souvenir, et, jetant un regard d'adieu aux débris de mon arme tant aimée, aux restes de ma vaillante compagne de guerre et d'infortune, je ne cherchai pas à retenir mes larmes, car je sentais bien qu'en pleurant sur ma mitrailleuse, je pleurais aussi sur la patrie elle-même et sur tous les soldats morts pour la défense nationale.

« Nous continuâmes notre retraite plus tristement encore, et, comme nous passions près du château de Buzenval, il me sembla voir, derrière un pli de terrain, une capote brune : un jeune homme était couché là. Son fusil déchargé gisait à son côté. Au revers du col de sa capote, je lus les mots suivants : « *Henri Regnault, peintre* ». Ce nom ne m'était pas inconnu. Quand éclata la guerre, Henri Regnault était déjà célèbre. Il avait rapporté d'un séjour à Tanger, ville et port du Maroc, des tableaux qui avaient eu grand succès, et que vous pourrez voir un jour dans un de nos musées. Mais la France avait fait appel à tous ses enfants : aussitôt Regnault avait laissé sa palette et ses pinceaux, pour prendre le fusil et le sac du soldat, et faire le coup de feu contre les ennemis. Quand il reçut l'ordre de battre en retraite, il ne put s'y résigner : il resta en arrière de ses camarades pour tirer encore une dernière cartouche. Ses cama-

Monument de H. Regnault à l'École des Beaux-Arts.
(Œuvre du sculpteur Chapu.)

rades l'attendirent en vain; Regnault ne devait pas les rejoindre. Nous le retrouvâmes dans un sentier solitaire. Ses mains étaient déjà rigides et glacées. Une balle avait troué ce front qui cachait tant de beaux projets, tant de rêves de gloire! Des feuilles mortes étaient collées sur cette noble tête que le laurier aurait dû couronner (fig.)!

« Et bien d'autres que Henri Regnault, mes chers enfants,

étaient étendus dans le voisinage. Parmi les Français couchés en ce « lit d'honneur », comme on disait autrefois, toutes les professions, tous les âges se trouvaient glorieusement représentés.

« Ah! c'était bien la défaite sans espoir, l'accablement définitif; et devant tant de dévouements et de généreux sacrifices, qui n'avaient pu nous préserver du suprême désastre, je me répétais douloureusement à moi-même :

Tout est perdu fors l'honneur.

6. — LA FRANCE SE RELÈVE. — LE SOU DES CHAUMIÈRES

(Récit de M. Prévôt à ses élèves. *Suite.*)

M. PRÉVÔT. — Hé bien, mes chers enfants, j'avais tort de me laisser aller au découragement et au désespoir. Non, la France n'était pas perdue! Non, la France n'était pas au bout de ses forces et de ses ressources!

« Ses vainqueurs voulant la ruiner à jamais, lui demandèrent une contribution de cinq milliards : ils la croyaient incapable de payer rapidement une pareille somme, et se proposaient bien de rester campés sur notre territoire et de boire notre bon vin jusqu'au jour du payement. Mais la République française, présidée par **Adolphe Thiers** (fig.), demanda au public, aux Français aussi bien qu'aux étrangers, de lui prêter de l'argent. Savez-vous, mes chers enfants, comment on lui répondit? La France désirait emprunter cinq milliards : on lui en offrit non pas cinq, non pas six ou dix, mais quarante-deux, vous entendez bien, quarante-deux milliards.

Adolphe Thiers (1707-1877), né à Marseille; historien, orateur, premier Président de la République française.

— Quarante-deux mille millions, dit le petit Blaise Chaplambert, qui savait déjà le sens du mot *milliard*.

— Oui, Blaise, reprit M. Prévôt. Et, comme si ce n'était

point assez de payer une indemnité de guerre de cinq milliards, la France eut assez de générosité encore pour venir en aide aux victimes de la guerre : grâce à une quête qui s'appela *le sou des chaumières*, beaucoup de maisonnettes furent reconstruites; celle de ma mère fut du nombre. Elle avait été détruite par les obus prussiens. De cette habitation, modeste mais gracieuse, et d'autant plus chère à notre cœur qu'elle avait été bâtie sur les plans de notre père, il ne restait que des pans de murailles à demi écroulés, noircis par la poudre, ou verdis par l'humidité. Pour épargner ce triste spectacle à notre mère, nous l'avions décidée, ma sœur et moi, à rester encore quelque temps en province. Nous désirions profiter de son absence pour faire reconstruire la maison. Mais une fois les travaux achevés, nous fîmes revenir cette chère mère, et de la gare nous la conduisîmes directement à sa demeure, qu'elle s'attendait à retrouver en très mauvais état et presque inhabitable.

« Quand elle vit la façade blanchie à neuf, avec de jolis volets

La maison de la mère de M. Prévôt.

verts et un toit de tuiles rouges ; quand je lui donnai le bras pour lui faire visiter les fleurs et les légumes qui poussaient dru dans le jardinet, elle nous embrassa sans pouvoir prononcer une parole, tant son émotion était vive (fig.).

« Elle resta jusqu'à la fin de sa vie dans ce petit domaine. Elle y vécut heureuse de se sentir près de son fils et de sa fille, voués tous deux à l'enseignement; heureuse aussi de penser qu'elle devait son bonheur présent à la libéralité de ses compatriotes; heureuse enfin d'assister au relèvement rapide, à la prospérité, à peine renaissante et déjà visible, de cette France honnête et généreuse, qui s'était dit, dès le lendemain de ses revers : « *Un peuple courageux ne doit penser à ses malheurs, que pour en tirer des leçons profitables.* »

7. — LA FRANCE SE REMET EN ÉTAT DE DÉFENSE

(Récit de M. Prévôt à ses élèves. *Suite.*)

M. Prévôt. — Ce n'était pas assez, mes chers enfants, de payer une contribution de guerre et de chasser l'ennemi de notre territoire : il fallait lui fermer tout passage pour le jour où il lui prendrait fantaisie de revenir. Les Français le comprirent : au lieu de perdre leur temps à gémir et à pleurer sur leurs ruines, ils se dirent : « Nos forteresses sont « prises ou renversées : n'importe, nous en ferons d'autres, « d'après de nouveaux systèmes. — Nos canons, nos fusils

Pont de bateaux.

« sont aux mains de l'étranger, ou hors de service : nous au-
« rons des armes neuves, plus perfectionnées. — Nous avons
« été vaincus à Champigny, parce que nous n'avons pu passer
« la Marne faute de ponts assez longs : nos officiers du génie
« vont nous faire des ponts qui ne tromperont plus notre con-
« fiance. — Notre loi militaire, telle qu'elle est, ne nous donne
« pas assez de soldats : nous ferons une autre loi militaire ! »
« Aussitôt les Français se mirent à l'œuvre, et dès maintenant notre pays est en état de défense. Vous vous souvenez

de votre promenade de jeudi dernier? A Villeneuve-Saint-Georges, nous avons vu lancer sur la Marne des **ponts de bateaux**[1] (fig.) qui, en quelques heures à peine, se font, s'allongent, se raccourcissent à volonté, et peuvent livrer passage à des armées entières. En revenant, vous avez pu voir le fort des Hautes-Bruyères : ce fort n'existait pas en 1870; sur la colline qui lui fait face je vous ai montré le fort de Châtillon, nouveau, lui aussi. Et c'est ainsi tout autour de Paris, tout autour de nos places fortes, comme Verdun, Toul, Épinal, Belfort, Besançon, Dijon, Langres, Lyon, Grenoble Briançon, et tant d'autres villes que j'oublie. Notre **artillerie** (fig. d'ensemble page 59) est d'une perfection redoutable : car on l'a refaite à neuf, en tenant compte de tous les progrès de la science.

— Monsieur, dit Simon Ferrier, nous avons des canons énormes, à ce que l'on dit?

M. Prévôt. — Oui, nous en avons d'énormes, de gigantesques, qu'on ne peut faire mouvoir qu'à grand renfort de bras et de machines, comme les canons qui servent à la défense de nos côtes; mais nous en avons aussi qui sont très légers, ce qui ne les empêche pas de lancer leurs projectiles à des distances qui se comptent, non par mètres, mais par kilomètres. Et cependant je vous assure qu'ils n'ont pas l'air bien terribles, tant ils sont fins, élégants, je dirais presque coquets.

— De vrais joujoux, quoi! dit Yves Gloanec.

M. Prévôt. — Oui, des joujoux, mon cher Yves, mais des jou-

---

[1] **Pont de bateaux.** — Pendant la guerre, des soldats d'artillerie, appelés **pontonniers**, peuvent construire en quelques heures des ponts de bateaux (fig.). Pour cela, dans le cours d'eau à traverser, des bateaux sont arrêtés de distance en distance, d'une rive à l'autre. Puis ces bateaux sont unis deux à deux avec de longues poutres. Sur ces poutres on étend de fortes planches. Dès lors l'armée peut passer, même avec des canons (fig.). (Voir *Tu seras soldat*, par le capitaine Lavisse, librairie Armand Colin et Cⁱᵉ.)

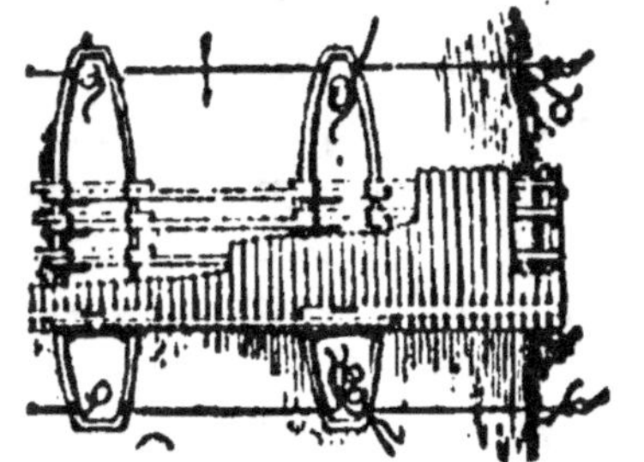

Pont de bateaux.

joux pour servir au terrible jeu de la guerre, où les joueurs risquent non seulement leur vie, ce qui est déjà quelque chose, mais encore leur honneur et leur liberté, ce qui est bien davantage. Heureusement nos soldats français, qui sont aussi des citoyens, et qui en temps de guerre se battront pour leur famille et pour leur Patrie, se rendent compte de leurs devoirs. Tenez, pendant les dernières grandes manœuvres* qui ont eu lieu dans nos environs, vous avez dû remarquer comme moi l'entrain des jeunes soldats de l'armée active, le sérieux et la force de résistance des réservistes* rappelés pour quelques jours sous les drapeaux : cela faisait plaisir à voir, n'est-ce pas? Car de bons citoyens, assez exercés et assez disciplinés pour faire de bons soldats, voilà qui vaut mieux encore que les canons et que les forteresses, voilà le *vrai rempart d'une nation!* »

8. — UNE CONQUÊTE PACIFIQUE. — SAVORGNAN DE BRAZZA

(Récit de M. Prévôt à ses élèves. *Suite.*)

« Alors, monsieur, dit le jeune et bouillant Yves Gloanec, puisque nous avons de bonnes armes, de bonnes forteresses, de bons soldats, nous allons recommencer la guerre, bien sûr?

M. Prévôt. — Je n'en sais rien, mon cher ami, mais ce que je sais, *c'est que personne n'ose nous chercher querelle.* Disons-nous bien qu'on y regarde à deux fois avant d'attaquer un peuple qui peut armer près de quatre millions d'hommes, équiper près de 500 bâtiments de guerre, montés par plus de 40 000 marins, un peuple qui a conscience de sa force et de son droit, et qui n'a cessé de montrer son courage sur tous les champs de bataille du monde! Avec de pareilles

---

¹ **Armes anciennes et modernes** (fig. p. 39). — C'est vers le milieu du xive siècle que l'usage de la **poudre à canon** se répandit en Europe. Alors les armes primitives (fronde, arc, arbalète, baliste, etc.) furent remplacées par les **armes à feu**, qui deviennent chaque jour plus puissantes et plus meurtrières (Arquebuse, fusil, canon, mitrailleuse Hotchkiss ou canon-revolver, etc.).

ARMES ANCIENNES ET MODERNES[1] (Fig. d'ensemble).

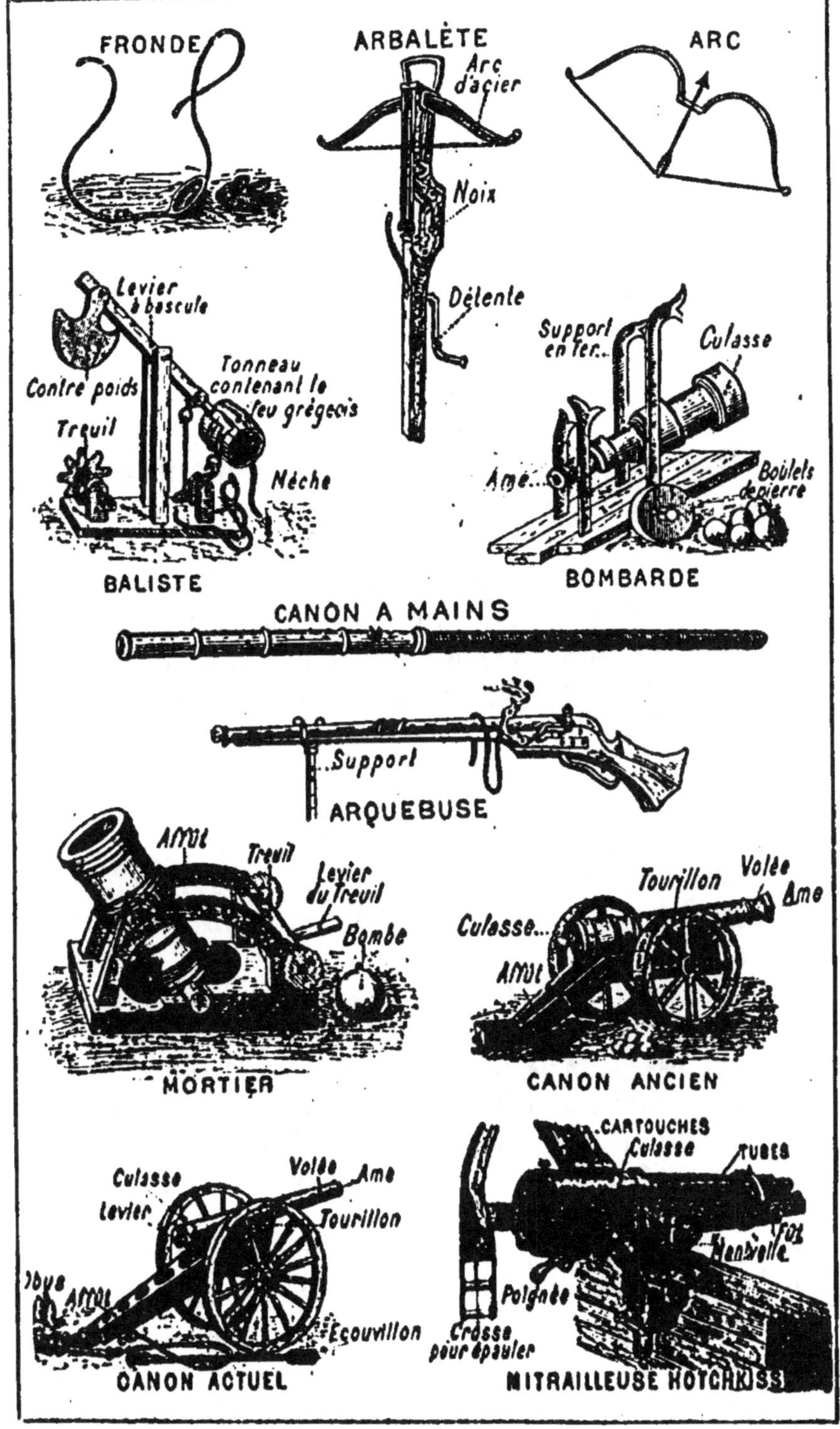

ressources, nous n'avons peur de personne. Seulement nous ne voulons attaquer personne. Si nous avons dû prendre les armes au Tonkin* et en Tunisie*, c'était pour venger des injures insupportables, c'était pour assurer la paix à nos colons et leur permettre de travailler en toute tranquillité. Car, croyez-le bien, mes chers enfants, c'est avant tout une œuvre de paix, de travail et de civilisation que la France veut accomplir dans ses diverses colonies. Les conquêtes qu'elle préfère, ce sont les conquêtes pacifiques, comme par exemple celle de **Savorgnan de Brazza** (fig.) qui, en Afrique, nous a donné sans violence le *Congo français* (carte, page 41), c'est à dire un territoire grand comme la France elle-même. Quel beau triomphe que celui d'un homme qui s'en va presque seul vers l'intérieur de l'Afrique, à travers des régions inconnues, sur un fleuve dont il sait à peine le nom, et finissant par obtenir du roi Makoko, en 1880, un traité favorable à la France ! »

Savorgnan de Brazza (en costume arabe), explorateur du Congo (1875-1882).

Le petit Blaise Chaplambert, si sérieux jusqu'à cet instant, ne put s'empêcher de rire en entendant le nom du roi Makoko.

Son frère Nicolas lui fit aussitôt les gros yeux : mais M. Prévôt, toujours bon et indulgent, reprit Nicolas en disant :

« Nicolas, ne blâme pas ton frère : ne faut-il pas que les enfants s'amusent un peu? Il est certain que le nom de ce roi sauvage est assez drôle, et le nom de sa capitale ne l'est pas moins : elle s'appelle Fa-Fa. Mais vois-tu, mon cher petit Blaise, si tu t'étais trouvé comme Savorgnan de Brazza devant un chef respecté de toutes les tribus du pays, et si tu t'étais dit : « Voilà un roi qui n'est pas beau, qui a un « nom risible, un costume encore plus comique : mais il « lui suffirait d'un signe pour faire tomber ma tête ou pour « me livrer aux plus cruels supplices, ou du moins pour me « faire vendre comme esclave à l'un de ses voisins », je crois, Blaise, que tu n'aurais plus eu du tout envie de rire.

BLAISE. — Sûrement, monsieur, je n'aurais pas été tranquille.

M. PRÉVÔT. — Tu comprends maintenant, je l'espère, la

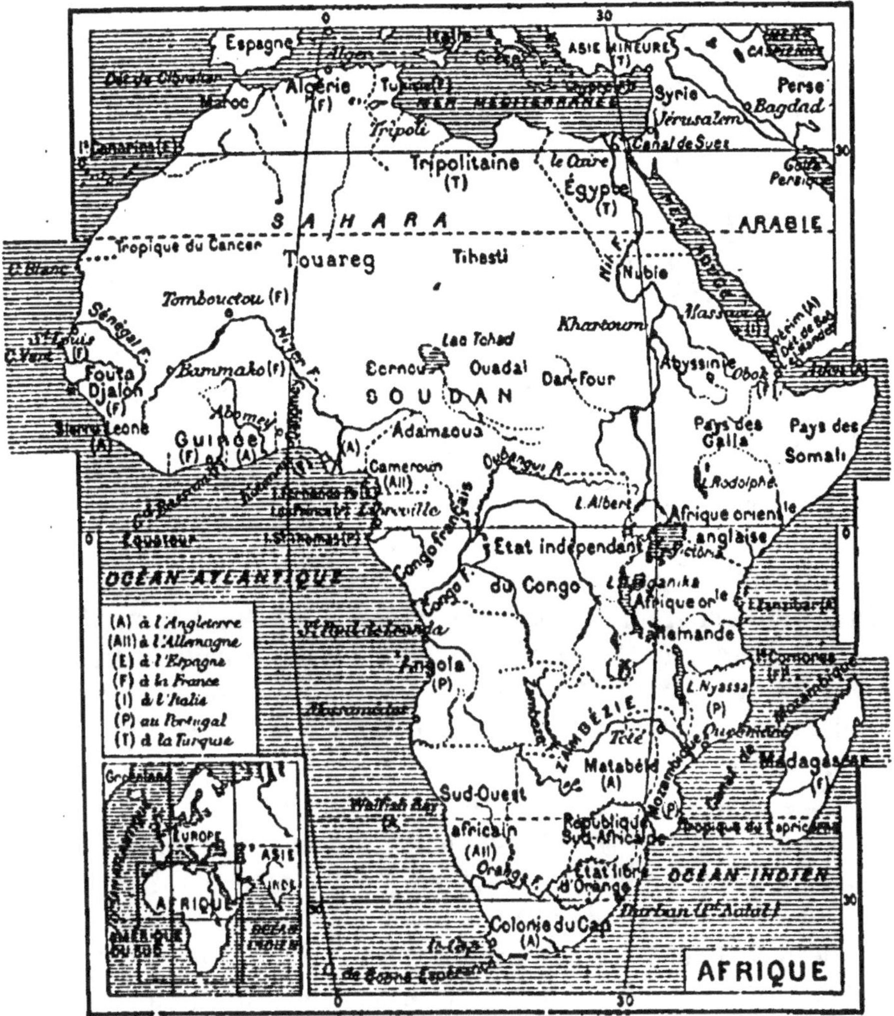

Carte d'Afrique, indiquant les **possessions françaises**, Algérie, Tunisie, Sénégal, Soudan, Guinée, Congo, Madagascar, etc.

grandeur et l'audace des expéditions menées à bien par Savorgnan de Brazza. Il a subi toutes les souffrances qu'on peut endurer sous le ciel de l'Afrique, dans un pays sauvage; il a dû marcher, les pieds tout endoloris, sur un sol brûlant; il a remonté sur de mauvaises barques le dangereux Congo; mais, ce qui est plus glorieux encore pour lui, c'est d'avoir eu recours, pour avancer vers l'intérieur de l'Afrique, à la douceur, à la persuasion, et non point à la violence; c'est d'avoir imité le bon **Livingstone** (fig.), qui s'en allait pacifiquement au milieu des tribus de l'Afrique, conjurant les sauvages de renoncer à leurs inimitiés et à leurs usages cruels, pour s'aimer les uns les autres. Oui, mes enfants, Livingstone s'appliquait à éclairer l'esprit de ces hommes naïfs; il élevait leur cœur, il leur apprenait à travailler, il les soignait dans leurs maladies : aussi des villages entiers allaient au devant de lui, en lui disant : « Viens « avec nous, toi qui nous apportes « la paix, le sommeil et la santé! »

Livingstone (1813-1873), explorateur anglais, fit de grandes découvertes en Afrique.

« Tel était Livingstone, mes chers enfants. Savorgnan de Brazza l'a pris autant que possible pour modèle, bien loin de faire comme certains autres explorateurs qui, vers le même temps, parcoururent la même région en s'ouvrant un passage à coups de fusil. Ceux-là *avaient semé le vent*, comme on dit : *ils ont récolté la tempête*; ils avaient semé la crainte, ils ont récolté la haine, tandis que la douceur de Savorgnan de Brazza a déjà reçu sa récompense.

« Les envoyés du roi Makoko sont venus au-devant de lui, ils lui ont dit : « Makoko connaît le grand chef blanc, il « sait que ses terribles fusils n'ont jamais servi à l'attaque, « et que la paix et l'abondance accompagnent ses pas. Il me « charge de t'apporter la parole de paix et de te guider, parce « que tu es son ami. » Alors Savorgnan de Brazza fut conduit auprès du roi : il s'entretint avec ce sauvage, frappa son esprit en lui parlant des merveilles de la civilisation, et gagna définitivement son amitié. Dans une de ces réunions que les sauvages appellent des *palabres* (fig.), tous les chefs du pays se déclarèrent les amis de la France. Un grand trou fut creusé : les sauvages y mirent de la poudre, des balles, des flèches; Brazza fit comme eux; la fosse fut comblée, et un arbre, l'arbre de la paix, fut planté par-dessus. C'est ainsi que la guerre fut enterrée; et, pendant que je vous parle, mes chers enfants, notre étendard national, ce même drapeau que notre mitrailleuse défendit à Champigny, ce drapeau qui a été planté sur les murs de Sfax, flotte au cœur de l'Afrique, sur la case qui sert de palais à un roi sauvage ; il y flotte comme un signe d'alliance entre les peuplades barbares de l'Afrique et la nation la plus humaine, la plus polie et la plus chevaleresque du vieux monde.

— Ah ! monsieur, la belle conquête, murmura Nicolas Chaplambert.

— Belle conquête, en effet,

Savorgnan de Brazza et Makoko font planter l'arbre de la paix.

répondit M. Prévôt, puisqu'on peut dire *qu'elle n'a coûté ni sang ni larmes !* »

9. — LA FRANCE DE PLUS EN PLUS PROSPÈRE. — PROGRÈS DE L'ENSEIGNEMENT

(Récit de M. Prévôt à ses élèves. *Suite.*)

Nicolas Chaplambert voyait, comme ses camarades, la beauté de ces grandes entreprises coloniales. Mais, si jeune qu'il fût encore, il était déjà très raisonnable ; il aimait à réfléchir et à se rendre compte de tout. Il dit à M. Prévôt :

« Je comprends pourquoi la France envoie ses enfants en Algérie, en Tunisie, au Congo, au Tonkin et ailleurs : mais je me demande comment elle peut faire tant de choses au dehors, sans négliger un peu ce qui lui reste à faire chez elle.

M. PRÉVÔT. — Cela t'étonne, Nicolas? Hé bien, dis-moi : quand tu as joué, couru, sauté tout à ton aise, quand tu t'es longtemps promené au grand air, n'est-il pas vrai que tu n'en travailles que mieux, une fois rentré dans l'école ou à la maison?

NICOLAS CHAPLAMBERT. — Certainement, monsieur, je l'ai remarqué bien des fois.

M. PRÉVÔT. — Mon cher Nicolas, les peuples sont comme toi, comme tes camarades, comme tout homme bien portant et actif. Ils ont besoin de sortir de chez eux, il leur faut de l'air et du mouvement, ou, si tu veux que je parle comme nos députés, il leur faut un peu d'**expansion**. Quand ils peuvent favoriser cette expansion, nécessaire en quelque sorte à leur santé, envoyer au loin leurs navires, établir des colonies un peu partout, trouver des *débouchés* pour leur commerce, c'est-à-dire des marchés nombreux, où ils peuvent aller vendre les fruits de leur terre et les produits de leurs usines, alors ces peuples sentent croître leurs forces, et leurs affaires vont aussi bien au-dedans qu'à l'extérieur.

« Aussi, la France, loin d'être fatiguée par ses expéditions coloniales, qui lui ont cependant coûté tant d'efforts et de sacrifices, la France a déployé chez elle, dans ces dernières années, et déploie plus que jamais une activité incroyable. Elle approfondit ceux de ses ports de commerce qui se sont ensablés, elle ajoute sans cesse de nouvelles mailles à cette espèce de grand filet que forment les *réseaux* de nos chemins de fer; à peine a-t-elle étonné le monde par une exposition universelle, qu'elle en prépare d'autres plus merveilleuses encore. Bref, tous les bons Français se sont adonnés au travail avec une égale ardeur, chacun selon ses forces et ses talents, chacun dans son rôle, le soldat à l'armée, le laboureur dans son champ, l'ouvrier dans son usine, le marin sur son navire, et....

— Et l'instituteur dans sa classe, s'écria vivement Nicolas Chaplambert.

— Je ne l'aurais pas dit, mon cher Nicolas, reprit

M. Prévôt, car je n'ai déjà que trop parlé de moi. Mais enfin, puisque l'on me met sur ce chapitre, je n'ai pas à vous dissimuler, mes chers enfants, que les instituteurs font de leur mieux pour préparer à la France de bons serviteurs.

« C'est là notre tâche principale. Je le comprends mieux chaque jour, mais je l'ai senti dès la fin de la guerre de 1870. Le jour où la paix fut signée, j'étais de service au fort de Montrouge. L'amiral qui commandait le fort s'intéressait particulièrement à moi. — J'ai toujours pensé que c'était parce que mes camarades lui avaient parlé de ma mitrailleuse. — Quoi qu'il en soit, il vint à moi et me dit avec bonté :

— Prévôt, la paix est signée : qu'allez-vous faire désormais? Voulez-vous rester à l'armée? vous seriez lieutenant dans deux ou trois ans.

— Je vous remercie, mon amiral, dis-je, et je vous garderai toujours la plus vive reconnaissance. Mais je n'ai qu'un désir : reprendre ma profession d'instituteur.

— Hé bien, je vous

« Je vous approuve. »

approuve (fig.), me répondit-il. Pour le moment, voyez-vous, le rôle des soldats est fini, celui des instituteurs recommence. C'est aux instituteurs qu'il appartient de former les générations nouvelles, que de si grands devoirs attendent. On nous dit que les Allemands ont dû leurs victoires à leurs maîtres d'école : il faut que nos instituteurs travaillent de toutes leurs forces au relèvement de la France.

« Ces paroles de l'amiral me reviennent à l'esprit, mes chers enfants, toutes les fois que mon zèle se refroidit; alors je suis pris d'une nouvelle ardeur, et, comme mes collègues, je me donne de plus belle à la grande œuvre de l'éducation nationale. D'ailleurs, je me hâte de le dire, tout le monde vient à notre aide. Les communes*, les départements*, l'Etat*, se sont imposé pour nous, ou plutôt pour vous, mes chers élèves, des dépenses extraordinaires. Si les chiffres n'ennuyaient pas tant notre ami Yves, je vous en citerais de curieux.

YVES GLOANEC. — Oh! monsieur, que vous êtes méchant! Citez-nous ces chiffres, c'est moi qui vous en prie!

M. PRÉVÔT. — En voici : le second Empire* consacrait à l'enseignement primaire douze millions de francs, et c'était déjà un grand progrès sur le gouvernement de la Restauration*, qui n'accordait que 50 000 francs. A ce même enseignement la République donne plus de cent millions par an, et notez que je ne compte pas les dépenses des départements et des communes.

SILVAIN CHAPLAMBERT. — Cent millions, c'est une belle somme que la France prend dans sa bourse!

M. PRÉVÔT. — Une somme encore insuffisante pour réaliser toutes les réformes désirées. Mais n'importe, vous n'avez pas à vous plaindre, jeunes écoliers d'aujourd'hui : vous recevez gratuitement l'instruction nécessaire maintenant à quiconque veut se faire sa place dans la vie. Vous êtes dans des écoles vastes, bien éclairées, bien chauffées, bien aérées. Vous avez de belles cartes géographiques.

NICOLAS CHAPLAMBERT. — Et de beaux tableaux qui parlent aux yeux.

SIMON FERRIER. — Et de beaux modèles d'écriture et de dessin. (fig.).

Instruments et modèles de dessin. (fig.).

M. PRÉVÔT.—En tout cela, mes chers enfants, dans la forme de vos tables ou de vos fenêtres, dans les illustrations de vos livres, dans vos appareils de gymnastique, dans vos méthodes d'écriture et de dessin, dans tous ces détails, vous avez la preuve que tout le monde pense à vous, travaille pour vous; vous avez la preuve qu'à l'école comme ailleurs, *la France recherche avec ardeur le progrès.* »

10. — UNE PRÉDICTION DE M. PRÉVÔT EN 1882

(Fin du récit de M. Prévôt à ses élèves.)

M. PRÉVÔT. — Mes chers enfants, il est temps que je m'arrête. Mais si je ne puis vous dire tout ce que je voudrais, je vous en ai dit assez pour vous montrer comment la France s'est mise résolument à l'œuvre, pour réparer l'effet de ses malheurs et de ses ruines, à force de travail et d'énergie. Elle a beaucoup fait déjà, mais elle est comme ces braves qui se disent : « *Rien n'est fait, tant qu'il reste quelque chose à faire.* » Aussi elle ne s'endort pas sur ses succès; elle en veut d'autres encore, et elle les aura, c'est moi qui vous le dis. Elle a déjà le droit de s'estimer elle-même; elle est estimée des nations étrangères. Si, au moment où je vous parle, elle paraît encore un peu isolée en Europe, si aucun peuple ne lui tend ouvertement la main, je suis convaincu que, dans quelques années, elle trouvera au dehors des amitiés fidèles : si, par exemple, la Russie saisissait la première occasion pour lui montrer de la sympathie, cela ne m'étonnerait pas. Certes je ne me pique pas d'être prophète, je ne suis pas dans le secret de l'avenir; et cependant, mes chers enfants, je vais vous faire une prédiction; retenez-la bien, et dans une dizaine d'années, si nous sommes encore de ce monde, si nous avons le bonheur de nous trouver réunis comme nous le sommes en ce moment, vous me direz si je me suis trompé : *je crois pouvoir vous prédire pour notre cher pays une tranquillité, une prospérité durables; j'espère que d'ici quelques années, il trouvera des alliés et des amis, et reprendra sa vraie place dans le monde,* et cela tout doucement, tout paisiblement, sans guerre, sans violence, rien que par l'effet de sa sagesse et de sa loyauté.

« Mes enfants, voilà ma prédiction. A vous de la réaliser.

Préparez-vous dès aujourd'hui à faire tout ce que la Patrie exigera de vous. Dans peu d'années elle vous appellera sous les armes, comme les conscrits que vous suiviez tout à l'heure. Employez bien votre temps d'ici là, et souvenez-vous que, pour devenir un jour d'honnêtes citoyens et de vaillants soldats, le meilleur moyen *c'est d'être d'abord d'irréprochables écoliers.* »

*
* *

A ces mots, M. Prévôt, ayant tiré sa montre, se leva d'un bond, en s'écriant :

« Comme il est tard déjà, mes chers enfants! Nicolas Chaplambert emmène vite tes deux frères, vous avez tout juste le temps d'arriver à la ferme de votre père avant la nuit. Toi, mon cher Yves Gloanec, tu ne savais pas bien tes leçons, hier : va vite apprendre celles de demain! Et toi, Simon Ferrier, tu feras bien de rentrer sans retard, ta grand'mère doit t'attendre avec impatience : cours la rejoindre, pour allumer son feu et l'aider à préparer le repas du soir! »

Les enfants se retirèrent à regret, reconduits par M. Prévôt. Ils s'éloignèrent en marquant le pas comme les conscrits, et, tout remplis de l'idée que la loi militaire les convoquerait eux aussi, ils chantèrent d'un ton sérieux, avec une émotion respectueuse, le couplet de la *Marseillaise* qui convenait à leur âge :

Nous entrerons dans la carrière,
Quand nos aînés n'y seront plus!
Nous y trouverons leur poussière
Et la trace de leurs vertus;
Bien moins jaloux de leur survivre,
Que de partager leur cercueil,
Nous aurons le sublime orgueil
De les venger ou de les suivre!

ROUGET DE LISLE.

*
* *

Quand M. Prévôt rentra chez lui, il se trouva en face de sa sœur, qui se mit à le gronder affectueusement : « Ah! mon frère, lui dit-elle, je ne suis pas contente de toi : tu veux donc t'épuiser avant l'âge! Tu parles trop : tu sais bien que ta gorge n'est pas en très bon état, depuis les campagnes de 1870. Tu ne te reposes pas assez; si notre pauvre mère était encore de ce monde, sois sûr qu'elle te ferait autant de reproches que moi! »

M. Prévôt sourit doucement, et se contenta de dire :

« Que veux-tu, ma chère Marthe, dans notre profession, comme dans beaucoup d'autres, il ne faut pas mesurer sa peine, si l'on veut faire quelque bien. Et d'ailleurs, comment veux-tu que je t'obéisse, puisque tu te fatigues tout autant que moi, sinon davantage? Depuis que tu as été nommée institutrice de Cachan, ne prodigues-tu pas ton dévouement à tes fillettes? Tu sais aussi bien que moi que les instituteurs et les éducateurs ont pour devise la belle parole de Marivaux :

« *Il faut être un peu trop bon, pour l'être assez.* »

*
* *

C'est ainsi que M. Prévôt se dévouait corps et âme à ses chers élèves. Il s'appliquait à leur donner dès l'enfance l'habitude de l'effort, du travail, de l'honnêteté scrupuleuse. Et quand les écoliers, devenus grands, quittaient la classe, leur maître restait leur ami et ne manquait pas une occasion de leur être utile. C'est pourquoi, tout en commençant l'histoire de **Nicolas Chaplambert**, de **Simon Ferrier** et d'**Yves Gloanec**, nous ne disons pas adieu à M. Prévôt : nous le retrouverons, toujours le même, toujours aussi prévoyant, aussi affectueux, aussi dévoué, chaque fois que ses élèves auront besoin de ses conseils, de ses encouragements et de son appui.

A RETENIR

Instruction.

Géographie. — Paris, capitale de la France, seconde ville du monde par sa population (2448000 hab.); assiégée par les Allemands pendant la guerre de 1870-71, ne céda qu'à la famine.

— **Algérie** : colonie française, située au nord de l'Afrique; conquise de 1830 à 1847.

— **Tunisie** ou **Régence de Tunis** : État situé au nord de l'Afrique, à l'est de l'Algérie, et placé sous le *protectoral* de la France, à la suite de l'expédition de 1881 (prise de *Sfax*).

— **Congo français** : pays situé à l'ouest de l'Afrique, exploré de 1875 à 1882, par *Savorgnan de Brazza*, et mis par lui sous le *protectoral* de la France.

Hommes illustres. — **Thiers** : orateur, historien, homme d'État français, né à Marseille ; premier président de la République française, surnommé le *Libérateur du territoire.* — **Gambetta** : orateur français, né à Cahors, fut membre du *Gouvernement de la Défense nationale* et l'un des fondateurs de la République. — **Livingstone** : voyageur et missionnaire anglais, a exploré le centre et le sud de l'Afrique : il est mort en 1873. — **Savorgnan de Brazza** : officier de la marine française, explorateur du Congo.

Connaissances usuelles. — **Eau potable** : eau pouvant servir de boisson journalière. L'eau des puits et des sources n'est pas toujours bonne à boire. Mais on peut l'améliorer à l'aide de certains procédés.

— **Aérostat** : ballon gonflé d'un gaz plus léger que l'air.

— **Pigeons voyageurs** : pigeons dont le vol est très rapide et qu'on utilise comme messagers, surtout en temps de guerre.

— **Armes anciennes et modernes** : fronde, arc, arbalète, arquebuse, fusil ; baliste, bombarde, canon, canon-revolver, ou mitrailleuse Hotchkiss (remplaçant la mitrailleuse de 1870).

Instruction civique. — **Loi militaire** : tout Français doit le service militaire personnel. L'obligation du service personnel est égale pour tous.

— **Service militaire** : armée active, trois ans ; réserve de l'armée active, dix ans, périodes de vingt-huit jours d'exercice ; armée territoriale, six ans, périodes de treize jours d'exercice ; réserve de l'armée territoriale, six ans. Total : vingt-cinq ans.

— **Instruction publique** : *budget de l'enseignement primaire* : 4250 francs sous Napoléon Ier ; 50 000 francs sous la Restauration ; 3 millions en 1848 ; 12 millions à la fin du second Empire ; près de 100 millions aujourd'hui, sans compter les dépenses votées par les représentants des communes et des départements

Education.

— Je ferai mon **service militaire** avec joie et **entrain**.

— Je me battrai avec **courage**. J'obéirai à la **discipline** et je garderai mon poste, dussé-je y périr.

— Je me rappellerai que la victoire est l'œuvre non seulement du courage, mais encore du **sang-froid**, de la **prévoyance** et de la **science**.

— Je n'oublierai pas que les citoyens qui, en temps de guerre, travaillent dans les magasins, dans les usines et dans les **bureaux**, rendent à la Patrie des **services** nécessaires.

— J'admirerai autant que les combattants, ceux qui **relèvent** et **soignent** les blessés.

— Je respecterai les **parlementaires**, ainsi que les **brancardiers** et toutes les personnes protégées par la **croix de Genève**.

— En toutes circonstances je serai bon et **humain**.

— Oh ! les belles conquêtes, que

les conquêtes **pacifiques**, qui ne coûtent ni sang ni larmes, comme celle du Congo!

— En me rappelant tous les efforts que la France a faits depuis 1870, pour réparer ses désastres et reprendre son rang dans le monde, je suis fier de ma patrie. Je vais me préparer à la bien servir, et, pour être un jour un honnête homme, un citoyen éclairé, un vaillant soldat, je prends la résolution d'être d'abord un **écolier irréprochable**.

LECTURE D'ORTHOGRAPHE VISUELLE

(Mots difficiles tirés du Premier Livre de Monsieur Prévôt.)

Lire comme suit : abeille s'écrit avec *ei* après le *b*; — abri s'écrit avec un *i* à la fin du mot; — accablement s'écrit avec deux *c*, etc.

Substantifs.

une abeille
un abri
un accablement
un aïeul
des aïeuls *(grands parents)*
des aïeux *(ancêtres)*
une allégresse
un appel
un applaudissement
un approvisionnement
une arbalète
une ascension
un assaut
une atmosphère
un automne
un auxiliaire
la baïonnette
le bivouac
le blocus
le bœuf
la boue
le bourg
le bravo
les bravos
le budget
la capote
le cauchemar

le cercueil
le champ
le chant
la charrue
le chœur
le cœur
le ciseau
la citadelle
le coin
le coing
le collègue
le commissaire
le compte
le conte
la conscience
le conscrit
le cou
le coup
le dessein
le dessin
le dévouement
la diligence
la discipline
la distance
le dommage
un écho
des échos
un effort
un élan
un engin
un enthousiasme
un entrain
un étang

une exception
une expansion
un explorateur
la fanfaronnade
la fantaisie
le fantassin
la faux
la foi
le foie
une fois
le fond
le fonds *(terre)*
le froid
le frottement
le fusil
le garçon
la goutte
la haie
la haine
l'haleine
le hameau
le hasard
la hauteur
le héraut *(d'armes)*
le héros
un horizon
une hypocrisie
une intendance
une intention
une impulsion
le genou
les genoux

le joujou
les joujoux
le képi
la linotte
la loyauté
le manœuvre
la manœuvre
le mécanicien
le messager
la mousse
un obus
une offrande
un orifice
la paix
le pays
la pente
la persévérance
le poème
la prévoyance
le privilège
la profession
la promptitude
le puits
le rang
la réflexion
le rempart
le renfort
le renseignement
le ressort
la ressource
le revolver
le rhumatisme
le ruisseau

le sacrifice	inattendu	attelle (j')	impressionner
le sang-froid	indolent	attacher	installer
la scie	indomptable	blesser	interrompre
le sens	inhabitable	bouger	jeter
le souffle	ingénieux	camper	jette (je)
la souffrance	insupportable	caresser	mousser
la sympathie	irréprochable	chanceler	noircir
le système	irrésistible	chancelle (je)	offrir
le tambour	joyeux	circuler	panser
la tape	malhonnête	combler	penser
la tante	prétentieux	comprendre	raboter
la tente	silencieux	comprends (je)	rabote (je)
la terrasse	soucieux	courir	raisonner
le théâtre		débarrasser	réchauffer
la trahison	**Pronoms.**	déblayer	recueillir
la tranquillité		déchiffrer	rompre
la trompette	ce (ce sont eux)	descendre	scier
le trompette	ceux-ci	dissimuler	souffrir
le ver (de terre)	ceux-là	efforcer (s')	souffre (je)
le verre (à boire)	se (ils se suivent)	effrayer	triompher
le vers (poétique)		égayer	vanter
le vert (couleur)	**Verbes.**	engager	venter
la voie		enflammer	vente (il)
la voix	abattre	embarrasser	
	accompagner	emmener	
	accomplir	emmène (j')	**Mots**
Adjectifs.	accourir	empresser (s')	**invariables.**
	accrocher	envelopper	
affectueux	accroître	enveloppe (j')	après, prép.
affreux	acheter	fabriquer	à travers, l. adv.
agile	achète (j')	fabriquant (part.)	au-dessus, l. adv.
ambulant	agir	fabricant (un),	aussitôt, adv.
anxieux	aguerrir	subst.	aussi tôt que, l.
bizarre	apercevoir	frissonner	conj.
chaud	appeler	galoper	beaucoup, adv.
excellent	appelle (j')	galope (je)	chez, prép.
étonnant	approfondir	glacer	certes, adv.
fatigant	approcher	grelotter	où, adv.
(fatiguant, part.)	assaillir	grelotte (je)	ou, conj.
héroïque	assaille (j')	harasser	prudemment,
horizontal	assurer	hâter	adv. (prudent,
immortel	astreindre	haleter	adj.)
inaccoutumé	atteins (j')	halète (je)	savamment, adv.
inappréciable	atteler		(savant, adj.)

LIVRE II

HISTOIRE DE NICOLAS CHAPLAMBERT L'AGRICULTEUR

(Première Partie)

---

11. — LE PRINTEMPS. — LES TRAVAUX CHAMPÊTRES. — LES MACHINES AGRICOLES

Le joyeux printemps revenait. Les hirondelles étaient arrivées. M. Prévôt, qui aimait assez à faire concorder les récitations et les lectures avec les moments de l'année, donnait à apprendre à ses élèves de jolies pièces de vers sur la saison printanière. Il n'était de mémoire si rebelle qui ne retînt cette strophe de Laprade* :

> Je suis le *Printemps* ! Dieu m'envoie
> Plein de musique et de couleurs,
> Pour semer la vie et la joie
> Dans les âmes et dans les fleurs.
>
> V. DE LAPRADE, *Poésies* (éd. Lemerre).

Mais ce que M. Prévôt aimait mieux encore, c'était de mener ses élèves dans la campagne, lorsqu'il le pouvait, pour leur faire respirer le bon air, leur faire admirer les petites merveilles cachées dans les moindres plantes, et les accoutumer à prendre intérêt aux travaux rustiques.

C'est pourquoi, pendant l'après-midi d'une belle journée du mois de mars, vous auriez pu le voir se promenant avec ses élèves le long d'une grande route, qui, pareille à un ruban blanc, coupait des prairies et des champs cultivés. Le sérieux Nicolas Chaplambert causait avec son maître. Les autres écoliers couraient, jouaient, se poursuivaient et cherchaient les premières violettes, tout égayés par les rayons d'un clair soleil, et comme enivrés par le souffle vif et léger du printemps.

Au bout d'une demi-lieue, leur ardeur commença à s'apaiser. Ils se rapprochèrent instinctivement de Nicolas Chaplambert et de M. Prévôt, et s'entretinrent avec eux des travaux de la campagne.

L'occasion, il faut le dire, était des plus propices. Car tous les cultivateurs des environs, qui n'avaient pas encore vu depuis l'hiver beaucoup d'aussi belles journées, avaient quitté leur logis pour se disperser à travers les champs. Partout la vie et l'activité reprenaient avec une animation extraordinaire. Le long des chemins on voyait aller et venir des chariots pleins d'engrais. Les laboureurs remuaient le sol pour le préparer à recevoir la semence. Ils tenaient d'une main ferme le manche de la **charrue** (n° 1, fig. d'ensemble), et encourageaient leur attelage. On entendait des voix qui criaient : « Hue! dia! oh! » et des fouets qui claquaient dans les airs. Le soc de la charrue, tout brillant sous le soleil, déchirait la surface du sol; la terre, fendue et soulevée, retombait sur le côté en grosses mottes luisantes, et ces mottes, alignées en longs cordons, étaient ensuite brisées par les dents de la herse.

Des semeurs jetaient dans les sillons de l'avoine et du blé de printemps. Ils marchaient avec une sorte de majesté tranquille. Un sac de toile était devant leur poitrine. Ils y prenaient des poignées de grains, qu'ils jetaient ensuite dans les sillons. Leur bras se balançait d'un mouvement régulier et noble, qui était vraiment beau à voir

MACHINES AGRICOLES (Fig. d'ensemble).

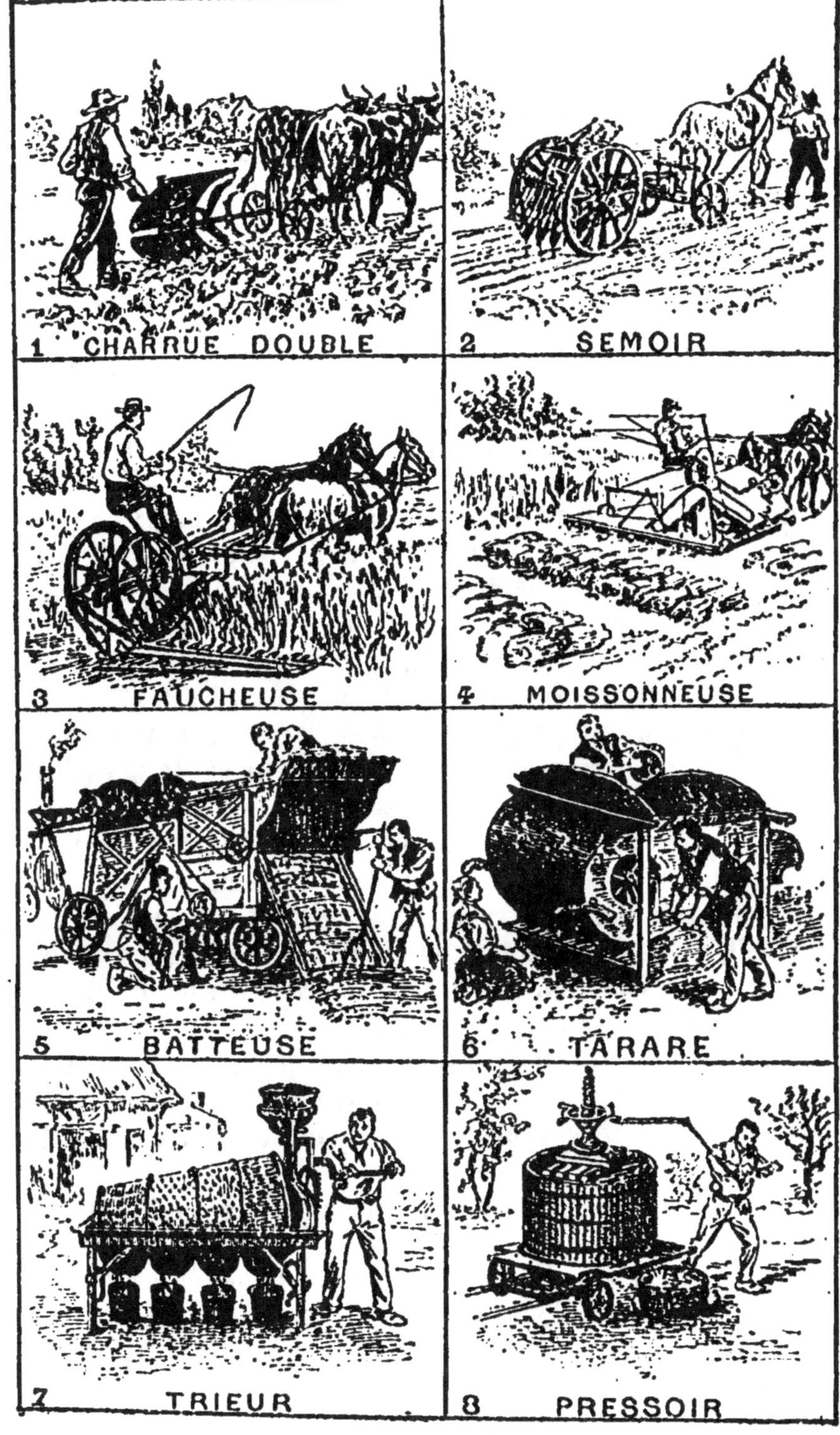

Mais, dans certains champs, ce n'était plus le semeur qui répandait la graine, c'était le **semoir** (n° 2), c'est-à-dire une machine montée sur des roues, traînée par un cheval et formée d'un assemblage de tuyaux qui laissaient glisser les graines dans la terre.

Ce spectacle de la vie de campagne, tout à la fois paisible et active, séduisit Simon Ferrier, qui ne l'avait pas vu aussi souvent que ses camarades : car il passait ses jours de congé non pas à courir les champs, mais à tenir compagnie à sa grand'mère, en faisant de petites mécaniques ou de menus travaux de menuiserie.

« Mon cher ami, dit-il à Nicolas Chaplambert, si je ne désirais pas tant être mécanicien, je voudrais être agriculteur.

— Cela ne m'étonne pas, répondit Nicolas, car, pour moi, je préfère le métier d'agriculteur à tous les autres. Comme le dit M. Prévôt, c'est un métier bon pour le corps et bon pour l'esprit. Et puis, il est si varié! Tiens, regarde! Tu vois, n'est-ce pas, un tableau plus joli que tous ceux qu'on met dans les livres d'images; hé bien, reviens ici à la fin du mois de mai, le tableau aura changé ; mais il sera tout aussi agréable. Les graines auront germé dans la terre; les feuilles et les fleurs auront poussé; les prés et les champs seront revêtus de verdure. Alors ce sera le moment de faire les foins. Tu verras les faucheurs s'avancer pas à pas dans certains prés, en coupant l'herbe de leur faux tranchante. Dans d'autres prés, des **faucheuses mécaniques** (n° 3) exécuteront le même ouvrage. Et puis on fera faner l'herbe au soleil, avant de la mettre en meules ou de la transporter dans les greniers, sur de grands chars qui s'en iront en branlant doucement le long des routes.

Simon Ferrier. — Voilà qui doit être bien amusant, Nicolas!

Nicolas Chaplambert. — Oui, Simon c'est très amusant; demande plutôt à Yves Gloanec : un jeudi de l'an dernier, il est venu faire les foins avec nous.

Yves Gloanec. — C'est vrai! nous avions chacun un râteau pour éparpiller l'herbe et la faire sécher plus vite : tu te rappelles, Nicolas, comme elle était parfumée et comme il faisait bon se rouler dedans!

Simon Ferrier. — Et la moisson, qu'en dis-tu, Nicolas?

Nicolas Chaplambert. — Je l'aime tout autant. D'ailleurs,

elle ressemble assez à la fenaison. Car bien des gens se servent de la faux pour couper le blé.

— Tu peux ajouter, dit M. Prévôt, qu'on commence à fabriquer des **moissonneuses mécaniques** (n° 4), qui ne se bornent pas à couper le blé sur pied, mais qui le mettent en gerbes et le ficellent, comme si elles avaient nos dix doigts. Seulement ces machines sont assez chères, et ne s'emploient guère que dans de très grandes exploitations agricoles.

Nicolas Chaplambert. — Je n'en ai pas encore vu par ici, mon cher maître; mais on fait grand usage de la **batteuse mécanique** (n° 5), qui sépare si complètement le grain de la paille.

M. Prévôt. — C'est une machine bien commode, en effet, et nos pères auraient été heureux de l'avoir, eux qui étaient obligés de battre leurs épis avec le fléau*, ou de les faire fouler par les sabots de leurs bœufs. C'est comme le **tarare** (n° 6) qui débarrasse si vite le grain des balles* et des poussières, ou comme le **trieur** (n° 7) qui sépare le blé des mauvaises graines et des petits cailloux, ou encore comme le **pressoir à vis** (n° 8), qui, lorsque l'automne est venu, sert à écraser les raisins et les pommes, dont le jus donne le cidre et le vin. Ces machines diverses, plus ou moins récemment inventées, sont d'un grand secours pour le cultivateur. Sans doute, il en est de très chères et de très compliquées, qui ne sont pas d'ailleurs destinées à la petite culture; mais il en est beaucoup aussi qui sont simples et peu coûteuses, et qui permettent au cultivateur d'épargner non seulement sa peine, mais aussi son temps. Et, comme le disent les Anglais :

« Le temps, c'est de l'argent. »

12. — UN CULTIVATEUR ARRIÉRÉ.

Tout en causant, les promeneurs s'étaient rapprochés de la ferme de Maisonvieille, propriété de M. Chaplambert, située à l'entrée de la Beauce*. M. Prévôt s'arrêta, mit sa main au-dessus de ses yeux pour mieux voir, et dit à Nicolas :

« N'est-ce pas ton père que j'aperçois là-bas dans un champ?

— Oui, monsieur, c'est bien lui, répondit Nicolas, et même il me semble qu'il nous fait signe de la main. Voulez-vous être assez bon pour nous conduire près de lui?

— Je ne demande pas mieux, dit M. Prévôt, et rassemblant sa bande joyeuse, il la dirigea du côté de M. Chaplambert.

« Bonjour, monsieur Chaplambert, lui dit-il, quand il fut près de lui. Voilà le beau temps revenu, tant mieux, n'est-ce pas? Quand on aime le travail comme vous, on est content de reprendre sa bêche. Et que faites-vous en ce moment?

— Vous le voyez, monsieur l'instituteur, je *rhabille* mes blés d'automne : pendant l'hiver la surface de la terre s'est durcie ; elle forme une croûte épaisse, qui empêche le blé de se développer et de recevoir assez d'air : je brise cette croûte avec ma bêche.

— Et vous vous servirez ensuite de la herse, car vous en avez une sans doute?

— Oui, monsieur l'instituteur, j'en ai même deux, seule-ment ce sont de grandes charpentes garnies, de pointes ; elles seraient difficiles à manœuvrer sur ce terrain, qui est très inégal.

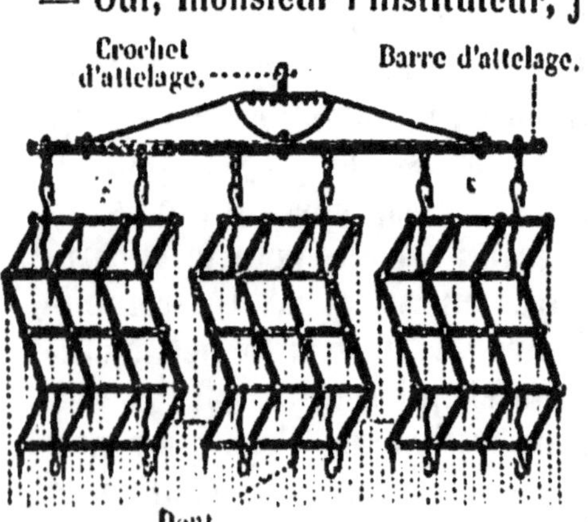

Herse articulée.

— Mais, monsieur Chaplambert, on fait maintenant des **herses articu-lées** (fig.), qui sont for-mées de plusieurs pièces, et se prêtent à tous les plis du sol : elles sont plus légères, plus souples que les autres, et font un bien meilleur travail, je vous l'assure. Ce n'est pas cet achat qui vous gênerait, monsieur Chaplambert, vous avez de quoi.

— Ah! monsieur Prévôt, vous êtes donc toujours pour le progrès?

— Ma foi oui, monsieur Chaplambert, et je ne m'en cache pas. Je suis pour tout progrès réel et sérieux.

— Eh bien! moi, monsieur l'instituteur, je suis pour les vieux usages, et je ne m'en cache pas non plus. Je n'ai pas beaucoup de goût pour la nouveauté. J'aime autant travailler avec mes bras et mes outils, que d'employer toutes ces machines que nos voisins sont si glorieux d'acheter. Nos anciens n'avaient pas de machines, et cependant ils avaient bientôt défriché un bois et bouleversé un champ; ils n'apprenaient pas l'agriculture dans les écoles, et cependant ils étaient aussi habiles que nous! »

Le caractère de M. Chaplambert se peignait tout entier dans ces paroles. C'était un cultivateur sérieux, aimant la terre et ne craignant pas ses peines : mais il était vraiment trop arriéré, trop attaché à certains vieux usages, entièrement condamnés à l'heure actuelle. Il avait beau entendre parler de nouvelles méthodes de culture; il avait beau voir des outils perfectionnés dans les foires, dans les expositions et même dans les domaines du pays : c'était comme s'il n'avait rien entendu, ni rien vu, il restait attaché à sa routine.

Il faut dire, d'ailleurs, que le succès l'avait encouragé dans ses préjugés et dans ses erreurs. Comme il menait une vie d'une sobriété et d'une régularité exemplaires, comme il s'acharnait au travail avec une patience rare, comme, de plus, il avait le coup d'œil très juste quand il achetait son bétail, il vivait et faisait vivre son monde, sans avoir jamais besoin d'emprunter et de s'endetter. Seulement il ne s'enrichissait guère non plus. A peine pouvait-il de loin en loin mettre de côté une cinquantaine de francs : c'était trop peu pour assurer l'avenir de ses enfants.

Ses champs lui donnaient en assez grande abondance du blé, de l'avoine, de l'orge, des pommes de terre, qui n'étaient pas sans valeur. Ses prés nourrissaient des bœufs et des moutons, qui, sans être parmi les plus belles bêtes des marchés, trouvaient des acquéreurs. Ses porcs, tenus dans un état de propreté douteuse, se vendaient assez bien parce qu'ils étaient bien engraissés. Enfin, la proximité du chemin de fer de Sceaux lui permettait d'envoyer à Paris du lait et des légumes, qui se payaient un bon prix.

Mais M. Chaplambert aurait gagné bien davantage, et s'il avait voulu se convaincre de cette vérité que *la routine est aussi funeste à l'agriculture qu'à l'industrie.*

13. — LES BONS AVIS DE M. PRÉVÔT.
— L'ASSOLEMENT. — LE DRAINAGE. — LES ENGRAIS
MINÉRAUX.

M. Prévôt, qui connaissait et estimait M. Chaplambert, tâchait de le corriger de sa routine en causant amicalement avec lui chaque fois qu'il le rencontrait. Aussi, lorsqu'il l'entendit répéter sa phrase favorite : « Il faut faire comme nos anciens », il ne voulut pas laisser ce propos sans réponse.

« Monsieur Chaplambert, dit-il, permettez-moi d'avoir un autre avis que le vôtre. Certes, je suis plein de respect pour les anciens ; mais quand il s'agit d'agriculture, je pense qu'on peut faire mieux qu'eux. Ils cultivaient trop souvent au hasard et au petit bonheur, comme on dit ; ils essayaient tantôt d'une chose, tantôt d'une autre, sans savoir toujours pourquoi. Pour empêcher leurs champs de s'épuiser, ils les mettaient en *jachère*, ou, autrement dit, ils les condamnaient au repos un an sur deux, ce qui leur faisait perdre au moins une récolte tous les deux ans, et en agissant ainsi, ils se croyaient très habiles. Hé bien, aujourd'hui on sait que, pour ne pas épuiser la terre, il suffit de pratiquer l'**assolement** (fig.),

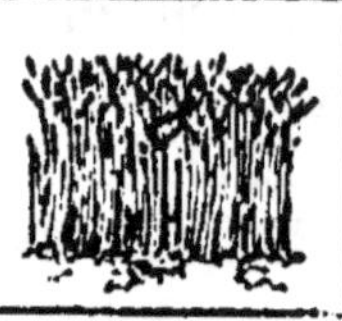

Assolement. — (Démonstration empruntée à la *Première année d'Agriculture*, librairie Arm. Colin.)

c'est-à-dire de varier les cultures en les faisant succéder les unes aux autres dans un certain ordre. Voulez-vous faire une expérience, monsieur Chaplambert ? Choisissez un de vos champs ; mettez-y des betteraves cette année, de l'avoine l'an prochain, du trèfle l'année suivante, du blé, enfin, la quatrième année : vous verrez si vous n'avez pas à vous louer du résultat.

— Tout cela, monsieur l'instituteur, est bien long et bien compliqué; et, ma foi, quand on est laboureur, ce n'est pas pour se casser la tête à faire tant de calculs et de combinaisons. Soit dit sans vous offenser, cher monsieur Prévôt, je crois bien que je continuerai à mettre mes champs en jachère, pour les faire reposer.

— Vous êtes bien libre, monsieur Chaplambert, répondit doucement M. Prévôt; mais je m'en tiens à ce que j'ai dit, et je persiste à croire que les procédés des anciens ne sont pas toujours les meilleurs. Tenez, en voulez-vous une nouvelle preuve? Quand les anciens avaient des prés humides et marécageux, que faisaient-ils pour les assainir? Rien, ou presque rien. Et cependant que faut-il pour améliorer les prés de ce genre? Un peu d'idée, un peu de travail, et très peu d'argent. Car si l'on ne veut pas creuser des fossés profonds, pour y placer des tuyaux de **drainage** (fig.), on peut toujours bien tracer des rigoles dans le sens de la pente du terrain, pour

Drainage : procédé qui consiste à déposer des tuyaux dans les terrains **marécageux**, pour permettre l'écoulement des eaux. (V. en haut la **forme du fossé**.)

diriger les eaux vers le ruisseau ou l'étang le plus voisin. Alors on a de vraies prairies, bien vertes, bien saines, bien productives, et non des marécages·insalubres, pleins de boue, bons tout au plus à produire des joncs, à nourrir des grenouilles et à provoquer les critiques du passant, comme la pièce de terre que je vois là-bas : elle est à l'un de vos voisins, sans doute?

— Vous me pardonnerez, monsieur Prévôt, elle est bien à moi et je songe à l'assainir; mais j'hésite toujours à mettre le travail en train.

— Et cependant ce serait une amélioration bien désirable, ne fût-ce que pour votre santé et pour celle de votre femme et de vos enfants. Mais je vous ennuie, monsieur Chaplambert.

avec toutes mes observations, et puis je vous empêche de travailler. Vous devez m'en vouloir un peu ?

— Non pas, monsieur l'instituteur, j'ai grand plaisir à vous entendre, continuez. Vous avez tout l'air de quelqu'un qui voudrait dire encore quelque chose et qui n'oserait pas; parlez sans crainte, je vous en prie.

— Vous m'avez deviné, monsieur Chaplambert : j'aurais un souhait à vous exprimer; je voudrais vous voir attacher plus d'importance aux **engrais** (fig.), dont les agriculteurs font si grand cas aujourd'hui.

— Ah, ah! dit M. Chaplambert, en riant à gorge déployée, vous allez me vanter les **engrais minéraux**, la *chaux*, le *plâtre*, la *potasse*, la *soude*, les *phosphates*, et toutes ces poudres de perlimpinpin qu'on n'a qu'à jeter sur des cailloux et sur des tessons' de bouteille, pour y faire pousser du blé, des carottes et des betteraves!

— Hé, qui sait, monsieur Chaplambert, dit M. Prévôt, en riant lui aussi, cela se fera peut-être quelque jour. En attendant, il est d'autres engrais dont vous ne nierez pas l'utilité, je pense. Le fumier, par exemple....

— Ah! s'écria M. Chaplambert, pour ce qui est du fumier, vous pouvez en parler! Car cet engrais-là, j'y crois!

— Mais alors, monsieur Chaplambert, voulez-vous me dire pourquoi vous refusez au fumier de votre ferme les soins qu'il mérite?

— Mais je lui donne la plus belle place, la place d'honneur, monsieur Prévôt, au beau milieu de ma cour, et je le laisse s'étendre tout à son aise.

— C'est bien là le malheur, monsieur Chaplambert : car, ainsi placé, le fumier répand dans la maison d'habitation des

Blé venu
avec engrais.

Blé venu
sans engrais.

Utilité des engrais.

émanations malsaines. De plus, foulé aux pieds, comme il l'est, par les gens et par les bêtes, chauffé par le soleil, délavé par les pluies, il perd ses meilleurs éléments, ceux qui sont le plus propres à fertiliser la terre. Ah! combien il serait mieux sur une plate-forme de maçonnerie, entourée d'un petit mur et accompagnée d'une fosse bien cimentée, bonne à conserver le *purin*, qui, tout en étant la partie la plus liquide, est de beaucoup aussi la plus propre à engraisser la terre.

— Cette fois, monsieur l'instituteur, je crois que vous avez raison, et je suivrais peut-être bien votre conseil, si je n'étais pas trop vieux pour changer mes habitudes.

— Ah! monsieur Chaplambert, dit M. Prévôt, laissez-moi vous rappeler le proverbe :

« Il n'est jamais trop tard pour bien faire. »

14. — LA FERME DE MAISONVIEILLE. — L'HORTI-CULTURE. — LA TAILLE. — LE GREFFAGE

M. Prévôt jugea à propos de ne pas trop prolonger cette petite discussion, si amicale qu'elle fût. Il rassembla ses élèves et parla de départ. Mais M. Chaplambert l'invita à venir goûter à la ferme avec sa bande joyeuse. M. Prévôt, qui craignait de le déranger trop longtemps, hésitait à répondre. Mais M. Chaplambert lui dit :

« Monsieur Prévôt, vous ne me refuserez pas ce petit goûter, il y a si longtemps que je vous l'offre! Et vous ferez tant de plaisir à mes deux fils Nicolas et Sylvain que voici, et à leur cadet le petit Blaise, qui est resté à la maison! »

M. Prévôt se laissa convaincre, et, quelques instants plus tard, il se dirigeait vers la ferme de Maisonvieille, avec ses élèves et M. Chaplambert.

Cette ferme de Maisonvieille était faite d'un ensemble de bâtiments déjà anciens, un peu délabrés et assez mal appropriés à leur usage. Ils se ressentaient des goûts de leur propriétaire, M. Chaplambert, qui n'aimait pas beaucoup à renouveler les choses qui l'entouraient, même quand la dépense était faible. Sa nombreuse famille était à l'étroit dans des pièces trop petites. Lui-même ne s'était pas réservé le moindre coin, la moindre chambrette, pour s'y asseoir devant un bureau, et tenir régulièrement ses comptes.

Les animaux n'étaient pas mieux logés que leurs maîtres, cela va sans dire. Si les chevaux, les bœufs, les moutons, les porcs avaient pu parler comme dans les fables, ils auraient dit bien du mal de leurs écuries et de leurs étables, de leur bergerie, de leur porcherie. Ces divers locaux étaient trop bas de plafond ; ils étaient mal aérés, mal éclairés, mal pavés. Quant aux greniers, d'ailleurs assez vastes, on y montait par

La ferme de Maisonvieille.

un seul escalier, raide et étroit, qui partait, non de la cour, mais de la grange.

Tous ces défauts intérieurs n'empêchaient pas la ferme de Maisonvieille d'avoir bon air sous le beau soleil du printemps, et tout y respirait la joie et le contentement, quand nos promeneurs y arrivèrent (fig.). Des poules picoraient, en gloussant, au milieu du fumier ; des porcs, effrayés par les enfants, s'enfuyaient vers la porcherie, en poussant des grognements comiques ; des pigeons voletaient autour de leur colombier, et venaient prendre de la graine dans la main de Jeannette, la fille aînée de M. Chaplambert.

Sur le pas de la porte, Mme Chaplambert, donnant la main à ses deux derniers enfants, le jeune Blaise et la petite Marie, regardait les nouveaux venus d'un air aimable et accueillant. Les enfants la saluèrent les uns après les autres; puis, pendant qu'elle préparait le goûter, M. Chaplambert reprit avec M. Prévôt sa petite querelle amicale, et Nicolas Chaplambert conduisit ses camarades dans le jardin.

Ce jardin était la partie la plus belle du domaine, et aussi la mieux entretenue. Rien n'y manquait de ce que réclame la culture maraîchère*. On y voyait des réservoirs d'eau, des arrosoirs, des cloches à melons, des **châssis vitrés** (fig.), destinés à protéger les plantes contre la froidure.

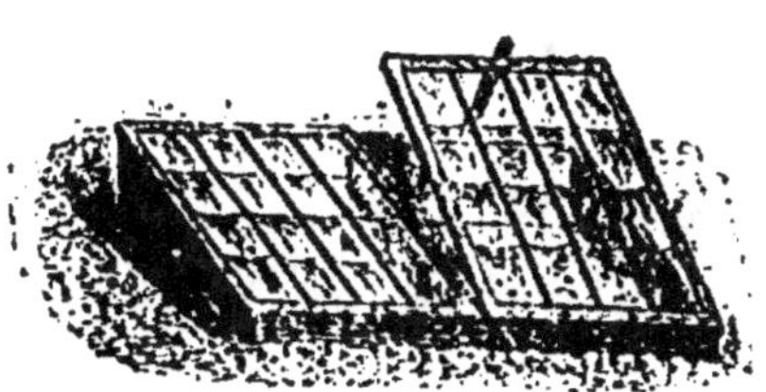

Châssis vitrés.

De grands carrés, séparés par des allées bien sablées, étaient consacrés aux légumes potagers. Dans ces carrés, M. Chaplambert faisait pousser chaque année non seulement les légumes les plus ordinaires, oignons, aulx et poireaux, carottes, raves et navets, pois et haricots, choux, salades, oseille et épinards, mais encore des légumes plus recherchés, comme les salsifis, les asperges et les artichauts, ou comme la tomate au beau fruit rouge, et le cornichon bon à confire dans le vi-

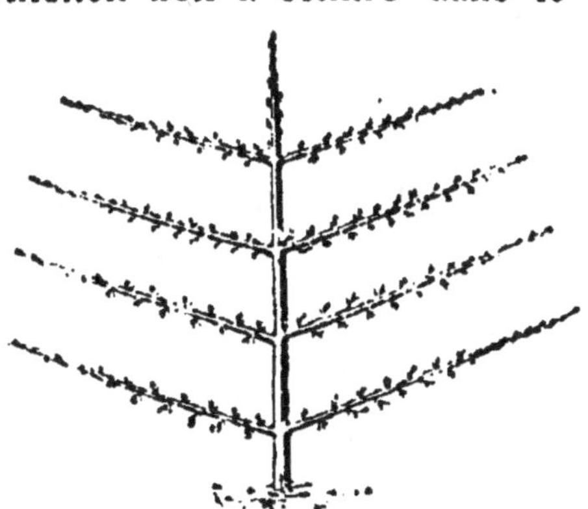

Poirier en palmette.

Poirier en cône.

naigre. Les bordures étaient formées soit par des fleurs variées, soit par des fraisiers, soit par des plants de persil, de ciboule, d'oseille et de chicorée.

Autour des carrés de légumes, et le long des murs bien exposés au soleil, il y avait un grand nombre d'arbres fruitiers : des pommiers, des poiriers, des pêchers, des abricotiers, des coignassiers*. M. Chaplambert prenait grand soin de ses arbres; il les taillait lui-même et se plaisait à leur donner des formes très diverses. Les uns s'étendaient en **palmettes** (fig. page 65), d'autres s'arrondissaient en **cônes** (fig.), d'autres s'allongeaient en **cordons** (fig.) verticaux ou horizontaux. Tous portaient des fruits savoureux.

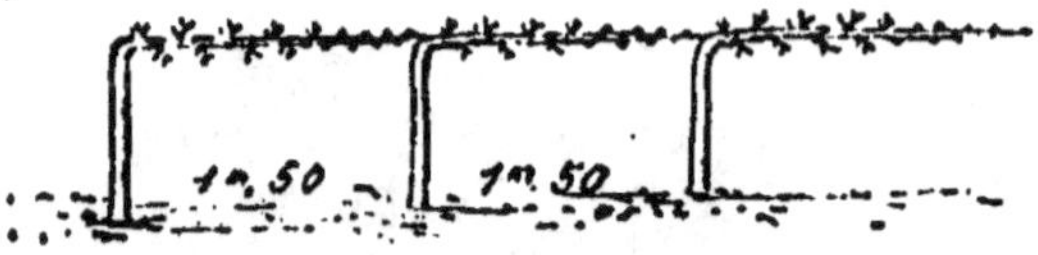

Pommiers en cordons horizontaux.

Le jour où Nicolas Chaplambert introduisit ses camarades dans le jardin de son père, les arbres n'avaient encore ni feuilles ni fleurs. Aussi l'on découvrait aisément la trace du **greffage** sur leurs troncs nus. Les condisciples de Nicolas savaient déjà ce qu'on entend par la *greffe* ou le *greffage*, qui fixe et fait vivre sur une plante, une autre plante de même famille et de qualité supérieure, par exemple un rosier sur un églantier, un pommier fournissant des pommes reinettes, sur un pommier sauvage. Mais ces enfants étaient portés à confondre les trois principaux procédés de greffage. Sur leur prière, Nicolas leur fit une petite démonstration.

« Voyez, leur dit-il, ces deux arbustes enracinés l'un et l'autre. Nous voulons greffer l'un, qui s'appellera le *greffon*, sur l'autre que nous nommerons le *sujet*. Faisons-leur à chacun une entaille; rapprochons-les avec un lien, en ayant soin que les deux plaies s'appliquent l'une sur l'autre. Si la sève est forte, les deux arbustes se soudent. Au bout d'un certain temps on peut couper la racine du greffon : le sujet le nourrira. C'est la greffe par **approche** (fig.).

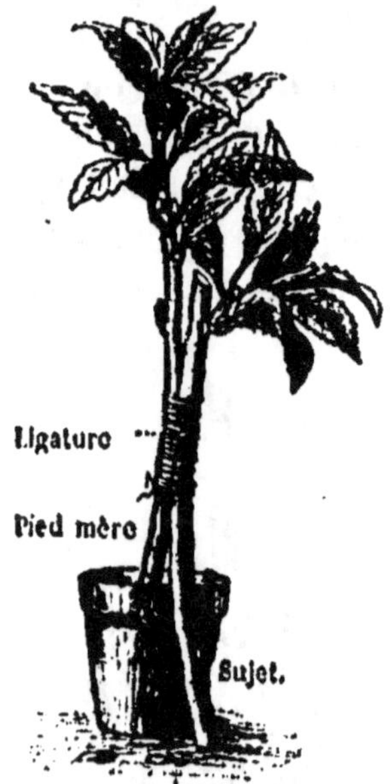

Greffe par approche. — Le greffon ou **pied-mère**, maintenu par la **ligature**, se soude au **sujet** (planté en pleine terre).

— Je comprends très bien, dit Simon Ferrier.

— Et moi aussi, dit Yves Gloanec.

— Et nous aussi, dirent les autres enfants.

— Maintenant, reprit Nicolas Chaplambert, je suppose que nous voulions greffer en **fente** (fig.). Je coupe la tête du sujet, je fends la tige, et dans la fente je mets le *greffon*, taillé en lame de couteau. Pour greffer en écusson (fig.), je fais dans l'écorce du sujet deux incisions en forme de T. Par cette ouverture, je glisse sous l'écorce un *écusson*, c'est-à-dire une petite portion de branche portant ce qu'on ap-

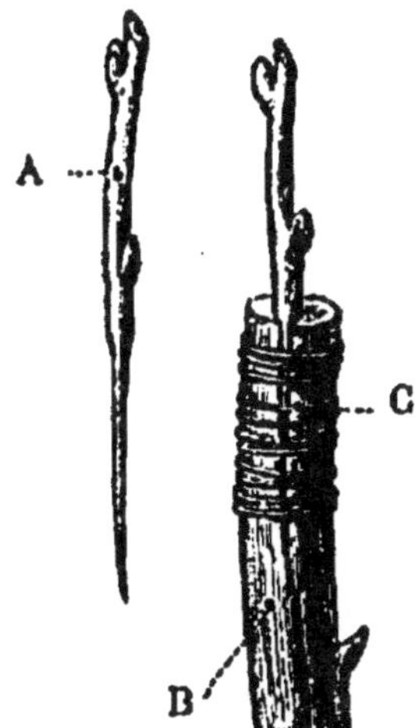

Le **greffon A** est mis dans la fente du sujet **B**, et maintenu par la **ligature C**. La section du sujet est ensuite recouverte de *mastic à greffer.*

Greffe en fente.

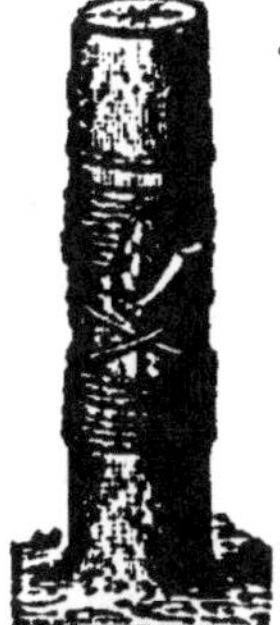

Sujet
avec deux in-
cisions en for-
me de T.

Écusson
portant un
œil A.

Sujet
après l'achè-
vement du
greffage.

Greffe en écusson.

pelle un *œil*. De l'œil sortira un rameau qui fournira de meilleurs fruits que celui de l'arbre primitif. Voilà comment on greffe, mes chers amis. Vous voyez que ce n'est pas beaucoup plus difficile que de faire un sifflet avec une baguette, au temps de la sève. »

* * *

Les enfants continuèrent à visiter le jardin, jusqu'au moment où Blaise Chaplambert et sa jeune sœur Marie vinrent les prévenir que le goûter était prêt.

Ce petit repas champêtre fut servi à l'ombre de la maison, car les berceaux et les tonnelles du jardin n'avaient pas encore leurs feuilles. Le lait, le fromage de la ferme en firent les frais, avec du jambon, des noix, des poires d'hiver, habilement conservées, et des confitures exquises. Pour faire honneur à Mme Chaplambert, qui les avait préparées, M. Prévôt demanda à Simon de dire une pièce de vers apprise en classe. Simon ne se fit pas prier, il se leva et récita d'un ton très juste les *Confitures*, d'André Theuriet :

A la Saint-Jean d'été les groseilles sont mûres.
Dans le jardin, vêtu de ses plus beaux habits,
Près des grands lis, on voit pendre sous les ramures
Leurs grappes couleur d'ambre ou couleur de rubis.

Voici l'heure. Déjà dans l'ombreuse cuisine
Les pains de sucre blanc, coiffés de papier bleu,
Garnissent le dressoir, où la rouge bassine
Reflète les lueurs du réchaud tout en feu.

On apporte les fruits à pleines panerées,
Et leur parfum discret embaume le palier;
Les ciseaux sont à l'œuvre, et les grappes lustrées
Tombent comme les grains défilés d'un collier.

Doigts d'enfants, séparez, sans meurtrir la groseille,
Les pépins de la pulpe entr'ouverte à demi!
La grave ménagère, attentive, surveille
Ce travail délicat d'abeille ou de fourmi.

Vous êtes son chef-d'œuvre, exquises confitures!
Dès que l'été fleurit les liserons du seuil,
Après les longs travaux, lessives et coutures,
Vous êtes son plaisir, son luxe et son orgueil.

A. THEURIET, Poésies (éd. Lemerre).

On applaudit Simon Ferrier, et le goûter finit plus gaiement encore qu'il n'avait commencé. Quand chacun fut restauré et qu'on eut bu un petit coup de vin à la prospérité du domaine et à la santé de ses habitants, il fallut bien songer au départ. M. Chaplambert accompagna M. Prévôt jusqu'à la porte de la cour. Au moment de se séparer, tous deux se retournèrent instinctivement pour embrasser d'un coup d'œil la ferme de Maisonvieille. Le soleil couchant faisait briller dans les vitres des fenêtres d'éclatantes rougeurs.

« Tiens ! s'écria un des écoliers, on dirait des lueurs d'incendie.

— Au fait, dit M. Prévôt à M. Chaplambert, vous avez sans

doute *assuré* vos biens contre la grêle, la foudre et l'incendie ; c'est une bonne précaution, n'est-ce pas ?

— Je n'ai rien assuré du tout, monsieur le maître. L'argent est trop difficile à gagner, pour qu'on le donne à de beaux messieurs qu'on n'a jamais vus, qui demeurent là-bas, à Paris, et qui roulent carrosse avec nos pauvres écus.

— Sans doute, reprit M. Prévôt, il ne faut pas se fier aux premières *Compagnies* venues. Mais il en est qui sont dirigées par des gens très honorables. Elles vous demandent une somme minime, prélevée, il est vrai, sur votre gain ; mais si vous venez à brûler, toutes vos pertes vous sont remboursées.

— Le plus sûr encore, monsieur Prévôt, c'est de faire bonne garde. Je ne me couche jamais qu'après avoir fait ma ronde dans les étables, dans les remises, dans les greniers, et non pas avec une chandelle, mais avec une lanterne bien fermée : car je suis prudent. Aussi n'ayez crainte.

— Je ne crains que pour vous », répondit M. Prévôt, et, sentant qu'il ne pouvait insister davantage sans indiscrétion, parce qu'il avait affaire à un obstiné, il adressa ses remerciements et ses adieux à M. Chaplambert, qui rentra chez lui, après avoir dit à Nicolas de faire un bout de conduite à M. Prévôt.

Bonne assurance,
Remède à mauvaise chance.

16. — PITIÉ POUR LES BÊTES

Les enfants s'en allaient avec M. Prévôt le long du chemin creux qui menait à la route, quand ils rencontrèrent un valet de ferme. Cet homme avait une mine toute triomphante : il venait de clouer un crapaud sur le sol, à l'aide d'un bâton pointu. La pauvre bête avait eu la patte traversée : elle souffrait cruellement, et les efforts qu'elle faisait pour s'échapper ne servaient qu'à élargir sa blessure. Le valet montra son œuvre aux enfants, qui s'attroupaient, et s'écria :

« Voilà une vilaine bête qui ne nous fera plus de mal !

— Hé ! quel mal vous a-t-elle fait ? dit M. Prévôt avec indignation (fig.).

— Est-ce que je sais, moi ? En tout cas, elle est si laide et si malpropre, qu'on fait bien fait d'en débarrasser les jardins.

— Ah! voilà un bon sentiment, en vérité! Parce que le crapaud a le malheur d'être laid, il faut le faire souffrir, n'est-ce pas? Et cependant il est si utile! Les Anglais l'achètent fort cher, pour le mettre dans leurs parcs et dans leurs parterres.

Quel mal vous a fait ce crapaud?

— Que peut faire ce vilain animal au milieu des fleurs, je vous le demande?

— Il les sauve, mon ami : car il les préserve des limaces, des cloportes*, de toute la vermine qui les dévore.

— Vraiment! alors je suis bien fâché de ce que j'ai fait! »

Il se hâta de décrocher le crapaud, qui alla se cacher dans l'herbe, en boitant misérablement. Les enfants suivirent d'un regard compatissant le pauvre être et reprirent leur marche, tout émus de pitié.

« Mes petits amis, dit M. Prévôt, n'imitez jamais ce garçon de ferme. Ne faites pas souffrir les bêtes, même quand elles sont méchantes. Certes, si vous apercevez une **vipère**[1], bien

---

[1] **Tête de vipère; tête de couleuvre.** — La **vipère** (fig.) est dangereuse. Quand elle mord, ses dents versent dans la plaie un poison, ou *venin*, qui peut être mortel. La tête de la vipère se distingue nettement du cou par une saillie, par un renflement, plus prononcé que chez la **couleuvre** (fig.).

Tête de vipère.

Tête de couleuvre.

reconnaissable à sa tête en triangle, vous pouvez la tuer d'un coup de pierre, je ne vous le reprocherai pas. Mais vous laisserez vivre la **couleuvre** inoffensive, et le gentil lézard, qui ne demandent qu'un peu de soleil, en échange des services qu'ils nous rendent, lorsqu'ils mangent les insectes nuisibles à l'agriculture. Quant aux oiseaux, ai-je besoin de vous dire qu'il faut respecter leurs nids ? Les oiseaux sont nos petits amis, nos bons serviteurs. Ils dévorent, eux aussi, les divers insectes qui menacent nos plantes et nos fruits. Comme toi, petit Blaise, ils font la chasse aux mouches, aux chenilles, aux hannetons, aux papillons. La **chouette** (fig.) elle-même, cette pauvre chouette que les ignorants clouent contre les portes des granges, ne nous est pas inutile.

Chouette.

— Oh! monsieur, que je suis content de vous entendre parler ainsi! dit Nicolas, qui faisait la conduite à ses jeunes camarades. Mes deux petits frères ne songent qu'à dénicher les oiseaux.

M. Prévôt. — Ils ont grand tort ! Je serais heureux si mes élèves suivaient un exemple que l'on citait hier dans mon journal.

Simon Ferrier. — Quel exemple, monsieur?

M. Prévôt. — L'exemple des écoliers d'un village des Vosges : ils ont formé une association destinée à protéger les couvées des oiseaux. »

Pendant que M. Prévôt restait en arrière avec Simon Ferrier, qui lui parlait de sa grand'mère, dont la santé commençait à donner des inquiétudes, Nicolas Chaplambert marchait en avant avec le gros de la troupe.

Tout à coup il fit volte-face. Ses camarades se disposèrent en demi-cercle à ses côtés, et ils attendirent que M. Prévôt les eût rejoints.

« Que me voulez-vous? dit-il en souriant.

— Monsieur, dit Nicolas, nous venons de faire une conspiration.

— Contre qui? contre moi?

— Non pas, mais contre ceux qui maltraitent les animaux. Nous ne voulons pas rester au-dessous de nos camarades des Vosges. Nous venons, nous aussi, de former une ligue :

ceux qui protégeront des bêtes, qui sauveront des couvées d'oiseaux, seront mis au tableau d'honneur, si vous le voulez bien. »

M. Prévôt se déclara prêt à entrer dans la conspiration, en se disant à part soi : « Quel brave garçon que ce cher Nicolas, et comme il est avisé! Combien je lui sais gré d'avoir pris l'initiative d'une bonne petite œuvre que je ne voulais pas imposer moi-même à mes élèves. »

Si tu t'accoutumes à faire du mal aux animaux, tu en feras bientôt aux hommes.

FRANKLIN*.

16. — UN BON CONSEIL DE NICOLAS CHAPLAMBERT

« Oui, pensait M. Prévôt, c'est un brave garçon que mon cher Nicolas. Il faut que je lui demande de distraire et d'aider un peu Simon Ferrier, qui me semble dans la peine. »

M. Prévôt prit donc Nicolas à part et lui dit :

« Mon cher ami, tu t'es aperçu sans doute de la tristesse de Simon Ferrier : la santé de sa grand'mère lui donne du souci. Va le voir le plus souvent que tu pourras. Il peut avoir besoin des conseils d'un bon et sérieux camarade comme toi; en tout cas, il a besoin d'affection.

— Vous pouvez compter sur moi, répondit Nicolas. Je vous remercie de la confiance que vous me montrez, et je tâcherai d'en être digne. »

Comme il se faisait tard, Nicolas dit au revoir à ses camarades et à son maître, et serra un peu plus fort que de coutume la main de Simon Ferrier; puis il s'engagea dans un sentier de traverse et regagna la ferme paternelle. Les jours suivants, il passa avec Simon Ferrier presque toutes ses heures de liberté. Il constatait avec chagrin que la grand'mère de son camarade s'affaiblissait sensiblement, et, quand il quittait Simon, il tremblait toujours d'apprendre un malheur, en le revoyant. Un jour qu'il venait faire à son condisciple sa petite visite accoutumée, il le rencontra en chemin. Simon courait de toutes ses forces, et même il était si essoufflé, qu'il eut peine à prononcer ces mots :

« Ma grand'mère a eu un étourdissement; elle s'est cassé la jambe; les bonnes femmes qui la soignent m'envoient chercher le **rebouteur**[1] Roquin (fig.)

— Comment, dit Nicolas, tu vas chez Roquin le rebouteur! crois-tu donc qu'un **médecin**, qui a fait ses études comme M. Dumont, le docteur du bourg, n'en sait pas plus long qu'un preneur de **taupes**[2] comme Roquin, qui ne fait que battre les grands chemins, boire à toutes les auberges, et médire des uns et des autres? Vois-tu, Simon, à ta place, je n'hésiterais pas : j'irais trouver M. Dumont.

Le rebouteur Roquin.

---

[1] **Rebouteurs; docteurs-médecins; vétérinaires.** — Les **rebouteurs** ou **renoueurs** sont des gens qui, sans avoir rien appris, font métier de guérir les entorses, les foulures et tous les accidents de ce genre. Parfois les rebouteurs finissent par avoir une certaine habileté de main. Mais, à cause de leur ignorance, ils font souvent plus de mal que de bien. Le métier de rebouteur est **interdit** par la loi. Pour obtenir le titre de **docteur-médecin** et avoir le droit d'exercer la médecine, il faut avoir fait des **études** longues et coûteuses dans une grande ville; il faut de plus avoir passé des *examens* difficiles.

Les **vétérinaires** sont des **médecins** d'un genre spécial, qui donnent leurs soins aux **animaux**. Avant de pratiquer leur art, ils s'instruisent dans de savantes **écoles**, dont la plus connue est celle d'**Alfort** (voir la carte de la page 25).

[2] **La taupe.** — La **taupe** (fig.) n'est pas aimée des gens de la campagne. Pourquoi? C'est parce qu'en creusant sous le sol de longues galeries, elle coupe des racines et bouleverse des semences. C'est aussi parce qu'en repoussant au dehors la terre qui l'embarrasse, elle élève dans les champs ces petits monticules qu'on appelle **taupinières**, et qui gênent beaucoup les faucheurs. Les agriculteurs font bien d'abattre ces monticules : mais ils feraient bien aussi d'épargner la taupe : car cet utile animal dévore les **vers blancs**, c'est-à-dire les **larves** qui deviennent des **hannetons**.

Taupe.

« Comment le payer, dit Simon ?

— Le docteur, dit Nicolas, est trop charitable pour demander quelque chose aux pauvres gens. Va vers lui avec confiance, pendant que je vais prier M. Prévôt de se rendre auprès de ta grand'mère. »

M. Prévôt entra chez Mme Ferrier au moment où une bonne femme s'apprêtait à lui faire prendre une tisane. Il demanda avec quoi on avait fait ce breuvage.

Tête de pavot.

« Avec trois têtes de **pavots** (fig.) que j'ai trouvées dans un tiroir, dit la bonne femme.

— Une tisane de pavots ! s'écria M. Prévôt : vous risquez avec cela d'endormir pour toujours non seulement le mal, mais aussi la malade ! Ne vous avisez plus jamais de faire de la tisane avec des pavots ! »

Le médecin, qui survenait à l'instant, confirma les dires de l'instituteur. Puis il s'approcha de Mme Ferrier, et, ayant

M. Dumont, le médecin, donne ses soins à la grand'mère de Simon Ferrier.

constaté qu'elle s'était fracturé le tibia', il remit habilement en place les deux parties de l'os, et enferma la jambe dans un appareil destiné à la maintenir en bonne position (fig.).

Au moment de partir, M. Dumont se retourna vers les braves femmes, ébahies de son adresse, et leur dit :

« Mesdames, permettez-moi un petit conseil : vous allez chercher le **vétérinaire** quand vous avez une bête malade, n'est-ce pas ? Pourquoi n'allez-vous pas chercher le médecin quand vous voyez souffrir un être humain ? Et puis, croyez-moi, il faut se méfier même des plantes de nos jardins. Ainsi les pavots sont dangereux, M. Prévôt vous le disait tout à l'heure. Des lilas, enfermés avec vous la nuit, vous donneront sûrement des cauchemars et de grands maux de tête. Vous connaissez bien aussi ces fleurs violettes qui poussent dans les endroits humides et qu'on appelle des *colchiques* : elles ont empoisonné, il y a deux ans, un pauvre facteur qui s'était avisé d'en faire une salade.

— Oh ! ces mauvaises plantes, dit la bonne femme qui avait préparé l'infusion de pavots, j'en débarrasserai notre pré.

— Vous ferez bien aussi, reprit le docteur, de dire à vos enfants que beaucoup de **champignons** (fig.) sont mortels.

— Soyez tranquille, monsieur le docteur, dirent les bonnes femmes, on se méfiera.

— Fort bien, mesdames,

Culture des champignons. — Il ne faut manger des **champignons** qu'avec les plus grandes précautions. Le plus sûr est de s'en tenir aux champignons dits de **couche**, c'est-à-dire cultivés comme on le voit ici, sur des **couches** de fumier et de terreau.

conclut le docteur. Maintenant, Simon, tu vas te constituer le garde-malade de ta grand'mère : je compte sur toi.

— Tu pourras, ajouta M. Prévôt, te dispenser de venir à l'école toutes les fois que ta présence sera nécessaire ici : mais alors, mon cher ami Simon, tu me le promets, tu apprendras tes leçons au chevet de ton aïeule, et je viendrai te les faire réciter. De plus Nicolas Chaplambert t'apportera de ma part des devoirs à faire. Il est là dehors, dans la cour : je vais l'avertir, tout en lui donnant des nouvelles rassurantes. Adieu, surveille bien ta malade : fais en sorte qu'on ne babille pas trop autour d'elle et qu'on respecte son repos.

« — A cette condition, mesdames, dit le bon docteur, je réponds de la guérison. »

La santé est comme la bourse : il ne faut pas la confier au premier venu.

17. — LA FOUDRE

Les mois passèrent. La grand'mère de Simon se rétablissait à vue d'œil, grâce au beau temps.

Le blé mûrissait, et déjà les épis, bien pleins et bien lourds, se balançaient sous la brise.

Quand on rencontrait le père Chaplambert, soit dans sa carriole, soit au bord de son champ, il faisait vraiment plaisir à voir : il se frottait les mains et disait à tout venant : « Le beau temps, n'est-ce pas, pour les gens et pour les bêtes ; et pour les récoltes aussi ! »

Pauvre homme ! le 2 juillet lui ménageait une déception.

Il était allé à Arcueil pour faire réparer une pelle chez le forgeron. Avant d'y arriver, il fut surpris par un orage, et, comme il était toujours pour les vieilles coutumes, il n'eut rien de plus pressé que de se mettre à l'abri sous un arbre, ce qui est très dangereux, on le sait. L'orage fut violent, mais court, et M. Chaplambert se rendit à la forge sans trop tarder. Il y était depuis une demi-heure et causait avec le forgeron sur le pas de la porte, quand des cris *au feu !* retentirent ; puis presque aussitôt les deux pompes de la commune passèrent au grand galop de leurs chevaux.

« Où est le feu ? demanda le père Chaplambert.

— Sur le plateau, lui répondit un pompier ; la **foudre** (fig.) est tombée près des fermes de Maisonvieille ! »

M. Chaplambert devint pâle.

La foudre.

« — Allons, montez sur le siège, près de nous ! » lui dit le pompier, qui avait pitié de lui.

Ah! comme les chevaux marchaient lentement au gré du pauvre cultivateur! Enfin ils arrivèrent sur le plateau. Chaplambert jeta dans la direction de sa demeure un regard éperdu : elle était en flammes!

Il eut comme un éblouissement. Il fût tombé de son siège, si son voisin ne l'avait pas retenu par le bras.

Quelques instants plus tard, les pompes arrivaient devant la ferme de Maisonvieille. M. Chaplambert mit pied à terre avec l'aide des pompiers. Il était tout étourdi, et se soutenait à peine. Sa première pensée fut pour sa femme et pour ses enfants : il demanda, en bégayant, de leurs nouvelles.

« Votre femme est sauvée, lui répondit-on. La voilà là-bas avec votre père, votre fille Jeannette et vos fils, Sylvain et Blaise!

— Et mon fils Nicolas, et sa petite sœur Marie, où sont-ils?

— Vous allez les voir bientôt! »

On n'osait en dire davantage au malheureux père. En réalité, l'on n'était pas encore rassuré sur le sort de Marie et de Nicolas.

Marie était au grenier, cherchant des œufs, quand le feu avait éclaté dans le foin. Nicolas, avec ce beau sang-froid tranquille qu'il gardait toujours, s'était mis à sa recherche. Ni l'un ni l'autre n'avaient encore reparu.

Un craquement se fit entendre : l'escalier du grenier s'effondrait, l'escalier par où Nicolas venait de monter! Une sourde clameur s'éleva des poitrines toutes haletantes d'angoisse; puis un silence mortel régna : l'on attendait...

Enfin un cri de joie retentit. « *Les voilà!* » C'était un vrai cri de mère, qui remua tous les cœurs. A travers la fumée, Mme Chaplambert avait aperçu, debout dans l'embrasure d'une fenêtre, par où, en temps ordinaire, l'on engrangeait des bottes de paille, elle avait aperçu Nicolas, l'aîné de ses fils, qui tenait sa sœur dans ses bras.

Toutefois ces chers enfants n'étaient pas encore sauvés : car la fenêtre était à une grande hauteur, et les pompiers ne pouvaient y atteindre, toutes les échelles ayant été consumées dans la remise.

« Que faire, hélas, que faire! » se disaient les assistants, désespérés à la vue des flammes qui s'approchaient de Nicolas et de sa sœur. Mais Nicolas, toujours tranquille, leur jeta ces paroles :

« Rassurez-vous et laissez-moi agir ! »

Il lui avait suffi d'une remarque bien simple : au bord du petit toit de la fenêtre une poulie pendait avec sa corde intacte (fig.). Son plan fut aussitôt arrêté. Il passa la corde sous les bras de la jeune Marie, qui le laissait faire sans dire un mot : car elle avait une confiance aveugle en son grand frère.

Puis, tenant fermement l'autre bout de la corde, Nicolas Chaplambert laissa l'enfant couler tout doucement jusqu'au sol.

Nicolas Chaplambert sauve sa sœur Marie.

Les applaudissements éclatèrent. Mais Nicolas ne s'en émut pas plus que du danger. Il ramena la corde, l'attacha fortement à sa ceinture, et, grâce à la force de ses poignets, il se descendit lui-même. C'était pour lui un simple jeu, auquel les exercices physiques de l'école l'avaient depuis longtemps préparé.

Alors ce fut à qui l'embrasserait et le féliciterait. L'empressement était si grand autour de lui, qu'il ne pouvait se frayer un chemin jusqu'à ses parents.

Quand il fut dans leurs bras, il éprouva, comme il arrive souvent, une espèce de défaillance; il tremblait de tous ses membres, non pas qu'il eût éprouvé la moindre terreur, mais à cause de l'effort que ses muscles avaient dû fournir.

Au reste, à se voir entouré de tous les siens, il se remit bientôt.

Le sauvetage continuait : mais les pompes ne pouvaient pas grand'chose. Au surplus l'eau de la citerne commençait à faire défaut. La flamme s'éteignit d'elle-même, quand elle manqua d'aliments.

Quelques poutres carbonisées, des monceaux de cendres, des murs noircis et croulants, voilà ce qui restait, le soir, de tous ces bâtiments et des récoltes qu'ils contenaient. Pendant la nuit, le brasier acheva de dévorer le fruit de tant de peines, le gage de tant d'espérances.

Un frère est un ami donné par la nature.

18. — AIDONS-NOUS LES UNS LES AUTRES

Les voisins des Chaplambert étaient des gens hospitaliers; d'ailleurs l'héroïsme modeste de Nicolas les disposait à se montrer généreux. Ils tinrent à honneur de céder leurs lits aux infortunés, et ce furent eux-mêmes qui couchèrent sur la paille. Jamais ils ne dormirent d'un meilleur sommeil : *rien ne repose et ne rafraîchit l'âme comme une bonne action.*

Mais que faisait M. Prévôt? où était donc M. Prévôt?

On le vit accourir, à peine le soleil levé. Il avait dû, la veille, faire un petit voyage à Paris avec le maire; il n'était rentré que fort tard. Il apportait ses consolations et ses conseils. Il commença par féliciter le jeune sauveteur : mais Nicolas se déroba à ses louanges et lui dit :

« Que faire maintenant, mon cher maître, qu'allons-nous devenir?

M. Prévôt. — Nous chercherons ensemble le moyen de sortir d'embarras. Mais, d'abord, dis-moi si ton père a repris tout son courage.

Nicolas. — Oui, monsieur, dès hier soir, j'en ai eu la preuve. Quand tout fut dévoré par l'incendie, et que j'eus confié ma mère, ainsi que mes sœurs et mes frères, aux bons soins d'un voisin charitable, je ne vis plus mon père : je le cherchai. Il était assis à l'écart, au bord de ses champs dévastés. Son dos était courbé, il semblait anéanti, et ses yeux suivaient la flamme qui courait au loin sur les blés. C'était l'image du désespoir. Je posai doucement ma main sur son épaule. Il tressaillit et se retourna : « C'est toi,

C'est moi, père, courage !

« Nicolas? murmura-t-il. — C'est moi, « père, courage! *Ai-* « *dons-nous, le ciel* « *nous aidera* » (fig.). Il me regarda bien en face, passa la main sur son front comme pour chasser un mauvais rêve; puis il se dressa brusquement et, m'embrassant, il me dit : « Merci, mon fils! Tu « me fais souvenir de « mon devoir. Plus de « faiblesse! Tu m'as « rendu mon énergie; « merci, mon Nicolas.

« Dès demain je m'engagerai comme fermier : car je n'ai « plus assez d'argent pour rebâtir ma maison et faire valoir « mes terres. » Voilà, monsieur, ce qu'a dit mon père. Faut-il vous répéter ce qu'il a ajouté? « Va dès demain, m'a-t-il « dit, trouver M. Prévôt : il est homme de bon conseil. « Hélas! que ne l'ai-je écouté quand il me disait de faire as-« surer ma maison contre l'incendie et les orages! »

— C'est bien, c'est bien! interrompit M. Prévôt : ne parlons plus du passé. Ton père veut être fermier, m'as-tu dit : Notre voisin, M. Berthet, en cherchait un, il y a quelques jours, pour la veuve d'un de ses amis, Mme Bonneville, qui possède de grands biens en Normandie et ailleurs. Je cours chez lui; il ne faut jamais remettre les affaires pressantes. Voyons l'heure. »

M. Prévôt tira sa montre.

« J'ai le temps de le voir avant ma classe. A bientôt. »

Ne remettez pas à demain ce que vous pouvez faire au-jourd'hui.

19. — RÉPONSE A TOUT

Au bout de trois quarts d'heure, l'instituteur revenait dans le cabriolet de M. Berthet, qui avait fait atteler tout exprès pour le reconduire, afin que les Chaplambert eussent une réponse plus prompte. La ferme était encore libre. Les Chaplambert, aussitôt les conditions du bail* connues, consentirent à devenir les fermiers de Mme Bonneville. Il fut convenu qu'ils partiraient pour la Normandie dès qu'ils seraient remis de leurs émotions.

M. Berthet eut la complaisance de louer leurs terres et de leur racheter trois vaches échappées du feu par la présence d'esprit d'un valet, qui avait ouvert la porte de l'écurie. Il paya comptant, en sorte que les Chaplambert furent en possession d'une assez forte somme, qui leur permit de faire face aux premiers besoins.

M. Prévôt, sa mission accomplie, avait pris à part Nicolas pour lui demander ce qu'il pensait faire.

« Je ne sais, lui répondit Nicolas. Conseillez-moi. Je suis bien jeune encore et bien inexpérimenté pour me mettre tout de suite à la culture, que j'aime cependant beaucoup.

— Te sens-tu le courage de te séparer de tes parents pour entrer dans une **École pratique d'agriculture**[1] ?

— Mon cher maître, répondit Nicolas, il me sera très pénible de quitter ma famille : mais, puisque c'est le parti le plus raisonnable, il faut bien que je m'y résigne. Seulement l'examen d'entrée m'embarrasse. Comment le préparer?

— Qu'à cela ne tienne; que tes parents consentent à te laisser ici ; je crois pouvoir me charger du reste.

— Consentir n'est pas difficile, dit le père Chaplambert, qui venait de se rapprocher. Mais qui nourrira, qui logera Nicolas?

---

[1] **Écoles d'agriculture.** — Entre les **Fermes-écoles**, qui donnent un enseignement tout à fait élémentaire, et les **grandes Écoles nationales**, qui donnent un enseignement très relevé, il y avait place pour des **écoles moyennes**, assez savantes et assez pratiques pour convenir à la plupart des jeunes gens se destinant à l'agriculture. C'est pourquoi la République française a créé en 1875 les **Écoles pratiques d'agriculture**.

Voyages de Nicolas Chaplambert: *Cachan*, Paris, *Évreux*, Pont-l'Évêque, Caen, Le Mans, *Poitiers*, *Limoges*, Périgueux, Bordeaux, *Fermes de Chaplambert*. — **Voyages de Simon Ferrier**: *Cachan*, Paris, Clermont-Ferrand, *Saint-Étienne*, Montchanin, Le Creusot, Dijon,

Paris, Rouen, Amiens, Bruxelles, *Lille.* — **Voyages d'Yves Gloanec** :
Cachan, Paris, *Gérardmer, Bellegarde, Septmoncel.* Lyon, Marseille,
Alger, Bordeaux, *Fermes de Chaplambert,* Saint-Nazaire, Brest, *Bri-
gnaugan,* Nantes, Orléans, Dijon, Dôle, *Septmoncel, colonies françaises.*

« — Vous le demandez? dit M. Prévôt. Je le prendrai chez moi; de la sorte j'aurai un pensionnaire; cela nous distraira, ma sœur et moi.

— Non, je n'accepte pas, c'est une charge trop lourde pour vous.

— C'en serait une pour plusieurs de mes amis et collègues qui ont de la famille, ou qui doivent songer à des nécessités plus pressantes. Mais, puisque le hasard veut que je sois à même de vous rendre ce petit service, acceptez-le de bon cœur comme je vous l'offre.

— Mais....

— Il n'y a pas de *mais* : j'ai besoin d'un compagnon pour faire la causette avec lui le soir.

— Sans doute, mais....

— Mais ma sœur a besoin de quelqu'un pour arroser ses fleurs le matin.

— Allons, vous avez réponse à tout. Je vois bien qu'il faut céder. »

Nicolas devint donc le pensionnaire de M. Prévôt, pendant que le reste de la famille Chaplambert partait

La famille Chaplambert en voyage.

pour la Normandie (fig.), afin d'y tenir une ferme dans les environs de Pont-l'Évêque (voir la carte d'ensemble p. 82).

Heureux ou malheureux, l'homme a besoin d'autrui :
Il ne vit qu'à moitié s'il ne vit que pour lui.

DELILLE *.

20. — UNE LETTRE POUR NICOLAS. — LE CHEMIN DE FER

Est-il besoin de dire que Nicolas ne se montra pas ingrat? M. Prévôt et sa sœur avaient la bonne habitude de se lever tôt. Mais quelqu'un se levait plus tôt qu'eux encore : c'était Nicolas. Ils s'en aperçurent dès le premier matin.

Quand Mlle Prévôt descendit de sa chambre, elle se mit en devoir d'allumer du feu : ô surprise, le feu ronflait déjà joyeusement....

Elle voulut prendre le seau de la cuisine pour le remplir à la pompe : il était déjà plein....

Elle alla au jardin : les fleurs étaient tout humides, et cependant il n'y avait guère eu de rosée....

Et, par surcroît, les allées étaient ratissées avec soin....

Mlle Prévôt se rendit à la salle de classe : Nicolas s'y trouvait déjà, penché sur son arithmétique (fig.).

Il se leva dès qu'il l'aperçut, et lui souhaita poliment le bonjour.

« Savez-vous, lui dit-elle, que nous avons un bon lutin dans la maison !

— Vraiment?

— Un de ces bons génies dont parlent les légendes d'Allemagne, ou encore un de ces farfa-

Nicolas étudie.

dets dont il est question dans les contes bretons, vous savez bien, un de ces petits êtres fabuleux qui viennent, pendant la nuit, faire le ménage des gens qu'ils aiment? »

Nicolas souriait doucement.

« Le lutin viendra encore les nuits prochaines, répondit-il : car il aime bien les gens de la maison et il leur est bien reconnaissant. »

Telles étaient la gentillesse et la bonne humeur de Nicolas, que M. Prévôt et sa sœur en furent bientôt à se demander comment ils se passeraient de lui, lorsqu'il serait admis à l'École d'agriculture. Ils n'en faisaient pas moins tout leur possible, cela va sans dire, pour mettre leur élève en mesure de passer l'examen.

Nicolas travaillait d'autant mieux qu'il avait l'esprit en repos sur le sort de ses parents. Ceux-ci lui envoyaient de Normandie des lettres très réconfortantes.

Ce fut le petit Blaise qui eut la flatteuse mission d'écrire le premier. Il racontait naïvement ses souvenirs de voyage. Voici sa lettre.

A Monsieur Nicolas Chaplambert,

chez Monsieur Prévôt, instituteur à Cachan (Seine).

Pont-l'Évêque, le 15 juillet.

« Mon cher frère,

« Notre sœur Jeannette voulait t'écrire la première, pour te dire que nous sommes arrivés sans accident. Mais elle est obligée d'aider maman à mettre de l'ordre dans notre nouvelle maison. Sylvain est aux champs. Alors c'est moi qui les remplace.

« J'avais le cœur bien gros, quand nous t'avons dit adieu par la portière du wagon, à la gare d'Arcueil-Cachan. Mais notre père m'a dit que, si tu te séparais de nous, c'était pour ton bien, et que tu serais très savant quand tu reviendrais dans la famille.

« Le voyage m'a beaucoup amusé. Je n'étais allé qu'une fois en chemin de fer. Aussi dans les **stations**, pendant les arrêts, j'ouvrais des yeux grands comme des lanternes, pour mieux voir la **locomotive**, qui soufflait comme un bœuf, le **tender**, chargé de charbon, le **fourgon**, plein de bagages, la **voie** avec ses **rails** qui n'en finissent plus, les **plaques tournantes** et les **aiguilles**, qui servent à faire passer les **wagons** d'une **voie** sur l'autre (fig. d'ensemble p. 87).

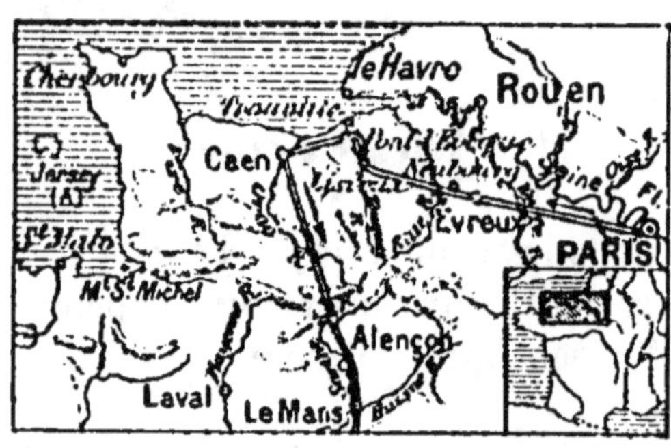

Voyage de la famille Chaplam-bert. — Itinéraire : Paris, Évreux, Lisieux, *Pont-l'Évêque*, etc. — Remarquez à droite le **carton d'ensemble**.

« Quand le train repartait, notre frère Sylvain nous faisait mettre à la portière, moi et ma petite sœur Marie, ou plutôt ma petite sœur Marie et moi,

CHEMIN DE FER (Fig. d'ensemble).

(Figure extraite du *Dictionnaire Gazier.*)

pour parler plus poliment. Alors nous regardions les signaux, les
disques, les drapeaux des gardes-barrières, les **passages à niveau**,
les **tunnels** et les **viaducs**. Nous étions tout étonnés de voir les
fils du télégraphe monter et descendre devant la fenêtre. Les
arbres, les maisons avaient l'air de courir les uns après les autres,
c'était très drôle.

« A Paris nous avons pris la ligne de Caen (carte, p. 86). Nous
avons passé par Mantes, puis par Évreux. « Dans quel département
est Évreux ? » m'a demandé notre sœur. Je lui ai répondu :

« dans l'Eure ». Pense si j'étais fier. Puis nous sommes arrivés dans le Calvados. Déjà à l'école ce nom m'étonnait : notre Jeannette m'a expliqué qu'il vient probablement d'un navire espagnol qui a péri sur la côte de Normandie, il y a longtemps, bien longtemps.

« A Lisieux nous avons failli nous tromper de direction; il y avait en face de nous des marchands de Paris qui venaient en Normandie acheter du **beurre**[1] d'Isigny, des fromages de Camembert, de Livarot et de Neufchâtel. Ils nous parlaient de leurs affaires, et, pendant ce temps, le train s'était arrêté, et nous n'y prenions pas garde.

« Heureusement un voyageur de commerce, qui venait chercher du drap à Lisieux, nous dit : « N'allez-vous pas à Pont-l'Évêque? « En ce cas, il faut changer de train. »

« Aussitôt nous voilà descendus avec tous nos paquets, sans compter la petite Marie, qui dormait à poings fermés. Un employé criait : « Par ici les voyageurs pour Pont-l'Évêque et Trouville. » Il nous fit monter bien vite dans un nouveau wagon, et le train partit.

« A la gare de Pont-l'Évêque, une grande voiture nous attendait. Une dame était dedans; c'était Mme Bonneville, notre propriétaire. Elle a été bien aimable. Elle nous a fait conduire tout de suite dans notre ferme, et même elle est venue avec nous. Jeannette te dira comme est la maison. Moi je ne peux pas t'en écrire plus long; tu sais que je ne vais pas encore bien vite. Tu ne trouveras pas de fautes d'orthographe dans ma lettre, mais c'est Jeannette qui l'a corrigée.

« Mon cher frère, je ne veux pas finir sans te répéter que je t'aime bien; la petite Marie me charge de te dire qu'elle n'oubliera

---

[1] **Baratte à faire le beurre.** — Pour avoir du beurre, on abandonne le lait à lui-même dans une large terrine.

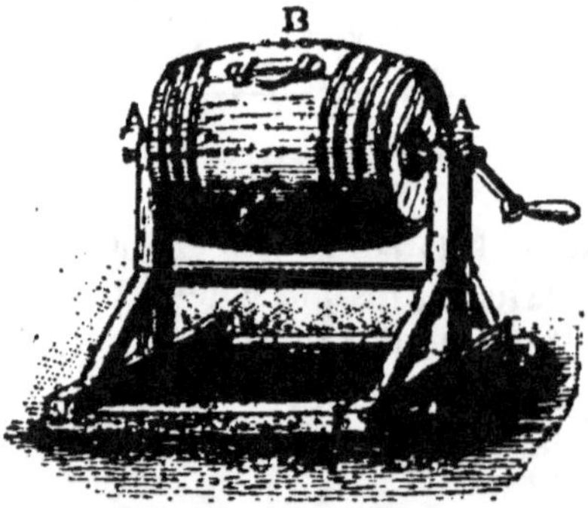

Au bout de quelque temps, le liquide se divise en deux couches distinctes : 1° La couche supérieure est la **crème**. Cette crème, agitée, battue à la main, ou introduite, par l'ouverture B (fig.), dans une **baratte** qu'on fait tourner sur son axe A A, s'épaissit : c'est du **beurre**. 2° La couche inférieure est du lait **écrémé**, qui, traité de certaines façons, produit le **fromage** (voir page 213).

Baratte normande.

jamais que, sans toi, elle ne serait plus de ce monde. Ton petit frère qui t'embrasse bien.

« BLAISE. »

P.-S*. Notre santé est bonne.

Quand vous voyagez en chemin de fer, ne craignez pas de vous renseigner, pour savoir si vous êtes dans la bonne direction.

21. — LA VALLÉE D'AUGE

Nicolas se hâta de répondre à Blaise, pour l'encourager à lui écrire encore. Au bout de cinq jours, il reçut de Jeannette une longue lettre, qui lui donnait des détails très intéressants sur la nouvelle installation de ses parents. Jeannette avait été l'une des meilleures élèves de Mlle Prévôt. On s'en apercevait à son style, qui était simple et agréable. Elle disait à son frère ce qui suit :

« Pont-l'Évêque, le 20 juillet.

« Mon cher Nicolas,

« Je ne devrais pas t'écrire sur un ton gai et enjoué ; car ton éloignement nous est bien pénible, et tu nous manques beaucoup. Et cependant je suis toute joyeuse, et ma lettre ne peut que se ressentir de mon contentement. Nous sommes si rassurés maintenant sur l'avenir ! Nous avons une si bonne maîtresse ! Elle s'appelle, tu le sais, Mme Bonneville. Son mari était un grand propriétaire. Il faisait partie d'une société qui réunit les principaux agriculteurs de France. Il a beaucoup contribué à améliorer la culture en Normandie et dans les environs de Bordeaux, où il faisait valoir les propriétés de sa femme. Aussi le Ministre* de l'agriculture, de passage à Caen, il y a un an environ, lui avait remis la croix du *Mérite agricole* (fig. d'ensemble, page 10). Sa mort est une grande perte pour le pays : car il faisait beaucoup de bien.

« Sa veuve a surmonté sa douleur, pour se mettre à l'ouvrage et surveiller ses domaines, qui nourrissent tant de gens.

« Quand elle a su que tu étudiais pour entrer dans une École d'agriculture, elle a paru charmée et elle a dit : « Je le retiens « pour mes terres, à sa sortie. Je lui trouverai tout l'ouvrage « qu'il voudra, ici ou ailleurs. » Ainsi, mon cher frère, te voilà déjà fixé sur ce que tu feras au sortir de l'école. Il est vrai qu'il

faut d'abord y entrer. Mais je me fie pour cela à ton travail et
aux conseils de ton cher maître.

« Ne t'inquiète pas de nous : comme je te le disais, nous n'avons
plus à craindre la gêne. Dès notre arrivée à la gare de Pont-
l'Évêque, nous nous sommes sentis sauvés, en voyant Mme Bonneville qui nous attendait avec un grand char-à-bancs. Elle nous fit
traverser comme en triomphe la grande rue de Pont-l'Évêque,
ce qui mit tout le monde aux fenêtres; et aux saluts qu'on
faisait à cette dame, je voyais bien qu'elle était très aimée dans
le pays.

« Le petit Blaise, encouragé par son air affable, se risqua à

Maison normande, nouvelle demeure de la famille Chaplambert
dans la **vallée d'Auge**, en Normandie.

lui poser des questions. « Alors, madame, lui dit-il, nous sommes
« à Pont-l'Évêque? — Oui, mon petit ami. — Où est le pont?
« — Nous allons passer dessus. — Et l'évêque? — Il n'y en a
« point, il n'y en a jamais eu. L'évêché est à Bayeux. — Alors,
« madame, pourquoi dit-on : Pont-l'Évêque? — Mon petit ami, j'ai
« entendu raconter par des savants que dans l'ancien temps on
« disait Pont-les-Vaques, en patois du pays; c'est-à-dire Pont-les-
« Vaches. Car, voyez-vous, monsieur Chaplambert, ajouta-t-elle,
« en se retournant un peu vers notre père, il y a beaucoup de va-
« ches et de bœufs par ici. Nous sommes dans la *vallée d'Auge*.
« L'herbe y est plus fraîche et plus grasse que partout ailleurs.
« Nos gens prétendent que la nuit suffit pour remplacer ce que
« les bêtes ont mangé le jour. Aussi vous, qui aimez les bêtes à

« cornes et qui savez très bien les soigner, à ce que l'on m'a dit,
« vous pourrez vous réjouir, car chez nous vous n'aurez, pour
« ainsi dire, nulle autre chose à faire. Mais nous sommes arrivés. »

« Mme Bonneville descendit de voiture, et nous l'imitâmes.
Tu devines notre curiosité. Nous étions devant une jolie maison
construite à la mode normande (fig.). Les charpentes se dessi-
naient en noir sur la façade blanche, des arbustes grimpaient
contre les murs, et tout à l'entour verdoyait un grand clos de
pommiers.

— Entrez, nous dit Mme Bonneville, vous voilà chez moi, ou
plutôt chez vous, dans vos meubles.

« En effet, tous les meubles les plus utiles étaient déjà là, tables, chaises, lits, avec deux grandes armoires normandes, où
notre mère sera heureuse de renfermer le linge en le parfumant
de sauge* et de lavande. Nous ne pouvions trouver assez de
paroles pour témoigner notre reconnaissance à Mme Bonneville.
Elle se déroba d'ailleurs à nos remerciements, et tira notre
père à l'écart, pour lui faire ses recommandations et lui dire ce
qu'elle attendait de lui. Notre père tient à t'écrire lui-même, afin
de t'expliquer la nature de ses travaux. Du reste notre mère
m'attend pour mettre des rideaux aux fenêtres. Je n'ai plus que
le temps de te dire adieu.

« Un paquet t'arrivera par la poste avec cette lettre, à savoir
une pelote à aiguilles que la petite Marie a brodée pour Mlle Prévôt. C'est un mince cadeau, mais il est offert de bon cœur ; aussi
je suis sûre qu'il sera bien reçu.

« Nous te prions de dire mille choses affectueuses de notre part à
ton maître et à ma maîtresse, et nous t'embrassons de tout notre
cœur.

« Ta sœur, JEANNETTE. »

Pensez moins au cadeau qu'à la main qui vous l'offre.

22. — L'ÉLEVAGE EN NORMANDIE

Cette lettre fut communiquée à M. et à Mlle Prévôt, qui se
réjouirent de voir que la famille Chaplambert n'avait pas
cette répugnance à écrire qui est si fréquente chez les gens
de la campagne, et qui leur rend les séparations plus cruelles.

Encore si les correspondances étaient chères et difficiles
comme autrefois, on comprendrait cette négligence ; mais
aujourd'hui, il est si simple de jeter à la poste une carte-

lettre de quinze centimes, ou même une carte postale de dix centimes, pour dire à ceux qu'on a quittés : « Je vais bien et je pense à vous ! »

Naturellement Mlle Prévôt eut grand soin de répondre à la petite Marie, qui fut très flattée de cette attention.

Une lettre de M. Chaplambert acheva de renseigner son fils sur la nouvelle vie de la famille.

« Mon fils, lui écrivait-il, il faut que je te dise moi-même ce que je fais par ici ; je ne suis plus laboureur, ni cultivateur, comme tu pourrais le croire : je suis un « herbager de la vallée « d'Auge ». Voici mon métier : j'ai à surveiller des prairies très grandes sur les bords de la Toucques. Elles sont bien arrosées d'ordinaire ; d'ailleurs quand elles manquent d'eau, je suis là pour leur en donner, en creusant de petits canaux d'irrigation. L'herbe est drue et pousse à vue d'œil. Le terrain est si bon qu'il vaut au moins huit mille francs l'hectare. Nos herbages ont été repeuplés de bétail en juin, un mois avant notre arrivée. J'ai à nourrir

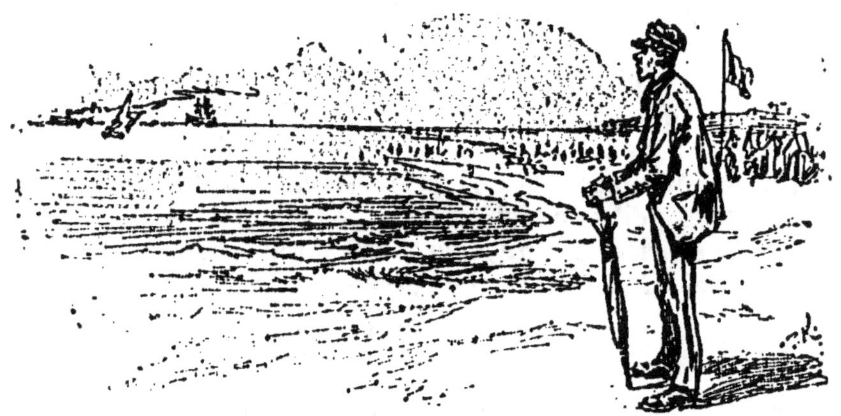

M. Chaplambert sur la plage de Trouville.

pour le compte de Mme Bonneville vingt bœufs, que je vendrai vers la mi-août. Puis j'en achèterai d'autres pour la saison d'automne. Je pense acheter aussi des vaches laitières. Mme Bonneville me laissera les capitaux nécessaires. J'irai donc bientôt dans les foires. Les achats sont difficiles. Je serai sur mes gardes : *Ne pas se tromper, ne pas tromper, c'est la devise du bon marchand.* On m'a toujours dit que j'avais du coup d'œil pour cela. Dieu veuille que ce soit vrai. Enfin nous verrons...

« Ce pays-ci ne me déplaît point. J'aime surtout notre vallée d'Auge. On y boit d'un cidre qui n'a pas mauvais goût, je t'assure.

Dis à M. Prévôt que j'en ai mis un baril pour lui à la petite vitesse*. Il vous arrivera dans une huitaine.

« Je suis allé à Trouville¹, j'ai vu la mer pour la première fois de ma vie. Ces vagues qui s'en vont à perte de vue, ces navires grands et petits qui se lancent bravement au large, tout cela m'a fait quelque chose. Mais vrai, j'aime mieux le plancher des vaches, comme on dit. Je suis allé à Caen aussi; c'est, tu le sais, notre chef-lieu. J'y ai vu de belles maisons, de belles églises, sans compter une statue, celle d'un poète du temps passé, qui s'appelait **Malherbe** (fig.) et qui a fait des vers que tu dois connaître, car Sylvain me les a récités par cœur, il y a quelques instants :

Malherbe, poète français (1555-1628).

> La mort a des rigueurs à nulle autre pareilles ;
> > On a beau la prier :
> La cruelle qu'elle est se bouche les oreilles
> > Et nous laisse crier.
> Le pauvre en sa cabane, où le chaume le couvre,
> > Est sujet à ses lois ;
> Et la garde qui veille aux barrières du Louvre*
> > N'en défend pas nos rois.

« Oui, les rois meurent comme nous; c'est ce que je pensais dans l'église de l'Abbaye-aux-Hommes, devant le tombeau de ce Guillaume, qui est né assez près d'ici, à Falaise, et qui a conquis l'Angleterre par la bataille de Hastings*. Du reste je n'ai pas encore envie de mourir. Nous allons tous bien. Seulement ta mère se plaint un peu de l'humidité. J'espère qu'elle s'accoutumera au climat. Le grand-père est toujours alerte et gaillard, malgré ses soixante-dix-huit ans. Il fait souvent le tour des prairies en même temps que moi; avec notre bonnet de coton, nous avons l'air de deux fins Normands.

« Au revoir, mon garçon. Travaille comme père et mère et sois

---

¹ **La plage de Trouville. — Trouville** est sur la Manche, dans le département du Calvados. — La mer occupe près des trois quarts de la surface terrestre. Les rivages maritimes sont tantôt des montagnes élevées et même des murailles naturelles appelées **falaises,** tantôt des plaines ou **plages** en pente très douce, couvertes de sable fin (c'est le cas de Trouville) ou de petits cailloux arrondis, nommés **galets.** — L'eau de la mer étant salée, les bains de mer sont très fortifiants.

plus heureux ! Pioche en bon fils de laboureur ; *la paresse, vois-tu, est une mauvaise herbe qui ne doit pas pousser dans ton champ.* Tâche de réussir. Ce sera ton avantage et le nôtre. Et puis c'est ton devoir. Et puis encore que te dirai-je, sinon qu'il faut faire honneur à M. Prévôt ; on lui doit bien cela.

« Ton père, Jean CHAPLAMBERT. »

Comme on pouva.t s'y attendre, Nicolas fut reçu à l'**École pratique d'agriculture de Neubourg.** Neubourg est dans l'Eure (carte, p. 86), et l'Eure touche au Calvados : aussi, tout en étudiant à l'École pratique, Nicolas Chaplambert eut le bonheur de voir souvent sa famille.

Laissons-le travailler avec le zèle dont il a déjà fait preuve ; laissons-le devenir un bon agriculteur. Nous reprendrons ensuite son histoire. Pour le moment, c'est son camarade Simon Ferrier qui doit nous occuper.

(Ici finit la Première partie de l'histoire de Nicolas Chaplambert. —
Seconde partie page 263.)

A RETENIR

Instruction.

Agriculture. — L'agriculture fournit à l'alimentation humaine du blé, du lait, du beurre, du fromage, des œufs, des volailles, des viandes de boucherie, etc. Elle fournit aussi à l'industrie certaines plantes, comme la betterave à sucre, etc.

— Les **horticulteurs** cultivent spécialement les légumes, les fruits et les fleurs.

— **Perfectionnements** d'une utilité reconnue : *drainage,* amendements, *assolements* ; usage des *engrais* animaux, végétaux, minéraux ; *taille* des arbres, *greffe* (par approche, en fente, en écusson) ; construction *raisonnée* des écuries, étables, etc. ; tenue d'une *comptabilité* agricole ; sage emploi des *machines* agricoles.

— **Écoles d'agriculture.** 1er degré : *Fermes-écoles,* enseignement élémentaire. — 2ᵉ degré : *Écoles pratiques d'agriculture* ; création récente, convenant à la plupart des agriculteurs. — 3ᵉ degré : *Institut agronomique* et Écoles supérieures de *Grignon,* de *Grandjouan* et de *Montpellier.*

— **Le mérite agricole** est une décoration destinée à récompenser les services rendus à l'agriculture.

Connaissances usuelles. — **Le télégraphe électrique** permet aux hommes de se faire des *signes* à de grandes *distances,* à l'aide du courant électrique.

— **Le long du chemin de fer** vous voyez des stations, des tunnels, des viaducs, des passages à niveau. Sur les chemins de fer circulent des *trains* de wagons traînés par des machines à vapeur, ou des machines électriques.

Géographie. — **Beauce :** plaine très *fertile* entre la Seine et la Loire. — Autres régions agricoles de la France : **Nord, Ouest,** et plaine de la **Brie.**

— **Normandie :** province riche en *prairies*, et par suite riche en bœufs, en chevaux, en beurre, en fromages, en arbres à fruits. — Autres pays de prairies et d'élevage : **Bretagne, Poitou.**

La France est un pays **fertile.**

Elle récolte par an cent millions d'hectolitres de blé.

Villes signalées : *Mantes* la jolie, s.-préf. de Seine-et-Oise. — *Evreux*, ch.-l. de l'Eure. — *Lisieux*, s.-préf. du Calvados, tissus. — *Pont-l'Evêque*, s.-préf. du Calvados, élevage. — *Trouville*, bains de mer. — *Caen*, ch.-l. du Calvados (52 000 hab.); patrie de *Malherbe*. Bonneterie (bonnets, tricots, etc.).

Éducation.

— Dans mes promenades je ferai des **collections** de plantes et de minéraux.

— Je m'exercerai à de petits **travaux manuels,** pour acquérir de l'adresse.

— **J'assurerai** contre les accidents ma maison et mes biens, contrairement aux préjugés du père Chaplambert, et je me tiendrai au courant des **progrès** de l'agriculture.

— Je m'abstiendrai de **faire du mal** aux bêtes.

— En cas de maladie, j'irai chercher le **médecin,** mais non le rebouteur.

— Je me garderai de toucher aux **plantes vénéneuses.**

— La devise du père Chaplambert sera la mienne, si je suis marchand : *ne pas tromper, ne pas se tromper.*

— S'il faut que je me sépare de mes parents et de mes amis, je leur **écrirai** souvent.

— Si mes parents sont dans la peine, je tâcherai de les **consoler** par mes **bons sentiments,** à l'exemple de Nicolas Chaplambert.

— Comme lui, j'aimerai mes frères et mes sœurs, jusqu'à me **dévouer** pour eux au besoin.

— Si je suis malheureux moi-même, je ne m'abandonnerai pas. **Aide-toi,** le ciel t'aidera.

— Je ne refuserai pas mon **assistance** aux malheureux.

LECTURE D'ORTHOGRAPHE VISUELLE

(Mots difficiles tirés du Deuxième Livre de Monsieur Prévôt.)

Lire comme suit : accident s'écrit avec deux *cc*; — adresse s'écrit avec un *d*; — affaiblissement s'écrit avec deux *ff* et deux *ss*, etc.

Substantifs.			
	un apprenti	le bourgeon	le champignon
	le bail	le brasier	le charretier
un accident	la balle *(de plomb)*	le cantonnier	le chef-d'œuvre
une adresse	la balle *(d'avoine)*	la carriole	les chefs-d'œuvre
un affaiblisse-	la baratte	le carrosse	les ciseaux
ment	le baril	le cauchemar	la citerne
un affranchisse-	la bassine	la causette	le courrier (cou-
ment	le bœuf	la ceinture	rir)

la décadence
la dépendance
le disque
le doigt
le drainage
le dressoir
un écart
un écu
une entorse
un épi
un examen
des examens
le fourrage
la fraîcheur
le frais
le garde-mal. de
les garde-malades
la gentillesse
le geste
la grand'mère
les grand'mères
la grappe
la grenouille
la groseille
la guérison
une haie
un hanneton
un hasard
un herbage
un héroïsme
une herse
une hirondelle
une humeur
une initiative
la jaquette
le jonc
la lessive
le lilas
la mi-août
la motte
le mystère
la nécessité

le nid
le niveau
un œil
un œuf
un orgueil
une orthographe
le parfum
le pavot
la pelote
le pli
le pouce
la pousse (*d'ar-bre*)
la poussière
le printemps
le prix
le propriétaire
le puits
le rail
le réchaud
le repos
le rideau
la rosée
le rubis
le sang-froid
la sauge
le souci
la strophe
le style
le tas
le télégraphe
le tender
le terreau
la terrine
le tunnel
le tuyau
la vague
le viaduc
la volte-face
les volte-face
le wagon
les yeux

Adjectifs.

aimable
arriéré
attentif
électrique
enjoué
excellent
habile
honorable (hon-neur)
hospitalier
inexpérimenté
inintelligible
inoffensif
intéressant
magnifique
majeur
mûr
pâle
physique
piquant
pressant
prêt à (près de)
quatre
raisonnable
scientifique
triomphant

Verbes.

abasourdir
accompagner
accourir
accoutumer
acheter
affaisser
anéantir
apprêter
arroser
assainir
attacher

atteler
attrouper
coiffer
condamner
convaincre
correspondre
débarrasser
descendre
dresser
ébahir
empoisonner
empresser (s')
ensemencer
entasser
hâter
mûrir
obstiner (s')
occuper
panser
penser
préoccuper
rattraper
renseigner
ressentir
sillonner
solliciter
tressaillir
va (impér.)
vas (tu)

Invariables.

aujourd'hui, adv.
au travers, l. adv.
certes, adv.
dehors, adv.
exprès, adv.
hier, adv.
le long de; l. adv.
où, adv.
ou, conj.
trop, adv.

LIVRE III

HISTOIRE DE SIMON FERRIER, LE MÉCANICIEN

---

23. — LES TRISTESSES DE L'ORPHELIN

Nicolas venait de partir pour l'école d'agriculture de Neubourg, quand son camarade de classe, Simon Ferrier, perdit son dernier soutien, sa vénérable grand'mère. La pauvre femme s'était remise de son accident. Mais sa vue était devenue mauvaise, elle ne pouvait plus coudre, ni même tricoter des bas de laine; elle n'avait plus guère d'autre moyen d'existence que le lait de ses chèvres, quand une attaque de paralysie* lui retira en partie l'usage de ses membres et la rendit impotente. Son petit-fils Simon fut pour elle d'un dévouement à toute épreuve, et la combla d'attentions et de soins pour soulager sa souffrance. Dès qu'il voyait un rayon de soleil luire à travers les fenêtres de la maison, vite il disait à l'aïeule : « Allons, grand'mère, il fait beau : donnez-moi le bras, appuyez-vous sur moi ! Vous savez bien que je suis votre bâton de vieillesse, comme dit M. Prévôt. »

Alors l'infirme et le jeune garçon sortaient ensemble : ils cheminaient lentement, oh ! bien lentement, le long de la grande route ; et, dès que le soleil se cachait, ils revenaient au logis. Là, Simon Ferrier installait sa grand'mère dans un bon vieux fauteuil, qu'il avait descendu du grenier ; il avait rajeuni ce meuble antique, il l'avait rembourré, reverni ; il l'avait pourvu de roulettes ; il l'avait garni d'appuis-main ; il y avait adapté une petite tablette assez large pour porter à la fois l'assiette, le verre, le livre et les lunettes de la malade.

Pendant que Mme Ferrier prenait son repas ou tâchait de lire quelques lignes, Simon Ferrier allait chercher des légumes dans le jardin, cuisinait, faisait le ménage, courait aux emplettes, en ménageant, à force de peine et d'intelligence, les dernières économies de la paralytique. Aussi quand cette grand'mère, si tendrement aimée et soignée, ne fut plus là, jugez si le pauvre Simon Ferrier se trouva solitaire, dans l'intervalle des visites que lui faisaient des voisins charitables, ainsi que son cher maître, M. Prévôt.

D'ailleurs, dans la maison déserte, tout ce qui entourait Simon était bien fait pour assombrir encore ses pensées. Cette demeure n'était plus en réalité qu'une masure où tout sentait la ruine.

Ah ! certes elle n'avait pas toujours eu cet air misérable : du temps du grand-père, c'était un joyeux moulin, bien achalandé*, tournant gaiement sa roue au fil du ruisseau. En ce temps-là, chacun venait faire moudre son blé au moulin, pour faire ensuite son pain, un pain qui n'était ni noir ni blanc, mais qui avait bien bon goût.

Puis à Cachan, comme partout ailleurs, l'usage se répandit de vendre le blé en grains à de grands **moulins de commerce**[1], et d'y acheter de la farine, ou même de prendre chez le boulanger du pain tout fait. Le père de Simon, voyant son moulin déserté, fut malade de chagrin. Son sort toucha un riche commerçant, qui lui proposa, pour le faire vivre, de lui donner l'emploi qui lui plairait, soit dans ses magasins, soit dans ses usines. Le meunier eut le tort de refuser ces offres généreuses. Il s'obstina à vivre du produit de son petit moulin. Il s'appauvrit de plus en plus. Sa femme mourut de misère, et lui de chagrin. La pauvre grand'mère, qui était d'un bois plus dur, survécut seule avec son petit-fils, et le moulin tomba peu à peu dans l'abandon.

Un soir Simon songeait à tout cela, accoudé sur un petit mur, près de l'écluse

Simon Ferrier près de son moulin en ruines.

de son moulin (fig.). Il venait de reconduire à quelques pas

---

[1] **Les grands moulins.** — Les grands moulins de commerce (fig.), les autres **grandes usines**, les grands magasins font une concurrence souvent victorieuse aux petits commerçants et aux petits industriels. Il faut bien se dire que cette **concurrence** est **légitime** et ne peut être supprimée.

Car, premièrement, elle résulte de la **liberté du travail.** Les fondateurs de ces grands établissements sont presque toujours des ouvriers ou des commis devenus patrons, à force d'activité, d'économie et d'intelligence.

Secondement, cette concurrence est une des

Un grand moulin de commerce.

causes principales du **Progrès** : grâce à elle, les objets nécessaires à la vie sont de meilleure qualité et se vendent moins cher, et tout le monde profite de ces avantages.

de chez lui M. Prévôt et sa sœur, qui avaient eu un long entretien avec lui; et maintenant qu'il se retrouvait dans sa solitude, il se sentait plus envahi que jamais par la tristesse et par l'inquiétude. Il considérait douloureusement l'écluse à demi détruite, qui laissait échapper l'eau par mille fissures, au lieu de l'envoyer sur la roue. Cette roue elle-même ne pouvait plus tourner : ses coussinets étant usés, elle s'était effondrée et s'appuyait lamentablement sur le sol et contre la muraille.

Simon Ferrier se lassa bien vite de cette vue affligeante. Il rentra dans la maison, s'assit sur une chaise boiteuse, et, la tête dans ses mains, il se mit à réfléchir. Ses ressources dernières étaient presque épuisées : que ferait-il, si le bon M. Prévôt ne pouvait lui trouver un gagne-pain?

Un gros soupir, un léger frôlement contre sa jambe, une patte posée doucement sur son genou le tirèrent de sa triste rêverie. Il leva les yeux : son chien Farino était devant lui, pauvre animal, autrefois errant, que des polissons avaient jeté dans la Bièvre avec une pierre au cou, et que Simon avait tiré de l'eau et rappelé à la vie.

« Ah! Farino, bon Farino, qu'allons-nous faire? dit Simon Ferrier à son chien fidèle, comme s'il pouvait être compris; nous voilà bien pauvres, bien misérables! Tu m'aiderais, si tu le pouvais; mais, hélas! tu ne peux rien pour moi, et je ne peux rien pour toi! »

Farino abaissa sa patte, se retira à quelque distance, s'assit gravement et resta sans bouger, de peur de troubler son jeune maître : il le contemplait de son œil presque humain et se contentait de remuer la queue, lorsqu'il recevait de lui le moindre regard.

Simon Ferrier cherchait dans sa tête un moyen d'existence. A la fin, son attention se fixa sur une meule à aiguiser, toute couverte d'araignées, qui, séparée de son banc, gisait dans le coin le plus obscur. Il la ramassa machinalement et la remit dans son auge. Puis, il assujettit la manivelle et la pédale, qui permettaient de la faire tourner avec le pied.

« Si je me faisais rémouleur? se dit-il. Je trouverais bien toujours quelques outils, quelques couteaux à repasser sur ma meule ».

Il fit part de son projet à M. Prévôt.

— Bonne idée, dit celui-ci : je vais te trouver de la pratique. »

Aussitôt l'excellent homme fit le tour du bourg; chacun s'intéressa au jeune ouvrier, et le forgeron promit de lui envoyer tout l'ouvrage qu'il ne pourrait faire.

Un jeune garçon qui travaille se fait aimer et aider de tout le monde.

24. — DE MIEUX EN MIEUX. — LE BON FARINO. — LA ROUE MOTRICE

Au bout de quelques semaines, la réputation de Simon était établie. Il ne pouvait suffire aux commandes. Son pied se fatiguait à presser la pédale. Pendant qu'il se reposait, son chien venait souvent s'asseoir en face de lui (fig.), le regardait très tendrement et semblait lui dire : « Je voudrais t'aider dans ton labeur ! »

« Au fait, se dit Simon, en se frappant le front, pourquoi ne m'aiderait-il pas? D'après ce que j'ai entendu raconter, Farino a dû tourner la broche autrefois, dans un château : pourquoi ne tournerait-il pas la meule du pauvre orphelin? »

Simon se mit à l'œuvre sans retard et fabriqua une grande cage en forme de roue; il la monta sur deux pivots, et, à l'aide d'un petit

Farino tient compagnie à son maître.

engrenage trouvé dans le grenier, il la mit en communication avec la meule. Il se demandait avec une certaine inquiétude si son chien ne se ferait pas prier pour se mettre au travail. Mais dès que la roue fut en place et que Simon l'eut poussée de la main pour l'essayer, le brave Farino gambada de joie, sauta dans la roue et la fit tourner, comme s'il n'avait jamais fait autre chose en sa vie. La meule, commandée par l'engrenage, tourna aussi. Simon y appuya fortement le tranchant d'une hache qu'il voulait aiguiser; cette pression ne suffit pas à arrêter le mécanisme, tant le brave chien trottait avec entrain dans sa cage tournante (fig.).

Farino aide son maître.

L'esprit inventif de Simon étonna les gens du voisinage. Ils lui apportaient des objets à réparer, rien que pour le plaisir de voir Farino dans l'exercice de ses nouvelles fonctions, et l'ancien moulin devint un petit atelier.

Simon ne s'arrêta pas en si beau chemin. Un jour qu'il allait et venait le long de son écluse, il s'écria tout à coup : « Pourquoi n'utiliserais-je pas la **force motrice**[1] (fig. d'ensemble) de mon ruisseau ? »

L'ancienne roue du moulin n'était pas complètement détruite. Il rêva de la réparer. Il eut de la peine à y réussir. Plusieurs fois même M. Prévôt dut lui donner un coup de main; et pour mettre cette roue d'aplomb, ils eurent recours à un voisin. Elle fut prête à tourner au bout de trois semaines.

Une fois en possession d'un moteur aussi puissant, Simon put mettre en mouvement non seulement sa meule, mais encore un soufflet de forge, un tour, une machine à percer, et diverses autres machines-outils qu'il répara, après les avoir rachetées à vil prix chez un marchand de ferraille. C'est ainsi qu'il finit par posséder un véritable atelier, qui

---

[1] **Forces motrices** (fig. p. 103). — L'homme utilise, pour son travail, sa **force musculaire** et celle des animaux (fig. d'ensemble 1, 2, 7). Il s'aide aussi de certaines **forces naturelles,** comme le **vent** (3), l'**eau** (4), la **pesanteur** (5, 7), l'**élasticité** des ressorts (6), la **vapeur** (8), le **gaz d'éclairage** (9) et enfin l'**électricité** (10), dont les services sont de plus en plus grands.

FORCES MOTRICES ET MOTEURS (Fig. d'ensemble).

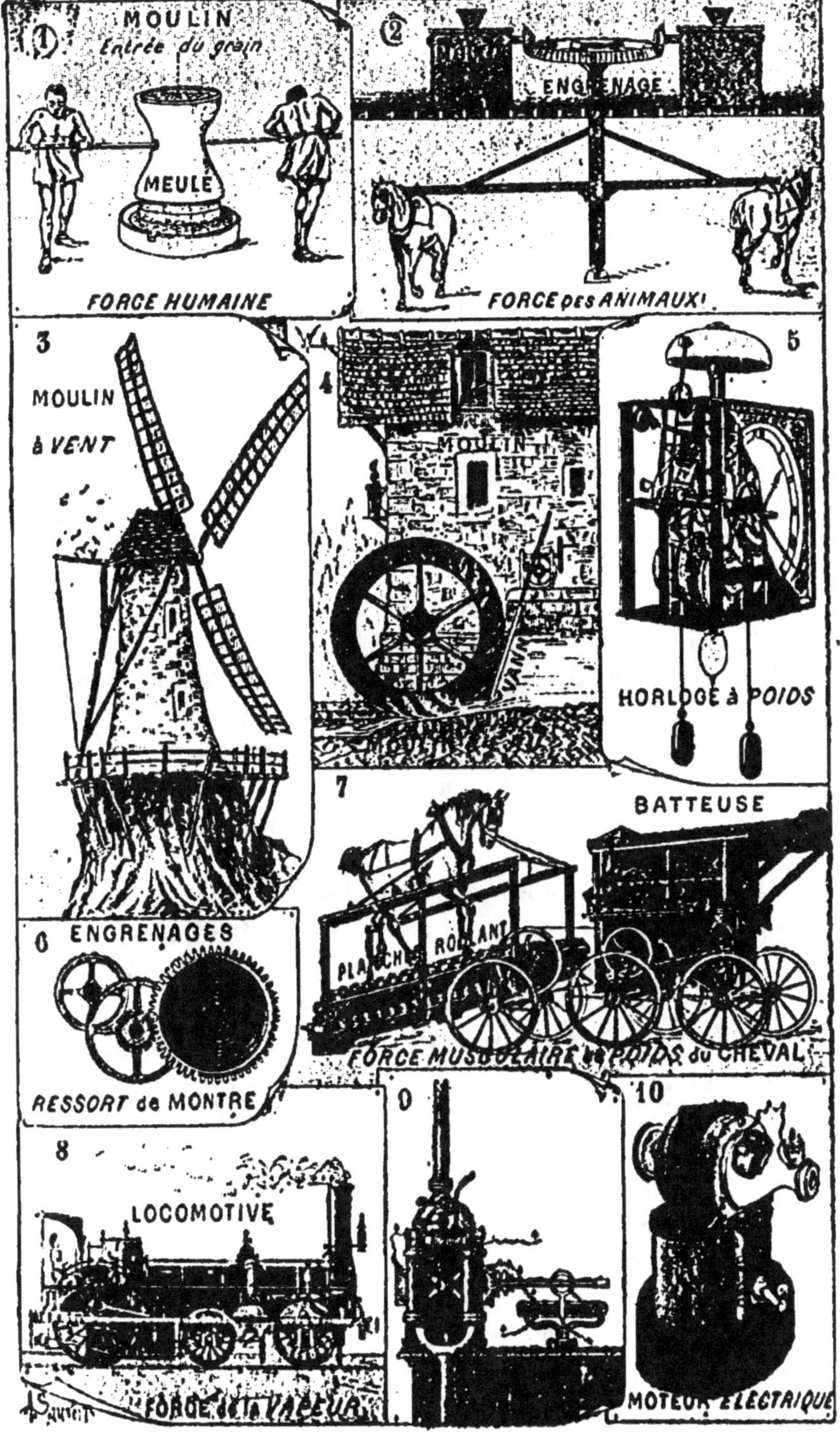

lui permit d'exécuter, sans trop grande fatigue, des commandes pressées et d'une certaine importance.

Machine inventée, peine épargnée.

25. — LE NOUVEAU STEPHENSON

Sans être vaniteux, Simon montrait volontiers aux visiteurs sa petite installation.

Un jour, il vint un monsieur d'un certain âge, vêtu de noir, avec le ruban de la Légion d'honneur (fig. page 10) à la boutonnière. Il avait de l'embonpoint; il était chauve, comme le sont souvent les gens qui ont beaucoup travaillé de l'esprit. Au premier coup d'œil, il avait un air jovial et bon enfant. Mais quand il vous regardait de son petit œil gris et perçant, on se sentait intimidé.

« Mon cher Simon, dit M. Prévôt, qui accompagnait l'étranger, voici M. Harbel, député de la Loire, qui a entendu parler de toi chez un de ses amis, à Sceaux (carte page 17) : il a voulu voir tes inventions. Allons, fais-nous-en les honneurs. »

Simon ne se fit pas prier. À l'arrivée des visiteurs, la roue motrice était au repos. Simon mit la main sur un levier : on entendit aussitôt l'eau qui clapotait contre les palettes de cette roue, les courroies gémirent un instant, et tout marcha. Puis, Simon ayant manié le levier en sens contraire, tout s'arrêta.

M. Harbel considéra successivement la forge, la machine à percer, le tour, la meule à aiguiser, tandis qu'une vive satisfaction se peignait sur son visage. Puis il dit à Simon :

« Mon petit ami, en temps de sécheresse, le ruisseau sera-t-il assez fort pour mettre en mouvement votre grande roue motrice?

— Si l'eau manque, répondit Simon, mon chien Farino m'aide.

— Comment cela?

— Vous allez voir, monsieur.

Aussitôt Simon déplaça une courroie et dit :

— Farino, à l'ouvrage! »

Le chien obéit, sauta dans sa cage circulaire, travailla de ses quatre pattes, et la meule à aiguiser tourna.

« Vous voyez, dit M. Prévôt à M. Harbel, qu'à l'occasion, Farino est là pour donner... j'allais dire son coup de main. Et je n'avais pas tort : car Farino est un maître ouvrier. — Viens ici, Farino ! »

Le chien obéit à l'appel.

« Donne-moi la main ! »

Farino tendit la patte. M. Prévôt la prit et offrit à l'animal un petit morceau de sucre. Pendant ce temps, M. Harbel, qui avait tout examiné en détail, se rapprocha de M. Prévôt (fig.).

« Tout cela promet, dit-il à demi - voix. Monsieur Prévôt, pourrai-je vous trouver demain?

— Oui, monsieur, à cinq heures.

— Eh bien, soyez assez bon pour m'attendre à cette heure-là. »

Et, se tournant vers Simon :

« Adieu,

M. Harbel et M. Prévôt dans l'atelier de Simon.

lui dit-il, jeune *Stephenson* ; adieu, ou plutôt, au revoir! »

M. Harbel sortit, et l'on entendit le roulement d'une voiture qui l'emmenait du côté de Sceaux.

Vers de Ducis* en l'honneur du chien.

O symbole touchant d'une amitié fidèle,
Que ton accueil est vrai, que tes transports sont doux!
Tu chéris nos foyers, tu vieillis près de nous,
Et ton dernier regard est encor pour ton maître!

26. — PAROLE DONNÉE.

« Pourquoi ce monsieur m'appelle-t-il Stephenson? dit Simon à M. Prévôt, quand M. Harbel se fut éloigné… Ce n'est pas une moquerie, bien sûr?

M. Prévôt. — C'est, au contraire, un grand éloge, mon cher garçon! Car l'Anglais Stephenson montra dès son enfance un goût très vif pour la mécanique. Comme toi, il construisait des roues de moulin et fabriquait de petites machines. Sa pauvreté ne l'empêcha pas de s'instruire et de devenir un grand ingénieur. Il perfectionna l'industrie des chemins de fer, et c'est surtout à ses efforts et à ceux du Français *Seguin* que l'on doit la *locomotive*, une des grandes inventions du xixe siècle.

Simon. — Ainsi, quand M. Harbel m'a dit : « Adieu, Stephenson! » c'est comme s'il m'avait dit : « Adieu, mécanicien en herbe? »

M. Prévôt. — Assurément. A ta place, je serais joliment fier : car M. Harbel s'y connaît…. Mais mon dîner refroidit. Je vais encore être grondé par ma sœur. Je me sauve. Il ne faut jamais se faire gronder, Simon. »

Le lendemain Mlle Prévôt s'arrêta devant l'atelier de Simon, son ombrelle à la main, comme si elle n'avait d'autre intention que de faire une promenade. Il était cinq heures et demie.

« Simon, dit-elle, M. Prévôt aurait un petit mot à te dire. Veux-tu te rendre auprès de lui?

— J'y cours, mademoiselle! » dit Simon, en secouant les copeaux qui s'étaient accrochés à ses cheveux et à son tablier.

Dans la cour de l'école, il trouva M. Prévôt en compagnie de M. Harbel. Le député de la Loire, en sa qualité de grand industriel, arrivé par son énergie et son intelligence à une situation éminente, encourageait de tout son pouvoir les jeunes gens qui lui paraissaient dignes d'intérêt.

Or la gentillesse, le courage, l'ingéniosité de Simon lui avaient fait l'impression la plus vive. Les renseignements qu'il prit auprès de M. Prévôt ne firent qu'augmenter son estime. En conséquence il proposa à Simon de l'emmener avec lui à Saint-Étienne, pour lui donner les moyens de faire son apprentissage et de devenir un bon mécanicien.

Simon fut tout bouleversé de cette proposition. Il éprouvait les sentiments les plus contraires. Travailler dans de grandes usines, y apprendre complètement le métier de mécanicien, vivre au milieu des machines les plus nouvelles, c'était son rêve. Mais, d'autre part, il devrait quitter son village, ses camarades, son maître chéri! Il ne savait que faire. Après un long silence, il dit à M. Harbel :

« Monsieur, voulez-vous me permettre de réfléchir un peu?

— La chose vaut la peine qu'on y pense, dit M. Harbel; réfléchissez donc tout à votre aise. Je vais voir M. le maire, je reviendrai dans une heure. »

Il partit.

« Que faire? dit Simon resté seul avec M. Prévôt.

M. Prévôt. — Tu feras bien d'accepter les propositions de M. Harbel. Mon cher Simon, tu t'étonnes peut-être de voir un inconnu se mêler tout à coup de tes affaires et s'occuper de ton avenir entier. Mais ta surprise serait moins grande si, comme moi, tu connaissais M. Harbel. C'est un homme qui a beaucoup souffert dans son enfance : il était orphelin ainsi que toi. Il a trouvé des protecteurs qui lui ont fourni les moyens de vivre, de travailler, de s'instruire. Maintenant il est riche, puissant, estimé : son plus grand bonheur est de rendre aux jeunes garçons qui sont dans la peine les services qu'il a reçus lui-même au début de sa vie. C'est ce qu'il veut faire pour toi en particulier, Simon; si tu m'en crois, tu écouteras M. Harbel, tu le suivras. »

Simon hésitait encore. M. Prévôt se garda de rien précipiter; il causa doucement avec lui, répondit avec patience à toutes ses objections, et finalement, après l'avoir ainsi raisonné, il le convainquit.

M. Harbel reparut :

« Eh bien, cria-t-il de loin, monsieur l'instituteur, que pense votre élève de mon idée?

M. Prévôt. — Monsieur, il est prêt à vous suivre et à travailler sous votre direction, n'est-ce pas, Simon?

Simon. — Oui, monsieur.

M. Harbel. — Ne craignez-vous pas de vous en repentir, mon garçon? Savez-vous bien qui je suis?

Simon. — M. Prévôt me l'a dit.

M. Harbel. — Vous a-t-il dit que j'étais méchant, bourru, dur au pauvre monde?

M. Prévôt. — Oh! pour cela, non, monsieur!

M. Harbel. — Monsieur Prévôt, lui avez-vous dit du moins que j'étais impitoyable pour les paresseux, les braillards et les mauvaises têtes?

Simon. — M. Prévôt ne me l'a pas dit : mais je l'ai bien deviné, et il n'y a pas de quoi vous en blâmer, monsieur.

M. Harbel. — Si je vous emmène, si je vous promets de m'intéresser toujours à vous, de vous faire connaître nos grandes industries, d'assurer enfin votre avenir, me promettez-vous de rester toujours un ouvrier dévoué, fidèle, rangé, bien intentionné, bref, un ouvrier modèle?

Simon. — Je vous le promets.

M. Harbel. — Et si je ne vous témoigne aucune préférence, si je vous fais passer par les métiers les plus durs, vous ne vous plaindrez pas?

Simon. — Non, monsieur.

M. Harbel. — Et si même, à cause de nos grandes affaires, je vous vois rarement, si j'ai l'air de vous oublier, vous ne perdrez rien de votre confiance en moi?

Simon. — Oh! non, monsieur, je crois pouvoir vous l'assurer. Mais, monsieur, que va devenir mon bon chien Farino, mon compagnon de misère?

M. Harbel. — Farino sera du voyage.

Simon. — Oh! merci, monsieur.

M. Harbel. — Alors, marché conclu; promesse contre promesse. Soyez fidèle à la vôtre, et je ne manquerai pas à la mienne, j'en prends à témoin M. Prévôt (fig.). Vous partez

Parole donnée.

d'ici pour être apprenti : vous y reviendrez bon mécanicien, contremaître, patron peut-être. Votre sort est dans vos mains.

M. Prévôt. — Tu entends, Simon, cette heure-ci est solennelle : elle décide de ta vie entière. Je suis témoin de tes bonnes résolutions ; je réponds de toi à M. Harbel ; je me porte garant de ton travail et de ta bonne conduite, car j'ai la plus parfaite confiance en toi, Simon Ferrier.

SIMON. — Vous n'aurez pas à vous en repentir, je vous le jure, mon cher maître.

M. PRÉVÔT. — C'est bien, Simon, je crois à ta parole. Courage ! Tu arriveras ; à quoi ? Je n'en sais rien encore ; mais tu arriveras sûrement à quelque chose de bon, d'utile, d'élevé. Tu seras un de ces hommes dont on dit :

Un tel était abandonné sur la terre ; il n'était rien, il ne possédait rien. Mais à force de travail, il a conquis le bonheur et la considération : il est le fils de ses œuvres.

27. — DÉPART DE SIMON FERRIER POUR SAINT-ÉTIENNE. — ARRÊT A CLERMONT-FERRAND. — UNE AVENTURE DE FARINO.

Simon Ferrier avait pris son parti en petit brave qu'il était. Mais après le premier moment, il se sentit gagné par la tristesse de la séparation, par la peur de l'inconnu.

Avant de se mettre en route, il se rendit au cimetière. Il lui semblait qu'il eût manqué au respect filial, s'il n'était pas allé pleurer sur la tombe de ses parents et leur dire un douloureux adieu. Il pleurait encore quand il arriva à la gare, où il trouva tous ses voisins, tous ses camarades, ainsi que son cher maître, qui avaient tenu à lui faire la conduite. Orphelin, il était plus qu'un autre encore l'enfant du pays ; et plus il avait été privé des affections de famille, plus il s'était attaché à son village et à son clocher.

Quelques instants avant la séparation, M. Prévôt prit Simon à part et lui dit :

« Mon cher enfant, mon pauvre orphelin, tu vas te trouver plus isolé que jamais, car M. Harbel ne pourra pas être sans cesse près de toi. N'oublie pas que tu trouveras toujours en moi un dévouement pour ainsi dire paternel. Si tu as des ennuis, des chagrins, écris-moi. Allons, adieu, mon ami : le train arrive ! »

M. Harbel, qui venait de Sceaux, se trouvait déjà dans le

train; il appela Simon près de lui. Le pauvre Farino eut moins de chance : on le mit dans le compartiment des chiens.

Une fois à Paris, nos voyageurs gagnèrent la gare de Paris-Lyon-Méditerranée et prirent la ligne de Nevers (carte).

Le train, qui était express, allait avec une rapidité vertigineuse. Il traversa le belle forêt de Fontainebleau et fut bientôt à Montargis, dans le Loiret, puis à Gien, qui fabrique des faïences bien connues; il franchit ensuite la Loire, et arriva à Nevers, dont les porcelaines rivalisent avec celles de Limoges. De Nevers il gagna Moulins, l'ancienne capitale du Bourbonnais, puis Saint-Germain-des-Fossés, où s'embranche la ligne de Vichy, et parvint de nuit à Clermont-Ferrand.

Mme Harbel, prévenue par une dépêche télégraphique, attendait son mari à la gare. Elle se montra pleine de bienveillance pour Simon Ferrier, sans d'ailleurs oublier le bon Farino. Et pendant qu'elle adressait des paroles affectueuses au jeune garçon, le chien en était tout content et remuait la queue pour montrer sa satisfaction. Et de même, pendant que Mme Harbel caressait Farino, Simon se sentait tout ému de voir que son humble ami à quatre pattes n'était point dédaigné par cette dame élégante.

Après avoir dormi d'un sommeil qui les remit de toutes leurs fatigues, nos voyageurs profitèrent de la fraîcheur de la matinée pour visiter Clermont-Ferrand.

La ville est sur une légère éminence, baignée par la Tiretaine et entourée d'arbres et de prairies. Cette verdure fait contraste avec les maisons, qui sont toutes noires d'aspect. Simon fut frappé de voir ces sombres façades au milieu d'un

Voyages de Simon Ferrier dans la région du **Centre** de la France. — **Itinéraire** : Paris, Fontainebleau, Nevers, Moulins, Clermont-Ferrand, Le Puy, **Saint-Etienne**, Le Creusot, Dijon, Paris. — Remarquez le petit **carton d'ensemble**, en haut, à droite.

si riant paysage. Il demanda des explications à M. Harbel, qui lui répondit :

« Ces maisons sont construites en lave. Cette lave provient d'anciens volcans dont vous apercevez les sommets dépouillés et les flancs rougeâtres là-haut, autour du Puy-de-Dôme ; seulement ce sont des volcans éteints. Nous les verrons de plus près demain. Aujourd'hui j'ai affaire à Royat. »

Après un déjeuner rapide, M. Harbel et ses compagnons allèrent à Royat. Ils jetèrent un coup d'œil sur l'établissement de bains, et s'en revinrent aussitôt. Le long du chemin,

Farino est asphyxié par le gaz acide carbonique.

ils firent une halte dans la grotte de Saint-Mart. Ils y étaient depuis quelques minutes et causaient avec intérêt, quand Mme Harbel poussa un cri d'effroi :

« Mais qu'a donc Farino ? » dit-elle.

Le pauvre chien ne pouvait plus se tenir sur ses pattes, depuis qu'il était dans la grotte ; il languissait de plus en plus ; il haletait comme un animal qui étouffe, et, au moment où Simon s'élançait vers lui, il tomba sur le flanc (fig.).

« Monsieur, monsieur, que faire ? cria Simon.

— Ah ! répondit M. Harbel en se frappant le front, j'avais oublié.... Prenez-le dans vos bras et portez-le dehors ! »

Simon Ferrier s'empressa d'obéir. Il déposa Farino sur l'herbe, à l'extérieur. Mais le chien restait étendu, sans faire un mouvement.

— Ah! monsieur, serait-il mort? dit Simon d'une voix tremblante.

— Non, dit M. Harbel, il n'est qu'évanoui : il a subi un commencement d'asphyxie*. Tâchons de rétablir sa respiration. »

Au bout de quelques instants, grâce aux soins de M. Harbel, Farino respira.

— Ah! dit Simon, je respire, moi aussi. »

Et, se penchant sur le chien, il lui murmura ces mots à l'oreille : « Me reconnais-tu, Farino? »

Le chien entr'ouvrit ses paupières et regarda son jeune maître d'un œil reconnaissant. Puis il fit quelques mouvements, se remit sur ses pattes, et bientôt il put marcher et même courir. Alors Simon, tout joyeux, ne put s'empêcher de folâtrer avec lui; et ce furent, pendant quelque temps, des bonds d'allégresse, des gambades et des courses folles.

M. et Mme Harbel, assis sous un arbre, regardaient avec complaisance ces joyeux transports : « Le pauvre enfant! disaient-ils, s'il avait dû voir périr son dernier ami, quel désespoir! Il ne lui manquait plus vraiment que ce malheur-là! Enfin, *tout est bien qui finit bien.* »

Simon sentit que la politesse lui commandait de ne pas trop prolonger ses amusements. Il se rapprocha de l'arbre à l'ombre duquel ses compagnons se reposaient.

« Hé bien, Simon, lui dit M. Harbel, vous voilà tranquille maintenant, car Farino est tout à fait guéri.

— Oui, monsieur, et c'est bien grâce à vous; mais quel accident extraordinaire, je ne peux le comprendre!

— Je vais vous l'expliquer, mon cher Simon. Farino a failli périr asphyxié par un gaz qui se dégage du sol de la grotte et qui n'est autre que de l'**acide carbonique**[1].

— Mais alors, monsieur, pourquoi n'avons-nous pas été asphyxiés comme Farino?

— Tout simplement parce que le gaz acide carbonique est plus lourd que l'air : il reste donc près du sol de la grotte et ne forme guère qu'une couche de 50 centimètres de hauteur, en sorte que le pauvre Farino s'y trouvait tout entier plongé, pendant que nous avions la poitrine et la tête entourées d'air respirable. Si, par malheur, cette couche d'acide carbonique avait atteint jusqu'à nos lèvres, nous aurions eu le sort de Farino. C'est d'ailleurs un accident trop ordinaire, hélas! Il ne se passe guère de semaine sans qu'on ne lise dans les journaux : *Un tel a été asphyxié par l'acide carbonique.* Tantôt c'est un vigneron qui a eu l'imprudence de rester dans une cave fermée, à côté de sa vendange en fermentation* (fig.). Tantôt c'est un ouvrier qui a voulu descendre dans un puits sans s'assurer qu'il y trouverait de l'air respirable. Souvent aussi l'on apprend qu'une famille entière a été asphyxiée par un de ces poêles mobiles à *combustion lente,* dont l'usage ne se répand que trop depuis quelques années.

Asphyxie par l'acide carbonique. — La fermentation* de la bière et du vin dégage de l'acide carbonique, dont les vignerons et les brasseurs doivent se défier.

— Et moi qui voulais justement en acheter un pour cet hiver! s'écria Mme Harbel. Ces poêles sont si commodes! On les allume au mois de décembre, et, pour peu qu'on leur donne chaque jour leur provision de charbon, ils ne s'éteignent plus pendant des mois entiers.

— Ah! ma chère femme, garde-toi bien d'installer chez nous un de ces appareils! Autant vaudrait y installer les pires maladies. Car les poêles à combustion lente vicient en

---

¹ Acide carbonique. — L'acide carbonique est une combinaison* de deux parties d'*oxygène* et d'une partie de *charbon.* Les plantes absorbent **l'acide carbonique** par leurs parties vertes. Elles gardent le *charbon,* et renvoient l'oxygène dans l'*air.* — **L'oxygène** a le rôle le plus important dans la nature : il entretient la combustion et nous fournit la chaleur et la lumière; il est indispensable à notre respiration. Combiné avec **l'hydrogène,** il donne l'eau. — L'air contient de **l'azote,** de **l'oxygène,** un peu de **vapeur d'eau** et **d'acide carbonique,** sans compter des quantités très faibles d'autres éléments.

peu de temps l'atmosphère des appartements. Ils y répandent non-seulement de l'acide carbonique, mais encore un autre gaz qu'on appelle *oxyde de carbone* et qui est un poison violent. Cet oxyde de carbone, même respiré à petites doses, rend bientôt anémiques* les gens les plus robustes.

— Tu m'as convaincue, mon cher ami, dit Mme Harbel ; je renonce volontiers à l'achat que je projetais, et notre ami Simon fera bien de graver dans sa mémoire ce que tu viens de dire. Mais le soleil baisse : il est temps, je crois, de reprendre notre marche pour rentrer à Clermont-Ferrand. »

M. Harbel fut debout à l'instant, et, tendant gracieusement la main à Mme Harbel, il l'aida à se lever. Simon Ferrier s'empara, sans qu'on l'en priât, de l'ombrelle et du châle restés sur l'herbe, et Farino se lança en avant, d'une allure qui prouvait bien qu'il n'avait plus la moindre envie de mourir.

Se méfier de l'acide carbonique et surtout de l'oxyde de carbone.

28. — LE TEMPLE DE MERCURE ET L'OBSERVATOIRE DU PUY-DE-DOME.

Nos promeneurs regagnèrent l'hôtel à l'heure du dîner de la table d'hôte. Ils se couchèrent aussi tôt que la veille, se levèrent de bon matin, et firent l'ascension du Puy-de-Dôme. Cette montagne n'est pas une des plus hautes du **Massif central**[1] ; mais c'est la plus visitée, surtout depuis quelques années. Deux curiosités nouvelles y attirent les touristes, d'abord l'**observatoire** qu'on y a construit pour étudier les phénomènes de l'atmosphère, ensuite les débris du **Temple**

---

[1] **Massif central.** — On appelle ainsi un énorme entassement de montagnes qui occupent une bonne partie du centre de la France. L'ensemble de ces montagnes pourrait se comparer à une fourche à trois dents, dont le manche serait formé par les **Cévennes**. Les trois dents seraient : les monts de l'**Auvergne** à l'ouest ; les monts du **Lyonnais**, du **Beaujolais** et du **Charolais** à l'est ; les monts du **Forez** et de la **Madeleine** au milieu. (Voir la carte de la page 82.)

de Mercure (fig.) que des fouilles récentes ont mis au jour.
Ces ruines n'ont pas l'intérêt de bien d'autres monuments

Le sommet du Puy-de-Dôme. — Tout au haut, c'est l'Observatoire. Plus bas, on voit les ruines du **temple de Mercure,** construit par les Gallo-Romains*.

construits par les Gallo-Romains; mais elles sont assez imposantes, et Simon les admira beaucoup pendant qu'il déjeunait avec M. et Mme Harbel.

Après un frugal repas, nos promeneurs montèrent sur le point le plus élevé de la montagne et passèrent quelques moments à regarder le paysage avec des **jumelles** (fig.) que M. Harbel avait apportées dans sa poche; ils considérèrent en détail la belle vallée de la Limagne, les hauteurs couvertes de châteaux à demi détruits, le mont de Gergovie, où Vercingétorix* infligea à César une sanglante défaite avant d'être vaincu par lui, et, plus près du Puy-de-Dôme, des volcans éteints, nourrissant, dans leurs cratères comblés et verdoyants, des troupeaux de bœufs

Jumelles.— Elles se composent de **deux lunettes** réunies ensemble et pouvant, à l'aide d'une **vis,** s'allonger ou se raccourcir suivant la vue de chacun.

et de moutons. Ils s'entretinrent agréablement de ce qu'ils voyaient et s'amusèrent à énumérer les montagnes et les départements qui entourent le Puy-de-Dôme.

Simon Ferrier répondait à toutes les questions avec beaucoup de précision et de bonne humeur. M. Harbel, très satisfait, lui parlait d'un ton de plus en plus amical, et même il finit par le tutoyer affectueusement.

Quand les trois promeneurs eurent admiré suffisamment l'horizon qui les entourait, ils entrèrent dans **l'observatoire**.

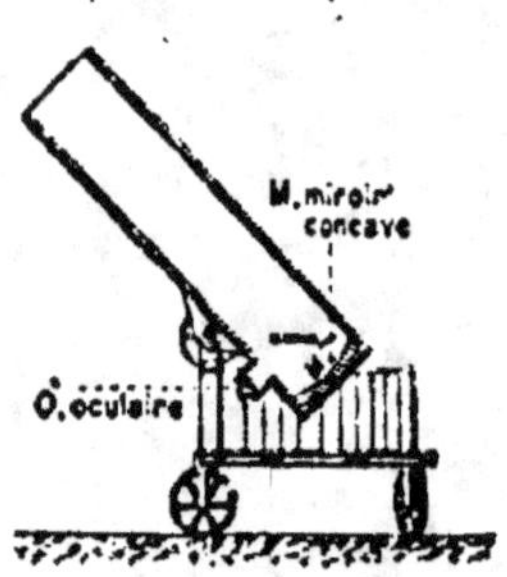

Télescope. — Un miroir M réfléchit l'image des astres. L'astronome considère cette image à l'aide de l'oculaire O.

Là, ils se trouvèrent en présence d'appareils dont quelques-uns n'étaient pas inconnus de Simon, car il en avait pris l'idée dans ses livres scolaires. Ainsi, par exemple, il n'eut pas de peine à reconnaître le **télescope** (fig.), qui donne au fond d'un miroir l'image agrandie du soleil et des autres astres; le **baromètre** (n° 1, fig. d'ensemble page 117), qui sert à mesurer la pesanteur de l'air, ou, autrement dit, la *pression atmosphérique*; l'**hygromètre** et l'**hygroscope** (n° 2), qui servent à mesurer la quantité de vapeur d'eau contenue dans l'air à un moment donné; le **thermomètre** (n° 3), qui permet de constater l'égalité ou l'inégalité de deux températures.

En regardant par une fenêtre, Simon vit au dehors une sorte d'entonnoir, mis au-dessus d'une petite cuve qui semblait contenir de l'eau.

« Voilà, dit-il, un appareil qui a l'air bien simple et dont cependant je ne devine pas l'usage.

— C'est, lui dit M. Harbel, un **pluviomètre**, c'est-à-dire un appareil qui permet de mesurer la quantité de pluie tombée pendant un certain temps dans un endroit donné.

— Pardon, monsieur, si je vous poursuis de mes questions, reprit Simon : mais je distingue là-haut, en dehors du bâtiment, quelque chose qui tourne comme les moulins à vent que je faisais autrefois avec deux morceaux de bois. Qu'est-ce que cela peut bien être?

— Ce que tu vois, Simon, est un **anémomètre** (n° 4), qui enregistre la vitesse du vent. C'est ainsi que... »

MÉTÉOROLOGIE (Fig. d'ensemble).

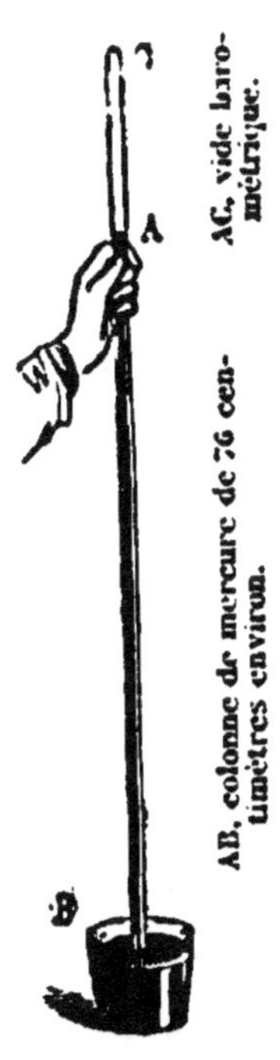

2. Hygroscope. — Une corde à boyau se tord ou se détord selon que l'air est plus ou moins humide. Cette corde agit sur le personnage et le fait entrer ou sortir. Les savants emploient des *hygromètres*, instruments plus précis que les hygroscopes.

3. Thermomètre. — Par la chaleur, le liquide contenu dans le tube se dilate et monte. Par le froid il se resserre et descend. Ainsi nous sommes instruits du degré de la température. Le liquide qu'on met dans le tube est ordinairement du mercure ou de l'alcool.

1. Baromètre. — L'atmosphère, en variant, pèse plus ou moins sur le mercure qui est dans la cuvette. Par suite la colonne de mercure qui est dans le tube monte ou descend et nous indique la pression atmosphérique.

Ailettes tournantes.

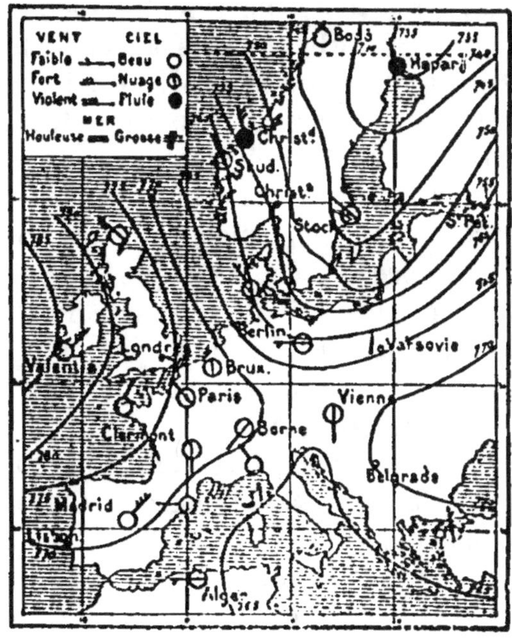

4. Anémomètre. — Petit moulin à vent qui montre et mesure la vitesse du vent.

5. Carte météorologique. — Les lignes courbes réunissent les endroits où le baromètre a atteint le même niveau dans une journée.

Drelin! Drelin! Drelin! Une sonnette électrique venait de retentir.

« Qu'arrive-t-il? demanda Mme Harbel au gardien.

— Madame, je reçois une dépêche de la Faculté des sciences de Clermont-Ferrand. Chaque jour j'envoie là-bas les observations faites ici, et l'on me communique en retour celles qui viennent de France et même de l'étranger, et qui peuvent m'être utiles.

— Oui, voilà bien, dit M. Harbel, un des progrès les plus merveilleux de notre temps. Les distances sont supprimées. Ce petit observatoire semble isolé du reste du monde et perdu sur cette montagne solitaire : or il se relie aux autres observatoires de la France, de l'Europe, de l'Amérique même.

Mme HARBEL. — Voilà qui est étrange, en effet : et les observations ainsi échangées sont-elles utiles?

M. HARBEL. — Elles rendent des services appréciables et elles en rendront de plus grands encore, à l'agriculture, à la navigation. Déjà les grands journaux publient des **cartes météorologiques** (n° 5, page 117), qui indiquent l'état de la température. Tenez, en voici une pendue au mur. En vérité, la science a singulièrement avancé, depuis le temps où Périer, beau-frère du grand **Pascal**, fit ici sa fameuse expérience.

SIMON. — Je crois la connaître. M. Prévôt nous en a parlé.

M. HARBEL. — M. Prévôt commence à me rendre jaloux : il vous a donc tout dit, tout enseigné?

SIMON. — Oh! non, monsieur, pas tout; rien que ce qu'il voyait à notre portée; rien que ce qui pouvait nous servir dans la vie. Ainsi c'était pour nous faire comprendre le baromètre qu'il nous parlait de la pesanteur de l'air, et il nous a dit, en passant, que Torricelli et Pascal l'avaient mesurée pour la première fois.

M. HARBEL. — Bien, très bien. Mais connais-tu l'enfance de ce Pascal, la plus grande gloire de Clermont-Ferrand?

— Non, monsieur.

— Il découvrit à lui seul toute la géométrie, que son père tardait à lui apprendre. Tu sais, n'est-ce pas, que les géomètres tracent des lignes droites et des circonférences; le jeune Pascal ignorait ces noms. Il se servait de « barres et de ronds », ce qui ne l'empêcha pas de trouver, à lui tout seul, ce qu'on ne lui apprenait pas (fig.). Il était comme toi, Simon! il avait l'esprit précoce et ingénieux,

— Oh, monsieur, je vois bien que ce que vous dites n'est que pour m'encourager, à moins que vous ne vouliez tout simplement vous moquer de moi; car, pourvu que je devienne un bon mécanicien, je serai déjà bien content. »

Cette modestie plut à M. Harbel, qui répondit :

« Je t'y aiderai, Simon, de tout mon pouvoir, et pas plus tard qu'après-demain. Car c'est demain, mon pauvre ami, que nos vacances finissent, les tiennes et les miennes. Respire bien ce bon air; emplis-en tes poumons! Emporte dans tes yeux l'image de cette verdure; car dorénavant tu n'auras plus guère pour horizon que des cheminées d'usines, et tu respireras la poussière et la fumée d'une ville industrielle. Demain, à cinq heures et demie de l'après-midi, nous partirons pour Saint-Étienne. »

Le jeune **Pascal** étudie tout seul la **géométrie** en traçant sur le sol des barres et des ronds. — **Pascal**, né à Clermont (1623-1662), fut un grand savant et un grand écrivain.

Habituez-vous à consulter le baromètre, le thermomètre, les cartes météorologiques.

29. — LA MAISON MAGIQUE.

Le lendemain à dix heures et demie du soir, M. et Mme Harbel, accompagnés de Simon, arrivaient à Saint-Étienne; bientôt leur voiture s'arrêtait à la grille d'une cour plantée d'arbres.

Un timbre retentit dès que M. Harbel eut pressé un bouton; la porte s'ouvrit, un concierge parut, et une nappe de lumière électrique éclaira les arrivants.

En même temps le chien de garde accourait, en aboyant : c'était encore l'électricité qui s'était chargée de détacher sa chaîne. Dès qu'il eut reconnu ses maîtres, il leur souhaita la bienvenue par ses caresses, et favorisa Farino de deux ou trois jappements bienveillants, après quoi il retourna à sa niche, tandis que le concierge cherchait pour Farino un bon coin dans l'écurie.

M. Harbel, Mme Harbel et Simon Ferrier traversèrent la cour, gravirent un perron et entrèrent dans un vestibule, qui, au moment même où la porte s'ouvrit, se remplit d'une belle lumière électrique, non point bleuâtre et tremblotante comme celle de la cour, mais fixe et d'un beau jaune orangé, comme la lumière fournie par les lampes à huile.

Ce fut une surprise pour Simon Ferrier (fig.), qui fut encore plus étonné quand il vit M. Harbel passer dans son cabinet de travail et parler à demi-voix contre une planchette attachée à la muraille.

Le gaz et l'électricité. — M. Harbel parle au **téléphone**. Simon regarde une **lampe électrique**. Le domestique fait chauffer du thé sur un **réchaud à gaz**.

Pendant ce temps Mme Harbel donnait des ordres au domestique et lui disait de préparer trois tasses de thé. Le domestique approcha une allumette d'un réchaud, et, après quelques instants, l'eau se mit à chanter dans la bouillotte.

Quand le thé fut servi, les trois voyageurs s'assirent autour de la table de la salle à manger, et Simon Ferrier dit à M. Harbel :

« Monsieur, vous allez me trouver indiscret une fois de plus, mais mon esprit ne peut se tenir en repos, — et ma langue non plus, — quand je vois quelque chose que je ne comprends pas. Ainsi, par exemple, ce petit réchaud qui s'est allumé si vite, ce n'est pas une lampe à esprit-de-vin?

— Non, mon ami, c'est un réchaud à **gaz d'éclairage**[1] :
le gaz y arrive par le tuyau que tu vois courir le long du
plafond. Ce tuyau sort de la maison, passe sous terre et s'en
va s'embrancher sur un tuyau beaucoup plus gros, qui suit
la rue pour aller jusqu'au gazomètre de l'usine à gaz. Mais
sais-tu bien ce que c'est qu'un *gazomètre*?

— Oui, monsieur : c'est un grand réservoir de tôle, où le
gaz d'éclairage s'amasse, une fois qu'il est fabriqué.

— Mais ce gaz, comment le fabrique-t-on?

— En chauffant de la houille, c'est-à-dire du charbon de
terre dans des vases spéciaux, qu'on appelle des **cornues** (fig.).

— Voilà qui va bien : tu connais la fabrication du gaz
presque aussi bien que l'ingénieur Lebon, qui l'a inventée.
Mais je vois ce qui pique le plus ta curiosité : c'est la lumière
électrique.

— Oui, monsieur, et aussi la petite plaque de bois.

— Tu veux dire le **téléphone**. Je te le montrerai tout à

---

[1] **Gaz de l'éclairage.** — Pour obtenir du **gaz d'éclairage**, on
chauffe de la houille dans les cornues A, à gauche de la gravure. La
houille dégage du gaz, qui s'épure en passant par le barillet B et par

Usine à gaz (coupe).

les épurateurs C, D, E. Enfin le gaz arrive épuré dans une grande
cloche, ou gazomètre F, d'où il sort par des tuyaux pour se rendre dans les rues et dans les maisons, et servir, en brûlant, soit
à éclairer et à chauffer, soit même à mettre en mouvement des
machines. (Voir la figure d'ensemble de la page 103, n° 9.)

l'heure, mais parlons d'abord de la **lumière électrique**. On peut la produire de deux façons ; voici la première : trempe du *cuivre* et du *zinc* dans de l'eau, mélangée avec du vinaigre très fort, ou avec d'autres *acides* plus énergiques. Prends ensuite deux *fils de cuivre* ; attache l'un d'eux au morceau de cuivre, l'autre au morceau de zinc : tu auras une **pile électrique** (fig.). Dès que tu réuniras les deux fils métalliques, un *courant électri-*

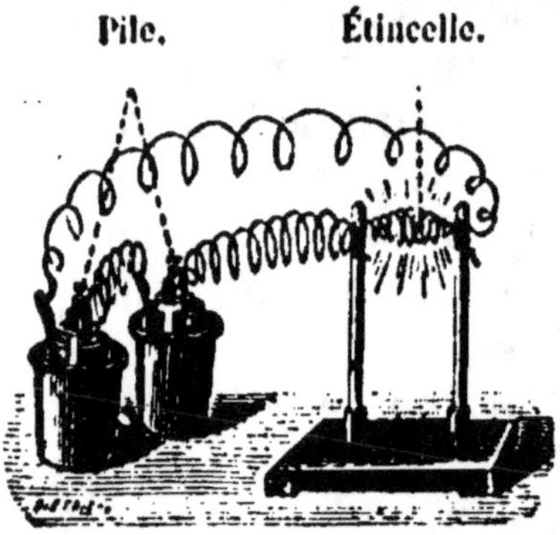

Pile électrique.

que les parcourra. Écarte légèrement l'un de l'autre ces deux mêmes fils : une étincelle jaillit aussitôt. Renforce le courant par certains procédés ; mets au bout des fils deux pointes de charbon : il se produit aussitôt entre ces pointes un arc très lumineux, lançant de vifs rayons bleuâtres. Cette lumière bleuâtre et scintillante comme celle des étoiles, ne plaît pas à tous les yeux. On a cherché à en obtenir une autre plus douce, plus fixe, moins fatigante pour la vue, et l'on a réussi, comme tu peux le voir en regardant la lampe suspendue dans mon vestibule. C'est un globe de verre (fig.) dans lequel on a fait le vide, après y avoir mis un fil de charbon. Un courant électrique, produit par des machines puissantes, arrive à ce charbon, en suivant des fils métalliques. Ces fils de métal sont, comme tu le sais peut-être, de bons conducteurs pour l'électricité. Mais le charbon au contraire est un mauvais conducteur : il ne se prête pas

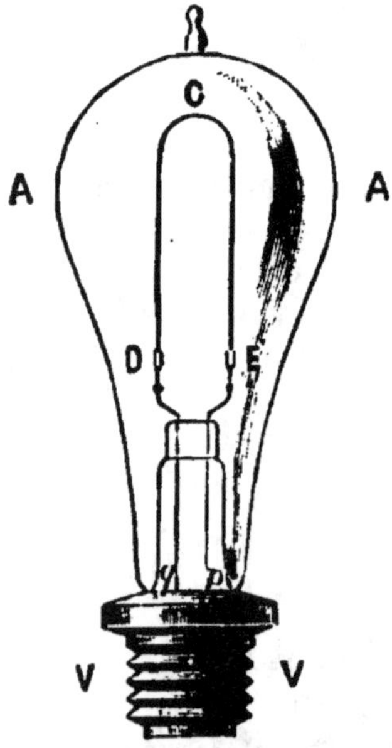

Lampe électrique à incandescence. — AA, globe de verre dans lequel on a fait le vide ; DCE, fil de charbon soudé aux fils métalliques *p q* ; V, vis permettant de monter la lampe sur un support.

aisément au passage de l'électricité. Alors que fait celle-ci ? Elle s'obstine contre le charbon qui l'arrête, et, en luttant contre lui, elle l'échauffe, le fait rougir et le rend *incandescent*, c'est-à-dire lumineux comme le fer chauffé dans la forge. Voilà pourquoi les lampes du modèle que tu vois ici s'appellent **lampes à incandescence**.

— Mon ami, dit Mme Harbel, il faut que je monte au premier étage pour voir si la chambre de Simon est prête. Pendant ce temps tu pourras lui montrer ton **téléphone** (fig.).

— Oui, ma chère amie, c'est ce que je vais faire. Simon, viens par ici et regarde bien : ce téléphone est un appareil que j'ai rapporté d'Amérique, et qui commence à se répandre en France. C'est une invention aussi surprenante que celle du télégraphe, car elle permet à deux personnes, séparées par de grandes distances, de causer entre elles. Tu vas en juger par toi-même. »

M. Harbel appuya sur un bouton : aussitôt un bruit de timbre répondit à son appel. « Allô », fit M. Harbel.

— « Allô », répondit une voix lointaine. La communication était établie. Alors

Téléphone. — Remarquez en haut la sonnette électrique d'avertissement ; plus bas la plaque près de laquelle on parle, et, de chaque côté, les **récepteurs**, qui, mis contre les oreilles, permettent d'entendre la réponse de l'interlocuteur.

M. Harbel dit à Simon : « Prends ces deux tampons, appuie-les légèrement contre tes oreilles et parle dans la direction de la plaque ; dis ceci : « Veilleur de nuit, êtes-vous là ? N'y « a-t-il rien de nouveau à l'usine ? »

Simon répéta cette question, et presque aussitôt il entendit une voix nette et distincte, mais qui cependant paraissait lointaine, et cette voix disait : « Oui, monsieur, je suis à mon poste, tout va bien, rien de nouveau, dormez tranquille ! »

Simon Ferrier se redressa stupéfait.

« C'est extraordinaire, dit-il, c'est prodigieux ! Mais sans doute l'usine est près de la maison ?

« — Non pas, mon ami, elle est à *deux kilomètres et demi* d'ici.

— Mais, monsieur, comment ma voix peut-elle parvenir à une si grande distance?

— Simon, je ne veux pas entrer dans le détail des dispositions ingénieuses qu'on a inventées pour parvenir à ce résultat ; mais en résumé voici comment l'appareil fonctionne : parle contre cette plaque de bois très mince, qu'arrive-t-il?

— Elle tremble, elle vibre, monsieur.

— Suppose maintenant qu'au moyen d'une disposition ingénieuse, un courant électrique recueille ces tremblements, ces vibrations, et les transmette, quelle que soit la distance, à une plaque métallique, que se passera-t-il?

— Cette seconde plaque, vibrera exactement comme la première.

— Oui, Simon, non-seulement elle vibrera, mais elle rendra le même son, légèrement affaibli, mais très saisissable encore. Là-dessus, maître Simon, fermons le **compteur à gaz** (fig.), de peur d'explosion, et allons nous coucher. »

Simon n'eut pas cette nuit-là un sommeil bien paisible. Il rêva qu'il parcourait des palais enchantés, où l'on entendait des voix confuses, venues de toutes les parties du monde; où la lumière jaillissait au commandement d'un magicien, et réveillait des serviteurs assis le long des murs depuis cent années; bref, il se crut dans le château de la Belle au bois dormant. Aussi le matin, quand M. Harbel lui dit : « Ami Simon, les vacances sont bien finies, cette fois-ci : je vais te mettre au travail et m'y remettre moi-même », le front de Simon se rembrunit, et il jeta par la fenêtre un regard sur le ciel, sur les arbres, sur les oiseaux; il pensa à ces sombres mines où il allait des-

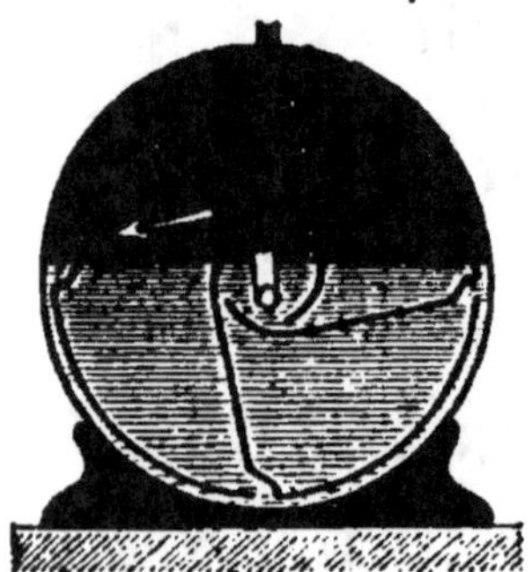

Compteur à gaz (intérieur). — Le gaz ne peut être consommé qu'après avoir fait tourner une roue. Cette roue agit sur un mécanisme, qui marque la quantité de gaz consommée. — Fermez votre compteur pendant la nuit. C'est le moyen d'éviter les fuites de gaz, et par suite les explosions dues à un mélange détonant d'air et de gaz.

cendre, à ces ateliers où il serait enfermé. M. Harbel saisit au vol l'idée qui passait en cet instant par la tête de Simon :

« Est-ce que le travail des mines t'effraie? lui dit-il; veux-tu rester ici? j'ai justement besoin d'un employé de bureau. »

Simon revint aussitôt à lui-même et surmonta la tentation; il devina que M. Harbel voulait mettre à l'épreuve son goût pour l'industrie.

« Non, monsieur, répondit-il avec fermeté; je ne suis pas inconstant, mes idées n'ont pas changé : l'industrie, les usines, les machines, voilà ce qui aura toujours mes préférences.

— Eh bien, lui dit M. Harbel avec une visible satisfaction, tes souhaits seront exaucés. Je vois avec plaisir que tu sais très bien ce que tu veux. C'est le moyen de faire son chemin dans le monde, car retiens ceci :

L'homme qui sait ce qu'il veut est un voyageur qui sait où il va. »

30. — SIMON OUVRIER MINEUR A SAINT-ÉTIENNE

En parcourant avec son protecteur les rues de Saint-Étienne pour se rendre chez le maître-ouvrier qui devait lui fournir le logis et la table, Simon fit tout haut la remarque que la ville était bien bâtie, mais qu'on n'y voyait guère de ces beaux monuments qui ailleurs frappent les étrangers.

« Les villes industrielles comme Saint-Étienne, lui dit M. Harbel, mettent leur gloire dans leurs usines; et l'on peut bien dire que les usines sont les vrais monuments de Saint-Étienne. »

Simon trouva que la poudre noire qui couvrait le pavé des rues ne rendait pas la marche agréable.

« Bah! lui répondit son interlocuteur : les passants sont si affairés, qu'ils ne s'en aperçoivent pas! D'ailleurs, sache, pour ta consolation, que s'il venait à pleuvoir, ce serait bien autre chose : la poussière se changerait en boue noire et gluante. Et puis cette poussière, mon cher Simon, c'est le signe de notre richesse; elle provient, en grande partie, de la **houille**[1], ou du **charbon de terre**, qu'on tire de notre sol, et ce charbon, vois-tu, *c'est le pain de l'industrie !* »

Simon fut remis par M. Harbel aux mains d'un brave homme du nom de Joseph Montaut, qui devait le prendre en pension chez lui.

C'était un excellent ouvrier, plein d'attentions pour sa femme et pour ses trois enfants. Il avait deux garçons, Pierre et Jacques, qui étaient déjà assez grands pour aller à la mine, où ils gagnaient bien leur vie. Il avait aussi une petite fille, Lucette, qui était infirme. Cette enfant, faible en venant au monde, aurait pu se fortifier, si elle avait été nourrie avec du lait jusqu'à douze ou quatorze mois : mais, bien avant cet âge, elle avait été sevrée*, et on lui avait donné de la bouillie pour unique aliment. Ses os étaient restés mous, en sorte que ses jambes, trop faibles pour la soutenir, s'étaient déformées et tordues.

C'est un malheur fréquent dans les villes ouvrières, et les parents ne s'en soucient pas toujours assez. Mme Harbel, qui avait créé un asile, un orphelinat, une école et une infirmerie pour les enfants des ouvriers, ne put voir, sans en être émue, l'infirmité de la petite Lucette Montaut.

Elle déclara aux parents, qui croyaient leur fille inguérissable, que le mal n'était pas sans remède. Avec leur consentement, cette bonne dame fit faire un appareil de cuir et d'acier, qui redressa peu à peu les pauvres jambettes tordues. Il y fallut bien du temps et de la patience, le grand air et une bonne nourriture. Mais le père et la mère ne se lassèrent jamais de prendre toutes les précautions indiquées par Mme Harbel; et le dimanche, dans l'après-midi, quand Mme Montaut était retenue au logis, on rencontrait

---

[1] **La houille.** — La houille ou **charbon de terre** est un combustible qui forme dans la terre, presque toujours à une grande profondeur, des couches ou **filons** plus ou moins étendus. Ces couches, ces **gisements** de charbon se trouvent dans certaines régions, qui ont reçu le nom de bassins houillers. La France possède deux principaux groupes de houillères : le groupe du **nord** ou de **Valenciennes**, et le groupe du **centre** ou **bassin de la Loire**. La houille a l'aspect d'une pierre noire, brillante et assez tendre; mais elle est constituée par des débris végétaux qui proviennent de plantes enfouies depuis bien des siècles.

dans la rue le bon Joseph Montaut poussant doucement sa fillette dans une voiture fabriquée par lui (fig.). Il allait lentement, d'un pas égal, évitant les cailloux et les ornières, de peur de donner des secousses à l'enfant. Puis, quand il arrivait sur la promenade publique, il posait Lucette sur le sol et la soutenait dans sa marche chancelante. Alors les grosses mains calleuses* du brave ouvrier mineur devenaient adroites et délicates comme

Montaut et sa fillette.

celles d'une jeune mère. C'était vraiment un spectacle touchant, à tirer presque les larmes des yeux....

Les enfants sont comme les arbres : plus ils grandissent, plus il est malaisé de les redresser.

31. — AU FOND DE LA MINE

Pierre et Jacques, les fils du mineur Montaut, n'étaient pas méchants ni taquins. Ils firent bon accueil à Simon Ferrier. D'ailleurs les préparatifs du travail ne furent pas longs pour le nouveau venu. On lui donna un costume de forte toile, pareil à celui des deux autres garçons, et le père Montaut le conduisit à la mine. Simon vit un grand trou, un puits énorme qui s'enfonçait dans le sol (fig. p. 120).

« Quoi ! dit Simon à son guide, c'est là qu'il faut descendre?

— Oui, mon garçon, à plus de neuf cents pieds au-dessous du sol, à plus de trois cents mètres, si tu aimes mieux.

— Comment allons-nous faire?

— Patience! Dans quelques minutes tu seras renseigné. »

Un câble double sortait lentement du puits, sous l'action d'une machine à vapeur. Enfin une *benne*, c'est-à-dire une grande cage, suspendue au bout du câble, apparut au niveau du sol : elle portait de petits wagons pleins de charbon de terre. Quand ces wagonnets furent déchargés, Montaut dit en riant à Simon : « Jeune homme, notre partie de plaisir va commencer! » Puis il entra dans la cage, et Simon le suivit.

Lampe de Davy perfectionnée par Stephenson. — La cheminée de **toile métallique** empêche le grisou de s'enflammer en communiquant avec la flamme de la lampe.

La cage redescendit presque aussitôt. Simon eut un frisson à la pensée qu'il s'engloutissait dans les profondeurs de la terre. Mais il sut bien vite réprimer son émotion, et, quand la cage s'arrêta, il se sentit ferme sur ses jambes et résolu à tout.

« Débarquons », dit Montaut.

Ils prirent pied dans un grand corridor voûté, d'où partaient diverses galeries qui se perdaient dans la nuit. Des wagons arrivaient par ces voies souterraines, apportant le charbon que la cage allait monter à la surface du sol. La plupart de ces véhicules étaient traînés par des chevaux : un homme placé à l'avant gouvernait l'attelage; un enfant, un *galibeau*, comme on dit dans le pays, était perché sur l'arrière, et tenait, comme le conducteur, la fameuse **lampe de Davy** (fig.), qui, avec sa cheminée de toile métallique, protège les mineurs contre les explosions du gaz appelé *grisou*.

Simon commença par faire le métier de galibeau : il l'apprit très vite (fig. page 130). Il excellait à crier gare quand deux convois se rencontraient; de longs échos lui renvoyaient sa voix et le saluaient au passage. Au bout de quelque temps, cette occupation machinale ne lui suffit plus : il se fit expliquer tout ce qu'il entrevoyait dans les ténèbres de ces corridors souterrains. Il apprit là mieux que dans les livres ce que c'est que la **houille**[1], comment elle s'est formée d'immenses quantités de végétaux enfouis jadis sous terre; il ne s'étonna plus de trouver dans les gisements houillers des **empreintes** de feuilles de **fougères** (fig. page 130), et des troncs d'arbres changés en charbon.

---

[1] **Exploitation de la houille** (fig. p. 129). — Le sol coupé dans le sens de la hauteur, laisse voir les diverses couches de terrain traversées par le puits de mine. Le tableau de gauche indique les principaux usages de la houille et de ses produits.

EXPLOITATION DE LA HOUILLE (Fig. d'ensemble).

Il regardait avec émotion les mineurs, qui, armés de leurs
pics d'acier, s'attaquaient vaillamment aux parois des gale-

Galerie de mine. — On voit deux wagons chargés de **charbon** et
conduits par le mineur Lequin et le **galibeau** Simon Ferrier.

ries, pour en détacher des quartiers de charbon. Un certain
nombre d'entre eux restaient debout; d'autres, à cause de

**Morceau de houille
portant l'empreinte
d'une fougère.**

l'étroitesse du passage, étaient obligés de se baisser, de se coucher
même; quelques-uns travaillaient
dans une attitude encore plus pénible, en se retournant à moitié, « à
col tordu », comme disent les mineurs dans leur langage expressif.

Simon admirait grandement la
patience et l'énergie de ces hommes,
qui supportent des fatigues extrê-
mes, sans avoir, comme les ouvriers
qui restent à la surface du sol, la joie réconfortante de voir
la lumière.

*Les mineurs nous donnent le charbon de terre, qui est le
pain quotidien de l'industrie; les mineurs méritent notre
reconnaissance.*

32. — L'EXPLOSION

Le grand fléau des mineurs ce sont les **explosions de grisou** (fig.). Ces explosions seraient bien plus rares, il faut le
dire, sans l'imprudence des ouvriers, qui, malgré tous les
règlements, malgré les peines les plus sévères, ne peuvent
résister au désir d'allumer une pipe au fond de la mine, au
risque d'enflammer le terrible gaz. Fumer, trop fumer, c'était

le grand défaut du père Lequin, le conducteur des wagons dont Simon Ferrier était le *galibeau*.

Pauvre père Lequin, si bon, si serviable ! Quel dommage qu'il n'ait pu vaincre cette imprudente habitude !

Il faut croire qu'il ne sut pas dominer sa passion pour le tabac, et qu'il ne put résister au désir d'allumer sa pipe au fond de la mine.

Ce qu'il y a de certain, c'est qu'un samedi matin, une détonation très forte épouvanta les mineurs : une explosion de grisou venait de se produire dans la galerie parcourue ordinairement par Lequin.

Une explosion de grisou dans une mine de houille.

Aussitôt le sauvetage fut organisé par les ingénieurs. Le vieux mineur fut retrouvé à côté de ses wagons brisés : il ne donnait plus signe de vie. A terre, près de lui, on voyait les débris de sa pipe et de sa lampe. Sans aucun doute, c'était son imprudence qui avait causé sa mort.

Trois mineurs emportèrent, en gémissant, le corps du pauvre vieux brave homme. Les autres se mirent à la recherche de Simon Ferrier.

Ils tremblaient de trouver le jeune homme inanimé, lui aussi, derrière les wagons qu'il avait coutume d'accompagner.

Mais Simon Ferrier n'était pas là : sans doute le pauvre Lequin, voulant l'éloigner, pour fumer sans témoin, lui avait donné une commission à faire dans une galerie voisine.

Les sauveteurs s'engagèrent dans le premier couloir qui se présenta à eux. Au bout de quelques pas, un éboulement de houille leur barra le passage. Alors ils appelèrent Simon à grands cris : mais ils attendirent vainement une réponse, dans un silence mortel.

Joseph Montaut, qui s'était mis au premier rang de ces hommes courageux, était désespéré de la disparition de son jeune pensionnaire. Réunissant toutes ses forces, il lança un appel suprême, un cri aigu, prolongé, déchirant : puis il prêta l'oreille.

Un murmure étouffé parvint jusqu'à lui, à travers l'espèce de muraille formée par l'éboulement.

« Simon vit encore! s'écria Montaut, il est là derrière, je l'entends! Allons, mes amis, déblayons le passage! »

Les sauveteurs se mirent énergiquement à l'ouvrage. Mais au bout de plusieurs heures, ils avaient très peu avancé, et bientôt ils eurent la certitude que deux ou trois jours suffiraient à peine pour ouvrir une tranchée de la largeur d'un homme.

Montaut pleurait presque de rage et de douleur : « Dire qu'il est là, répétait-il, dire qu'il est encore bien vivant, et qu'il aura peut-être péri, faute d'air et d'aliments, quand nous arriverons jusqu'à lui ! »

A ce moment, une heureuse inspiration vint à l'ingénieur qui dirigeait les travaux de sauvetage. Il fit apporter une de ces machines qui ressemblent, mais en grand, à un vilebrequin*, et qui servent à percer les roches quand on creuse des tunnels.

Au bout de six heures, un trou de la grosseur du bras fut pratiqué à travers la houille, et par ce trou, garni d'un tube de fer, l'air libre arriva jusqu'à Simon Ferrier. Dès lors, sa voix put être entendue distinctement. Son premier mot fut : merci !

Quand les ouvriers reconnurent cette voix qui venait comme du fond d'une tombe, ils poursuivirent leur travail avec un empressement fiévreux.

Simon parlait de temps à autre : on lui répondait par des encouragements. Vers le soir, sa voix s'altéra : on lui en demanda la raison.

« Je commence à souffrir de la faim et de la soif », répondit-il.

Alors l'ingénieur trouva une nouvelle ressource dans son esprit inventif. Il fit apporter un excellent bouillon, qu'il introduisit dans le tube. Ce tube, étant incliné, conduisit le liquide jusqu'au prisonnier, qui était averti par avance.

Vous pouvez croire qu'il ne se fit pas prier pour mettre ses lèvres au bout du tube et boire le potage inespéré.

C'est ainsi que Simon Ferrier put se soutenir, pendant que les mineurs, acharnés à leur travail, pratiquaient un couloir à travers l'éboulement.

Dès que cette espèce de corridor fut assez large pour livrer passage au corps d'un homme, Simon Ferrier s'y glissa, non sans quelques efforts, et vint tomber, à moitié évanoui, dans les bras de Joseph Montaut, qui pleurait d'attendrissement.

Au reste le bonheur de la délivrance eut bientôt remis Simon, et c'est à peine s'il eut besoin de l'aide de ses compagnons pour regagner le puits et sortir de la mine.

Quand il fut à la surface du sol, et qu'il revit la lumière du jour, il sentit croître encore sa reconnaissance pour ses sauveurs, et il écrivit une bonne et longue lettre à M. Prévôt, pour lui faire part de ses angoisses passées et de sa joie présente.

Que la vie est douce pour ceux qui ont vu la mort de tout près !

33. — LES PLAISIRS DE SIMON. — UNE PAPETERIE. — UNE IMPRIMERIE. — LE LEVER DU SOLEIL.

Les jours, les semaines, les mois s'écoulèrent. Simon connaissait les moindres coins de la mine : elle n'avait plus pour lui le même intérêt. Il n'était pas né, comme la plupart de ses camarades, dans une de ces familles où l'on est mineur de père en fils ; il n'avait pas été voué et préparé dès sa première enfance à son métier souterrain : aussi il en souffrait davantage.

Pendant ses heures de liberté, il trouva bien quelques distractions. Un jour, par exemple, il visita une fabrique de rubans ; un autre jour, il obtint l'autorisation de pénétrer dans une manufacture d'armes. Un petit voyage qu'il fit à Annonay (carte, page 110), lui donna l'occasion de visiter une **papeterie** ; et même il eut la chance de rencontrer un maître papetier très complaisant qui, le voyant désireux de

PAPETERIE (Fig. d'ensemble).

s'instruire, se fit un plaisir de lui expliquer la fabrication du papier.

« Jeune homme, lui dit-il, vous croyez peut-être que le papier se fait uniquement avec des chiffons : détrompez-vous ! le papier se fait aussi avec de la paille, avec des feuilles de maïs, avec de l'alfa d'Algérie, ainsi qu'avec du bois de sapin, de tilleul et de peuplier. Les fibres de ces divers végétaux sont soumises à certaines préparations et réduites en pâte. Avec cette pâte on fait des feuilles de papier. Voulez-vous savoir comment ? Suivez-moi ! »

Il le conduisit devant la fameuse machine inventée par le Français Robert, à Essonne, où sont aujourd'hui les plus grandes papeteries de France (fig.).

« Et maintenant, dit le papetier, attention!

« Regardez la pâte qui coule de ces vastes réservoirs : nous allons la suivre. La voilà étalée sur une toile métallique qui est continuellement en marche.

« Voyez! La pâte s'agite d'un léger mouvement de va-et-vient : c'est afin que les petites fibres qui la composent se mêlent et s'enchevêtrent, comme les poils dont on fait le feutre des chapeaux.

« Elle perd peu à peu son eau : elle a déjà plus de consistance. Mais hâtons-nous, elle va plus vite que nous.

« Voici qu'elle s'engage avec la toile métallique entre deux cylindres qui la compriment.

« Maintenant elle sort de l'autre côté : voyez, elle sera désormais assez forte pour se passer de la toile et se soutenir toute seule.

« La voilà sur des cylindres chauffés à la vapeur. Ils la sèchent et la serrent pour la bien aplanir.

« C'est fini, voyez-vous : le papier est fait, il n'a plus qu'à s'enrouler sur ces bobines. Allons! bobines, tournez, tournez toujours! Garnissez-vous de ce beau papier blanc que réclament les libraires pour imprimer leurs livres et leurs journaux; les savants pour noter leurs pensées; les poètes pour composer leurs vers; les marchands pour inscrire leurs comptes; les écoliers enfin, pour faire leurs belles pages d'écriture. Tournez, bobines, tournez toujours! »

*
* *

Simon Ferrier parut prendre un si grand plaisir aux explications du maître papetier, que celui-ci lui dit :

« Jeune homme, puisque notre papeterie vous a tant intéressé, voulez-vous que je vous fasse visiter aussi une **imprimerie?** »

Simon Ferrier se déclara ravi de cette offre. Le papetier le conduisit dans une grande imprimerie d'Annonay et le fit d'abord entrer dans l'atelier de *composition*.

« Voyez, lui dit-il, ces petites pièces de métal, portant, à l'une de leurs extrémités, une lettre, un chiffre, ou quelque autre signe : ce sont des **caractères mobiles** (n° 4 fig. d'ensemble) du genre de ceux qu'inventa Gutenberg (n° 1) en 1440.

« Les *compositeurs* prennent ces caractères et les assemblent (n° 3), de manière à former des mots, des lignes et des pages.

« Vous comprenez bien qu'il suffira ensuite de **presser** des feuilles de papier sur ces caractères, préalablement enduits d'encre, pour en obtenir de fidèles images.

« Mais pour presser le papier contre les caractères, on peut se servir de deux moyens principaux : tantôt, l'on emploie une **presse à bras**, assez peu différente de la presse des imprimeries primitives (n° 2); tantôt on a recours à la **presse rotative** (n° 5), que je vais vous montrer, et qui est vraiment un des chefs-d'œuvre de la mécanique moderne. Suivez-moi ! »

Ils passèrent dans la salle voisine et se trouvèrent devant une machine très compliquée, mais très élégante. Le guide de Simon lui dit :

« Voilà la *presse rotative* dont je vous parlais. Je vais vous expliquer comment elle fonctionne. Vous voyez à gauche, près du sol, une bande de papier blanc, enroulée sur une bobine. Cette bande s'engage entre des cylindres, bien visibles d'ailleurs du point où nous sommes; et quand elle sort, à droite, elle est imprimée sur ses deux faces; et des couteaux mécaniques la coupent en morceaux de dimensions déterminées.

— Ah ! dit Simon, c'est une habile ouvrière que cette presse rotative, et l'on dirait vraiment qu'elle est douée d'intelligence ! Et que de besogne elle fait ! Sans doute elle est bien capable d'imprimer des centaines de journaux en une heure?

— Des centaines ! dites-vous, jeune homme ! c'est bon pour l'ancienne presse à bras ! La presse rotative peut imprimer en une heure 20 000 exemplaires d'un journal de grand format, 40 000 exemplaires d'un journal de petit format !

— Ah ! monsieur, c'est à peine croyable !

— C'est ainsi cependant, et, rien qu'en France, il y a des centaines de presses qui ressemblent à celle-ci, et qui four-

IMPRIMERIE (Fig. d'ensemble).

1. Gutenberg (1400-1468).

2. Imprimerie primitive.

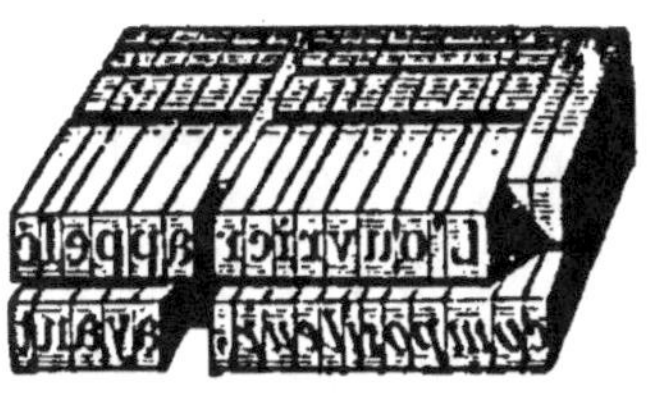

3. Caractéres assemblés.

4 Caractére isolé.

Rouleau de papier blanc. | 5. Presse rotative en usage actuellement. | Papier imprimé.

nissent tous les jours autant de travail qu'elle. C'est qu'à l'heure actuelle, grâce à l'instruction obligatoire, les Français lisent beaucoup plus qu'autrefois. Ceux mêmes qui n'ont pas le temps d'ouvrir un livre tous les mois, ne manquent guère d'ouvrir un journal chaque jour. Et ce n'est pas moi qui les en blâmerai. Car, pourvu qu'ils n'adoptent pas au hasard le premier journal venu, pourvu qu'ils ne se figurent pas que tout ce qui est imprimé est nécessairement vrai, ils peuvent tirer les plus grands avantages de leur lecture quotidienne. En effet, dans un bon journal ils trouvent d'abord des distractions amusantes; ils y trouvent aussi des avis utiles pour l'agriculture, le commerce et l'industrie; enfin et surtout ils y trouvent des nouvelles de la France et de ses colonies, des nouvelles même du monde entier, et ils peuvent, malgré leurs occupations, se tenir au courant de tout ce qui se passe, et s'intéresser sans cesse aux affaires de leur pays. »

Simon Ferrier remercia en termes chaleureux son aimable guide, et, de retour à Saint-Étienne, il eut l'esprit occupé pendant bien des jours de tout ce qu'il avait vu et appris pendant son petit voyage.

*
* *

Cependant l'ennui reprit Simon au bout de quelques semaines : il ne lui suffisait pas de visiter des usines; il lui fallait encore autre chose, un peu d'air pur et de ciel bleu.

Chaque fois qu'il prenait place dans une benne pour descendre au fond de la fosse, il lui semblait qu'il allait s'enterrer vivant, et il entendait chanter dans sa mémoire ces deux vers de la Chanson des mineurs, composée par Pierre Dupont :

> **Nous nous plairions au grand soleil,**
> **Et sous les verts rameaux des chênes!**

L'inauguration d'un nouveau puits de mine lui ayant valu un jour de liberté, Simon Ferrier en profita pour faire, avec Farino, l'ascension du mont Pilat, qui se trouve entre Saint-Étienne et le Rhône (carte p. 110).

Ce qu'il voulait voir du haut de ce sommet, ce n'était pas

seulement la vallée du Rhône, ce n'était pas seulement la chaîne des Alpes; ce n'était pas même le mont Blanc, si pur et si imposant dans sa blancheur éclatante : c'était le **lever du soleil** (fig.), l'un des plus beaux spectacles qu'il soit donné à l'homme de contempler.

Son espérance ne fut pas trompée. Pendant que l'astre était

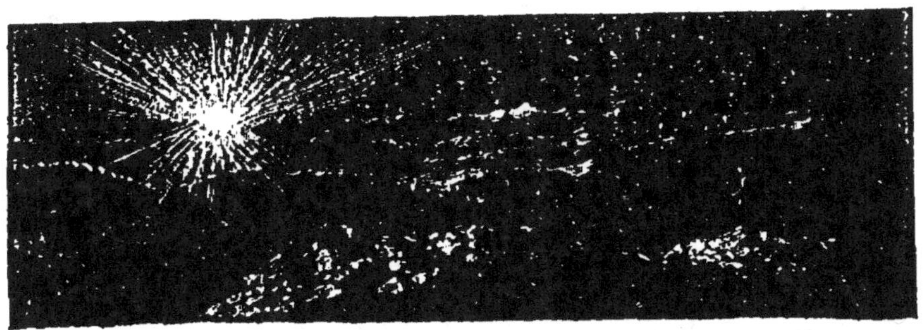

Simon Ferrier contemple le lever du soleil.

encore caché derrière les Alpes, les pics neigeux du mont Blanc se bordèrent de rouge.

Puis tout d'un coup un point lumineux brilla : Simon crut voir des flèches d'or qui traversaient les espaces.

Bientôt le large disque du soleil se dégagea tout entier, en tournoyant sur lui-même. Ses rayons illuminèrent les monts et les collines, plongèrent dans les vallées les plus ouvertes, laissant les autres dans une ombre bleuâtre, et caressèrent d'une douce chaleur la joue de Simon.

Le pauvre orphelin se sentit moins seul dans le monde. Jamais l'idée de la puissance divine ne s'était présentée plus magnifiquement à lui; sa pensée remonta des merveilles de la nature à leur premier auteur, et cette aube matinale, qui éclairait le monde, mit aussi dans son âme un rayon de joie et d'espérance.

Deux objets remplissent l'âme d'une admiration et d'un respect toujours renaissants : au-dessus de nous le ciel avec les astres; au dedans de nous, la loi morale.

KANT*.

34. — UNE FAIBLESSE

Simon rentra à Saint-Étienne, tout réconforté. Mais, hélas! la mauvaise saison revint. D'ailleurs il s'attristait dans ses promenades forcément solitaires : car les jeunes ouvriers, ses compagnons, préféraient, quand ils avaient un moment de répit, les distractions de la ville aux courses champêtres, si saines cependant et si reposantes. Ils tâchaient d'entraîner Simon avec eux :

« Viens donc, lui disaient-ils; viens jouer au bouchon avec nous, ou aux quilles, ou bien aux cartes : tu gagneras peut-être de l'argent; en tout cas, nous boirons un verre de bière sous la treille de la guinguette. Mais viens donc! N'as-tu pas, comme nous, le gosier tout desséché par la poussière du charbon? Fais donc comme les autres! »

Par ennui de sa solitude, par complaisance pour ses camarades, et n'ayant d'abord d'autre intention que de se rafraîchir un peu, le pauvre garçon se laissa entraîner. Il faut dire que depuis longtemps il était sans nouvelles de M. Harbel. Il lui avait écrit pour lui proposer une invention : il avait songé à perfectionner la lampe de Davy, pour empêcher les mineurs de l'ouvrir; mais justement l'amélioration venait d'être réalisée. Il avait proposé une autre invention, plus importante : mais, comme pour la première, il n'avait pas reçu de réponse. Le pauvre jeune inventeur était presque malade de dépit et de découragement. Aussi, quand le grand Paul Montaut lui prit le bras, en lui disant d'une voix traînante et nasillarde : « Viens donc avec nous! », il se laissa conduire à l'auberge et joua aux cartes. Au bout de deux heures, il avait perdu tout son gain de la semaine. Il avait bu beaucoup plus que sa soif ne l'exigeait, et déjà il sentait son cerveau s'échauffer un peu.

Pendant qu'il portait à ses lèvres le verre de bière que son tentateur lui avait offert en guise de consolation, il pâlit soudain : une voiture découverte passait sur la route, la voiture de M. Harbel (fig.)! Ainsi donc son bienveillant ami et protecteur l'avait vu attablé dans cette auberge assez mal famée! Il l'avait reconnu! il lui avait jeté un de ces regards sévères qui ne s'oublient pas!

Simon, tout honteux, n'osa se lever d'abord, de peur de froisser ses compagnons. Ceux-ci continuaient à boire. Leurs conversations fini rent par dégénérer en discussions et en querelles. Ils s'animaient de plus en plus; le vin leur montait à la tête.

Simon Ferrier comprit que l'heu re était venue pour lui de pren dre un parti éner gique. Il se leva, paya sa dépense et sortit pour rentrer à Saint-Étienne.

Une faiblesse de Simon Ferrier.

Sur la route, il rencontra des hommes qui avaient la figure rouge, l'air excité, la démarche chancelante. Ils chantaient des refrains grossiers, d'une voix avinée.

« Voilà donc, se dit Simon, où mène l'intempérance[1] ! Plutôt que de me laisser aller à ce vice, j'aimerais mieux ne jamais boire que de l'eau claire ! »

Ne faites comme les autres que si les autres font bien.

---

[1] **Danger de l'intempérance.** — L'intempérance est un des plus grands fléaux de l'humanité. Elle se manifeste non seulement par le vice répugnant qui s'appelle **l'ivrognerie**, mais encore par l'abus des **boissons alcooliques**, comme l'eau-de-vie, et des **liqueurs toxiques** comme l'absinthe. Il suffit de boire chaque matin un verre d'eau-de-vie — même sans s'enivrer jamais — pour devenir, au bout de quelques années, un *alcoolique*. — **L'alcoolique** est voué fatalement aux pires maladies (maladies de poitrine et d'estomac, cancers, maladies nerveuses, abrutissement, folie). L'alcoolique perd sa santé, compromet celle de ses enfants et fait le malheur et la ruine de tous ceux qui l'entourent.

35. — LE DEVOIR. — ENFANCES COURAGEUSES : AMYOT, DROUOT

Simon hâta sa marche, tout en repassant dans sa mémoire les incidents de la journée. Il n'était pas content de lui-même; il sentait toujours peser sur son front le regard de reproche de M. Harbel.

« Ah! se disait-il, ce n'est pas un vain mot que la conscience! » Et tous les bons enseignements reçus à l'école lui revenaient à l'esprit.

Pour s'affermir dans ses résolutions, il éprouva le besoin d'un encouragement affectueux. Est-il nécessaire de dire qu'il pensa aussitôt à M. Prévôt?

Il lui avait écrit à plusieurs reprises depuis son arrivée à Saint-Étienne, mais presque toujours de simples billets. Cette fois, il prit tout son temps, et narra, dans le plus grand détail, sa vie et ses épreuves.

Il avait plus d'un ennui. D'abord, au fond de la mine, il ne trouvait guère le moyen de développer ses goûts et ses apti-tudes de mécanicien. En outre il se sentait plus isolé que jamais. Certes, il était très bien soigné dans la famille Mon-taut et il n'y manquait de rien. Mais il avait d'autres senti-ments, d'autres habitudes que les fils Montaut, qui sacri-fiaient trop volontiers le travail au plaisir.

M. et Mme Harbel étaient en voyage, et Simon ne recevait que rarement de leurs nouvelles.

Le pauvre orphelin devenait triste. Il avait beau gagner largement sa vie et se suffire à lui-même, il n'était pas heureux : car le cœur demande à trouver un aliment dans l'amitié et dans les affections de famille. Le bon Simon Ferrier souffrait vivement de n'avoir plus aucun parent à aimer, de n'avoir ni frère ni sœur à protéger, de n'avoir pas une personne enfin à qui se dévouer. Farino seul avait besoin de lui.

Voilà ce que Simon fit comprendre à M. Prévôt, en lui confiant ses chagrins. Il ne manqua pas non plus de lui avouer le petit entraînement qu'il avait subi à l'auberge, et le regret qu'il en avait eu. M. Prévôt lui répondit par le retour du courrier. Il lui disait ceci :

« Mon cher Simon,

« Je reçois donc enfin une bonne et grande lettre de toi! J'en ai tant de plaisir, que je perds toute envie de t'adresser des reproches sur ton long silence.

« Tu m'as très bien raconté ta vie. Il me semble que je suis auprès de toi et que je te vois travailler sous mes yeux. C'est te dire que je comprends aisément tes épreuves et tes peines. Elles sont douloureuses, je le reconnais, et pour les souffrir, il faut de l'énergie. Mais tu n'es pas de ceux à qui l'énergie fait défaut, et tu l'as bien prouvé le jour où tu as su résister aux tentations du jeu et de l'intempérance. Continue, et tu verras que tes camarades seront les premiers à estimer et à louer ta force de caractère.

« Tu me dis que ton travail est monotone; mais, mon ami, trouve-moi par le monde beaucoup de métiers qui offrent des agréments toujours nouveaux! Au lieu d'être occupé à l'extraction du charbon de terre, tu préférerais être apprenti mécanicien : eh bien, sois tranquille, mon cher Simon, tout me fait penser que M. Harbel n'a pas l'intention de te laisser au fond d'une mine durant toute ta vie. Un de ces jours il te donnera un autre emploi, un emploi dans un atelier de construction, où tu pourras vivre au milieu des machines. « Mais, vas-tu me répliquer, M. Harbel m'oublie. » Simon, crois-moi, M. Harbel est un homme qui n'oublie guère : seulement il mène de front les affaires les plus diverses; il remplit avec le même zèle ses obligations de député et ses devoirs de chef d'usine; il voyage beaucoup : il est tantôt à Saint-Étienne, tantôt au Creusot, tantôt à Paris, tantôt à Lille; parfois même il va à l'étranger. Au moment où tu t'y attendras le moins, tu le verras débarquer à ta porte comme s'il tombait du ciel.

« Et puis enfin si, par impossible, il ne pensait plus à toi, hé bien, mon cher ami, même alors tu n'aurais pas encore le droit de te décourager : car ce n'est pas pour M. Harbel que tu travailles; ce n'est même pas pour toi seulement, c'est pour obéir à quelque chose qui est au-dessus de M. Harbel et de toi-même, au-dessus de nous tous, je veux dire à la grande **loi du devoir**, dont les commandements sont impérieux et absolus. Donc que ton travail t'ennuie ou t'intéresse, que M. Harbel te néglige ou te comble de bontés, ta conduite n'a pas à changer, et ta volonté doit rester ferme et inébranlable.

« D'ailleurs ne va pas t'imaginer, Simon, que tu sois une exception sur la terre, ni que ta jeunesse soit plus malheureuse que celle de beaucoup d'autres. La plupart des hommes célèbres ont eu les débuts les plus pénibles. Tu connais au moins de nom, je pense,

Drouot, qui naquit à Nancy et qui fut un des meilleurs généraux de la Révolution et de l'Empire. Il était fils d'un boulanger assez pauvre, qui n'avait pas de quoi fournir à ses enfants les moyens de faire des études sérieuses. Mais le jeune Drouot avait toujours un livre à la main, le jour, la nuit même ; et comme on ne pouvait faire pour lui les frais d'une lampe ordinaire, il s'éclairait à la lueur rougeâtre du four où cuisaient les miches de pain (fig.). Il n'était pas beaucoup plus favorisé, tu le vois, que Jacques **Amyot**, cet illustre écrivain du xvi° siècle, qui commença par être le valet des autres écoliers, et qui, plus d'une fois, fut obligé, dit-on, de lire ses livres aux pâles rayons de la lune (fig.). Tous deux furent récompensés de leurs efforts ; et, quand

Drouot étudie à la lueur
d'un four.
Amyot lit à la clarté
de la lune.

ils jouirent des honneurs de la gloire et de la considération, ils se rappelèrent avec plaisir leurs humbles commencements, leurs pénibles épreuves d'enfance et de jeunesse. Pour toi aussi, mon cher Simon, un jour viendra où tu feras le travail de ton choix, où tu jouiras d'une aisance légitimement acquise, où tu seras, comme on dit, « un homme arrivé ». Et tu te souviendras avec joie des petites misères d'aujourd'hui, quand tu auras pu, grâce à ta réputation irréprochable, t'établir, te marier honorablement et fonder une bonne famille. Alors, mon cher Simon, ton cœur sera satisfait, et tu pourras dépenser à ton aise ce petit trésor de dévouement et d'affection que tu voudrais employer dès maintenant.

« Avec cette lettre je t'envoie un livre que tu feras bien de lire dans tes heures de tristesse ; c'est un de ces petits *Manuels d'éducation morale et d'instruction civique*, que l'on fait maintenant pour les écoles primaires. Tu y trouveras de bons conseils, de bons exemples; et puis j'espère aussi, mon cher ami, que ce modeste livre te rappellera ton maître, qui est bien souvent avec toi par la pensée, qui compatit bien à tes peines et qui voudrait pouvoir les diminuer.

« CLAUDE PRÉVÔT. »

« Un dernier mot, mon cher Simon : sache que le meilleur moyen de supporter courageusement les misères et les tristesses de la vie, c'est de se répéter la vieille devise si française : *Fais ce que dois, advienne que pourra!* »

36. — MEILLEURS JOURS. — L'INVENTION DE SIMON. — LE CAPITAL ET L'INTÉRÊT

Après avoir lu la lettre de son ancien maître, Simon Ferrier se retrouva en possession de tout son courage.

Non content d'accomplir son travail de chaque jour avec un zèle et une régularité dignes de tous les éloges, il avait presque toujours l'esprit occupé de quelque invention.

Il rêvait surtout aux moyens de diminuer les dangers dont la vie des mineurs est entourée. Ainsi chaque fois qu'il mettait le pied dans la benne pour descendre sous terre ou remonter au jour, il se disait, en frémissant : « Si le câble de la benne venait à se rompre, nous serions précipités dans le vide ! Que faire pour prévenir une pareille catastrophe ? »

A force de réfléchir, il inventa un **parachute de mine**, c'est-à-dire un système de ressorts et de crampons combinés de telle sorte, qu'en cas de rupture du câble, la benne serait préservée de toute chute. Naturellement, Simon Ferrier ne put exécuter ce beau projet que sur le papier : pour expliquer le mécanisme de son appareil, il fit de grands dessins à l'encre de Chine, qu'il envoya à M. Harbel.

Quelques jours plus tard, un dimanche dans l'après-midi, Simon, condamné par la pluie à rester au logis, vit entrer dans sa chambrette M. Harbel, suivi de son cocher Jean, qui portait un coffre de bois.

M. Harbel riait sous cape*, de l'air de quelqu'un qui savoure à l'avance une bonne plaisanterie, ou une bonne action. Simon était ému, sans trop savoir pourquoi; et son émotion augmenta quand il vit M. Harbel tirer du coffre une sorte de haute charpente en miniature. M. Harbel ne le laissa pas languir, du reste.

« Reconnais-tu ceci? lui dit-il.

— Oui, monsieur, répondit Simon, dont le cœur battait à se rompre; cette petite machine ressemble au parachute de mine que j'avais imaginé et dont je vous parlais dans une lettre.

— Tu vois, je l'ai fait exécuter en petit, sous la direction d'un ingénieur, et d'après tes plans, mon gaillard ! Mais voyons s'il fonctionne bien. Je ne suis pas d'humeur à t'acheter le droit d'exploiter ton invention, si elle ne vaut rien. »

Simon n'en croyait pas ses oreilles; ce ton de plaisanterie ne l'empêchait pas de sentir la profonde bienveillance de son protecteur.

M. Harbel mit d'aplomb la charpente, pareille à celles qui sont en usage dans les puits de mines. Il fit monter des wagons minuscules. Puis, comme elle était au milieu de sa course, il coupa le câble (fig.);

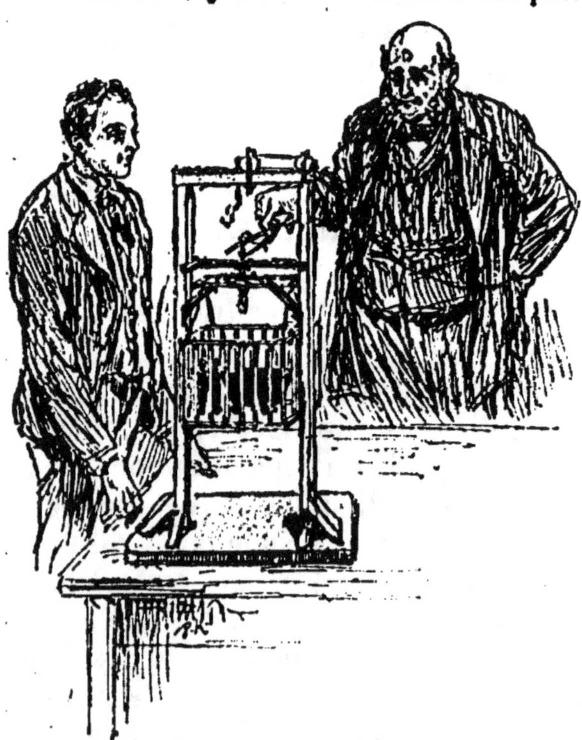

L'Invention de Simon. — M. Harbel essaie le parachute de mine inventé par Simon. Le câble vient d'être coupé, et cependant la benne ne tombe pas, retenue qu'elle est par des cramppons.

pour guider les bennes suspendues dans le vide. Il fit monter et descendre la benne chargée de wagons minuscules. Puis, comme elle était au milieu de sa course, il coupa le câble (fig.);

la benne fut aussitôt retenue par des crampons; les wagonnets furent à peine bousculés.

« Allons, dit-il, le système est bon : je vais l'essayer en grand dans mes mines. Mais il faut que tu m'y autorises; ton idée t'appartient; si je te la prends, il faut que je te la paie : combien me demandes-tu? »

Simon n'osait rien répondre : car l'air narquois de son protecteur l'intimidait encore un peu; et d'ailleurs il eût été confus d'exiger la moindre somme.

« Hé bien, dit M. Harbel, je ne sais pas trop encore ce que vaut ton invention; en attendant, voici 500 francs pour toi. »

Il s'amusa à aligner cinq rangées de beaux louis rayonnants.

« Prends donc, Simon, ajouta-t-il. Tu me regardes comme si j'étais le diable en personne. Allons, fais ton compte! Vois si je ne te trompe pas : les affaires sont les affaires! »

Mais Simon ne faisait pas un mouvement; il était comme pétrifié. Alors M. Harbel mit les louis dans une bourse, qu'il coula de vive force dans la poche du jeune apprenti.

« Et maintenant, dit M. Harbel à Simon Ferrier, que vas-tu faire de cet argent? Acheter des bâtons de réglisse ou de sucre de pomme?

— Oh non! monsieur, je suis trop grand garçon pour cela!

— Alors, qu'en feras-tu? Je serais bien aise de le savoir.

— Dame, monsieur, je ne sais pas bien encore; en tout cas, je le mettrai en réserve, et je le garderai soigneusement. C'est le meilleur parti.

— Tu crois? Hé bien, suppose que tu possèdes 20 000 francs et que tu aies besoin de 1000 francs par an pour vivre. Tu mets tes 20 000 francs dans un bas ou dans une cassette; et chaque année, tu prends là-dessus le nécessaire. Combien te reste-t-il au bout de dix ans?

— 10 000 francs, monsieur.

— Et au bout de vingt ans?

— Rien du tout.

— Tu l'as dit, Simon : rien du tout!

— Que faire alors, monsieur?

— Il faut faire ce que font tous les gens sages, Simon,

il faut faire des placements, mais des placements sûrs. Tu peux te procurer par exemple des obligations* de chemins de fer ou de la rente* sur l'État, ce qui te donnera chaque année un *intérêt* d'environ 5 pour 100 ; c'est-à-dire, par exemple, que, pour 100 francs que tu auras prêtés à l'État, celui-ci te fournira un revenu de 5 francs par an.

— Vous me direz comment il faut s'y prendre pour faire un placement.

— Oui, mon ami, dès demain nous nous occuperons de cela.

— Mais demain, monsieur, je serai au fond de la mine.

— De quelle mine?

— De celle où je travaille, ici, à Saint-Étienne.

— Et s'il me plaît de t'emmener?

— Où, monsieur?

— C'est mon secret. As-tu confiance en moi? Veux-tu me suivre après-demain, les yeux fermés?

— Je vous suivrais au bout du monde.

— Hé bien, demain nous arrangerons toutes nos affaires. Fais ton paquet et dis au revoir à tes camarades, ainsi qu'à la famille Montaut.

— Mais, monsieur, ne pourrais-je détacher quelque chose de mes 500 francs, pour le donner à ces braves gens qui m'ont si bien soigné?

— C'est une bonne pensée, Simon. Mais tu es pauvre aussi : il faut que tu songes à ton avenir; et d'ailleurs, madame Harbel et moi, nous ne laisserons jamais les Montaut manquer du nécessaire.

— Du moins je voudrais acheter pour la petite Lucette cette voiture d'enfant qui fait envie à son père, chaque fois qu'il passe devant le bazar qui est sur la place.

— Tu peux mettre à cet achat une trentaine de francs. Le reste sera ton capital, si tu veux bien. J'ai dit *capital* : te voilà donc capitaliste maintenant, comme moi! A ton âge, je ne l'étais point. Allons, adieu. Crois-tu que je vais perdre tout mon temps avec toi? J'ai bien d'autre chats à fouetter. »

M. Harbel s'en alla avec une prestesse que l'on n'eût point attendue d'un homme aussi chargé d'embonpoint. C'est que sa volonté vive et alerte restait maîtresse de son corps, alourdi

par l'âge ; c'est aussi parce que rien ne rend le cœur et le pas
légers comme d'avoir accompli une bonne action.

> *L'argent bien placé*
> *C'est du grain bien semé.*

37. — SIMON VA DE SAINT-ÉTIENNE A PARIS. — LA VILLE DE DIJON

Le lendemain, M. Harbel et Simon Ferrier montaient en
wagon. Après avoir passé par Roanne (carte page 110), connue pour ses grandes filatures* de coton, par Montceau-les-
Mines, dont le nom désigne assez l'industrie principale, par
Montchanin, où l'on fabrique ces grandes tuiles de terre
cuite qui donnent un aspect si riant aux maisons qu'elles
recouvrent, nos deux voyageurs se trouvèrent au Creusot.

« Pour le coup, dit Simon, nous sommes arrivés !

— Non, pas encore, lui dit M. Harbel, nous sommes même
encore loin du but. Certes, si tu n'avais pas séjourné à Saint-
Étienne, c'est au Creusot que j'aimerais à te voir, au milieu
de ces usines qui sont parmi les plus importantes du monde.
Mais tu connais assez le centre de la France, et je voudrais
désormais te faire voyager et vivre un peu dans la région
du nord. C'est à Lille que je compte t'établir, si tu n'y vois
pas d'inconvénient.

— Oh ! monsieur, dit Simon, tout ce que vous ferez sera
toujours bien fait ; et je ne sais vraiment ce que je puis
faire, de mon côté, pour vous témoigner ma reconnaissance.

— Tu n'as qu'à travailler, qu'à te bien conduire, qu'à
donner le bon exemple en tout et partout.

— Hé bien, soyez sûr, monsieur, que je ferai encore plus
d'efforts que par le passé pour vous donner satisfaction.

— Je n'en doute pas, Simon : car depuis que je te connais,
tu as toujours justifié le bien que M. Prévôt m'avait dit de
toi. Mais, au fait, j'oubliais ! tu vas le revoir, ton cher
monsieur Prévôt ! Je m'arrangerai de manière que tu puisses
lui consacrer une journée.

— Ah ! monsieur, vous ne pourriez pas m'annoncer de
joie plus vive, et il me tarde d'arriver à Paris

— Patience, ami Simon ! Nous y serons bientôt. Mais auparavant nous profiterons d'un arrêt du train pour visiter Dijon. »

Le projet de M. Harbel s'exécuta comme il l'avait dit.

Grâce à une voiture louée fort à propos par lui, Simon put, en un temps relativement court, prendre une connaissance générale de cette ville de Dijon, si jolie, si gracieuse, si bien bâtie, si riche en monuments civils et religieux, ornée de jardins si charmants, vrai séjour de plaisance, formant un frappant contraste avec des cités laborieuses comme Saint-Étienne et le Creusot.

Simon, qui avait l'esprit juste et l'âme droite, n'eut pas un instant la pensée de murmurer contre ces élégances, dont cependant il ne lui était pas donné de jouir.

En longeant les admirables promenades de Dijon, en s'arrêtant devant les églises et les palais construits au temps des ducs de Bourgogne, ou devant des maisons particulières qui sont de petits bijoux d'architecture ; en contemplant les jardins riants et fleuris, les statues des places publiques, les fontaines monumentales, Simon croyait parcourir un musée en plein air et à ciel ouvert, et il s'avouait à lui-même que l'art doit garder toujours sa place légitime à côté de l'industrie. Car enfin tout se tient et s'enchaîne dans la vie. Le carrier et le maçon qui extraient et qui taillent la pierre, ont pour frère l'artiste qui la sculpte (fig.).

Simon sentait cette étroite parenté de tous ceux qui travaillent, et, bien que par ses goûts

Le sculpteur et le tailleur de pierre.

il se sentît irrévocablement appelé vers l'industrie, il trouvait plaisir à se laisser pénétrer doucement par le charme des choses artistiques, statues, tableaux, jardins, fontaines, monuments, et il se disait avec raison :

L'industrie rend la vie plus aisée ; l'art l'embellit.

38. — LES MONUMENTS DE PARIS. — L'ARCHITEC-
TURE MÉTALLIQUE

En arrivant à Paris, M. Harbel s'en alla déjeuner au restaurant avec Simon Ferrier; après quoi, il lui dit :

« Mon jeune ami, ce n'est pas encore aujourd'hui que nous pourrons voir ton cher maître, M. Prévôt : car je suis député, comme tu le sais, et demain je dois prononcer quelques mots à la Chambre. Nous avons donc devant nous une bonne après-midi : nous pourrons l'employer utilement en nous promenant à travers Paris, pour visiter ses monuments les plus beaux et les plus instructifs. Tu sais sans aucun doute ce qu'on entend par l'architecture?

Simon. — Oui, monsieur, c'est l'art de bâtir des monuments.

M. Harbel. — Eh bien, cet art varie avec le temps. Aussi j'aime assez que les jeunes gens comme toi s'accoutument à comparer l'architecture de leur siècle avec celle des âges passés. Or, rien n'est plus facile à Paris.... Cocher! conduisez-nous, s'il vous plaît, à **Saint-Germain des Prés** (n° 1, fig. d'ensemble page 153) ! »

Le cocher obéit, et, quand la voiture fut devant l'église, M. Harbel dit à Simon :

« Voici un des plus anciens monuments de Paris. Son nom même t'indique qu'il fut élevé au milieu des prairies, et qu'il y eut jadis des champs dans l'endroit même où nos pieds foulent l'asphalte* et le pavé de bois, et où se croisent tant de voitures, d'omnibus et de tramways. C'est au xie siècle que fut construit le clocher que tu vois ici. Remarque les fenêtres : elles forment à leur partie supérieure une voûte arrondie. Cette voûte, qu'on appelle *plein cintre* (n° 1), permet de reconnaître à première vue un monument construit d'après les principes de l'architecture romane. Quand au contraire les voûtes d'un édifice se terminent en pointe et forment ce qu'on appelle une *ogive* (n° 2), le monument appartient à l'architecture ogivale ou gothique. Cette architecture est notre bien propre : car elle est née au cœur même de notre patrie, sur le sol de notre Ile de France. Je vais te montrer un de ses chefs-d'œuvre. »

Quelques minutes plus tard, en effet, les deux promeneurs visitaient la **Sainte-Chapelle** (n° 2). Ils s'attardèrent un peu à considérer les clochers et les clochetons qui montent vers le ciel en s'effilant, les galeries et les fenêtres découpées comme de la dentelle, les nefs* profondes et recueillies, où les vitraux de couleurs variées ne laissent pénétrer qu'un mystérieux demi-jour.

Ils allèrent ensuite à l'**Hôtel de Ville** de Paris (n° 3), construit, comme on le sait, d'après le style de la **Renaissance**. C'est là, c'est dans cette *Maison commune*, pour parler comme au moyen âge, que siègent les conseillers municipaux, élus pour veiller à la prospérité de l'immense cité. Le fiacre reprit sa course, passa devant le palais du **Luxembourg** (n° 4), construit par Louis XIII et consacré actuellement aux réunions du Sénat, et s'arrêta devant la majestueuse **Colonnade du Louvre** (n° 5), édifiée sous Louis XIV.

Lorsque, un peu plus tard, M. Harbel apprit à Simon Ferrier que le **Panthéon** (n° 6), l'**Arc de Triomphe** de l'Étoile (n° 7) et la **Colonne de Juillet** (n° 8) sont des imitations de monuments romains, le jeune garçon déclara franchement que cela lui faisait de la peine.

« Pourquoi donc, dit-il, les Français se sont-ils obstinés ainsi à imiter autrui? n'ont-ils pas autant d'imagination qu'autrefois, et, puisque nos pères ont inventé l'architecture ogivale, ne pourrions-nous pas inventer à notre tour une architecture nouvelle, au lieu de passer notre temps à copier les œuvres des Romains et des Grecs?

— Ah! mon cher Simon, tu en parles à ton aise! Tu

---

¹ **Monuments de Paris** (fig. p. 155). — Ce tableau vous donnera une idée des divers genres d'**architecture** qui se sont succédé chez nous depuis le moyen âge. L'architecture **romane** se reconnaît au **plein cintre** (fig. 1), l'architecture **gothique** à l'**ogive** (fig. 2). L'architecture de la **Renaissance** offre plusieurs caractères, par exemple les **fenêtres à meneaux** (fig. 3). L'architecture **métallique** use d'arcs-boutants ou fermes, portant sur des pivots nommés **rotules** (fig. 9). Ces arcs métalliques peuvent former des arches énormes, comme celles de la **Galerie des Machines** (fig. 9) de l'Exposition de 1889, qui ont une centaine de mètres de largeur. Citons aussi la coupole du Palais de l'Exposition de Lyon (1894), vaste dôme de 242 mètres de diamètre.

MONUMENTS DE PARIS (Ordre historique) (Fig. d'ensemble).

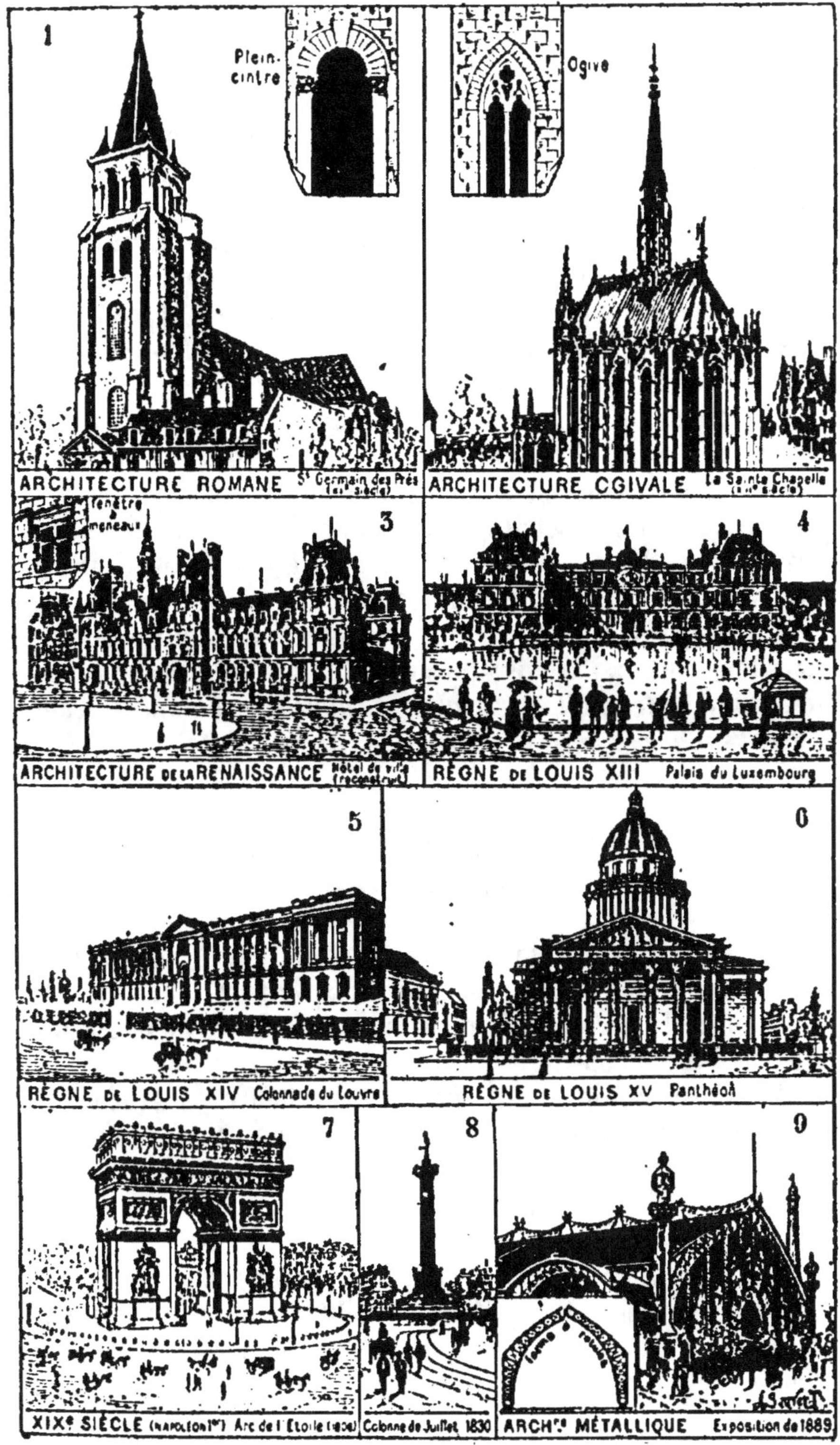

crois qu'il est aisé de trouver du nouveau? On en cherche cependant.

Mais que pourrait-on donc imaginer? Moi j'ai bien une idée : seulement tout le monde ne la partage pas encore. Je crois que notre siècle est en train d'inventer une architecture neuve, originale, qui ne remplacera pas les autres sans doute, mais qui convient à merveille pour certains monuments publics : c'est l'**architecture métallique**. L'essai fait par l'architecte Baltard aux Halles Centrales, dont les pavillons sont en fer, a été renouvelé dans nos diverses expositions. Mais plusieurs ingénieurs de nos amis espèrent aller plus loin dans cette voie. Viens à l'hôtel, et je te le prouverai. »

M. Harbel emmena son jeune compagnon dans l'appartement qu'il avait loué; et, tirant de sa malle un carton à dessin, il mit sous les yeux de Simon des plans représentant une construction métallique d'une hardiesse prodigieuse, à savoir la **Salle des Machines** qu'on était alors en train de préparer pour l'Exposition du centenaire de 1789 (n° 9).

« Tu le vois, Simon, dit M. Harbel en remettant les dessins dans leur carton, l'architecture métallique n'est plus un rêve : *désormais le fer doit servir aux constructions humaines, tout aussi bien que le bois, la pierre et la terrre cuite.*

39. — LE DISCOURS DE M. HARBEL A LA CHAMBRE DES DÉPUTÉS.

Le lendemain du jour où Simon avait fait ces intéressantes promenades, il eut encore un spectacle tout nouveau pour lui : M. Harbel le fit assister à une séance de la **Chambre des Députés** (fig.)

Simon se rendit à la Chambre à l'heure indiquée par M. Harbel. Il présenta sa carte d'invitation : un huissier* le fit asseoir dans une des tribunes ouvertes au public. De là on dominait les gradins étagés en demi-cercle où siègent les élus du suffrage universel.

Simon comprit assez vite ce qui se passait sous ses yeux. Un député venait de quitter la tribune, et sa proposition était mise aux voix, c'est-à-dire soumise au jugement de l'assemblée. Les députés votèrent; le projet de loi fut repoussé par une grande majorité ; et le Président de la Chambre donna la parole à M. Harbel. Simon Ferrier vit son protecteur et ami s'avancer vers la tribune d'un pas égal et tranquille,

La Chambre des Députés. — Remarquez à gauche la tribune, dominée par le bureau du président.

gravir posément les degrés, et regarder la salle comme pour demander l'attention de ses collègues.

« Ah ! se dit Simon, pauvre M. Harbel ! j'aime autant être à ma place qu'à la sienne : il me semble que jamais je n'oserais élever la voix devant un si nombreux auditoire ! »

Simon avait tort de s'inquiéter, car M. Harbel avait l'habitude de la parole, et il n'était pas homme à se décontenancer ni à rester court. Assurément il n'avait pas la prétention d'être un de ces puissants orateurs qui, comme un **Mirabeau** (fig.) par exemple, savent tour à tour charmer et convaincre ceux qui les entourent, amener le sourire sur leurs lèvres ou les émouvoir jusqu'aux larmes, et surtout se mettre à la hauteur des grandes circonstances et faire passer un frisson d'enthousiasme dans les assemblées les plus indifférentes : non, M. Harbel n'avait pas cette force oratoire ; mais il parlait avec conviction, avec précision, en homme qui a du cœur, et qui, de plus, a l'habitude de manier

Mirabeau, le plus grand orateur de l'Assemblée constituante de 1789.

les affaires et de dire nettement ce qu'il pense et ce qu'il veut.

En outre, il s'était voué depuis quelque années à l'étude des lois ouvrières et de toutes les mesures équitables qui peuvent augmenter le bien-être et l'aisance des travailleurs.

Aussi il avait conquis à la Chambre une situation importante, et, dès qu'il prenait la parole, on l'écoutait avec un silence respectueux.

« Mes chers collègues, dit-il simplement, je ne serai pas long : la cause que j'ai à défendre devant vous est gagnée d'avance, puisque c'est la cause des victimes du travail. Vous avez appris par les journaux l'affreuse catastrophe qui vient d'avoir lieu dans une mine de Saint-Étienne. Des mineurs ont péri, les uns asphyxiés et brûlés par le terrible grisou, les autres noyés par les inondations qui se sont produites dans la mine, à la suite de l'explosion. Beaucoup d'enfants ont perdu leur père, beaucoup de femmes ont perdu leur mari. Que vont devenir ces infortunés? On a pu leur procurer les premiers secours : mais ces ressources improvisées s'épuisent, et la faim menace ceux que le grisou a déjà si cruellement éprouvés! Je viens en leur nom faire appel à la générosité de la France, représentée ici par ses élus. Quand des soldats sont morts à leur poste de combat, vous accordez à leurs enfants et à leurs veuves la pension qui les sauve de la misère : les mineurs de Saint-Étienne sont morts à leur poste de travail : assurez l'avenir de leurs veuves et de leurs enfants! »

Des applaudissements presque unanimes accueillirent ces paroles, et Simon Ferrier put croire que tout était dit et que la Chambre allait voter le secours.

Il ne savait pas que les assemblées parlementaires ont pour règle de ne pas céder à leurs premiers mouvements, si généreux qu'ils soient, et qu'elles ne doivent pas adopter même les propositions les plus sages, sans les avoir soumises d'abord à la critique et à la libre discussion.

Un député se leva et prit la place de M. Harbel.

« Je commence, dit-il, par rendre hommage à la sollicitude bien connue de notre collègue pour les ouvriers français. Et certes mon plus vif désir serait de voter le crédit qu'il demande; mais, messieurs, prenons garde : c'est en accordant ainsi des secours imprévus et considérables à des victimes, d'ailleurs dignes d'intérêt, que nous risquons de rompre le bon équilibre de notre budget et de mettre le Trésor public en déficit. Après cet avertissement nécessaire, que je donne à contre-cœur, je me retire, en faisant appel à la prudence de la Chambre. »

Cette fois les applaudissements furent assez clairsemés, et Simon Ferrier augura bien du succès final.

Un troisième député monta à la tribune et dit :

« Les scrupules qui viennent d'être exprimés sont si naturels, qu'en toute autre circonstance je n'hésiterais pas à dire que je les partage. Mais je viens moi-même de Saint-Étienne ; j'ai vu les ouvriers retirés de la mine et gisant sur le sol, les mains et le visage brûlés et noircis, les vêtements en lambeaux ; près de ces infortunés, pris ainsi par la mort dans la force de l'âge, j'ai vu de jeunes femmes, de jeunes enfants, qui n'avaient même plus la force de pleurer, ni de se plaindre, ni de songer à leur lendemain : songeons-y pour eux, je vous en supplie, mes chers collègues ! S'il en est parmi vous qui ne soient pas de mon avis, qu'ils viennent avec moi là-bas, sur le théâtre de la catastrophe : je les conduirai dans les petites maisons ouvrières, privées désormais du chef de famille et livrées à la misère ; je mettrai sous leurs yeux des tableaux lugubres que ma parole est impuissante à peindre, et je suis bien sûr que je les ramènerai convaincus ! »

Ce petit discours, s'ajoutant à celui de M. Harbel, fit pencher la balance : le secours fut voté presque à l'unanimité par la Chambre, pour être soumis ensuite à l'approbation du Sénat*.

« Monsieur, dit Simon à M. Harbel, quand il le retrouva après la séance, je suis encore sous l'impression de ce que j'ai entendu : quelles bonnes paroles vous avez prononcées, et quelle bonne action vous avez faite ! Jamais je n'ai mieux compris qu'aujourd'hui la définition que M. Prévôt nous donnait de la vraie éloquence : *De belles paroles qui provoquent de bonnes actions !* »

40. — VERSAILLES. — LES GRANDES EAUX. — LA SALLE DU JEU DE PAUME. — L'HISTOIRE DE FRANCE DEPUIS 1789

Avant de conduire Simon Ferrier à Cachan, auprès de M. Prévôt, M. Harbel voulut lui faire visiter Versailles.

Les promeneurs se pressaient en foule dans les jardins du

palais, pour voir jaillir et jouer les **grandes eaux**. Des cascades tombaient en nappes limpides dans des bassins de marbre; des jets d'eau montaient droit au ciel, ou s'élargissaient en forme de gerbes de blé et de fleurs épanouies. La beauté des fontaines monumentales était rehaussée par des murailles de verdure, des escaliers très larges, des colonnades élégantes, et des statues de marbre, de plomb ou de bronze (fig.).

Après avoir suivi la foule et vu les fontaines les plus

Jardins de Versailles. — Remarquez, au fond, le **palais**; au milieu, un grand tapis de verdure appelé **tapis vert**; en avant, le **bassin d'Apollon** (dieu de la mythologie grecque).

renommées, M. Harbel et Simon Ferrier vinrent se placer devant le **bassin d'Apollon**. De là ils purent contempler le parc dans son ensemble et admirer les grandes allées, les vertes pelouses, les bassins réguliers, si bien encadrés dans d'imposants massifs d'arbres, et dominés, dans le fond du tableau, par la façade majestueuse du palais de Louis XIV.

Ils pénétrèrent ensuite dans les appartements, jadis habités par des rois et des empereurs qu'entourait un peuple de courtisans, et maintenant ouverts à tous les visiteurs, français ou étrangers. Ils suivirent avec intérêt les galeries de peinture et de sculpture. Ils y retrouvèrent avec plaisir les grands épisodes de notre histoire nationale, et firent des stations un peu plus prolongées devant les tableaux qui représentent l'entrée des croisés à Constantinople*, l'entrée de Henri IV dans Paris, la prise de la Smala d'Abd-el-Kader*, etc.

Hoche, général de la République, né à Versailles (1768-1797).

Puis ils quittèrent le palais, longèrent les grandes avenues de la ville de Versailles, et s'arrêtèrent devant la statue de **Hoche** (fig.), pour lire cette inscription, si éloquente dans sa simplicité : *Hoche, né à Versailles, le 27 juin 1768; soldat à 16 ans, général en chef à 25, mort à 29; pacificateur de la Vendée.*

* * *

La promenade se termina par une visite à la **Salle du Jeu de Paume**. En y entrant avec Simon Ferrier, M. Harbel lui dit :

« Mon cher Simon, tu sais sans doute pourquoi cette salle, qui fut construite à l'origine pour abriter un jeu de paume, est devenue un musée?

Simon. — N'est-ce pas ici, monsieur, que les députés du Tiers-État* se rassemblèrent le 20 juin 1789?

M. Harbel. — C'est ici même. Le roi Louis XVI ayant fait fermer la salle ordinaire de leurs séances, ils se rendirent dans la salle où nous sommes, suivis par plusieurs députés du clergé et de la noblesse. La salle n'était pas meublée. Une porte mise sur des tonneaux servit de tribune, les secrétaires s'installèrent, pour écrire, sur des établis de menuisiers, et ce fut dans ce simple décor que se passa l'une des scènes les plus importantes de notre histoire. Ainsi que tu le vois dans le tableau qui est en face de nous, le président Bailly demanda aux députés présents de faire un serment ainsi formulé : *Nous jurons de nous réunir partout où les circonstances l'exigeront, jusqu'à ce que la Constitution du*

royaume soit établie et affermie sur des fondements solides.
Tous les bras se levèrent (fig.), toutes les voix jurèrent; les

Serment du Jeu de Paume.

députés se mirent à l'œuvre et travaillèrent à donner une
Constitution à la France. Tu sais ce qu'on entend par là?

SIMON. — A peu près : mais ces mots
en *ion* m'embarrassent un peu.

M. HARBEL. — Hé bien, écoute. Sous
Louis XIV, la monarchie était **absolue**;
Le roi se refusa toujours à consulter la
nation en réunissant les **Assemblées
des notables** et les **États généraux**,
comme l'avaient fait cependant plusieurs
de ses prédécesseurs. Il ne voulait reconnaître en France d'autre volonté que
la sienne. Mais, au XVIIIe siècle **Montesquieu** (fig.), **Voltaire**, **Rousseau**, pro-
testèrent contre ce régime, et, en 1789,
l'Assemblée constituante déclara que le

Montesquieu, né
à la Brède; grand
philosophe du XVIIIe
siècle.

roi ne pourrait gouverner désormais qu'avec l'aide et le conseil des représentants élus par la nation. Tu sais sans doute
ce qui se passa dans la suite : car tu dois avoir appris en
détail l'histoire de ces cent dernières années.

SIMON. — Je vous dirai même que je la connais trop en détail, à cause de mes lectures nombreuses, et j'aurais de la peine à la résumer.

M. HARBEL. — Essayons de le faire, si tu veux bien; et, pour imiter les historiens, divisons ces cent dernières années en un certain nombre de parties, ou périodes. Comment nommerais-tu la première?

SIMON. — Ce serait la période de la **Révolution française**, de 1789 à 1800.

M. HARBEL. — Bien; et que vois-tu dans cette période?

SIMON. — J'y vois d'abord l'*Assemblée constituante*, qui, comme nous venons de le dire, revendiqua pour la nation la liberté politique.

M. HARBEL. — C'est juste. Tu peux ajouter que la Constituante établit l'égalité de tous les Français, en les soumettant

Kellermann à Valmy. — La gravure représente Kellermann au moment où il marche contre les Prussiens, en criant à ses jeunes volontaires : « Vive la nation! La victoire est à nous, mes enfants! »

tous à l'impôt, et en leur permettant d'*aspirer également à toutes les fonctions publiques*, sans distinction de naissance ni de fortune. De plus la Constituante autorisa les Français à travailler, comme ils l'entendaient, aux métiers qu'ils préféraient : c'est la *liberté du travail*; à exprimer librement leur pensée dans les journaux et les livres : c'est la *liberté de la presse*; à pratiquer la religion de leur choix : c'est la *liberté de conscience*. Voilà, mon cher Simon, l'œuvre principale de l'Assemblée constituante.

« Viennent ensuite l'*Assemblée législative* et la *Convention*, qui ont à protéger la France contre l'invasion étrangère. Les **volontaires** français, emportés par le bel élan d'enthousiasme de 1792, courent défendre leur liberté à *Valmy* (fig. page 161), à *Fleurus*, et en maint autre endroit.

« Grâce à ces victoires, grâce aux plans de campagne de **Carnot** (fig.), la première République, établie en France le 21 septembre 1792, acquit Nice, la Savoie, la Belgique, et toute la rive gauche du Rhin. Ce furent là, mon cher Simon, de beaux triomphes pour la liberté, pour cette liberté dont la France malheureusement n'avait pas encore bien l'habitude et qu'elle laissa compromettre. Les massacres de la Terreur, la faiblesse du Directoire, favorisèrent le coup d'État du 18 Brumaire 1799, par lequel le général Napoléon Bonaparte s'empara du pouvoir. Alors, Simon, commença une nouvelle période, que tu vas me nommer.

Carnot fit des plans de campagne pour les quatorze armées de la République (1793-1795).

SIMON. — Si je ne me trompe, c'est la période du **Premier Empire**, de 1800 à 1815.

M. HARDEL. — C'est cela même. Bonaparte se fit nommer consul, puis empereur sous le nom de Napoléon Ier : son gouvernement fut aussi despotique que la monarchie absolue de Louis XIV et priva les Français des libertés conquises en 1789. Doué d'un génie supérieur, Napoléon Ier acheva l'œuvre de réorganisation de la France, et fit rédiger le *Code civil*; il remporta des victoires éclatantes, qui l'égalèrent aux plus grands conquérants. Mais l'Europe, écrasée par lui à **Austerlitz**, prit sa revanche à **Waterloo**; en sorte qu'après avoir troublé tant de pays, versé tant de sang, sacrifié tant d'hommes, Napoléon alla mourir dans l'île de Sainte-Hélène, laissant la France épuisée, ruinée, et plus petite qu'en 1789. Telle fut, mon cher Simon, la période du Premier Empire. Connais-tu la suivante?

Simon. — Pas très bien, monsieur ; je vois qu'elle commence en 1815 ; mais je ne sais où l'arrêter.

M. Harbel. — Elle va de 1815 à 1848 : c'est la période de la **Monarchie constitutionnelle**. Trois rois, Louis XVIII, Charles X, Louis-Philippe, y gouvernent successivement la France, non plus avec le pouvoir absolu de l'ancienne monarchie, mais avec une autorité *constitutionnelle*, c'est-à-dire déterminée par des lois et contrôlée par les représentants de la nation. Trois grands événements signalent cette période : affranchissement de la **Grèce**, affranchissement de la **Belgique**, commencement de la conquête de l'**Algérie**. En ce temps-là aussi parurent des savants, des artistes, des écrivains, qui ont contribué, pour leur grande part, à l'illustration du xixᵉ siècle : tels, par

Alphonse de Lamartine, grand poète français, né à Mâcon en 1790, mort à Paris en 1869.

Victor Hugo, grand poète français, né à Besançon en 1802, mort à Paris en 1885.

exemple, **Lamartine** (fig.) et **Victor Hugo** (fig.). Mais poursuivons. Sais-tu ce qui se passe en 1848 ?

Simon. — Louis-Philippe est renversé : mais je ne me rappelle pas la cause de sa chute.

M. Harbel. — La voici. Sous Louis-Philippe trois cent mille Français à peine avaient le droit de voter, en vertu du **suffrage restreint**. La révolution de 1848 fonda la **Seconde République**, et établit le **suffrage universel**, en sorte que le droit de vote se trouva étendu à dix millions d'électeurs français. Au bout de quatre ans, la seconde République prit fin comme la première. Louis Napoléon Bonaparte, neveu de Napoléon Iᵉʳ, s'empara du pouvoir suprême par le coup d'État du 2 décembre 1851, et se fit proclamer Empereur l'année suivante, sous le nom de Napoléon III. Ce fut le début de la période du **Second Empire**, qui dura de 1852 à 1870.

« Napoléon III commença par régner avec une autorité absolue. Puis, cédant à l'opinion publique, il rendit à la nation quelques libertés, qu'il voulut étendre en 1870. Mais il était trop tard : la chute était prochaine. En effet, après avoir fait une guerre heureuse en **Crimée**, après avoir ajouté la **Kabylie** à nos possessions algériennes, après avoir aidé l'**Italie** à s'affranchir, après avoir annexé **Nice** et la **Savoie** avec le consentement de leurs habitants, Napoléon III eut trop de confiance dans sa bonne fortune. La malheureuse expédition du **Mexique** ne put lui ouvrir les yeux. Le succès de l'Exposition de 1867 lui fit illusion. Il ne sut pas se méfier des ambitions de la Prusse et de ses progrès, et, tombant dans le piège que lui tendait Bismarck, il commença la **guerre de 1870**, et subit la capitulation désastreuse de Sedan.

« Ici, nous arrivons à une nouvelle période : la **République**, proclamée le 4 septembre 1870, s'établit définitivement. Tu sais avec quel acharnement elle disputa le **sol national** aux Allemands ; et tu sais aussi avec quels efforts énergiques et patients elle a travaillé au **relèvement** de la France, et comment elle lui a rendu sa **prospérité** au dedans, sa **puissance** au dehors.

Simon. — Oui, monsieur, tout cela je le sais très bien, grâce à M. Prévôt, qui nous en a souvent parlé, à mes camarades et à moi ; et même, je me souviens qu'un jour il nous réunit dans son jardin et nous fit sur ce sujet un assez long récit (page 34).

M. Harbel. — Alors, mon cher Simon, il ne me reste plus qu'un mot à te dire. Dans quelques années, tu seras électeur ; tu auras entre tes mains une parcelle de cette souveraineté nationale qui fut revendiquée par nos pères de 1789 ; tâche d'en user pour le plus grand bien de la France. Songe que chacun de tes votes aura un effet sûr et peut-être un grand effet. Aussi, dans quelques années, quand tu seras en âge de faire œuvre de citoyen, ne vote pas avec insouciance et légèreté. Ne donne ton suffrage qu'après mûre réflexion ; donne-le en toute liberté ; donne-le selon ta conscience. Dans les cas difficiles, si tu te sens hésitant et incertain de ce que tu devras faire, médite ces articles, ou, pour mieux dire, ces grands principes, qui se trouvent dans la fameuse **Déclaration des droits de l'homme et du citoyen** :

— *Les hommes naissent et demeurent* **libres et égaux en droits.**

— *Le principe de toute* **souveraineté** *réside essentiellement dans* la **nation.**

— *La* **liberté** *consiste à pouvoir faire tout ce qui* **ne nuit pas** *à autrui.*

— *La loi est l'expression de la* **volonté générale.** *Tous les citoyens ont droit de concourir* **personnellement** *ou par leurs* **représentants** *à sa formation.*

— *Tous les citoyens sont également* **admissibles** *à toutes les* **dignités, places et emplois publics,** *sans autre distinction que celle de leurs vertus et de leurs talents.*

— *Nul ne doit être inquiété pour ses opinions, même religieuses, pourvu que leur manifestation ne trouble pas l'*ordre *établi par la loi.*

— *Tout citoyen peut parler, écrire, imprimer* **librement,** *sauf à répondre de* **l'abus** *de cette liberté dans les cas déterminés par la loi.*

— *La* **garantie** *des droits de l'homme et du citoyen nécessite une* **force publique.** *Cette force est donc instituée pour l'avantage de tous.*

— *Il n'y a plus* **aucun privilège** *ni* **exception** *au droit commun de* **tous** *les Français.*

41. — VISITE A M. PRÉVÔT

On le vit le lendemain, le bon monsieur Prévôt. Après avoir échangé avec lui quelques paroles aimables et lui avoir fait l'éloge de Simon Ferrier, M. Harbel se retira pour ne pas gêner l'entrevue du maître et de l'élève.

Ce que fut cette entrevue, vous le devinez assez : elle fut douce au cœur du jeune exilé, qui revenait dans son village natal; elle fut douce au cœur du maître, qui retrouvait l'élève chéri dont il était resté, même à distance, le conseiller et le tuteur naturel. Grâce aux lettres qu'ils avaient échangées, tous deux avaient l'impression qu'ils se revoyaient après une courte séparation; seulement M. Prévôt constatait avec satisfaction que Simon Ferrier avait grandi et changé à son avantage, qu'il s'était beaucoup fortifié et qu'il avait pris l'air d'un petit homme sérieux et résolu.

Tout en causant affectueusement avec son maître, Simon

se rendit dans son ancienne demeure, louée au forgeron du bourg, qui tirait bon parti de la petite usine. La forge, le tour, la machine à percer, tout fonctionnait à merveille, sauf la cage tournante de Farino. Le brave chien, qui s'y était introduit dès qu'il l'avait aperçue, eut de la peine à la mettre en mouvement avec ses pattes, parce que l'essieu s'était rouillé faute d'usage ; mais, après quelques tours, la roue offrit moins de résistance, en sorte que Simon Ferrier put se donner le plaisir d'aiguiser son couteau, comme autrefois, sur cette meule qui avait été son premier gagne-pain.

Après avoir serré la main du forgeron, Simon Ferrier fit une visite à la tombe de ses parents. Elle n'était pas abandonnée ; l'herbe ne l'avait pas envahie : au contraire, des fleurs y poussaient dans de petits parterres, et l'on voyait, en des vases de porcelaine, des bouquets de pensées fraîchement cueillies. C'était une attention délicate de la sœur de M. Prévôt, qui, en l'absence de Simon, prenait soin de la tombe des pauvres défunts.

Très touché par ces marques de fidèle affection, Simon Ferrier entra avec M. Prévôt dans la maison d'école et revit avec un grand plaisir les bancs où il s'était assis, les cartes et les tableaux qu'il avait eus jadis sous les yeux.

Tout le temps qui lui restait, il le passa dans l'appartement de M. Prévôt, qui lui fit raconter sa vie en dé-

Visite de Simon à M. Prévôt.

tail. La bonne Mlle Prévôt suspendait de temps en temps son ouvrage pour venir prendre sa part du récit, et Farino, assis bien gravement à côté de Simon, semblait s'intéresser à la conversation comme une véritable personne (fig.).

Mais, hélas! les heures de joie passent vite! Simon dut, bien à regret, songer au départ. Il se rendit à la gare, accompagné de M. Prévôt, qui lui dit, au moment des adieux :

« Tu te rappelles, mon cher Simon, ton premier départ : quelle différence avec celui-ci! Tu n'es plus un pauvre jeune garçon inquiet de son avenir, et ne sachant encore s'il aura la force de travailler et de se créer des moyens d'existence. Tu sais maintenant gagner bravement ton pain; tu sais te conduire avec sagesse et modération; tu laisses à Saint-Étienne la réputation d'un ouvrier de conduite exemplaire. Tu as tenu l'engagement d'honneur pris par toi, tu t'en souviens, devant M. Harbel, qui ne te connaissait pas encore, et devant moi, qui lui répondais de tes bons sentiments. Tu ne m'as pas donné un démenti, tu as fait tout ce que nous attendions de toi. Persévère, et ton sort, déjà assez heureux, s'améliorera encore. Tu t'es livré avec ardeur aux travaux des mines, qui te déplaisaient; tu vas recevoir ta récompense, car M. Harbel se propose, m'a-t-il dit, de réaliser ton souhait et de te placer dans un atelier de construction où tu pourras satisfaire tes goûts en construisant des machines. Allons, courage! ami Simon : lors de notre première séparation, tu étais comme un voyageur qui est obligé de gravir une haute et rude montée. Aujourd'hui, tu es arrivé à mi-côte, et cependant tu as seize ans à peine : tu seras bientôt au sommet.

— Il est vrai, mon cher maître, répondit Simon Ferrier. Mais je ne serais pas arrivé où je suis déjà si l'on ne m'avait pas tendu la main, si l'on ne m'avait pas aidé à franchir les obstacles; sans vos avis, sans l'assistance de M. Harbel, que serais-je devenu? je me le demande souvent....

M. Prévôt. — Inutile de le chercher. Maintenant, Simon, te voilà hors de peine, ou du moins le plus pénible de ta tâche est accompli, je puis te l'assurer sans craindre de me tromper, mon cher ami, car il est une vérité que j'ai souvent constatée :

Sur la route du bien ce sont les premiers pas qui fatiguent le plus.

42. — SIMON FERRIER DANS LE NORD

M. Prévôt ne laissa partir son jeune hôte qu'avec la promesse d'une lettre très prochaine. Quelques jours plus tard, il avait le plaisir de recevoir la lettre annoncée. Il se hâta de la décacheter et lut ce qui suit :

Lille.

« Mon cher Maître,

« Avant de songer à toute autre chose, il faut que je vous remercie des bonnes et belles heures que je viens de passer auprès de vous. En votre compagnie, j'ai refait pour longtemps ma provision de courage, et je suis prêt à affronter toutes les difficultés qui peuvent se présenter dans mes nouveaux emplois.

« Puisque vous voulez avoir de mes nouvelles, puisque, non content de vous fatiguer les yeux à corriger les cahiers de vos élèves, vous tenez encore à déchiffrer ma mauvaise écriture, si gâtée, hélas ! depuis que j'ai quitté l'école, je vais tâcher de vous satisfaire en vous parlant de mon voyage et de ma présente vie. Je devrais dire de *mes* voyages (carte) ; car M. Harbel, dans son inépuisable bonté, m'a emmené partout où l'appelaient ses affaires ; et Dieu sait s'il en a sur les bras ! Vous souvenez-vous de ces excursions géographiques que vous nous faisiez faire sur les cartes murales de la classe ? il me semble que je viens de les renouveler. Je ne puis songer à vous donner l'itinéraire de mes voyages.

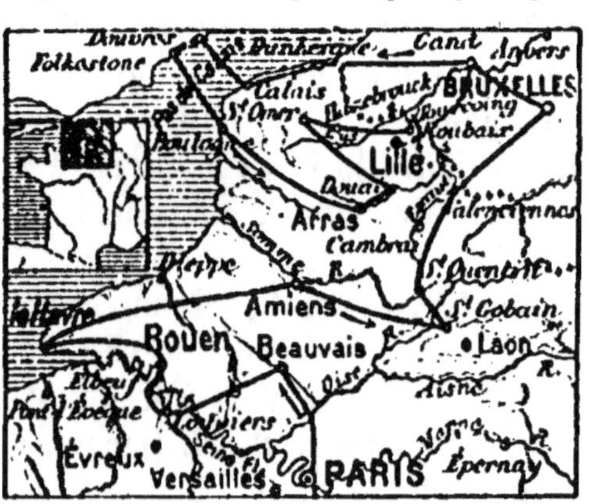

Voyages de Simon Ferrier dans la région du nord. — Itinéraire : Paris, Beauvais, Rouen, le Havre, Amiens, Saint-Gobain, Valenciennes, Bruxelles, Calais, Douvres, Boulogne, Arras, Douai, Tourcoing, Roubaix, **Lille**. Remarquez le carton d'ensemble à gauche.

« Qu'il me suffise, mon cher Maître, de vous dire que dans l'espace de dix jours j'ai parcouru en zig-zag toute la région du nord. J'ai vu faire des tapis à Beauvais, des draps à Louviers et à Elbeuf, des toiles de coton peint à Rouen, des glaces à Saint-Gobain. A mon grand regret, je n'ai pu passer par Cambrai :

j'aurais eu plaisir à y rechercher le souvenir de **Fénelon** (fig.), comme j'ai retrouvé à Dijon celui de **Bossuet** (fig.) et à Rouen celui de **Corneille** (fig.). Mais j'ai fait un petit séjour à Saint-

Corneille,
grand poëte du xvii siècle, né à Rouen, a fait de belles pièces de théâtre.

Bossuet,
orateur et écrivain du xvii siècle, né à Dijon, mort évêque de Meaux.

Fénelon,
orateur et écrivain du xvii siècle, né en Périgord, mort archevêque de Cambrai.

Quentin, à Valenciennes, et même à Bruxelles en Brabant, comme on dit dans la chanson du *Juif-errant*, que j'imitais singulièrement ces derniers jours. Enfin, après avoir traversé la Manche et poussé une pointe jusqu'à Douvres, après avoir visité deux grandes villes manufacturières, Tourcoing et Roubaix, me voici à Lille depuis quelques heures, et mon premier souci est de donner de mes nouvelles à mon cher maître.

« Je ne pourrais vous décrire ce que j'ai vu dans mon voyage. Tout est encore dans une confusion qui se débrouillera à la longue, je l'espère. Pour aujourd'hui je ne saurais par où commencer, car dès que je veux parler d'un détail, les autres se présentent en foule : je pense tout à la fois aux légumes des jardins potagers d'Amiens, au houblon * et à l'orge dont on fait la bière dans les brasseries, aux betteraves dont on tire du sucre dans les raffineries; je pense à toutes les usines que j'ai visitées : huileries, blanchisseries, filatures de coton, de lin et de laine

Filature.

(fig.), fabriques de toiles, de draps, de rubans et de dentelles; et je revois aussi, au milieu de cet assemblage confus, les beffrois * des hôtels de ville, les tours des cathédrales et les mâts de

navires qui se dressent dans les ports de Calais, de Douvres, et du
Havre.

« En réalité, c'est Saint-Gobain qui m'a laissé les souvenirs les
plus précis. Il faut vous dire, mon cher maître, que nous y sommes
arrivés au moment même où l'on allait fondre une grande **glace
de cristal**, destinée à une exposition (fig.). Un énorme creuset,
plein de verre fondu, fut apporté, à l'aide de machines puissantes,
au-dessus d'une table de fonte parfaitement unie. Le creuset,
incliné par la force de quatre hommes vigoureux, répandit sur la

M. Harbel et Simon assistent à la coulée d'une glace.

table une nappe de verre en fusion, qui formait un petit lac de
feu. Alors deux autres ouvriers firent passer un rouleau sur cette
surface, pour la bien aplanir; le verre fondu qui était en sura-
bondance était rejeté sur le devant, et formait des bavures, qui
pendaient comme des glaçons, mais qui ne nous faisaient guère
songer à l'hiver, je vous l'assure : car la chaleur était à peine
supportable. — Je m'arrête ici, mon cher maître; la cloche de
l'hôtel vient de sonner pour annoncer le dîner, et je ne dois pas
faire attendre M. Harbel, qui est si bon et si généreux pour moi.
Il m'a confirmé la bonne nouvelle que vous m'aviez annoncée et
m'a dit que, dans deux ou trois jours, j'entrerais dans un atelier
de construction où l'on fabrique des machines-outils. D'ici là
M. Harbel veut me donner encore quelques notions qui me manquent, et m'initier aux petits secrets de la **métallurgie**.

« Je vous prie, mon cher Maître, de croire à l'affection respectueuse de votre ancien élève, qui tâchera toujours de faire son devoir par amour pour le devoir lui-même, et aussi par gratitude pour vous.

« SIMON FERRIER. »

43. — LA MÉTALLURGIE : LA FONTE, L'ACIER, LE FER

La visite des usines métallurgiques de Lille fut la suite et la démonstration naturelle des petits enseignements que M. Harbel avait donnés quelques jours auparavant à Simon Ferrier en lui parlant des constructions de fer.

« Le fer, lui dit-il, en le conduisant à l'une des usines dont il était propriétaire, le fer est aujourd'hui d'un emploi presque universel. D'ailleurs nous sommes dans le siècle du métal ; l'or, l'argent, le cuivre, le plomb, l'étain, le mercure, ont reçu de notre temps bien des usages inconnus des anciens, surtout depuis que l'homme sait emprunter le secours de la vapeur et de l'électricité. De temps en temps, les savants mettent en circulation un métal nouveau : un jour, c'est le platine, qui sert à faire le mètre modèle ; un autre jour, c'est le nickel, qui fait concurrence à l'argent.

« Monsieur, dit Simon Ferrier, il me semble que j'ai entendu parler d'un métal nouveau, qui est très léger : mais je ne sais plus comment on l'appelle.

M. HARBEL. — C'est sans doute l'aluminium ?

M. SIMON. — C'est cela, monsieur.

M. HARBEL. — L'aluminium est en effet d'une légèreté extrême, et l'on songe à en faire des bateaux.... Mais n'importe ! C'est le fer qui rend les services les plus précieux ; seulement, quand je parle de fer, je parle aussi, bien entendu, de ses proches parents, la **fonte** et l'**acier**.

SIMON. — Je croyais qu'il y avait des différences essentielles entre ces trois métaux.

M. HARBEL. — C'est une erreur, Simon. Car la *fonte*, *l'acier* et le *fer du commerce* sont formés tous trois de *fer pur* et de *charbon*. Seulement les proportions varient. Les voici, écoute bien :

« *Le fer du commerce contient infiniment peu de charbon, à peine quelques millièmes.*

« *L'acier contient un peu plus de charbon, c'est-à-dire un centième.*

« *La fonte contient encore plus de charbon, c'est-à-dire de deux à cinq centièmes.*

« *As-tu saisi?*

Simon. — Très bien, monsieur. Mais je me demande comment on arrive à se procurer les prodigieuses quantités d'acier, de fonte et de fer que l'industrie emploie aujourd'hui.

M. Harbel. — C'est justement ce que je vais te montrer. Suis-moi. »

M. Harbel conduisit Simon Ferrier devant un **haut fourneau** (n° 1, fig. d'ensemble), pareil à une grande tour massive ; puis devant un four, large et percé de fenêtres, appelé **four à puddler** (n° 2) ; puis enfin devant un énorme vase à flancs rebondis, nommé **convertisseur Bessemer** (n° 3), d'où s'échappait une belle fusée de flammes et d'étincelles.

Cela fait, M. Harbel dit à son jeune compagnon :

« C'est avec les trois appareils que tu viens de voir qu'on fait la fonte, le fer et l'acier.

« Veut-on de la *fonte?* — On se sert du **haut fourneau**. On y met du combustible avec des pierres spéciales qu'on appelle minerai de fer. On allume le combustible, on active la flamme à l'aide d'un fort courant d'air : le minerai fond,

---

¹ **Fonte, fer, acier.** — 1. Intérieur du **haut fourneau**, où l'on met du **minerai** et des matières combustibles. Un fort courant d'air arrive par le tuyau de gauche, la **fonte** sort au bas du fourneau, à droite. — 2. Extérieur du **four à puddler**, où la **fonte** s'affine pour donner le **fer du commerce**. Un ouvrier brasse la fonte avec une barre de fer appelée *ringard;* un autre emporte la fonte incandescente pour la battre à l'aide d'un marteau-pilon. — 3. Un ouvrier manœuvre un **convertisseur Bessemer** pour faire de l'acier. On voit à terre des orifices de moules, plus visibles dans la gravure suivante (4) qui vous fait assister à la **fonte** d'un canon. — Plus bas (5) des ouvriers font passer des **rails** entre les cylindres du **laminoir**. — 6. **Marteau-pilon**, mû par la vapeur qui agit sur un piston enfermé dans le *cylindre :* le marteau ou *mouton* monte, descend, avec lenteur ou avec vitesse, avec douceur ou avec force, au gré de l'ouvrier qui manœuvre le levier, à droite.

MÉTALLURGIE de la Fonte, du Fer et de l'Acier (Fig. d'ensemble).

et la **fonte de fer** s'amasse à l'état liquide dans la partie inférieure du fourneau. On n'a plus qu'à couler cette fonte dans des moules et à l'y laisser refroidir, pour avoir des colonnes, des tuyaux, des poulies, des poêles, des marmites et mille autres objets.

« Mais la fonte a de grands défauts : elle se travaille mal, et surtout elle est très cassante. Aussi l'on a tout avantage à la convertir en fer ou en acier.

« Veut-on du *fer?* — On chauffe la fonte dans le **four à puddler** (*puddler* est un mot anglais qui signifie brasser). Des hommes introduisent des barres de fer par les fenêtres du four; ils remuent la fonte en fusion, la retirent, la battent avec des marteaux, l'exposent au feu de nouveau; bref, la fonte ainsi chauffée et travaillée, perd son charbon et devient ce qu'on appelle le *fer du commerce.*

« Veut-on de l'*acier?* — On met de la fonte en fusion dans le **convertisseur Bessemer.** Dans cet appareil il se passe un phénomène que je ne t'expliquerai pas, ce serait trop difficile; le résultat, c'est que la fonte en sort avec la juste quantité de charbon dont elle a besoin pour se convertir en acier. Ah! l'acier, Simon! voilà un métal qui a fait son chemin depuis quelques années, et qui est destiné à avoir du succès dans le monde!

SIMON. — Pourquoi cela, monsieur?

M. HARBEL. — Tout simplement parce que l'acier possède à la fois les avantages de la fonte et du fer, sans en avoir les inconvénients. Compare l'acier à la fonte : il lui est supérieur, parce que, tout en pouvant comme elle se couler dans des moules, il est beaucoup moins cassant qu'elle. Et maintenant compare l'acier au fer : l'acier se forge et se travaille comme le fer; il est plus dur que lui, lorsqu'il a subi l'opération de la *trempe*; de plus, il est élastique et reprend sa forme première quand on l'a plié, tandis que le fer garde son pli; enfin, dernier avantage de l'acier sur le fer : l'acier peut se couler dans des moules.

SIMON. — Monsieur, il me semble qu'il y a seulement quelques années, l'acier ne se fabriquait et ne se vendait que par petites quantités.

— C'est vrai; seulement, depuis l'invention du procédé Bessemer, on peut d'une seule coulée emplir de très grands moules, et c'est pourquoi l'acier tend de plus en plus à l'emporter sur la fonte et sur le fer. Depuis longtemps déjà l'acier servait à faire des outils, des aiguilles, des couteaux, des fusils, des épées, des ressorts de montre et de petits instruments de précision. Mais actuellement on l'emploie aussi pour faire des pièces de grandes machines, des ancres et des cuirasses de vaisseaux et bien d'autres choses. Tiens, vois-tu là-bas ces ouvriers qui versent du métal fondu dans dans un **moule** (n° 4, fig. d'ensemble)?

SIMON. — Je les vois, monsieur; on dirait qu'ils fondent un canon.

M. HARBEL. — Oui, un canon d'*acier*; et ceux-ci qui font passer des barres métalliques entre les cylindres du **laminoir** (n° 5), que fabriquent-ils?

SIMON. — Je ne le devine pas, monsieur.

M. HARBEL. — Hé bien, ils fabriquent des rails d'*acier* pour nos chemins de fer. Enfin regarde cet énorme **marteau-pilon** (n° 6) : son marteau ou son *mouton*, comme on dit ici, tombe à coups répétés sur une barre métallique chauffée à blanc : j'ai tout lieu de croire que cette barre est destinée à entrer dans la construction d'une locomotive. C'en est assez, n'est-ce pas, pour te montrer l'importance que l'acier a prise dans ces derniers temps : *les anciens appelaient l'or le roi des métaux : mais maintenant, le roi des métaux, c'est l'acier.* »

44. — UN OUVRIER MODÈLE

Simon Ferrier entra, sur la recommandation de M. Harbel, dans un atelier situé en dehors de la ville à l'extrémité du faubourg de Fives-Lille. Là le jeune ouvrier mécanicien vit bien des machines extraordinaires; il y apprit à manier une foule d'outils nouveaux pour lui. Il acquit en peu de temps une grande habileté manuelle et de très précieuses connaissances.

Son heureux caractère le mit dès le début en bons rapports avec ses camarades d'atelier. Il devint en quelques mois un des meilleurs musiciens de leur **fanfare** (fig., p. 176). Il prenait part à tous leurs jeux d'adresse; mais les jeux de hasard ne le tentaient plus. Sa mésaventure de Saint-Étienne l'avait guéri. D'ailleurs il n'allait jamais au cabaret.

Il préférait, quand il avait quelque loisir, se promener dans la campagne, prendre un peu d'exercice, dérouiller ses jambes, respirer un air plus pur que celui de l'atelier.

Il aimait passionnément les machines : ces œuvres du

PRINCIPAUX INSTRUMENTS D'UNE FANFARE (Fig. d'ensemble).

génie humain l'émerveillaient. Mais il savait aussi regarder les fleurs et les étoiles, et admirer celui qui les a faites.

Si le temps était mauvais, Simon employait aussi agréablement ses heures de liberté. Il se retirait sans ennui dans son petit logement.

Simon avait d'ailleurs d'excellentes raisons pour aimer sa demeure : car il lui avait fait subir les plus heureuses transformations, depuis qu'il l'habitait. Quand il l'avait louée, c'était un misérable taudis, composé de deux chambres mal entretenues et d'un hangar abandonné. Les murs des chambres étaient couverts de moisissures et de toiles d'araignées. Simon les nettoya et les garnit d'un joli papier, très gai à l'œil. De la chambre qui donnait sur la rue, il fit sa salle de repos et sa salle à manger. De l'autre il fit sa chambre à coucher, non sans avoir supprimé l'alcôve en planches qui s'y trouvait : car il se rappelait la recommandation que

M. Prévôt lui avait faite, de ne jamais dormir dans un air renfermé et confiné (fig.).

Simon mit dans ses chambres des meubles de bois blanc, sans oublier une grande toilette, simple et commode, accompagnée de larges cu-vettes et d'un grand broc. Car il avait l'habitude de se laver chaque matin à grande eau ; et dans la journée il ne se mettait guère à table sans avoir purifié ses mains et son visage. Ce n'était pas qu'il eût le moindre grain de vanité ni de coquetterie, mais il avait un goût naturel pour la bonne tenue, et sa raison lui disait que *propreté c'est santé*.

Air confiné. — Il est mauvais pour la santé de coucher dans une alcôve ou dans une chambre dont l'air se renouvelle difficilement.

La question des repas est bien importante pour un ou-vrier. Simon crut d'abord qu'il ferait bien de prendre les siens dans un restaurant à bon marché. Mais il s'aperçut qu'on lui servait des aliments insuffisants et des boissons frelatées*. Il résolut de manger chez lui. Justement au pre-mier étage de sa maisonnette demeurait une pauvre vieille femme, qu'il aimait à rencontrer parce qu'elle lui rappelait sa grand'mère. C'était la veuve d'un ouvrier. Elle avait à peine de quoi vivre. Simon la pria de faire sa cuisine et son mé-nage moyennant un petit salaire, et désormais il eut la satis-faction de se nourrir économiquement avec des aliments de provenance sûre, que lui fournissait une société coopé-rative*.

« Et le hangar ! me direz-vous, comment Simon l'utilisa-t-il ? »

Il en fit un petit atelier, du genre de celui qu'il avait orga-nisé à Cachan. Il y mit un tour, qu'il fit manœuvrer avec un petit **moteur à gaz** (n° 0, fig. d'ensemble, p. 103), acheté sur ses économies. Il se procura aussi un établi de menui-sier. Quand il avait un moment de loisir, il s'installait dans cet atelier, accompagné du bon et fidèle Farino ; il sciait, rabotait, et faisait des encriers en forme de hauts fourneaux, des presse-papiers en forme de marteaux-pilons, de canons, ou de locomotives, bref, une foule de babioles : un papetier de Lille lui achetait ces objets, pour les revendre aux étrangers qui voulaient emporter un souvenir de cette grande ville industrielle. C'était pour Simon une nouvelle ressource.

Avec l'argent ainsi gagné il se procurait du papier à dessin, des crayons, des pinceaux, de l'encre de Chine, des couleurs de toute sorte. De plus il se forma rapidement une petite bibliothèque, où ses camarades prirent l'habitude de venir puiser. Quand ils rapportaient un volume emprunté, des conversations s'engageaient entre eux et leur bon ami Simon. Ces jeunes gens s'accoutumaient ainsi à réfléchir, à se rendre compte des choses. Ils comprenaient mieux la nécessité du travail dans le monde; ils s'éclairaient mutuellement sur leur rôle et sur leurs devoirs. En un mot, la lecture sérieuse produisait sur eux ses bienfaisants effets. Elle élargissait leur esprit, elle élevait leur âme, elle leur inspirait la modération, la sagesse, ainsi qu'une bienveillance mutuelle, qui devenait de plus en plus une sorte de fraternité.

Un bon livre est un bon ami.

45. — LA CALOMNIE. — LE COURAGE. — LE PARDON DES INJURES

Mais il est rare que le bonheur dure longtemps sans nuages. Les camarades de Simon n'avaient pas tous ses bonnes habitudes. Deux surtout, Thomas Vireloup et Guillaume Moynerat, se faisaient remarquer par leur inconduite. Comme ils s'arrêtaient chez tous les marchands de vin, ils arrivaient presque toujours en retard. Simon Ferrier, en bon camarade qu'il était, essaya de leur montrer affectueusement le tort qu'ils pouvaient se faire en agissant ainsi. Mais Vireloup et Moynerat reçurent très mal ses avis et conçurent même contre lui de la haine et de la jalousie.

Thomas Vireloup s'étant fait congédier à force de paresse, d'inexactitude et de malhonnêteté, Guillaume Moynerat ne manqua pas de protester sourdement contre le renvoi de son ami; et, petit à petit, il glissa dans l'oreille de ses compagnons les plus complaisants, des médisances, des mensonges, des calomnies, qui visaient Simon Ferrier.

« C'est lui, disait-il, qui a dénoncé Thomas Vireloup ; c'est lui qui l'a fait mettre à la porte. Il nous y fera mettre aussi ! »

A la fin le pauvre Simon se vit en butte aux soupçons de ses meilleurs camarades : car il reste toujours quelque chose des plus invraisemblables calomnies. Il avait beau se montrer toujours aussi cordial, aussi affectueux : il sentait autour de lui une vague défiance.

Une autre épreuve attendait encore Simon Ferrier. M. Harbel revint à Lille après divers voyages : sa calèche s'arrêta devant la modeste demeure de Simon. C'était un dimanche. Moynerat, toujours aux aguets, vit la voiture. Il ne manqua pas de répéter partout que Simon Ferrier recevait chez lui les patrons, les directeurs, les actionnaires *, qu'il faisait des complots avec eux, enfin, qu'il trahissait et vendait ses camarades. Cette fois Simon Ferrier fut laissé dans l'isolement le plus complet. Il en fut affecté. Mais son *Livret de morale* lui tint encore compagnie, et diverses biographies, entre autres celle de **Bernard Palissy**[1], lui enseignèrent la constance, la résignation, la force d'âme, le **courage moral** (fig.).

Bernard Palissy à la recherche de son **émail**.

---

[1] **Bernard Palissy** vécut au XVIᵉ siècle. Grand savant, grand artiste, il excellait à faire de beaux plats de faïence, ornés de feuillages, de fleurs, d'insectes, de coquillages en relief, et recouverts d'un vernis, ou émail, dont la recherche lui coûta des efforts héroïques.

Il nous a laissé le récit de ses peines et de ses misères. Il n'avait pas de quoi faire les frais d'une toiture pour abriter les fourneaux

Plusieurs mois se passèrent ainsi.

Un soir, comme Simon feuilletait le cher volume pour la centième fois, un coup frappé à la porte le fit sursauter : il alla ouvrir, pendant que le fidèle Farino aboyait de toutes ses forces.

Un jeune homme de mauvaise mine était debout sur le seuil. La lune éclairait d'un rayon blafard sa figure pâle et maigre ; il tenait un gros bâton à la main. D'autres que Simon auraient eu peur sans doute. Mais lui ne se déconcerta point.

« Que voulez-vous ? dit-il à ce mendiant, qui avait l'aspect d'un voleur.

— Tu ne me reconnais pas, Simon, je suis Thomas Vireloup. Je suis donc bien changé !

— C'est toi ! Que viens-tu faire ici ? Que demandes-tu ?

— La charité ! un peu de pain seulement ; je meurs de faim ! Je n'ai pas mangé depuis hier soir ! N'aie pas peur, Simon, je ne te veux plus de mal.

— Entre, Thomas ! Tout ce que j'ai est à ton service. »

Et l'excellent Simon offrit à son ancien ennemi tout ce qu'il trouva dans son armoire.

Quand Thomas Vireloup se fut rassasié, il s'accouda sur la table et regarda Simon silencieusement.

Des larmes roulaient lentement sur ses joues. C'étaient des larmes de repentir : car, en voyant l'ordre, la propreté, l'a-

---

où cuisaient ses poteries. Il travaillait à la merci des pluies et des vents, sans autre compagnie que celle des chats-huants* qui criaient d'un côté, et des chiens qui hurlaient de l'autre. « J'étais si maigre et si desséché, dit-il dans ses écrits, que je n'avais plus de mollets, et que mes bas, n'étant plus retenus par les jarretières, retombaient sur mes chaussures. » Pour se procurer du combustible et entretenir le feu de ses fours, le malheureux fut obligé de brûler les poutres qui soutenaient les treilles de son jardin, ainsi que les planchers et les tables de sa maison. On le prenait pour un fou ; les mauvais enfants le poursuivaient à travers les rues : mais lui gardait sa confiance dans l'avenir : il s'écriait : « Allons, mon âme, qu'est-ce qui t'attriste ? Tu as surmonté bien d'autres épreuves ; tu viendras encore à bout de celle-ci ! » Ce bel exemple de *courage moral* fut récompensé à la fin, et Palissy trouva l'émail si longtemps cherché.

grément du logis de Simon, il regrettait davantage sa paresse et sa mauvaise conduite, qui l'avaient privé de tous ces biens. C'étaient aussi des larmes d'attendrissement : car il n'avait pas mauvais cœur, et le pardon généreux de Simon le touchait.

« Ah! Simon, soupira-t-il, la chance est pour toi!

— Rien ne t'empêche de l'avoir pour toi aussi, mon cher Thomas. Permets-moi de te dire que c'est le travail qui la donne.

— Sans doute, mais je ne peux pas travailler : on ne veut de moi nulle part; on me demande des certificats, et les miens ne sont pas bons.

— C'est juste, mon pauvre ami. Ce n'est guère que dans ton ancien atelier que tu pourrais trouver de l'ouvrage, auprès de tes anciens patrons; mais peut-être ne veux-tu pas leur en demander?

— Je n'oserai jamais.

— Et s'ils t'en offraient d'eux - mêmes, accepterais-tu?

— Ah! certes, avec reconnaissance.

— Hé bien, reviens dans quatre jours; peut-être pourrai-je te faire une proposition de leur part. Mais, j'y songe,... il faut que tu vives d'ici là; il faut que tu achètes

Simon Ferrier secourt son ennemi, Thomas Vireloup.

une autre blouse : prends les 20 francs que voici (fig.).

— Mais, Simon, tu en as besoin.

— Pas le moins du monde! C'est le prix de petits objets que j'ai faits à l'aide de mon tour. On me les a payés ce matin; je ne comptais pas sur cet argent pour vivre, prends-le! Tu me le rendras quand tu pourras. »

Thomas parti, Simon Ferrier écrivit une lettre à M. Harbel,

en lui demandant son intervention auprès du directeur de l'usine, qui consentit à suspendre pour une fois le règlement et à reprendre l'ouvrier congédié.

Ainsi Thomas Vireloup dut à Simon Ferrier de pouvoir rentrer dans son ancien atelier.

Comme il était franc de son naturel, il ne laissa pas ignorer à ses camarades la conduite de ce généreux Simon qu'ils avaient un instant méconnu.

Ceux-ci oublièrent toutes leurs rancunes, tous leurs soupçons, et la **Justice** triompha une fois de plus. Simon Ferrier retrouva l'estime et la sympathie de ses camarades, qui cherchèrent désormais tous les moyens de lui être agréables. Comme ils administraient eux-mêmes leur petite fanfare et qu'ils avaient à nommer tous les ans un trésorier, ils donnèrent ces fonctions à Simon Ferrier par un vote unanime. Ce fut pour le courageux garçon un des plus grands bonheurs de sa vie d'ouvrier.

Cette réconciliation lui ayant rendu sa tranquillité d'esprit, il travailla mieux encore et révéla bien vite les dispositions particulières qu'il avait pour la mécanique. Ses camarades l'aimaient trop pour être jaloux de ses succès, et ce fut même sur leur demande qu'il fut nommé contre-maître par M. Harbel. Simon Ferrier exerça cette fonction à la satisfaction de tout le monde, et ne la quitta que pour faire son service militaire. — Dans quel pays, allez-vous demander? — Vous le saurez plus tard. Pour l'instant, nous devons songer à son camarade Yves Gloanec.

A RETENIR

Instruction.

Industrie. — Loger, vêtir, nourrir, chauffer les hommes, rechercher ou fabriquer les choses nécessaires ou utiles à la vie humaine, voilà le but de l'**Industrie**.

— L'industrie doit ses plus grands progrès à l'invention des **machines**, et à l'emploi de **forces motrices** puissantes, comme l'eau, la vapeur, l'électricité.

— L'industrie **extractive** tire du sol les **matières premières**. (Mines et carrières, etc.)

— L'industrie **manufacturière** façonne ces matières premières.

— Usines **métallurgiques** : fonte, fer et acier ; cuivre, argent, or, etc. Hauts fourneaux, forges, fonderies, etc.

— **Les papeteries** fabriquent du

papier avec de la pâte de chiffons, de paille et de bois.

— **Imprimerie** : fondre dans des moules des *caractères mobiles*, les réunir de manière à former des mots, des lignes, des pages ; les enduire *d'encre* et les *appliquer* sur des feuilles de papier, telle fut l'invention de Gutenberg. Elle a fait tant de progrès, qu'aujourd'hui les *presses rotatives* peuvent imprimer, en une heure, 40 000 journaux de petit format.

— **Lithographie** : procédé qui permet d'imprimer des images à l'aide d'une pierre spéciale.

— **Chromolithographie** : procédé qui permet d'obtenir, au moyen de pierres lithographiques, des images coloriées.

— Dans les **verreries** on obtient du verre en faisant fondre du sable avec de la soude.

— Les **filatures** façonnent des fils de lin, de coton, etc., avec lesquels on fait ensuite des tissus.

— Le **raffineries** fabriquent du sucre, soit avec le suc de la *canne* à sucre, soit avec le jus de la *betterave*.

— Les **brasseries** font de la bière avec de l'orge et du houblon.

Connaissances usuelles. — **Météorologie** : étude des phénomènes de l'atmosphère ; grâce à elle, les agriculteurs connaissent mieux qu'autrefois l'état de la *température* : ils trouvent profit à consulter les cartes, les thermomètres, les baromètres, exposés devant les mairies et les maisons d'école.

— **Acide carbonique** : la respiration des hommes et des animaux prend de **l'oxygène** à l'atmosphère pour lui rendre de **l'acide carbonique** ; la respiration des plantes prend de **l'acide carbonique** à l'atmosphère pour lui rendre de **l'oxygène**.

— **Eaux minérales** : remèdes énergiques ; mais consulter le médecin avant de les employer.

— **Pile électrique** : appareil servant à produire un courant électrique.

— **Éclairage** : grands progrès en ce siècle : lumière du *gaz*, que fournit la houille, chauffée dans des cornues ; *lumière électrique*, produite soit par un *arc* électrique jaillissant entre deux charbons, soit par un fil de métal ou de charbon, rendu *incandescent* par le passage du *courant électrique*.

— **Téléphone** : appareil électrique qui peut transmettre distinctement la parole humaine à de grandes distances.

— **Architecture.** — On reconnaît l'architecture *romane* au *plein-cintre*, l'architecture *gothique* ou *ogivale* à l'ogive. Le XIXe siècle a inventé l'architecture *métallique*.

Hommes illustres. — XVe siècle : **Gutenberg**, inventeur de l'imprimerie (1440). — XVIe siècle : Bernard **Palissy**, célèbre potier et émailleur français. — XVIIe siècle : **Corneille**, poète tragique ; **Bossuet**, **Fénelon**, orateurs et écrivains. — XVIIIe siècle : **Montesquieu**, **Voltaire**, **J.-J. Rousseau**, écrivains et philosophes ; **Mirabeau**, orateur de la Révolution française ; **Hoche**, général de la République, mort à 29 ans ; **Monge**, **Carnot**, organisateurs de la Défense nationale en 1793-95. — XIXe siècle : **Lamartine**, **Victor Hugo**, grands poètes.

Histoire. — Période de la Révolution française, 1789-1800 : *Constituante*, déclaration des droits de l'homme et du citoyen ; *Législative* ; *Convention*, lutte contre l'invasion étrangère ; les volontaires de 1792, Valmy, Fleurus. — Période de l'Empire, 1800-1815 : *Napoléon Ier*, guerres européennes,

Austerlitz, Waterloo, Code civil. — **Période de la monarchie constitutionnelle, 1815-1848 :** affranchissement de la Grèce et de la Belgique, commencement de la conquête de l'Algérie — **II⁵ République, 1848-1852 :** Suffrage universel. — **Période du second Empire, 1852-1870 :** perte de la liberté politique, guerre de Crimée, affranchissement de l'Italie, annexion de la Savoie, de Nice, de la Kabylie. Expédition malheureuse du Mexique, guerre désastreuse de 1870, capitulation de Sedan. — **Période de la République,** depuis 1870 : lutte à outrance, siège de Paris, traité de Versailles, perte de l'Alsace-Lorraine, paix prolongée, relèvement de la France à l'intérieur et à l'extérieur. Agrandissement de notre empire colonial, etc. (Voir p. 38 et p. 337.)

Géographie. — **Massif central et Cévennes :** Principaux sommets : *Puy de Dôme* (1465 mètres), observatoire ; *Puy de Sancy*, haut de 1188 mètres ; *Gerbier-des-Joncs*, source de la Loire.

— **Alpes :** *Mont Blanc*, la plus haute montagne d'Europe (4810 mètres) ; observatoire.

— **Fleuves et rivières du parcours :** Loire, Seine, Allier, Aube, Doubs, Oise, Saône, Yonne.

— **Villes du parcours :** *Paris*, capitale de la France (2448000 h.). — *Fontainebleau :* belle forêt. — *Gien et Nevers :* faïences et porcelaines. — *Clermont-Ferrand :* volcans éteints, temple et observatoire du Puy-de-Dôme. — *Saint-Étienne* (133400 hab.), *le Creusot :* grands centres industriels, mines et usines. — *Dijon :* beaux monuments, nombreux grands hommes. — *Versailles :* palais de Louis XIV, grandes eaux, statue de Hoche, salle du Jeu de Paume. — *Beauvais*, tapisseries ; *Rouen*, draperie, rouennerie*. — *Le Havre :* grand port marchand. — *Amiens :* belle cathédrale gothique. — *Saint-Gobain :* manufactures de glaces. — *Valenciennes, Tourcoing, Roubaix, Lille* (201200 hab.), grands centres industriels du Nord.

Instruction civique. — Les citoyens français jouissent de la liberté politique ; ils se gouvernent eux-mêmes en élisant des *députés* et des *sénateurs*, chargés de faire les lois et de nommer le *Président de la République*.

Éducation.

— Si je suis ouvrier, je tâcherai de me conduire avec sagesse et **modération,** comme Simon Ferrier.

— J'éviterai les **imprudences** et les bravades.

— J'économiserai et je placerai mes **économies,** afin de les retrouver dans mes vieux jours, quand je ne pourrai plus travailler.

— Simon Ferrier n'avait pas le cœur à s'amuser, pendant que sa grand'mère était malade : je serais comme lui, si j'avais le malheur de voir mes parents dans la peine ou la souffrance.

— Je veux être **poli** et aimable avec tout le monde, et particulièrement avec mes camarades.

— Je serai toujours prêt à les **imiter** pour faire le bien. Mais s'ils voulaient mal faire, je m'efforcerais de les en empêcher par ma parole et par mon exemple.

— J'éviterai les jeux de **hasard** et les séjours au cabaret.

— Pour me reposer de mon travail, je me **promènerai** avec de

bons et honnêtes amis, je respire-
rai le **grand air**, j'admirerai les
harmonies de la **nature**. Pour distraire mon esprit, je m'adonnerai
au **dessin** et à la **musique**.

— Je lirai de **bons livres** pour
continuer à m'instruire, pour devenir un **citoyen éclairé**, capable
de contribuer par son **vote** à la
prospérité de la patrie.

— Si humble que soit mon métier, je ne serai **pas jaloux** d'autrui : car tous les travailleurs sont
frères, et tous sont également
dignes d'estime. Le **mépris** doit
être le châtiment des **paresseux**.

— En toute occasion, je m'effor-
cerai de faire régner la **fraternité**.

—Dans l'épreuve, je dirai comme
Bernard Palissy : « Allons, mon
âme, qu'est-ce qui t'attriste? Garde
ta **fermeté**, et tu seras victorieuse
à la fin. »

— Devoir à son **travail** et à son
énergie l'aisance et l'honneur,
quel sujet de légitime fierté!

— Si je suis victime du **men-
songe** et de la **calomnie**, comme
Simon Ferrier, je me consolerai
par le témoignage de ma **bonne
conscience**.

— Je ne me **vengerai** de mes
ennemis qu'en leur **pardonnant**.

— S'il y a lutte entre mon **intérêt** et mon **devoir**, je n'hésiterai
pas : j'obéirai au **devoir**.

LECTURE D'ORTHOGRAPHE VISUELLE

(Mots difficiles tirés du Troisième Livre de Monsieur Prévôt.)

Lire comme il suit : acide s'écrit avec un c; — acier s'écrit avec un c; — accord
s'écrit avec deux cc; — accueil s'écrit avec un u devant l'e, etc.

Substantifs.			
un acide	une araignée	la boisson	le coffre
un acier	un architecte	la bouillie	la complaisance
un accord	une arête	la bouillotte	le complot
un accueil	(arrête v.)	le bourg	le concierge
un accusateur	une argile	la buanderie	le concurrent
un actionnaire	une ascension	le but	la conséquence
aguets (aux)	une assiette	la butte	la convalescence
une aisance	un assemblage	le câble	le copeau
un aluminium	un aspect	la carapace	la cornue
un amphithéâtre	une asphyxie	le carrier	le corridor
un ambassadeur	une atmosphère	la cassette	la courroie
un antre (entre	un attelage	la catastrophe	le crampon
prép.)	une auberge	la chaîne	le cru
un appel	une auge	le châle	le cylindre
un appui-main	le ballon	le chef-lieu	le débris
des appuis-main	la barrique	les chefs-lieux	le début
un aplomb	le bazar	le chêne	le démenti
un apprenti	le beffroi	le chevreuil	la denrée
un aqueduc	la bibliothèque	le chiffon	le dessein
un arc-boutant	le bijou	le choix	le dessin
des arcs-boutants	les bijoux	le cimetière	le détail
	la blessure	le cirque	la détonation
	le bloc	la civilité	le dévouement

la disparition
le doigt
un échange
un échec
une écluse
une écrevisse
un édifice
une électricité
un émail
une emplette
un employé
une empreinte
un empressement
un embonpoint
un engrenage
une énergie
un enthousiasme
un ennui
un entrepôt
une ère
un estomac
un étain
une étincelle
une étroitesse
un examen
une exception
une expérience
une explosion
un express
la façade
la face
la ferraille
la faïence
la fissure
la fixité
le flanc
la fougère
le fouillis
la fosse
le frisson
la futaie
le gagne-pain
les gagne-pain
la gambade
la gangrène
le garant
le gaz
le gazomètre
le gazon
e gibier

la girouette
le gisement
le gril
la grotte
le grisou
la hache
la haine
la halte
la halle
la hardiesse
le hasard
la hâte
une hélice
un héros
un héroïsme
un hommage
un hôtel
un horizon
le houblon
la houille
la houillère
un hygromètre
un index
un industriel
un ingénieur
une ingéniosité
une inondation
une installation
une intempé-
    rance
le jappement
la jeunesse
les jumelles
le kilomètre
la lessive
le lierre
la ligue
le logis
le loisir
la malhonnêteté
la manivelle
le marteau-pilon
les marteaux-pi-
    lons
le massif
la masure
le mât
le mécanicien
le médium
la météorologie

le minerai
la miniature
le nid
le nickel
la noix
un objet
une occupation
une offre
une ogive
une ombre
une ombrelle
un omnibus
un orphelinat
un outil
la papeterie
la paralysie
le parterre
la patience
le paysage
la pédale
la pesanteur
le phénomène
le pic
la pique
le pivot
le plan
le plant
le plein-cintre
les pleins-cintres
le poison
la porcelaine
la portée
la prairie
le précipice
la précision
le presse-papier
les presse-papier
la prestesse
la proie
la queue
le rang
le rapport
le réchaud
la reconnaissance
la réflexion
le refrain
la réglisse
le relief
le respect
le rez-de-chaussée

les rez-de-chaus-
    sée
le square
le sculpteur
la séance
la secousse
le soufflet
le soufre
le souterrain
le soutien
la stalactite
la stalagmite
le successeur
le suffrage
le support
la supposition
le système
le té
le télégraphe
le téléphone
le thé
le théâtre
le thermomètre
la tôle
la tombe
le tort
la trace
la trahison
le trajet
le tramway
la trempe
le tunnel
le tuyau
une usine
le va-et-vient
les va-et-vient
le vice
le vilebrequin
le vinaigre
la vis
la vitesse
le vœu
la volaille
le vote
le wagon
les yeux
le zèle
le zig-zag
les zig-zag
le zinc

Adjectifs.

affectueux
affreux
aigu
antique
appréciable
arrondi
atmosphérique
bizarre
bourru
calleux
cent
centenaire
circulaire
coopératif
délicieux
dispos
douze
effilé
éminent
environnant
étrange
exemplaire
extraordinaire
extrême
féerique
fixe
gaillard
gentil
gracieux
honteux
humble
illustre
immense
impitoyable
inaccessible
incandescent
inguérissable
jovial
las
lourd

majestueux
métallique
mystérieux
nasillard
national
pittoresque
précoce
prodigieux
professionnel
rougeâtre
sautillant
scintillant
solennel
tremblotant
triomphant

Verbes.

accrocher
acheter
adresser
affairer (s')
affermir
agrandir
aiguiser
allumer
alourdir
amputer
apaiser
aplanir
appauvrir
appuyer
arranger
asseoir
asphyxier
assombrir
assujettir
bouillir
bouillonner
caresser
chauffer
clapoter

combler
compatir
congédier
déchiffrer
dédaigner
dépenser
descendre
dessécher
détromper
développer
dissimuler
échapper
échauffer
effondrer
envahir
errer
étouffer
exceller
exciter
excuser
fouetter
frissonner
gésir (inusité)
gisait
gît (ci-)
haranguer
hésiter
imprégner
massacrer
narrer
obstiner (s')
peindre
perfectionner
pétiller
prononcer
raccourcir
raisonner
rayonner
redresser
rembourrer
rembrunir (se)
renommer

répandre
résonner
ressentir
scintiller
souffrir
suffire
tonner
tournoyer
tremper
tricoter
tutoyer

Invariables.

abord (d'), loc. adv.
à demi-voix, loc. adv.
affectueusement, adv.
assurément, adv.
aujourd'hui, adv.
dehors, adv.
encor, adv. poét.
encore, adv.
ensemble, adv.
exactement, adv.
guère, adv.
hélas! int.
honorablement, adv.
honteusement, adv.
incessamment, adv.
irrévocablement, adv.
longtemps, adv.
soi-disant, loc. adv.
trop, adv.
volontiers, adv.

LIVRE IV

HISTOIRE D'YVES GLOANEC, LE VOYAGEUR

(Première Partie)

46. — LA FAMILLE GLOANEC PART POUR LA FRONTIÈRE DE L'EST. — LES VOSGES; CASCADES ET FORÊTS

Chers petits lecteurs, vous vous rappelez notre jeune ami Yves Gloanec, l'écolier qui ne rêvait que voyages, celui qui voulait être marin et qui faisait aller de petits bateaux sur les ruisseaux et les fontaines du village de Cachan. Vous vous demandez sans doute ce qu'il devenait, pendant que Nicolas Chaplambert s'adonnait à l'agriculture, et que Simon Ferrier poursuivait son apprentissage de mécanicien.

Hé bien, pendant ce temps-là, Yves Gloanec avait aussi ses aventures.

Son père, employé à l'octroi de Paris, ne se trouvait pas bien de sa vie trop sédentaire. Il était de Bretagne ; mais, comme sa femme était née en Franche-Comté et désirait se rapprocher de son pays, il demanda un poste de douanier sur la frontière de l'Est, pour y être employé à empêcher la contrebande.

Vous savez, mes chers enfants, ce que sont les *douaniers* et les *contrebandiers*. Les contrebandiers sont des fraudeurs qui cherchent à introduire en France du café, du sucre, du tabac, de la poudre, etc., sans payer les impôts dont ces marchandises sont frappées à leur entrée en France. Pour cela ils usent de toutes sortes de ruses, dont la plus simple est de charger sur leur dos sucre, café, tabac, etc., et de passer la frontière par des sentiers de traverse, loin des bureaux de douane, où se payent les droits d'entrée. Pour empêcher cette fraude, les douaniers veillent la nuit comme le jour, par le froid, par le chaud, dans les forêts, dans les cavernes, dans les précipices. Cette fonction exige beaucoup de courage et d'adresse : c'est pour cela que M. Gloanec la sollicita.

L'administration ne put pas tout d'abord lui trouver le poste qu'il désirait dans le Jura ; elle l'envoya dans les Vosges, près de Gérardmer (carte d'emsemble page 82).

Comme vous le pensez bien, M. Gloanec ne voulut pas quitter Cachan sans faire ses adieux à M. Prévôt ; il alla le voir avec ses deux enfants, Marcel, que vous ne connaissez pas encore, et Yves, que nous avons déjà vu.

L'instituteur adressa à Marcel et surtout à Yves, dont il n'ignorait pas le caractère hardi et aventureux, de sages recommandations.

« Yves, lui dit-il, ton tour est venu de quitter Cachan, comme l'ont déjà quitté Simon Ferrier, Nicolas Chaplambert et ses frères. D'après les nouvelles que je reçois assez régulièrement de ces chers enfants, ils se sont très bien comportés jusqu'à présent. Tu feras comme eux, n'est-ce pas ? Tu es plus heureux que Simon Ferrier, tu as une famille : tâche de donner constamment le bon exemple à ton jeune frère Marcel, et d'être toujours pour tes parents un fils aimant et respectueux. Tu vas voyager : c'est ce que tu désires, et je ne t'en blâme pas ; je te demande seulement de réfléchir un peu et de t'instruire le long des chemins. Voici un petit *Guide du voyageur dans la région de l'Est* : ton frère et toi, vous le lirez le long de la route, vous regarderez les cartes et les images qu'il contient, et de cette façon vous aurez quelques petits renseignements sur les pays que vous traverserez. »

La conversation se prolongea longtemps : les Gloanec n'avaient pas le courage de se séparer de M. Prévôt, car ils sentaient bien qu'ils quittaient un ami fidèle : aussi ils lui dirent adieu avec une véritable tristesse.

Grâce au *Guide* offert par M. Prévôt, le voyage fut intéressant pour la famille Gloanec tout entière. Dès le départ de la gare de l'Est, M. Gloanec, voyant qu'Yves maniait assez gauchement ce petit volume, le lui prit des mains et montra à ses deux enfants une carte géographique, qui leur permit d'embrasser d'un seul coup d'œil tout le trajet qu'ils avaient à faire de

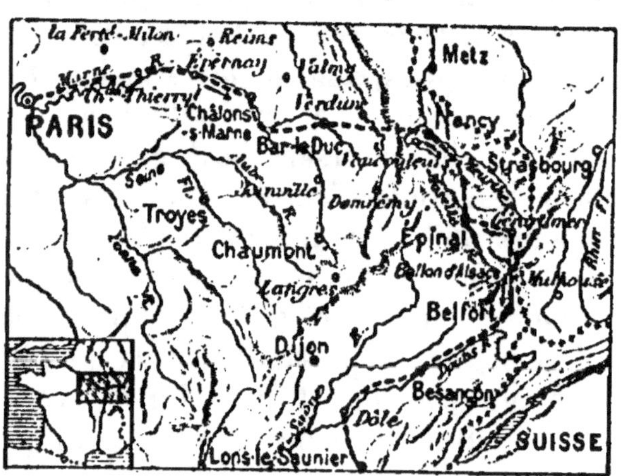

Voyages d'Yves Gloanec dans l'Est de la France. — Itinéraire : Paris, Épernay, Châlons-sur-Marne, Bar-le-Duc, Nancy, Épinal, Géradmer; Belfort, Besançon, Lons-le-Saunier. — Remarquez le **carton d'ensemble**, en bas, à gauche.

Paris à Gérardmer, par Épernay, Châlons-sur-Marne, Nancy et Épinal (carte).

Ensuite il leur confia le livre, et, après leur avoir expliqué l'usage de la table alphabétique, il les laissa se tirer d'affaire.

Yves et Marcel Gloanec purent ainsi mettre dans leur mémoire bien des notions utiles, et se renseigner sur les villes principales des régions parcourues, comme, par exemple, *Château-Thierry*, patrie du bon fabuliste La Fontaine* et *la Ferté-Milon*, patrie du poète Racine*; *Reims*, connu pour sa belle cathédrale; *Épernay*, enrichi par ses vins de champagne; *Châlons-sur-Marne*, qui vit la défaite d'Attila*; *Bar-le-Duc*, renommé pour ses confitures; *Domremy* et *Vaucouleurs*, tout pleins du souvenir de **Jeanne d'Arc** (fig.); *Nancy*, ville charmante, grand centre industriel et scientifique de la région de l'Est; *Epinal*, dont l'imagerie est si populaire.

En passant par Epinal, M. Gloanec acheta quelques-unes de ces images coloriées qui font le bonheur de l'enfance. La plupart représentaient des histoires de petits garçons plus ou moins sages, dont les aventures amusèrent beaucoup le jeune Marcel. Yves, déjà plus sérieux, préférait les gravures instructives. Une surtout lui plut : elle avait pour titre **l'industrie du bois** (fig. d'ensemble p. 193). On y voyait des bûcherons abattant des arbres avec la cognée, ainsi qu'un charbonnier faisant du charbon au milieu d'une

Jeanne Darc à Domremy. — Jeanne, voyant des hommes d'armes dans les champs et des lueurs d'incendie à l'horizon, songe aux moyens de soulager les maux de la France.

clairière; plus loin un homme attirait avec un croc des bois flottants abandonnés au cours d'une rivière; d'autres bois, débités avec la scie circulaire ou avec la scie battante, étaient empilés dans des chantiers pour servir au chauffage, où pour fournir une matière première aux charpentiers, aux menuisiers, aux ébénistes, aux tourneurs, aux tonneliers, aux charrons, et à bien d'autres ouvriers.

Enfin les Gloanec arrivèrent à Gérardmer, terme de leur voyage en chemin de fer. Pour Yves et Marcel, qui ne connaissaient que les petites collines des environs de Paris, qui n'avaient guère vu que des forêts de chênes, de hêtres et de châtaigniers, ce fut un plaisir bien nouveau et bien vif que de voir de vraies montagnes, des torrents et des cascades roulant dans les rochers, et de sombres forêts de sapins se mirant dans des lacs limpides, comme ceux de *Gérardmer* de *Longemer* et de *Retournemer*.

Quand la famille Gloanec fut installée dans la maison des douanes, non loin du col de la Schlucht, qui donne passage de France en Allemagne, Yves et Marcel profitèrent de leurs jours de congé pour se promener avec leur père toutes les fois qu'il était libre. Tantôt ils entraient dans une chaumière et regardaient faire les petites boîtes de sapin dans lesquelles on met les fromages du pays; tantôt, assis au coin d'un pré, ils observaient un tisserand, qui étendait au soleil de la toile mouillée pour la faire blanchir, et leurs yeux s'amusaient du contraste de ces grands carrés blancs avec l'herbe verte; tantôt enfin (fig.) ils suivaient les sentiers de la forêt, à

Yves Gloanec se promène avec son père et son frère.

peine tracés, et tout parsemés de brindilles de sapin, qui grésillaient sous leurs pas; ils gravissaient, en s'aidant de leurs mains, des rochers éboulés et couverts de mousse, ou

INDUSTRIE DU BOIS (Fig. d'ensemble).

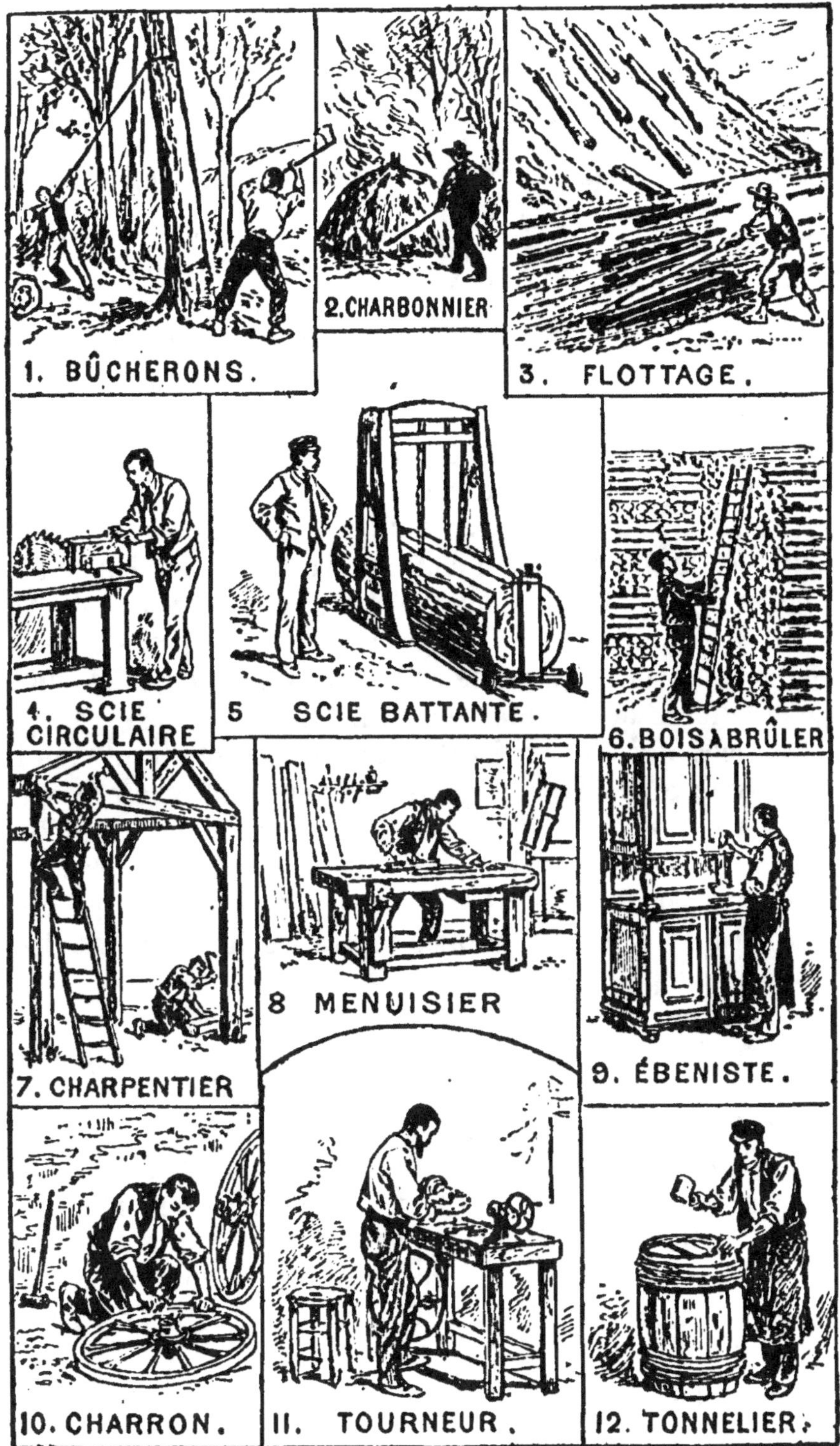

bien ils cherchaient activement des mûres, des fraises et des framboises. Parfois un coucou répondait aux cris de Marcel; un hibou s'enfuyait effaré, poursuivi par une nuée d'oiseaux;

Pivert.　　　Écureuil.

un **pivert** (fig.) picotait avec son bec l'écorce d'un arbre; un **écureuil** (fig.) apparaissait, furtif, grignotant une noisette et sautant de branche en branche, dès qu'il se voyait découvert.

Oh! les belles matinées, tout embaumées des senteurs résineuses que répandaient les sapins!

Il fallut cependant renoncer au séjour si charmant des Vosges. Le douanier Gloanec voulait autre chose; il aimait la lutte et le danger. Or il était sur la frontière allemande, et, de ce côté, la contrebande n'existe guère. Son rôle se bornait à surveiller le col de la Schlucht, où peu de gens passaient; il souffrait de ne pouvoir assez dépenser le courage et la force qu'il sentait en lui-même.

Ses chefs, qui l'estimaient beaucoup, consentirent à lui donner une autre résidence : ils l'envoyèrent exercer ses fonctions à Bellegarde, dans l'Ain (carte d'ensemble, page 82).

Gloanec n'était pas homme à prendre inutilement le chemin de fer. Il pensait avec raison que la marche est bonne, et qu'il faut la pratiquer toutes les fois que les circonstances s'y prêtent.

En conséquence, après avoir fait monter dans le train de Belfort sa femme et le petit Marcel, il suivit à pied la chaîne des Vosges, avec son fils Yves, mangeant dans les fermes, et s'arrêtant dans les postes de douane échelonnés le long de la frontière. Ah! son émotion fut grande quand il eut conduit son fils sur le ballon d'Alsace, cette haute montagne, ou plutôt cette borne immense qui sépare deux grands pays; quand il lui montra au nord le département des Vosges ; à l'ouest la Haute-Saône et le centre de la France; à l'est l'Alsace....

En regardant du côté de l'Alsace et de la Lorraine, le douanier Gloanec avait le cœur si serré, qu'il ne pouvait rien dire; mais il sentait que son fils était d'âge à le comprendre, cela lui suffisait. Au bout d'un instant, il se détourna avec un soupir de satisfaction dans la direction du sud, vers ce territoire de Belfort arraché des mains étrangères.

Quand nos deux piétons furent au terme de leur voyage en montagne, quand ils furent descendus dans la ville de Belfort, et qu'ils eurent retrouvé Mme Gloanec et son fils cadet, ils réparèrent leurs forces. Puis ils cherchèrent à graver dans leur esprit l'image de cette place forte, qui a résisté si énergiquement pendant la guerre de 1870 ; et, lorsqu'ils la quittèrent, ce

Le Lion de Belfort : cette œuvre du sculpteur **Bartholdi** rappelle l'héroïque **résistance** de Belfort pendant la guerre de 1870-71. On voit à Paris une reproduction du *Lion de Belfort*.

ne fut pas sans avoir jeté un dernier regard au lion qui repose dans sa force, au haut du rocher (fig.), surveillant la trouée de Belfort et gardant le passage.

Je ne conçois qu'une manière de voyager plus agréable que d'aller à cheval, c'est d'aller à pied.　　J.-J. Rousseau*.

47. — LES GLOANEC VONT A BELLEGARDE. — LA VACCINE. — PASTEUR. — LA CHANSON DU LABOUREUR BRESSAN

Quand la famille Gloanec se retrouva en wagon au sortir de Belfort, M. Gloanec tira de sa valise le *Guide* donné par M. Prévôt et fit lire par Yves les notices qui avaient rapport aux diverses stations du chemin de fer. Ils commencèrent par la notice de Besançon, que voici :

« *Besançon.* — Cette ville est la plus importante de Fran« che-Comté. Enfermée dans une boucle du Doubs, protégée « par une haute citadelle et par des fortifications récemment « construites sur les hauteurs avoisinantes, Besançon est une « des places les plus fortes de France. Cette cité vaillante,

« qui a soutenu plusieurs sièges mémorables, et qui, de
« même que Dijon, sa voisine, a fourni plusieurs grands
« hommes, entre autres Victor Hugo*, est de plus une des
« villes les plus laborieuses de France. L'industrie de l'hor-
« logerie, qui y est très flo-
« rissante, y produit par an
« près d'un demi-million de
« montres d'une précision re-
« marquable, et munies de tous
« les perfectionnements inven-
« tés dans ces dernières an-
« nées. Telles sont par exem-
« ple les **montres à remon-
« toir** (fig.), qu'on peut re-
« monter sans les ouvrir, rien
« qu'en tournant un bouton.
« *Dôle*. — Cette ville, rivale
« de Besançon, a soutenu com-
« me elle plus d'un assaut;
« comme elle aussi, elle a don-
« né naissance à l'un des plus
« grands hommes de ce siècle,
« **Pasteur**. Le lecteur nous
« saura gré de lui fournir quel-
« ques renseignements sur les

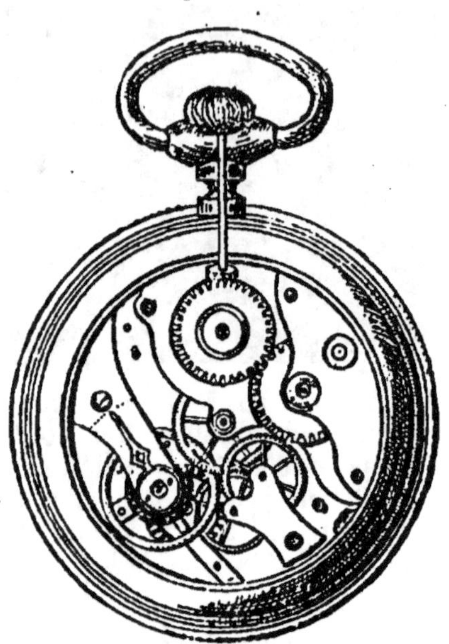

Montre à remontoir (intérieur). — Pour remonter cette
montre, il suffit de tourner le
bouton qui se voit au milieu de
l'anneau.

« découvertes de ce savant, qui est vraiment un des bienfai-
« teurs de l'humanité. Pasteur a fait une découverte dont
« les conséquences sont incalculables, la découverte des
« **microbes** et de leur rôle important dans les maladies.
« Les microbes sont des organismes* animaux ou végétaux,
« infiniment petits, répandus à profusion dans l'air, dans
« l'eau et dans la nature, et capables de se multiplier à l'in-
« fini, avec une rapidité prodigieuse. Beaucoup de microbes
« sont inoffensifs. Mais il en est de dangereux, ceux, par
« exemple, qui s'opposent à la cicatrisation des plaies, et
« ceux qui déterminent le développement des maladies con-
« tagieuses, comme la *rougeole*, la *petite vérole*, la *fièvre
« typhoïde* et le *choléra*. A l'heure actuelle on sait combat-
« tre bien des microbes pernicieux : grâce aux **antisepti-
« ques***, on détruit les microbes qui autrefois corrompaient

« les plaies et les blessures; grâce aux filtres * **Chamber-**
« **land,** on débarrasse les eaux des mi-
« crobes de la fièvre typhoïde; grâce
« enfin à la **vaccination,** on diminue les
« ravages des maladies contagieuses cau-
« sées par les microbes. De même que
« **Jenner** a découvert le vaccin de la pe-
« **tite vérole** (fig.), de même **Pasteur** a
« trouvé le vaccin du **charbon,** qui dé-
« truisait tant de troupeaux ; le vaccin du
« **choléra** des poules, qui dépeuplait les
« basses-cours; le vaccin de la **rage,** la
« plus épouvantable des maladies. Aussi
« maintenant, de toute la France, de tou-
« tes les parties du monde, il vient à
« l'**Institut Pasteur** (fig.), à Paris, des
« gens qui ont été mordus par des bêtes
« enragées, chiens, chats, loups même. On *vaccine* ces infor-

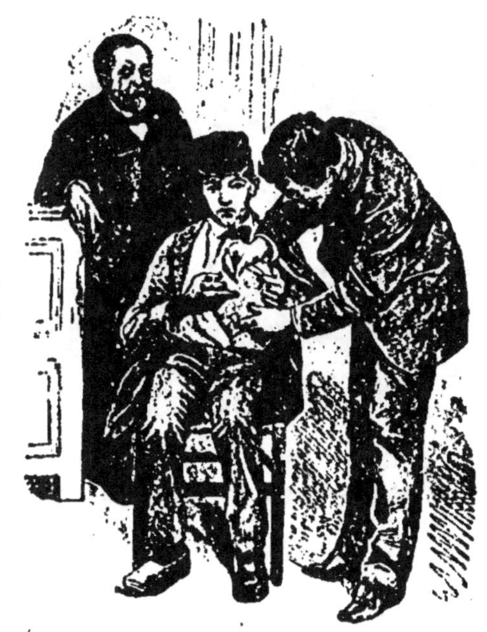

La vaccination.
— Pour prémunir
quelqu'un contre la
petite vérole, il suf-
fit de lui faire, tous
les six ou sept ans,
quelques piqûres
avec une lancette
imprégnée d'un li-
quide appelé *vac-
cin.* (Découverte de
l'Anglais **Jenner.**)

« tunés, et, pour peu que
« leur voyage ait été fait
« à temps, ils sont pré-
« servés du mal épou-
« vantable qui se nomme
« *rage* ou *hydrophobie.*
« Lecteurs, croyez le petit
« *Guide* que vous tenez
« entre vos mains : vou-
« lez-vous échapper aux
« cruelles atteintes de la
« petite vérole ? Faites-
« vous vacciner tous les
« six ou sept ans; vou-
« lez-vous échapper à l'hy-
« drophobie, si vous avez
« eu le malheur d'être
« mordus par une bête
« enragée ? Allez vous
« faire vacciner à l'Insti-
« tut Pasteur : car *la vac-*
« *cine est un petit mal qui vous préservera d'un grand.* »

A l'Institut Pasteur. — Un jeune
garçon, mordu par un chien **enragé,**
est **vacciné** sous la direction de
Pasteur.

. « Ma foi, dit M. Gloanec, ce petit livre a bien raison ; ma chère femme, quand nous serons arrivés à Bellegarde, nous ferons revacciner les enfants.

— Oui, mon cher mari, dit Mme Gloanec, et, si tu n'y vois pas d'inconvénients, nous nous ferons revacciner, nous aussi.

— C'est entendu, dit le douanier ; et maintenant, Yves, continue ta lecture. Nous avons dépassé Arbois et Poligny ; nous allons arriver à Lons-le-Saunier : est-ce que ton livre ne dit rien sur cette ville ?

— Pardon, papa, voici la notice :

« *Lons-le-Saunier.* — Chef-lieu du département du Jura, « patrie de Rouget de l'Isle, qui, se trouvant en garnison à « Strasbourg, en 1792, composa, dans une nuit de patrio-« tique inspiration, le chant de guerre devenu *la Mar-« seillaise.* Lons-le-Saunier, comme certaines localités de « la région, Salins par exemple, a d'importantes **salines** « dont nous avons un mot à dire. Mais rappelons d'abord « que le sel, si utile à l'alimentation humaine, s'ob-« tient de plusieurs fa-« çons. Ainsi l'on peut « recueillir de l'eau de « mer dans des bassins et « la faire évaporer au so-« leil ; le dépôt qu'elle « laisse n'est autre chose « que du sel. C'est ce « procédé qu'on emploie « dans les **marais sa-« lants** (fig.) des bords « de la Méditerranée ou « de l'Océan. — On peut « aussi se procurer le « sel, en le tirant, par « blocs, de certaines « **mines souterraines,** « comme celles de **Vié-**

Marais salants. — L'eau de la mer passe dans une série de bassins larges et peu profonds. Durant ce parcours, elle s'évapore sous l'action du soleil et du vent, et laisse un dépôt de sel gris, qu'on recueille avec des rateaux.

« **liczka,** en Pologne (fig.). Ce sel se nomme *sel de roche* « ou *sel gemme.* — Enfin il arrive que des eaux se salent en « passant sur des bancs de sel gemme ; on amène ces eaux « à la surface de la terre avec des pompes, et on les chauffe

« dans des chaudières; elles s'évaporent et laissent en dépôt
« des cristaux* de sel. Ce troisième procédé est en usage
« dans les salines de Lons-le-Saunier, que nos lecteurs feront
« bien de visiter, s'ils le peuvent! »

« Mais nous n'en avons pas le temps, n'est-ce pas, père?
dit Yves.

— Non, mon enfant, dit le douanier; seulement vous pouvez, Marcel et toi, apercevoir
par cette portière ces salines
qui vous intéressent. »

Les deux jeunes garçons se
mirent à la fenêtre, et, quand
ils y furent, ils y restèrent
longtemps. Car ils étaient
captivés par les vues chan-
geantes qui défilaient devant
eux. Ce furent d'abord les
riants faubourgs de Lons-le-
Saunier, puis les salines,
dressant leurs hautes cheminées au milieu des prés et
des vignobles: puis ce furent
de charmants villages, domi-

Mines de sel gemme de Vié-
liczka, en Pologne. — Le sel de
ces mines est très pur. On l'ex-
trait par blocs, et l'on n'a plus
qu'à le réduire en petits frag-
ments, pour le livrer à la consommation.

nés par de vieux châteaux en ruines, célèbres dans les légendes que les Francs-Comtois aiment à redire durant les
veillées d'hiver.

L'après-midi tirait à sa fin. Le soleil se couchait, en dorant
de ses rayons mourants les premières pentes des monts du
Jura, dont le chemin de fer longeait la base.

A l'ouest s'étendait une plaine brumeuse et féconde, la
Bresse, pays des volailles bien engraissées. Les cultivateurs
retournaient à leurs chaumières, et le roulement du train,
le souffle entrecoupé de la locomotive contrastaient avec la
tranquillité des champs déjà presque endormis.

Pendant un arrêt, les Gloanec entendirent une chanson,
un peu traînante, mais d'une singulière poésie, une de ces
mélodies rustiques qui se transmettent de père en fils et qui
se chantaient il y a des siècles. Bien des choses, bien des
hommes ont passé; des révolutions se sont produites, et
pourtant l'air de la romance, cette chose si vague et si flot-

tante, est demeuré dans la mémoire tenace du paysan français. Yves et Marcel Gloanec prêtèrent l'oreille; voici ce qu'ils entendirent :

> Le pauvre laboureur
> A deux petits enfants;
> Les mène à la charrue,
> N'ont pas encor quinze ans!
> Qu'il pleuve, qu'il neige ou vente,
> Qu'il fasse mauvais temps,
> L'on voit toujours sans cesse
> Le laboureur aux champs.

*
* *

> Le pauvre laboureur,
> Il est toujours content;
> En menant sa charrue
> Il va toujours chantant :
> Il n'est ni duc, ni prince
> Ni baron, ni seigneur,
> Qui ne vive des peines
> Du pauvre laboureur!

« Que j'aime cette chanson! murmura Yves. Je ne pourrais dire pourquoi; cependant ce qu'il y a de sûr, c'est qu'elle me fait quelque chose.

— Et moi aussi, je l'aime, dit M. Gloanec : car elle montre la noblesse du travail, et le dernier couplet, si simple, si rustique, a une belle signification; il veut dire : *soyez riches, soyez célèbres, soyez puissants, possédez tous les titres et toutes les grandeurs : vous devrez toujours un merci au laboureur qui vous donne votre pain.*

48. — LA PERTE DU RHÔNE. — LES USINES DE BELLEGARDE

De Bourg à Bellegarde (carte) le chemin de fer gravit de fortes pentes et passe par de nombreux tunnels; puis il débouche dans la vallée de la Cluse, près du lac de Nantua, enfermé, avec la ville du même nom, entre des monts tristes et sévères, dans un site d'une sauvage poésie.

Il était neuf heures du soir quand les Gloanec arrivèrent à Bellegarde. Ils s'installèrent aussitôt dans la maison des douaniers et dormirent assez mal; car, non loin de leur demeure, ils entendaient des eaux mugir avec un fracas épouvantable. Le matin, ils voulurent connaître la cause de ce bruit. Un douanier les conduisit dans le jardin de la douane. De là ils virent, dans un lit de rochers d'une profondeur à donner le vertige, la Valsérine, qui se précipitait de cascade en cascade, pour rejoindre le Rhône, encore plus profondément encaissé.

Quand ils eurent déjeuné, le même douanier complaisant les emmena jusqu'à un pont qui portait, en son milieu, un poteau indicateur. On pouvait lire d'un côté *Ain*, de l'autre *Haute-Savoie*.

« Alors, père, dit Marcel, quand je me mets devant le poteau, mes deux jambes ne sont pas dans le même département?

Carte **panoramique** des voyages d'**Yves Gloanec** dans la **vallée du Rhône**. — Itinéraire : Genève, Bellegarde, vallée de l'Aïn, vallée du Rhône, Lyon, Valence, Avignon, Cette, Montpellier, Marseille. — Remarquez le petit **carton d'ensemble** en haut, à gauche.

— Non ! aussi tu vois que les limites de nos départements sont loin d'être infranchissables : il est plus facile de les distinguer sur la carte que sur le terrain. Mais regarde donc la perte du Rhône.

— Je suis trop petit; le garde-fou m'empêche de voir.

— Venez par ici, cria le douanier qui guidait les Gloanec; un sentier va nous conduire sur le bord du fleuve. »

Ils suivirent un petit chemin très raide, et se trouvèrent sur des bancs de rochers.

Le Rhône, d'abord d'une ampleur de 40 mètres environ, se réduit en cet endroit à quelques pas de largeur;

autrefois même il disparaissait entièrement. Mais des travaux récents ont fait sauter la voûte sous laquelle il s'engouffrait. Maintenant encore, il semble se perdre lorsque l'hiver est rigoureux : car alors ses eaux, n'étant plus alimentées par la fonte des glaces, baissent extraordinairement, et son lit, vide et sombre, se borde de glaçons énormes, qui pendent sur l'abîme comme des franges. L'industrie a fini par imposer sa domination à ce fleuve longtemps indomptable. Les eaux du Rhône, arrêtées au moyen d'un barrage colossal, sont contraintes de s'engager dans un tunnel (fig.). Elles en sortent à 550 mètres plus loin, et se concentrent dans un grand bassin, d'où elles s'échappent en pesant de tout leur poids sur des *turbines*, grandes roues motrices d'un système particulier et d'une rare puissance.

La perte du Rhône à Bellegarde, en hiver. — Le **barrage** qu'on aperçoit envoie l'eau du Rhône dans un **tunnel** qui la conduit aux **usines** de Bellegarde.

« Mais, monsieur, dit Yves Gloanec au surveillant des turbines, je vois bien ici des moteurs ; mais j'ai beau regarder autour de nous, je ne découvre que des rochers, des eaux, des précipices : d'usines, de fabriques, pas plus que sur ma main.

— En effet, répondit le surveillant, les usines sont là-haut, sur le plateau. Venez voir comment nous leur envoyons la force dont elles ont besoin. »

Ils allèrent sur la terrasse extérieure.

« Voyez-vous, dit le surveillant, ces câbles de fil de fer

mis en mouvement par ces poulies? Ils s'en vont, à des centaines de mètres, passer sur des poulies pareilles à celles-ci : ils leur transmettent leur mouvement et distribuent ainsi la force partout où on la réclame. » (fig.)

Les Gloanec remontèrent sur le plateau, pleins d'admiration. Yves, qui depuis des mois remettait toujours au lendemain la lettre qu'il avait promise à M. Prévôt, se décida cette fois à lui écrire. Sa soirée fut consacrée à ce devoir d'affec-

Usines de Bellegarde.—L'eau du Rhône, sortant du tunnel, tombe sur des **turbines***.

tion. Le jour suivant, les Gloanec firent quelques courses aux environs. Le père et le fils aîné ne se tenaient plus de joie, heureux de se trouver dans un pays si accidenté, si tourmenté, et qui semble promettre aux gens hardis les plus belles aventures. Le père était le plus enthousiasmé; il sentait revenir en lui la force de ses vingt ans; il était prêt à gravir tous les rochers, à s'enfoncer dans tous les précipices

Hélas! s'il avait su....

Jamais l'on n'a mieux utilisé les forces de la nature qu'au dix-neuvième siècle.

49. — LE TOUR DU LAC DE GENÈVE. — L'ANGLAIS AIMABLE. — LA PHOTOGRAPHIE INSTANTANÉE

Pendant dix-huit mois, le douanier Gloanec battit les environs, à la poursuite des fraudeurs. Il était si leste, si agile, il avait le pied si sûr en montagne, qu'on en vint peu à peu à lui confier les missions les plus dangereuses.

Il est vrai que ses chefs lui donnaient toutes les récompenses possibles. Ainsi il obtint un congé pour aller voir Genève : il s'y rendit avec sa femme et ses enfants. Le trajet dura une heure à peine. Les Gloanec éprouvèrent une joie sincère en foulant le sol de la Suisse ; ils pensèrent aux écrivains que ce pays a donnés à la langue française, comme l'aimable Töpffer* qui a fait de si charmants récits pour la jeunesse, comme **Jean-Jacques Rousseau** (fig.), qui disputa à **Voltaire** (fig.) la faveur du XVIIIe siècle ; ils songèrent aussi aux liens

Jean-Jacques Rousseau (1712-1778). — Grand écrivain français, né à Genève.

Voltaire (François Arouet de) (1694-1778). — Grand écrivain français, né à Paris.

et aux ressemblances qui unissent la France et la Suisse, et,

Genève. — On voit le Rhône et le mont Blanc (4810 mètres).

bien qu'ils eussent passé la frontière, il leur sembla qu'ils étaient encore dans leur patrie.

Après avoir admiré le Rhône, la grande cité de **Genève** (fig.)

que ce fleuve partage, les beaux monuments de la ville neuve, les maisons curieuses de la vieille ville, ils contemplèrent le magnifique décor qui entoure ce lieu privilégié : d'un côté les chaînes du Jura, de l'autre les Alpes de Savoie, avec le **mont Blanc**, qui se montrait dans la splendeur rayonnante de ses neiges éternelles.

Les Gloanec montèrent ensuite sur l'un des bateaux à vapeur qui font le tour du lac. L'attention des enfants se partagea. Tantôt ils regardaient le paysage, tantôt ils jetaient un coup d'œil à la dérobée sur leurs compagnons. C'étaient, pour la plupart, des touristes * vêtus d'habits aux couleurs voyantes et bariolées, portant des bâtons plus grands qu'eux, et des chapeaux trop petits pour leur couvrir la tête.

Yves et Marcel Gloanec, en malins petits Français qu'ils étaient, eurent bientôt saisi ces légers ridicules. Ils se montrèrent les étrangers du coin de l'œil, se poussèrent du coude en cachette, et se mirent à chuchoter, sans que leurs parents, dont ils s'étaient un peu écartés, s'en aperçussent.

Un des touristes excitait particulièrement leurs réflexions malicieuses. Il était vêtu d'un costume complet à grands carreaux ; ses yeux s'abritaient derrière des lunettes vertes, et sur sa hanche battait, à chaque mouvement, un appareil photographique. Assis sur un banc, il feuilletait des *Guides* et se débattait désespérément contre le vent, qui s'acharnait à lui arracher une carte posée sur ses genoux.

A la fin le vent fut le plus fort : la carte fut emportée. Le touriste s'élança pour la ressaisir, mais sa casquette roula en sens contraire, et l'infortuné, ne sachant de quel côté diriger sa poursuite, resta immobile et stupéfait. Enfin la casquette fugitive et la carte envolée lui furent rendues, tandis que nos petits amis Yves et Marcel Gloanec faisaient des efforts aussi louables qu'inutiles pour dissimuler leur gaîté.

L'Anglais, qui avait bon caractère, se dirigea vers eux, et d'un ton cordial il leur adressa la parole en assez bon français, mais avec cet accent qui a prêté à tant de plaisanteries, et qui consiste principalement à changer *non* en *nô*, *moi* en *moâ* et *oh* en *aoh*.

Cette fois Yves et Marcel, incapables de se contenir davantage, s'abandonnèrent à une hilarité fort déplacée.

L'Anglais croisa les bras et les regarda avec cet imperturbable sang-froid dont la race britannique a le secret.

Puis, quand leur fou-rire fut un peu apaisé, il leur dit :

« Voulez-vous parler un peu avec moi en anglais?

— Pour pouvoir, il faudrait savoir, dit Yves.

— Alors, mes petits messieurs, que feriez-vous, si vous étiez en Angleterre? Vous y seriez plus ridicules et plus em-

Le château de Chillon sur le lac de Genève.

barrassés que je ne le suis devant vous, car si je n'ai pas votre accent, je sais votre langue, et vous ignorez la mienne. »

Les enfants confessèrent leur tort avec cette gentillesse toute française qui finit toujours par nous concilier la sympathie des étrangers.

L'Anglais voulut montrer aux deux jeunes garçons qu'il ne leur gardait pas rancune. Il se fit un plaisir de leur expliquer le mécanisme de son appareil photographique, qui était très perfectionné.

« Regardez, leur dit-il, je vais prendre la vue du **château de Chillon**, malgré le mouvement du bateau.

Il pressa une détente et dit :

« Voilà qui est fait! Cet appareil dont je viens de me

servir est un appareil instantané (fig.), qui permet de prendre une vue en un clin d'œil, en moins d'un quarantième de seconde, et de photographier par exemple l'oiseau qui vole, le cheval qui galope, le bateau qui fuit, l'écolier qui joue à saute-mouton. Ainsi tout à l'heure, malgré le balancement du navire, j'ai pu prendre la vue du château de Chillon, comme un chasseur tire un lapin. Je n'ai eu qu'à presser une petite détente ; et maintenant j'ai l'image du château dans ma... comment faut-il dire, le mot m'échappe... dans ma gibecière, ou dans mon sac, si vous trouvez ce mot plus juste.

La photographie instantanée.

YVES GLOANEC. — Monsieur, je ne comprends pas qu'on puisse photographier si vite. J'avoue que cela dépasse mon intelligence.

L'ANGLAIS. — Rien de plus simple cependant. Vous savez sans doute ce que c'est qu'une **chambre noire** ? (fig.)

YVES. — Oui, monsieur : c'est une chambre, ou même une caisse, dans l'intérieur de laquelle il fait nuit. Si l'on perce l'une des parois de façon à offrir à la lumière un étroit passage, l'image lumineuse des objets extérieurs apparaîtra renversée sur la paroi

Chambre noire. — Faites une petite **ouverture** dans le volet ou la porte d'une chambre sans lumière, les objets extérieurs viennent se peindre **renversés** sur le fond de la chambre, A en *a*, etc.

opposée. Ainsi, que Marcel se mette devant l'ouverture à une distance convenable : son portrait ira se peindre aussitôt sur le fond de l'appareil, mais la tête en bas.

Marcel. — Merci bien, mon frère; je n'y tiens en aucune façon : je veux rester droit, moi. »

L'Anglais rit de bon cœur, en montrant ses belles dents blanches, et reprit, en s'adressant à Yves :

« Vous avez très bien dit; continuez.

Yves. — C'est justement pour continuer que je suis embarrassé. Je ne me rappelle que vaguement ce que j'ai lu dans le petit livre de physique que j'étudiais à l'école.

L'Anglais. — Voulez-vous que je vous rafraîchisse la mémoire? Écoutez-moi. »

Il prononçait encore *moa*, et ne savait pas bien s'il devait dire *le* mémoire ou *la* mémoire; mais déjà ses jeunes interlocuteurs ne remarquaient plus ce petit défaut. Les voyant attentifs et tout oreilles, l'Anglais continua ainsi ses explications.

« Monsieur Yves nous dit que l'image de son frère vient se peindre renversée sur le fond de la chambre noire. Hé bien, nous n'avons plus qu'à fixer cette image.

Yves. — Sans doute, monsieur, mais c'est là le difficile.

L'Anglais. — En effet; mais, grâce à un Anglais *Talbot*, et à deux Français *Niepce* et *Daguerre*, le moyen est trouvé. Sachez que la lumière a une grande action sur certaines substances appelées **sels d'argent**. Plus elle est vive, plus elle les **impressionne**. Hé bien, recouvrez de ces sels une plaque de verre, appelée **plaque sensible**, que vous mettrez au fond de la chambre noire, à l'endroit même où se peint l'image de notre ami Marcel, qu'arrive-t-il? Le col de Marcel, qui est d'un blanc très lumineux, impressionne vivement la plaque sensible à l'endroit où il se peint; mais les cheveux, qui sont presque noirs, n'ont presque pas d'action sur la plaque, et ainsi pour tout le reste. En traitant cette plaque avec cer-

Épreuve définitive, dite positive.　Épreuve préparatoire, dite négative.

tains procédés chimiques, on obtient une épreuve dite **négative** (fig.), qui donne tout juste le contraire des teintes réelles : elle nous représente le jeune Marcel avec des cheveux tout blancs, comme ceux d'un vieillard, un visage tout noir comme celui d'un charbonnier, et un col qui semble avoir été trempé dans l'encre. Mais attendez : avec ce premier portrait, qui n'a rien d'agréable ni de flatteur, n'est-ce pas, on peut en obtenir un autre, qui sera vrai, celui-là : il nous suffira de mettre derrière la plaque un papier **sensible** à la lumière, lui aussi, et de l'exposer au grand jour. Après certaines opérations assez simples, nous obtiendrons alors une épreuve **positive** et définitive (fig.) ; les cheveux seront redevenus noirs, comme par enchantement, et le col aura repris sa blancheur éclatante. Comprenez-vous bien ?

— Oui, monsieur, dit Marcel, il n'y a plus qu'une chose qui m'échappe : tout à l'heure, lorsque vous preniez la vue du château de Chillon, pourquoi regardiez-vous votre poitrine, au lieu de regarder le château ? Comment pouviez-vous savoir si votre appareil était dans la vraie direction ?

L'Anglais. — A l'aide du **viseur**, que vous voyez ici, sur le devant de l'appareil (fig.). Regardez bien : sur cette espèce de petite fenêtre, l'image de l'objet à photographier vient se peindre ;

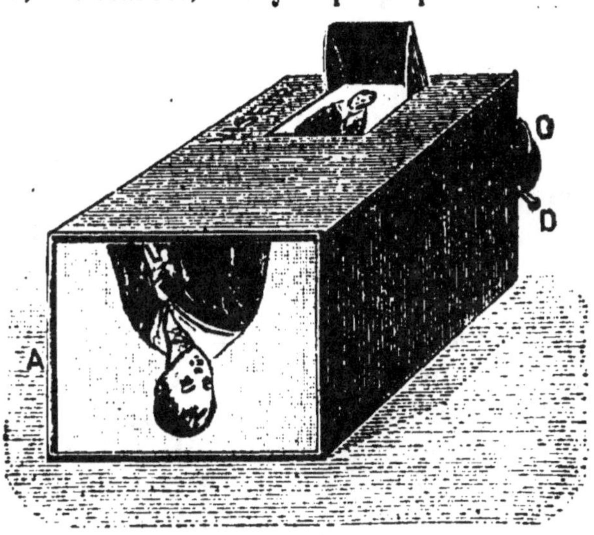

Appareil de photographie instantanée. — La lumière entre par l'**objectif** O et peint l'image de l'objet sur le fond A. En même temps, le **viseur**, qui est une petite **chambre noire**, permet au photographe de voir si son appareil est dans la bonne position. La **détente** B permet d'ouvrir et de fermer, aussi vite qu'on le veut, le passage de la lumière. — Pour la clarté de la démonstration, nous montrons l'image qui se peint sur le fond A. Mais on ne la verrait pas aussi nette dans l'appareil réel.

cette image est toute petite, mais très

exacte, et suffisante pour indiquer à l'opérateur s'il est bien
en face de l'objet à photographier. »

Ainsi parla l'aimable et complaisant Anglais. M. et Mme
Gloanec s'étaient avancés tout doucement, et ils avaient pris
leur part de l'explication. C'est ainsi qu'un voyage d'agrément leur laissa, comme à leurs enfants, d'utiles connaissances.

La famille rentra à Bellegarde, ravie d'avoir fait un si beau
voyage, et non moins charmée de retrouver son chez soi.

Car rien ne prévaut contre l'amour du foyer domestique.

50. — UNE CATASTROPHE.

L'existence des Gloanec continuait heureuse, quand une
catastrophe la bouleversa de fond en comble.

Une nuit, le brigadier Gloanec partit pour se mettre en
embuscade. On lui avait signalé le prochain passage de cinq
ou six contrebandiers des plus déterminés, qui devaient
apporter en France des ballots de tabac.

Le brigadier Gloanec connaissait la passe des contrebandiers : c'était en aval* de la perte du Rhône, dans l'endroit
où les rochers se rapprochent le plus. Avec un jeune sapin,
ces fraudeurs établissaient une passerelle, qu'ils lançaient
dans l'abîme dès qu'ils étaient sur l'autre rive.

Quand le brigadier Gloanec arriva avec quatre douaniers,
il était près de minuit. A la faible clarté des étoiles, il
aperçut un contrebandier debout sur la passerelle.

Il s'élança à sa suite. Mais, à ce moment même, le fraudeur prenait pied sur le roc, et, selon son habitude, il
donnait instinctivement un coup de talon au sapin, qui
glissa de son point d'appui. Le brigadier Gloanec tomba
avec le sapin dans le précipice (fig.), et, quand ses hommes
le retrouvèrent, au prix de bien des dangers, il était
sans vie.

Nous ne dirons pas la douleur de sa femme et de ses
enfants. Les habitants du pays leur témoignèrent la sympathie la plus vive, et firent cortège au défunt quand on lui
rendit les honneurs funèbres.

Parmi ceux qui suivirent le cercueil, se trouvait un homme qui passait pour être un contrebandier. Il paraissait plus affligé que les autres et pleurait à la dérobée.

On ne sut jamais s'il était pour quelque chose dans l'accident. Mais ce qu'on put remarquer par la suite, c'est qu'il renonça tout à fait à la contrebande.

Le soir, quand la pauvre Mme Gloanec, qui avait voulu suivre le convoi, se retrouva dans sa demeure, devant son foyer de veuve, qui s'éteignait, assise entre ses deux fils debout à côté d'elle, elle continua de pleurer.... Et les jours s'écoulèrent longs et tristes !

Un soir un commissionnaire arriva : il apportait une lettre de la sous-préfecture de Nantua (fig.p.212).

Mme Gloanec reçut avec surprise cette lettre

Le douanier Gloanec tomba dans le précipice.

qu'elle n'attendait pas. Elle rompit le cachet : l'enveloppe renfermait une dépêche télégraphique envoyée par le Ministère* et contenant ces mots :

Une pension annuelle de 500 francs est accordée à la veuve du douanier Gloanec.

Le sous-préfet de Nantua avait ajouté de sa main les lignes qui suivent :

« *Cette faible consolation est envoyée à Madame Gloanec au nom de la République française, qui veut payer à la veuve et aux orphelins du douanier Gloanec la dette contractée par la France envers ce bon serviteur !* »

Les sanglots des infortunés éclatèrent. Quand la mère put parler, elle dit à ses fils :

Pension accordée.

« Vous voyez, votre père vous sert et vous protège même après sa mort. Voilà l'effet de son courage héroïque et de sa conduite irréprochable. Tâchez de lui ressembler, mes chers enfants. Promettez-moi de m'obéir comme vous lui obéissiez! Dites-vous bien qu'il vous voit, qu'il vous juge : car il n'est pas loin de nous et nous le reverrons. »

Ses enfants se jetèrent, en pleurant, à son cou, et lui promirent de faire toujours selon son désir.

L'honneur est le plus beau des héritages.

51. — LA VEUVE. — YVES GLOANEC ET LES CONTRE- BANDIERS

Mme Gloanec alla demeurer avec ses enfants dans un village du Haut-Jura, à Septmoncel (carte p. 201). Elle y était née et y avait encore des parents éloignés. Pour l'aider un peu, le maire de l'endroit prit ses fils comme bergers. Il les établit dans sa ferme des Molunes, qui dominait le village. Chaque jour les enfants pouvaient embrasser leur mère, en apportant le lait de la ferme à la fromagerie.

Marcel avait toujours l'œil ouvert pour défendre les intérêts de son maître; et, comme il était très avisé en même temps que très soigneux, on ne le prenait pas facilement en défaut. Ainsi, un jour qu'il était à la **froma-**

gerie[1], et qu'on l'accusait d'avoir mis de l'eau dans son lait, il tira un **pèse-lait** (fig.) de sa poche et le plongea dans le liquide soupçonné. Le pèse-lait s'enfonça, remonta, dansa quelques instants, puis enfin se maintint en équilibre. Alors Marcel dit, sans s'émouvoir, à ceux qui semblaient douter de sa bonne foi :

« Voyez ! le pèse-lait ne s'enfonce que jusqu'au trait marqué 100 : donc mon lait est pur ! »

Il n'y avait rien à répliquer, et tout le monde admira l'habileté du jeune berger.

Yves Gloanec avait moins de goût que son frère pour les travaux de la ferme ou des champs. Ce n'était pas qu'il fût paresseux : au contraire, il n'aimait que trop le mouvement, il ne pouvait tenir à la même place. Aussi qu'arrivait-il souvent ? A force de battre les buissons, de gravir les rochers, de chercher des fruits sauvages, il perdait de vue son troupeau, et

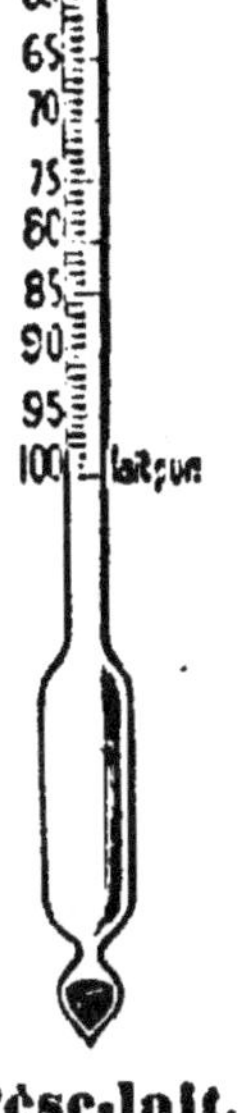

Pèse-lait.

peu s'en fallut un jour qu'une de ses plus belles bêtes ne tombât dans un ravin. Le maître entra dans une violente colère et voulut renvoyer Yves. Madame Gloanec fut obligée de faire une visite pénible à cet homme, qui par bonheur était plutôt emporté que méchant : il se laissa fléchir par les prières de la veuve et consentit à reprendre l'enfant, en mémoire du pauvre brigadier Gloanec, qu'il avait bien connu.

Mme Gloanec, qui, après la mort de son mari, avait reçu de M. Prévôt une lettre pleine de consolations, n'hésita pas à lui demander un petit service, que, seul, cet excellent

---

[1] **Fromagerie.** — Maison appartenant à la commune, ou à un groupe d'habitants réunis en syndicat* et spécialement disposée pour la fabrication du fromage. — Le **fromage** se fait avec du **lait caillé** ou *caséine*. La caséine, isolée du beurre, donne du fromage **maigre**. Si la caséine retient du beurre en se caillant, elle donne du fromage **gras**. — Citons, parmi les fromages les plus connus, le *Camembert*, le *Neufchâtel*, le *Gervais*, le *Pont-l'Evêque*, le *Brie*, le *Gruyère*, le *Roquefort*. — Le fromage de *Septmoncel* ou *fromage de Gex* dont il est question ici, a l'apparence et le goût, atténué, du *Roquefort*. Mais il se fait avec du lait de vache, tandis que le Roquefort se fabrique avec du lait de brebis.

maître pouvait rendre : elle le pria d'écrire à Yves pour lui faire de bonnes remontrances. M. Prévôt s'empressa d'accéder à ce désir. Dans une lettre émue, il sut dire tout ce que réclamait la circonstance : il rappela à Yves le souvenir si honorable de son père ; il lui reprocha de donner le mauvais exemple à son jeune frère Marcel ; il s'attacha surtout à lui montrer la cruelle situation de Mme Gloanec :

« Mon cher Yves, lui disait-il, en terminant, tu ne vois donc pas tout le mal que tu fais à ta mère ! Elle est veuve, elle est pauvre, elle est maladive ; elle ne peut avoir au monde d'autre consolation que la sagesse de ses enfants ; et cette satisfaction si douce, que tu pourrais lui donner si aisément, tu la lui refuses ! Ah ! mon cher Yves, laisse-moi te dire que j'attendais mieux de ton bon cœur ! »

Yves pleura en lisant ces paroles, et, courant embrasser sa mère, il lui promit de faire le possible pour se corriger.

Pendant plusieurs mois, Yves se conduisit bien. L'instituteur du village, à qui M. Prévôt l'avait recommandé, lui fit connaître d'honnêtes jeunes gens et lui prêta des livres intéressants. Mais l'hiver vint, et, avec l'hiver, la neige, qui favorise le braconnage*. Car, lorsque elle est tombée en abondance et qu'elle forme une couche épaisse, les lièvres (fig.) s'y enfoncent et ne fuient qu'avec peine : aussi les braconniers les suivent à la piste et les tuent facilement, même sans

Lièvre.

fusil, avec un simple bâton. Yves ayant rencontré quelques-uns de ces hommes sentit s'éveiller ses instincts de chasseur. Dès qu'il voyait dans la neige la marque d'un pied de lièvre, il s'élançait à la poursuite de l'animal. Quand il avait réussi à l'abattre, ce qui arrivait souvent, il trouvait toujours quelque gros fermier gourmand, qui lui donnait un ou deux francs en échange de son gibier. Sa conscience lui disait bien que cette chasse n'était que du braconnage, et que le braconnage est interdit par la loi. Alors, il allait en cachette mettre la pièce, qui lui brûlait les doigts, dans la tirelire de Marcel.

La mère, retenue par ses rhumatismes au coin de son feu, ne pouvait surveiller d'assez près la conduite de son fils aîné ; et les voisins hésitaient à l'avertir, par compassion pour elle. Mais le propriétaire de la ferme des Molunes n'était pas d'humeur à patienter indéfiniment : au printemps, il déclara que, décidément, il n'avait plus besoin des services d'Yves Gloanec.

Cette fois le renvoi était bien définitif. Il n'y avait plus rien à tenter auprès d'un homme trop justement irrité. Madame Gloanec se trouva dans un cruel embarras. Songez-donc? Que pouvait-elle faire d'un grand garçon qui allait avoir ses seize ans ; comment l'occuper et lui donner un gagne-pain? Enfin, sur la recommandation d'un voisin bien intentionné, mais peu sage, Yves put entrer en apprentissage chez un *lapidaire*, c'est-à-dire chez un homme qui avait pour profession de tailler des pierres fines, des rubis* et de petits **diamants** (fig.).

Ce fut un grand malheur pour Yves Gloanec. Car le sort le mit ainsi chez un

Diamants taillés.

maître malhonnête, qui gagnait moins d'argent en taillant des pierres fines qu'en faisant de la contrebande. Les contreban-

Yves écoute les contrebandiers, en taillant des rubis. — Avec sa main gauche, il fait tourner la meule ; avec sa main droite, il appuie sur cette meule une **pierre fine** collée au bout d'un **bâton.**

diers s'arrêtaient la nuit dans la maison de cet homme, pour y cacher leurs ballots, pour y boire un coup de vin, en se chauffant autour du poêle, ou encore, en hiver (fig.), pour s'y munir de raquettes, espèces de cerceaux qui empêchent les pieds d'enfoncer dans la neige. Yves se tenait à l'écart; il refusait de trinquer avec ces gens; mais, malgré lui, son oreille restait ouverte à leurs propos : il les entendait conter tant de combats, tant d'aventures de toute sorte, que son imagination se plaisait à les suivre; puis tout d'un coup le rouge de la honte lui montait au front; il pensait à la mort de son père....

Fuyez les compagnies qui vous font rougir.

52. — VICTOIRE DE L'AMOUR MATERNEL.

Le patron d'Yves Gloanec s'apercevait bien de ses répugnances, mais il s'était juré de les vaincre peu à peu, en prenant des airs de générosité. Aussi, un jour qu'Yves descendait au village pour voir sa mère, il lui donna pour elle un sac de café et un sac de sucre.

Yves trouva la pauvre femme assise devant l'âtre : il jeta dans son tablier les deux paquets et lui en dit la provenance. Mme Gloanec se redressa de toute sa hauteur :

« Malheureux, dit-elle, n'as-tu pas honte de m'apporter du sucre et du café de contrebande, toi dont le père est mort par la faute des contrebandiers! »

Yves était atterré. Elle continua :

« Quand même ton père n'aurait pas été douanier, ne sais-tu pas que la contrebande est un vol?

— Mère, protesta Yves, je ne suis pas un voleur! tu me connais bien; je ne déroberais pas une épingle à mon voisin. Mais, pour l'État, c'est une autre affaire! l'État ne nous prend-il pas trop d'argent? ne nous fait-il pas supporter trop d'impôts? Vois, ma chère mère, la feuille de nos **contributions** : nous avons à payer tant par tête, tant pour notre porte et pour nos fenêtres, tant pour notre pauvre petit champ; et quand nous achetons chez le marchand du sel, du sucre, du café, du vin, de l'eau-de-vie, le marchand nous fait payer ces denrées plus cher qu'elles ne valent, parce qu'en les achetant lui-même, il a dû payer des droits à l'État. Hé bien, mère, achetons notre vin, notre sucre, notre café aux contrebandiers, qui nous vendent ces marchandises à meilleur

A QUOI SERVENT LES CONTRIBUTIONS (Fig. d'ensemble).

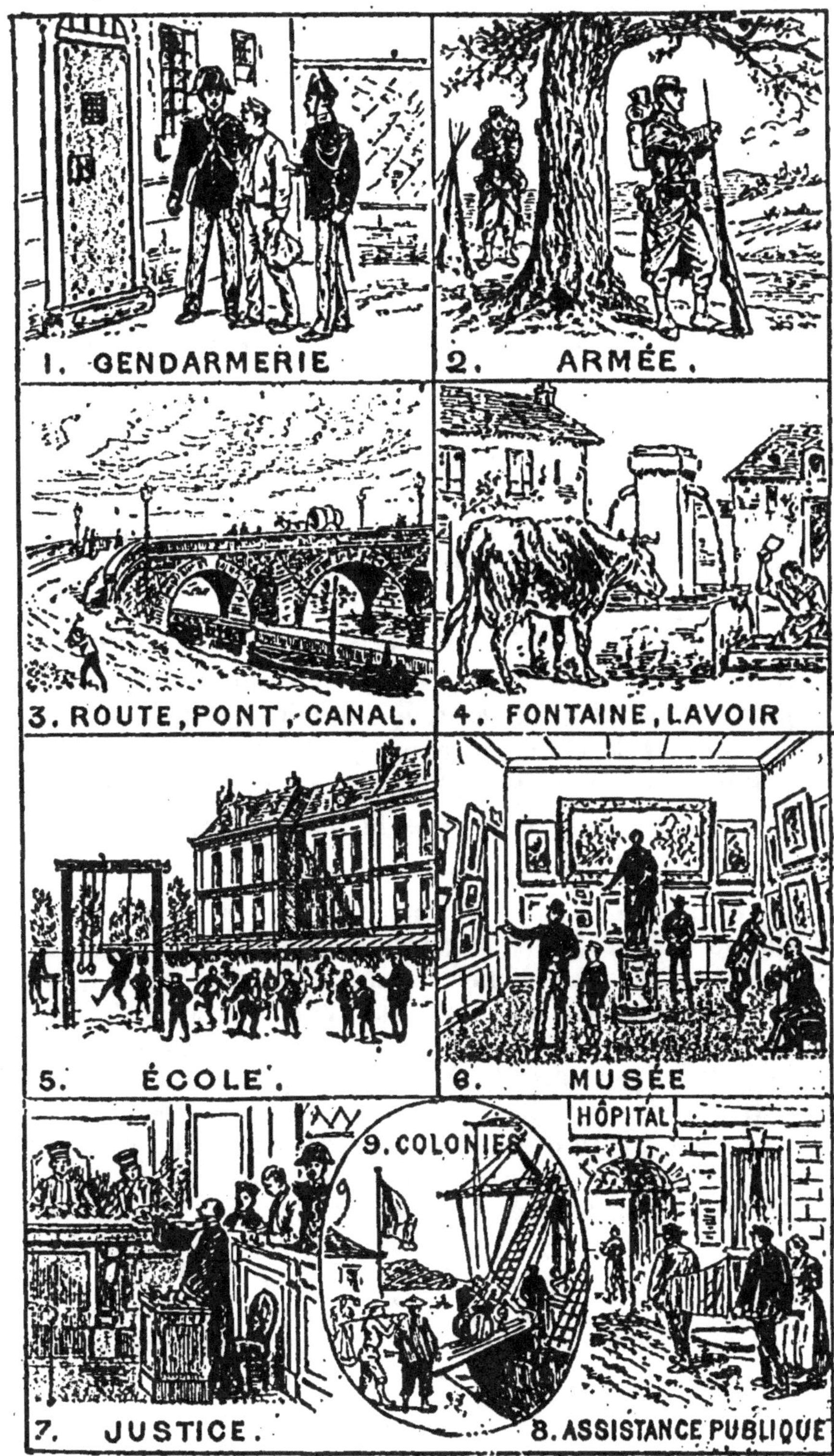

compte, parce qu'ils les apportent de Suisse en France sans payer l'impôt. L'État est trop riche : la contrebande est la revanche des pauvres!

— Oh! mon fils, peux-tu bien parler ainsi! Tu ne sais donc pas **à quoi servent les contributions**[1] (fig. p. 217)? Tu ne sais pas que l'État ne nous demande de l'argent, que pour nous le rendre sous mille formes! Notre armée, notre marine, qui nous défendent au dehors, notre justice, notre gendarmerie, qui nous défendent au dedans, nos routes et nos canaux, nos écoles et nos musées, tous ces moyens de défense, toutes ces ressources, qui nous les procure? C'est l'État. Avec quel argent? Avec l'argent des impôts, avec les quelques francs qu'il me demande à moi, comme à tous les Français! Et ma pension, malheureux, cette pension qui nous met à l'abri de la misère, le Trésor public pourrait-il me la payer, si tous les Français faisaient comme toi, s'ils refusaient de remplir ce Trésor qui est leur bourse commune!

— Cependant, mère....

— Tais-toi, Yves; le contrebandier vole; seulement, au lieu de voler un individu, il vole tout le monde. Ah! si ton pauvre père vivait encore, il souffrirait cruellement de ta conduite et de ton langage! »

Elle se rassit, prit sa tête entre ses mains et pleura. Yves ramassa à la hâte le sucre et le café et s'enfuit. Sa mère ne

---

¹ Contributions. — On appelle **contribution** la somme que chaque citoyen doit payer au **Trésor public**, pour subvenir aux dépenses faites dans l'intérêt commun des citoyens. — Les contributions **directes** sont celles que l'État demande directement aux contribuables* (*cote personnelle*, impôt sur les *portes et fenêtres*, etc.). Les contributions **indirectes** portent sur les objets de consommation, vin, sucre, alcool, etc. Tout en achetant ces denrées, on se trouve rembourser au marchand la taxe qu'il a d'abord payée à l'État. — Les contributions (fig.) levées par l'**État** sont dépensées dans l'intérêt de la **France entière** (gendarmerie, justice, armée, etc.). — Les **départements** et les **communes** ont le droit de percevoir des contributions spéciales pour les consacrer à leurs **besoins particuliers** (routes départementales, chemins vicinaux, fontaines, etc.). — Le gouvernement, autorisé par les **Chambres***, peut **venir en aide** aux départements et aux communes pour certaines dépenses (écoles, etc.).

le vit plus quand elle releva le front. Elle alla à la porte.
Haletante, anxieuse, elle attendait l'absent. Il reparut enfin,
l'air radieux, et, du plus loin qu'il put se faire entendre,
il cria :

« Sois contente, mère (fig.), j'ai tout rendu à mon maître,
et plus jamais je ne retournerai dans sa maudite maison!

— Ah! mon cher enfant, dit Mme Gloanec, je savais bien

Sois contente, mère!

que tu n'avais agi que par ignorance et que, digne fils de
ton père, tu reviendrais vite de ton erreur! Seulement que
vas-tu faire maintenant? Il faut que tu trouves un petit
gagne-pain. Car ma pension ne peut nous nourrir tous trois,
et puis un grand garçon comme toi doit s'occuper....

— Mère, permets-moi de parler librement. Ce que je fais
ici ne convient pas à mes goûts : j'aime le grand air, le
mouvement, les aventures, les voyages.

— Tu m'effrayes!

— Sois tranquille, je ne veux pas t'abandonner plus de quelques jours sans revenir. Voici mon projet : nous avons ici près, au village des Bouchoux, un cousin qui exploite des forêts de sapins et conduit par eau des trains* de bois jusqu'à Lyon : je voudrais être employé par lui. Je verrais du pays et je gagnerais beaucoup d'argent pour toi et pour mon frère.

— Soit, mon enfant; mais tu sais que le cousin Vertamboz (car c'est bien de lui que tu veux parler, n'est-ce pas?) n'a pas beaucoup de jugement.

— C'est un très honnête homme, mère.

— Je le sais; il a de la bonté, de l'instruction, il a fait ses classes, il a beaucoup lu; mais il a trop d'imagination, il fait trop de projets, il n'est pas bon commerçant.

— Qu'importe! Je ne serai pas perdu pour l'accompagner jusqu'à Lyon; l'argent que je gagnerai servira à payer la pension de Marcel dans une école de fromagerie. »

Mme Gloanec ne se faisait pas illusion sur le caractère de son cousin : c'était un homme aimable, mais capricieux et inconstant, sans grande volonté. Il avait déjà tenté beaucoup d'entreprises, et, malgré son intelligence, il n'avait pas réussi, faute de suite dans ses idées. Cependant la pauvre femme finit par céder aux prières de son fils Yves. Le cousin Vertamboz, averti par lettre, arriva aussitôt, parla beaucoup, avec une sincérité et une chaleur communicatives, promit de ne pas dépasser Avignon, si même il pouvait aller jusque-là, et de ramener Yves avant trois semaines.

Si les contrebandiers disent « je ne frustre personne », répondez-leur « vous frustrez tout le monde ».

53. — L'HOMME A PROJETS. — LES RADEAUX

Yves Gloanec était à Molinges, huit jours plus tard, sur le bord de la Bienne, avec M. Vertamboz, qui y occupait une vingtaine d'ouvriers. Des centaines de sapins, qui devaient être emmenés à Lyon par les rivières de la Bienne et de l'Ain, et par le fleuve du Rhône, étaient écorcés, et liés solidement les uns aux autres, de manière à former des radeaux d'une longueur de 20 mètres. Des paniers, fabriqués dans les environs, des marchandises de toute espèce et quelques beaux blocs de marbre, provenant des **carrières** (fig.) de Molinges et de Pratz, furent disposés sur ces grands ponts volants, qui étaient au nombre de trois, montés chacun par cinq hommes.

Yves Gloanec était sur le dernier, en compagnie de M. Vertamboz. Quand on coupa les amarres, Yves bondit d'allégresse. Il prêta son aide aux hommes de l'équipage,

Une carrière de marbre. — **Les marbres** sont des roches de teintes diverses et susceptibles de recevoir un beau **poli** : aussi on en fait des **monuments** d'architecture, des **statues** et des **objets d'art.**

qui, avec des crocs et des harpons, empêchaient le radeau de heurter le bord. Puis il alla à l'arrière observer la manœuvre du gouvernail : ce gouvernail était un grand sapin, attaché par son milieu au bord du radeau et plongeant dans l'eau par sa partie la plus lourde, munie d'une grande palette de bois. L'eau était forte : les radeaux descendaient avec une rapidité vertigineuse. Le pilote dit à M. Vertamboz :

« Nous ferions bien d'attendre un jour à Condes, au confluent de l'Ain et de la Bienne ; car la descente de la rivière d'Ain doit être dangereuse aujourd'hui.

— Êtes-vous donc peureux ? lui dit M. Vertamboz, non sans ironie.

— Demandez à mes camarades ! riposta le pilote, un peu

offensé. Mais je maintiens ce que j'ai dit : nous faisons une imprudence.

— Je réponds de tout.

— A votre aise, monsieur; c'est vous qui courez les plus gros risques. »

Bientôt on fut près des rapides tant redoutés du pilote. Ce vieux matelot, très expérimenté, s'approcha d'Yves et lui dit : « Mon pauvre Yvonnet, nous courons un grand danger : mais on peut toujours se tirer d'affaire avec du sang-froid : si par hasard le radeau se disloque, ne perds pas la tête, mais

Naufrage d'un des radeaux de M. Vertamboz.

évite de te laisser prendre entre les poutres flottantes, et nage vers le bord. »

A ce moment même le premier radeau arrivait aux rapides; il passa sans encombre. Le second, plus chargé, reçut une forte secousse : quelques cordes se rompirent; mais le radeau résista.

Enfin un craquement épouvantable se fit entendre : le troisième radeau avait touché. Ses liens se brisèrent, les poutres qui le formaient furent violemment séparées (fig.), et la cargaison s'effondra dans l'eau, sans écraser personne, ce qui fut grande chance.

Le pilote reprit le premier son sang-froid. Il soutint Yves, qui nageait bravement dans un étroit espace laissé libre par les poutres enchevêtrées, et il le poussa jusqu'à terre. Les deux autres matelots les rejoignirent en quelques brasses, et, avec un croc, ils harponnèrent M. Vertamboz.

Quand ils le ramenèrent sur la rive, ils eurent une grande frayeur : le pauvre homme restait étendu sur le sable. Yves l'appelait, lui frappait dans les mains : peine perdue! M. Vertamboz ne donnait aucun signe de vie.

Des paysans, qui venaient d'accourir, crièrent qu'il fallait aller chercher les gendarmes, et que, jusqu'à leur arrivée, il était défendu de toucher au noyé. Ils obéissaient à des préjugés encore enracinés malheureusement dans quelques rares campagnes. Mais les mariniers étaient plus intelligents et plus instruits : ils savaient bien qu'en cas d'accident, le premier devoir pour tout le monde, c'est de donner à la victime tous les soins que son état réclame; ils ne manquèrent pas de le dire aux paysans.

Alors ceux-ci voulurent suspendre M. Vertamboz la tête en bas, pour lui faire rejeter l'eau qu'il avait absorbée.

Mais le vieux pilote s'y opposa énergiquement : « Le suspendre par les pieds! s'écria-t-il. Y pensez-vous? c'est le meilleur moyen de l'étouffer complètement. Laissez-moi faire, je m'y connais! Yves tu vas m'aider, n'est-ce pas, quoique tu ne sois pas encore bien remis de ta chute dans la rivière?

— Ah! s'écria Yves, que ne ferais-je pas pour sauver mon pauvre cousin !

— A l'œuvre donc! reprit le pilote : nous allons essayer de rétablir sa respiration; pendant ce temps, ajouta-t-il en s'adressant spécialement aux paysans, vous autres, qui êtes du pays, vous nous apporterez des couvertures bien chaudes, un peu d'eau-de-vie, et tout ce qui peut servir à réchauffer quelqu'un ».

Les paysans obéirent, et le pilote, aidé surtout d'Yves Gloanec, coucha M. Vertamboz sur le dos, la poitrine légèrement relevée et la tête penchée en arrière. Ensuite il lui desserra doucement les mâchoires et les maintint ouvertes avec un morceau d'écorce. Puis il lui saisit les bras près du coude, les replia contre la poitrine, les étendit au-dessus de la tête, et répéta plusieurs fois cette opération.

Il provoqua ainsi une sorte de **respiration artificielle**[1], qui finit par ramener la respiration naturelle (fig.).

Les paysans, qui voulaient se faire pardonner leur hésitation du premier moment et leur aveuglement si blâmable,

1. — La poitrine se resserre et chasse l'air respiré.

2. — La poitrine se dilate et se remplit d'air respirable.

M. Vertamboz ranimé par la respiration artificielle.

remplirent activement leur mission, et revinrent bientôt avec des couvertures, des bouteilles d'eau chaude, du cognac, de la chartreuse, du bouillon brûlant : chacun avait voulu apporter quelque chose.

Grâce à toutes ces ressources, grâce aux couvertures, grâce

---

[1] **Asphyxie, respiration artificielle.** — Il y a **asphyxie** quand les fonctions respiratoires sont suspendues. L'asphyxie peut provenir de diverses causes, strangulation, immersion* dans l'eau ou dans un gaz irrespirable, comme l'**acide carbonique** (Voir page 113), etc. Dans tous ces cas d'asphyxie, il faut au plus tôt, et sans attendre la police, tâcher de rétablir la respiration et les battements du cœur. Pour cela on met le malade au grand air, la tête un peu élevée. On le frictionne, on lui fait respirer de l'éther, de l'ammoniaque, on lui jette de l'eau froide au visage et on l'enveloppe de couvertures chaudes. De plus, pendant tout ce temps, on provoque la **respiration artificielle** de la manière suivante : 1° saisir les deux bras au-dessous du coude et les presser doucement contre la poitrine. — 2° Élever les bras au-dessus de la tête, en les étendant. — Répéter cette double manœuvre de 12 à 15 fois par minute et continuer longtemps. Il arrive que des asphyxiés reviennent à la vie après plusieurs heures de respiration artificielle.

aux frictions énergiques, M. Vertamboz revint à lui. Quand il eut repris son entière connaissance, il demanda pardon au pilote qui avait blâmé son imprudence lors du départ, et qui maintenant le frictionnait avec acharnement. Le vieux marinier fut très sensible aux excuses que M. Vertamboz lui faisait avec bonne grâce : il sourit et serra la main de son patron, avec un attendrissement qu'il cherchait en vain à dissimuler, en murmurant, de sa voix à la fois rude et émue, quelques paroles inintelligibles.

Il fallut un jour pour remettre M. Vertamboz sur pied et pour réparer le troisième radeau, dont les poutres avaient été arrêtées par les hommes des radeaux précédents. Les paniers aussi furent repêchés ; mais deux beaux blocs de marbre avaient coulé jusqu'au fond de la rivière. Vous pensez bien que personne ne songea à les y aller chercher.

Quand M. Vertamboz et ses hommes se remirent en route, un jeune matelot du troisième équipage, Désiré Suran, qui avait pris Yves en affection, lui dit :

« Mauvais début, camarade ! J'ai peur que les voyages de M. Vertamboz ne soient pas heureux...

— Qui te le fait croire ?

— Notre patron est un bien brave homme ; mais il est imprudent ; puis il sait mal son métier. L'avenir te dira si je me trompe. »

Ne méprises pas les conseils des gens expérimentés.

54. — ARRIVÉE A LYON. — LA CAISSE D'ÉPARGNE POSTALE

En dépit de ces craintes, les radeaux descendirent sans encombre le bas de la vallée, qui s'élargit de plus en plus à partir de Pont-d'Ain, et furent amarrés en face de Meximieux, pendant que M. Vertamboz faisait provision de **carpes** provenant des **étangs de la Dombes**[1] (carte p. 201). Il comptait les vendre à Lyon avec de grands bénéfices.

---

[1] **Étangs de la Dombes.** — Il y a en France quelques pays marécageux, qu'on assainit chaque jour davantage, à l'aide de travaux bien compris. Les étangs sont encore assez nombreux

De l'Ain les radeaux passèrent sur le Rhône. Mais quel Rhône, et combien différent du Rhône qu'Yves avait connu à Bellegarde !

Ce n'était plus un torrent furieux, étranglé entre les rochers, mais une immense nappe d'eau de plus d'un kilomètre, se divisant en plusieurs bras, pour entourer des îles nombreuses, et parfois plus semblable à un lac qu'à un cours d'eau.

Au delà de Miribel, les rives du Rhône se rapprochent, et, quand le fleuve pénètre dans Lyon, il se resserre entre de longs et beaux quais. Une fois les radeaux arrivés à bon port, M. Vertamboz accorda quelques heures de liberté à Désiré Suran et à Yves Gloanec, en leur conseillant de gravir le coteau de Fourvières, pour bien découvrir la ville et ses environs. Ils suivirent ce conseil et montèrent dans le clocher de Notre-Dame-de-Fourvières : voici ce qu'ils virent :

A leurs pieds c'était la ville de **Lyon** (fig.), assise au confluent du Rhône et de la Saône, Lyon la seconde ville de France, avec ses quais indéfinis, ses bateaux circulant en tous sens, ses passants innombrables, affairés comme des fourmis : le tout encadré d'un horizon immense, qui étalait sous les yeux d'Yves d'abord le Mont-Blanc, cette vieille connaissance, puis les monts de Chambéry et le Pelvoux ; plus en avant le Vercors, la grande Chartreuse, la Dent du Chat, et surtout — ah ! quelle émotion pour le jeune garçon — ce département de l'Ain qu'il venait de quitter, au delà duquel son cœur devinait, niché dans les montagnes du Jura,

---

dans la **Champagne**, dans la **Sologne**, dans la **Bresse** et dans les **Dombes** (ou la *Dombes*), dans les **Landes**, dans le voisinage des **Bouches du Rhône**. Aujourd'hui les étangs des Dombes et de la Bresse, pour ne parler que de ceux-là, sont en partie desséchés. Ils l'auraient été plus tôt, s'ils n'avaient servi à la **pisciculture** * (fig.), et fourni des poissons d'un bon revenu. Mais ce revenu, les habitants le payaient de leur santé et parfois de leur vie, car ils prenaient la fièvre au milieu de leurs étangs. Ils finirent par se dire que la *santé est la première des richesses*, et ils s'efforcèrent de convertir leurs marais en terres labourables.

Carpe, poisson d'eau douce.

le village de Septmoncel, qui abritait toutes ses affections, sa mère et son frère…

« Il faut leur donner de mes nouvelles », se dit-il, et il se mit en quête d'un bureau de poste.

Il ne tarda pas à en rencontrer un ; mais, au moment d'y entrer, il pensa qu'il fallait préalablement consulter M. Vertamboz sur la date du retour. Il s'en alla le trouver avec son compagnon, le matelot Désiré Suran.

M. Vertamboz avait vendu son poisson et ses paniers avec de gros bénéfices. Pour les sapins, on ne lui en avait offert

Lyon : confluent du Rhône et de la Saône.

qu'un prix dérisoire : il se proposait, en conséquence, de conduire ces bois jusqu'à Cette, où ce genre de matière première trouve toujours son emploi dans les chantiers de construction. Aussi il dit à ses deux jeunes auxiliaires :

« Accompagnez-moi jusqu'à Cette. Vous n'y perdrez rien. Voici d'ailleurs pour chacun de vous 50 francs d'avance sur votre paye. »

Désiré Suran demanda à réfléchir. Il était sérieux, prudent ; il n'aimait pas s'engager au hasard dans une affaire dont il ne voyait pas bien le bout. Yves Gloanec, tout au contraire, était hardi jusqu'à la témérité, et l'inconnu, loin de l'effrayer, l'attirait ; et puis, pour tout dire, l'idée qu'à Cette il verrait la mer pour la première fois de sa vie, le transportait d'enthousiasme. Aussi finit-il par décider son jeune camarade à le suivre. Mais Désiré Suran ne s'y résigna qu'avec difficulté : car il continuait à se défier des propos et des entreprises de M. Vertamboz. Certes il le trouvait aimable, charmant même, mais il craignait sa légèreté et son inconstance.

Disons cependant que M. Vertamboz fit preuve de sagesse en conseillant à son jeune cousin de ne pas gaspiller son argent.

« Sais-tu, lui dit-il, ce que je ferais à ta place? J'enverrais à ma mère la moitié de mes écus, et je placerais l'autre moitié à la *Caisse d'épargne postale*! »

Yves s'empressa de suivre ce bon avis. Il acheta une carte-lettre de 15 centimes, et, s'installant sur un des pupitres qui sont à la disposition du public dans les bureaux de poste, il couvrit le petit papier de son écriture la plus fine et la plus serrée, afin de donner à sa mère et à son frère le plus de détails possible. Puis dans la lettre il enferma un *bon de poste* de 25 francs. Il confia les 25 autres francs à un employé, qui lui remit en échange un *livret de caisse d'épargne postale*, c'est-à-dire un petit cahier portant l'indication de la somme versée. Yves mit le livret au fond de sa poche et n'y pensa plus.

Epargner, c'est se ménager une poire pour la soif.

55. — UN CANUT. — L'AMOUR DU MÉTIER.

Au sortir de la poste, Yves Gloanec regagna le port pour aider M. Vertamboz et les autres matelots à mettre les sapins et les marbres non vendus sur des bateaux qui devaient descendre dans la direction de Cette, par la vallée du Rhône. Cette besogne fut assez vite accomplie, en sorte qu'Yves Gloanec et Désiré Suran purent passer quelques heures à visiter Lyon. Avec leurs jeunes jambes, nos deux garçons parcoururent rapidement la ville et ses faubourgs.

En beaucoup d'endroits ils entendaient comme un tic-tac, ou comme un bruit de castagnettes. Ils voulurent en savoir la cause et frappèrent à la porte d'une maison de modeste apparence, d'où partait à chaque seconde un de ces claquements qui provoquaient leur curiosité.

Un homme en habit de travail leur ouvrit et répondit à leurs questions.

« Vous êtes, leur dit-il, dans la maison d'un *canut;* nous sommes, tant à Lyon qu'aux environs, des milliers d'artisans qui tissons la soie dans notre domicile. Nous n'avons pas toujours de l'aisance : qu'une maladie se déclare parmi les **vers à soie**[1], qu'une mode nouvelle fasse préférer aux étoffes de soie le coton ou le drap, nous voilà réduits à de longs chômages : alors malheur à qui n'a pas mis de côté quelques centaines de francs ! »

Yves Gloanec, en entendant ces mots, se ressouvint de son livret : il le tâta et le palpa avec une intime satisfaction.

« Mais, dit-il au canut, vous devez souffrir d'être toujours enfermé, toujours assis.

— Sans doute. Quand le temps est beau, j'aimerais me promener sur les bords de la Saône ou sur la place Bellecour : mais puisque ma tâche me retient ici, je m'efforce d'y rester de bon cœur. D'ailleurs j'y suis auprès de ma femme et de mes enfants; j'entends le petit train-train du ménage qui se fait, et jusqu'au bruit de la marmite qui bout : tout cela me rappelle sans cesse que je suis bien entouré, que des êtres chéris vivent autour de moi et par moi. Savez-vous bien que mon sort n'est pas déjà si misérable ! S'il faut endurer quelques privations, on les souffre en commun, et vous n'ignorez pas que *tout fardeau s'allège quand on est plusieurs à le porter.* »

Cet homme aimait à parler par sentences et par prover-

---

[1] **Le ver à soie** (fig.) s'appelle aussi **magnan** dans le Midi. De là le nom de **magnaneries** donné aux établissements où on l'élève. Le ver à soie, qui est une chenille blanchâtre grosse comme le petit doigt, s'enferme dans un cocon formé d'un fil de soie qui n'a pas moins de mille mètres de long. Ce fil, habilement dévidé et assemblé avec d'autres pareils, fournit la soie, dont on fait de si solides et si brillantes étoffes.

Ver à soie.

Pasteur a rendu un très grand service à l'industrie lyonnaise en trouvant le moyen de guérir la **maladie** des vers à soie.

bes, comme les travailleurs qui vivent solitaires et qui réflé-
chissent beaucoup.

« En vérité, poursuivit-il, je suis content de mon sort : et
n'est-ce pas le secret du bonheur?

« Et tenez, ce **métier à tisser** (fig.) que vous semblez vouloir exami-
ner, c'est mon aide et mon fidèle ami. Quand je suis au milieu de ces fils
et de ces leviers, et que je pousse la navette, en manœuvrant bras et jambes, je suis heureux comme un roi. Je sens que je fais une œuvre
utile, et que la prospé-rité de ma famille et de ma ville natale en dépen-
dent. C'est une belle in-vention qu'un métier à tisser, n'est-ce pas? Et
dire que son auteur, le

Métier à tisser la soie.

pauvre Jacquard*, a eu tant à souffrir! dire qu'il a vu son
métier brûlé sur la place publique par ces mêmes ouvriers
dont il voulait améliorer le sort! Enfin, que voulez-vous,
jeunes gens, c'est ainsi! Les hommes sont parfois lents à
reconnaître le bien qu'on leur fait. Mais ils cessent d'être
injustes, dès qu'ils sont bien éclairés; et les statues qu'ils
dressent témoignent de leur repentir. Vous verrez celle de
Jacquard sur la place Sathonay. »

Ayant ainsi parlé, le canut fit jouer son métier devant ses
deux visiteurs; et quand ceux-ci se retirèrent, il les força
d'accepter un échantillon de l'étoffe de soie fabriquée par
lui. Yves Gloanec et Désiré Suran s'en allèrent pleins d'estime
pour cet ouvrier, qui savait conduire si sagement sa vie et se
contenter de son sort.

*Quand on n'a pas ce que l'on aime, il faut aimer ce que
l'on a.*

56. — LA DESCENTE DU RHÔNE. — ARRIVÉE A CETTE. — LES RÊVES DE M. VERTAMBOZ. — LES CURIOSITÉS DES CAUSSES.

La descente du Rhône est toujours difficile : car de Lyon jusqu'à Avignon (carte p. 201), le Rhône se précipite, se rue à toute vitesse. Aussi il n'est pas toujours sûr de s'abandonner à son cours, et sa rapidité oblige les bateliers à la plus grande attention. Cependant aucun accident n'arriva aux deux bateaux de M. Vertamboz, grâce à l'expérience de ses mariniers, qu'il laissait maintenant agir à leur guise.

Ce fut pour Désiré Suran et pour Yves Gloanec une promenade vraiment enchanteresse. Certes, ils furent attentifs à la manœuvre, surtout dans les courbes et à la rencontre des îles et des ponts. Mais ils eurent le temps de lancer des regards à droite et à gauche, par les petites vallées débouchant dans la grande vallée du Rhône. Ils aperçurent, à leur gauche, par delà les vignobles, les crêtes blanches des Alpes, et, à leur droite, les sommets rougeâtres des volcans éteints de l'Auvergne. La vue de l'embouchure de l'Isère fut une grande tentation pour M. Vertamboz.

« Ah ! se disait-il, en s'accoudant sur un des blocs de marbre qui n'avaient pas trouvé d'acheteur à Lyon, que ne puis-je remonter l'Isère jusqu'à la belle ville de Grenoble ! Je pousserais ensuite jusqu'à la Grande-Chartreuse, ou bien j'irais jusqu'au lac d'Annecy, jusqu'à Chamonix même, pour voir la *mer de glace*, le plus beau glacier des Alpes ! »

Ainsi parlait M. Vertamboz. Cependant les bateaux fuyaient toujours vers le sud. Le paysage changeait peu à peu ; à la culture de la vigne s'ajoutaient d'autres cultures, qui ne prospèrent que dans le Midi. A travers les vignobles, Yves et ses compagnons virent apparaître des **mûriers**[1], puis des oli-

---

[1] **Le mûrier ; l'olivier.** — Le ver à soie se nourrit de la feuille du **mûrier**, du **mûrier blanc** surtout. Cet arbre, originaire de la Chine, est cultivé en grand dans le midi de la France. — **L'olivier** ne pousse que sur les côtes de Provence. Il atteint quatre ou cinq mètres de haut et vit longtemps. Son fruit est l'**olive**, qui, écrasée et pressée, donne une **huile** fine et agréable au goût.

viers : clairsemés d'abord, ces arbres finissaient par former de vrais bosquets à mesure qu'on s'approchait d'**Avignon** (fig.).

M. Vertamboz et ses compagnons s'arrêtèrent quelque temps dans cette ville. Ils visitèrent le château, que les Papes habitèrent pendant leur séjour en France, au xive siècle; ils

Yves Gloannec et M. Vertamboz devant Avignon.

s'approchèrent des ruines du fameux pont dont parle la chanson enfantine :

Sur le pont d'Avignon
Tout le monde danse en rond.

Puis ils rembarquèrent, et, descendant le Rhône jusqu'à Beaucaire, ils gagnèrent le port de Cette par le *canal** de Beaucaire* et le *canal des Étangs*.

Bien que les bois d'Algérie affluent d'ordinaire dans nos ports du midi, il se trouva que les sapins manquaient alors dans les chantiers de Cette. Quand M. Vertamboz fut arrivé dans cette ville, il vendit sa cargaison de bois en un seul marché passé avec un grand armateur*, et ses blocs de marbre furent achetés par un entrepreneur de maçonnerie.

Ce succès l'aveugla. Pour avoir gagné quelques centaines de francs, il se crut en possession des mines d'or du Pérou*.

Aussi il n'eut plus qu'une idée, se donner un peu de relâche.

« Petit cousin Yves, dit-il, et toi, Désiré Suran, écoutez-moi, nous avons bien travaillé ces jours-ci, nous sommes fatigués : pour nous reposer, nous allons faire un petit voyage d'agrément.

— Vous êtes bien bon, monsieur, dit Désiré Suran ; mais ne pensez-vous pas que ce voyage sera très coûteux, et qu'au lieu de le faire, il vaudrait peut-être mieux garder notre argent?

— Désiré, ne t'occupe pas de cela, je me charge de tous les frais. Voyons, mes amis, où voulez-vous que je vous mène? Avez-vous une idée?

— Moi, dit très sagement Désiré, je propose un petit voyage à Béziers (carte p. 82) : nous y verrons le *canal du Midi*, je n'en demande pas davantage.

— Moi, dit Yves Gloanec, je ne serais pas fâché de pousser au moins jusqu'à **Carcassonne**. Notre in-

Un coin des fortifications de Carcassonne. — Remarquez les **créneaux** qui dentèlent le haut des murailles.

stituteur, M. Prévôt, nous en a parlé plusieurs fois. C'est une ville très curieuse, n'est-ce pas, mon cousin?

— Oui, répondit M. Vertamboz. Carcassonne a des **fortifications** (fig.) qui datent du moyen âge, et qui sont assez bien conservées pour offrir l'image des villes fortes du temps passé. Je les verrai moi-même avec plaisir.

— Mais alors, dit Désiré Suran, en souriant d'un air malicieux, je ne vois pas de raison pour ne pas aller jusqu'à Toulouse : car c'est une bien grande ville; et sans doute, quand vous aurez vu Toulouse, vous voudrez voir aussi Nimes et Montpellier.

— Tu plaisantes, Désiré, dit M. Vertamboz, et tu te moques tout doucement de moi. Hé bien, je te prends au mot. Nous visiterons toutes ces villes, et de retour au pays, nous pourrons nous vanter de connaitre l'hôtel de ville et le musée de Toulouse, les belles promenades de Montpellier, et les monuments romains de Nimes, ses fameuses *arènes* par exemple, dont le sol a été trop souvent, hélas, trempé de sang humain, dans l'antiquité!... Mais non, mes amis, il me vient une autre idée, une idée bien meilleure encore, bien plus nouvelle et plus originale. La voici : nous ferons une grande excursion dans les Cévennes, et nous visiterons les **Curiosités des Causses** (fig. d'ensemble p. 235; carte p. 82).

— Les Causses ! mon cher cousin, s'écria Yves, je ne sais pas très bien ce qu'on entend par là.

— Cela ne m'étonne pas, répondit M. Vertamboz : car il n'y a pas bien longtemps que ce mot se trouve dans les atlas. Sachez donc, jeunes gens, que les *Causses* sont des plateaux montagneux, qui s'étendent entre Mende, Rodez et Montpellier. Ces plateaux ont été rongés, creusés, fendus, découpés, déchiquetés de mille façons diverses, par les eaux, les vents et les orages. Aussi l'on y trouve de nombreuses curiosités naturelles, des gorges d'une profondeur épouvantable, des cascades retentissantes, des grottes d'une beauté merveilleuse. Parfois aussi les rocs ont pris l'aspect des constructions et des œuvres humaines, et même dans un endroit qu'on appelle *Montpellier-Vieux* ils représentent des vases, des colonnes, des ponts, des rues, des forteresses, des cirques et donnent l'idée d'une ville véritable. Nous irons voir ces curiosités, c'est entendu, n'est-ce pas, mes chers amis? »

Les deux jeunes gens, charmés par l'espérance d'une excursion si tentante, n'eurent pas le courage de contredire M. Vertamboz, et tous trois poursuivirent leur promenade en s'entretenant de leur projet.

Tout en parlant, ils arrivèrent dans un des endroits les plus fréquentés de la ville de Cette. Un des portefaix qui avaient aidé M. Vertamboz à décharger ses bois, vint à lui et fit brusquement changer le cours de ses idées en lui disant d'un ton mystérieux :

CURIOSITÉS DES CAUSSES (Fig. d'ensemble).

Curiosités naturelles des Causses. — Les Causses offrent de nombreuses curiosités, qui ne sont vraiment bien connues que depuis quelques années, par exemple, la grotte de **Dargilan**, la cascade de **Bramabiau**, et surtout le plateau de **Montpellier-Vieux**, dont les rocs figurent assez bien, pour un œil complaisant, une ville forte en ruines. Ne pouvant donner ici la vue générale de Montpellier-Vieux, nous représentons quelques-uns des rochers bizarres qu'on y rencontre, à savoir le bloc dit le *Vase grec* (n° 1), la voûte naturelle appelée la *Grande Porte* (n° 2), une pierre qu'on nomme la *Quille* (n° 3), une autre pierre nommée la *Tête de chien* (n° 5), d'autres roches, enfin, disposées comme les pions d'un *Jeu d'échecs* (n° 6). — Remarquez (n° 4) une des salles de la grotte de **Dargilan**, dite la *Salle de l'autel*. Les roches en forme de glaçons qui pendent de la voûte sont des *stalactites*; celles qui montent du sol sont des *stalagmites*. — Le n° 7 représente la cascade de **Bramabiau**.

« Monsieur, voulez-vous que je vous donne un renseignement utile? Oui! Hé bien, sachez qu'en ce moment-ci, le bois de construction manque dans les chantiers de Cette et de Marseille : celui qui irait bien vite en Algérie, pour y faire des provisions de bois et les revendre ici, gagnerait au moins cinquante pour cent sur son marché. Ah! c'est dommage que je n'aie pas d'argent! Il y a là une petite fortune à faire! »

M. Vertamboz remercia le donneur de conseil, et continua son chemin d'un air pensif. Pendant près d'un quart d'heure, il marcha, silencieux, entre Yves et Désiré. Puis il s'arrêta soudain et dit à ses deux compagnons :

« Mes amis, c'est décidé, demain je pars pour l'Algérie : je vous emmène avec moi, bien entendu! »

A ce coup, le prudent Désiré ne cacha plus son opinion : il dit nettement à M. Vertamboz qu'il se refusait à l'accompagner; Yves parla dans le même sens, bien qu'avec plus d'hésitation. M. Vertamboz ne se tint pas pour battu.

« Ah çà! leur dit-il, vous voulez vous arrêter en si beau chemin, sur le chemin de la fortune! Vous êtes donc des poules mouillées! Écoutez mes projets! Vous savez que j'aime nos montagnes du Jura autant qu'on peut les aimer : j'ai, comme vous, le désir de les revoir le plus tôt possible. Mais enfin notre retour peut bien se différer de quelques jours, si ce retard nous vaut la richesse! Tu souris d'un air incrédule, Désiré Suran! Tu as tort. Rien n'est plus sérieux que ce que je dis. Dans le commerce, il suffit, pour réussir, de trouver deux choses, une *bonne idée* et une *bonne occasion*. L'occasion, c'est qu'en ce moment le bois se vend très cher sur la place de Marseille. Mon idée, c'est d'aller chercher du bois en Algérie pour venir le revendre ici. »

M. Vertamboz oubliait une troisième chose, non moins indispensable qu'une bonne idée et une bonne occasion : à savoir l'*activité*. Il était flâneur et devait rester flâneur. Désiré Suran s'en doutait bien. Aussi il hocha la tête et dit résolûment :

« Monsieur, vous ferez bien ce que vous voudrez; mais moi, je veux retourner au pays. »

M. Vertamboz, qui le savait décidé, n'insista pas. Il lui remit la somme qu'il lui devait, et, se retournant vers Yves, il entreprit sa conquête :

« Toi, du moins, mon cher Yves, dit-il, tu ne m'abandonneras pas; tu n'as pas peur, tu vas de l'avant, comme un vrai matelot! Tu connais le proverbe : « Qui ne risque rien n'a rien!

Désiré Suran. — J'en connais un autre : « Un bon *tiens* vaut mieux que deux *tu l'auras.* »

M. Vertamboz. — Tais-toi, Désiré! Ne décourage pas ton camarade. Nous allons travailler et combattre sans toi : mais vraiment tu m'étonnes, tu n'as guère de sang dans les veines ! Etre à Cette, sur le bord de cette mer que tu contemples pour la première fois, cela ne te dit rien? Tu n'es pas curieux de voir l'Algérie, cette France extérieure! Je suis bien sûr qu'Yves n'est pas du même avis que toi. »

Le pauvre Yves Gloanec était en proie à de cruelles incertitudes. Le désir de revoir son frère et sa mère le poussait à se dérober et à reprendre le chemin du Jura. Mais la vue de la Méditerranée l'avait pour ainsi dire grisé : ces flots bleus qui venaient battre sur la grève, à ses pieds, semblaient s'animer pour lui sourire et l'appeler à eux. Ses instincts de marin le tourmentaient plus que jamais. Et puis son cousin Vertamboz acheva sa conquête en lui disant :

« Je vois ce qui t'ennuie, tu es un brave garçon, un bon fils, un bon frère, et je t'en félicite. Tu ne veux pas t'en aller plus loin, sans l'autorisation de ta mère. Allons! je vais lui envoyer une **dépêche** par le **télégraphe**[1] : tu auras ta réponse dès ce soir. Ta mère me l'accordera bien : ne suis-je pas ton parent et ton tuteur en quelque sorte? »

---

[1] **Télégraphe électrique.** — Regardez cette figure, empruntée au *Dictionnaire Gazier*, et vous comprendrez le fonctionnement du **télégraphe électrique.** Les piles PP (fig.) donnent naissance au courant électrique. Ce courant peut être établi ou rompu par le **manipulateur M.** Quand le courant est établi, il suit le fil F et va dans le récepteur R, aimanter l'électro-aimant E. Alors cet aimant attire le

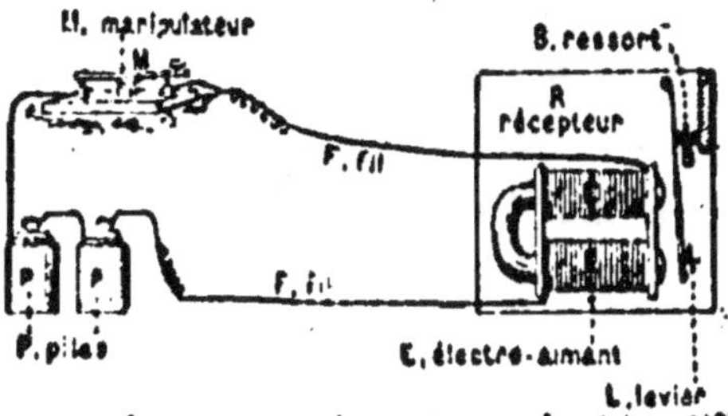

levier L. — Quand le courant est rompu, l'aimant perd sa force et le levier revient à sa place ordinaire, sous la pression du ressort R. — Une fois qu'on peut ainsi, quelle que soit la distance,

Mme Gloanec, qui ne voulait pas désobliger son cousin, et qui connaissait l'amour de son fils pour les voyages, envoya en effet son consentement. Bien qu'Yves s'attendît à le recevoir, il en fut tout chagriné, car son bon cœur souffrait de l'absence. Mais d'autre part il se donnait de belles raisons pour suivre M. Vertamboz : « Si je le quitte, se disait-il, où trouverai-je un emploi? Je travaille, je vais gagner beaucoup d'argent; je mettrai bientôt mon frère et ma mère dans l'aisance. »

Un bon tiens vaut mieux que deux tu l'auras.
La Fontaine*.

57. — MARSEILLE. — L'ASSAINISSEMENT D'UNE GRANDE VILLE

Le jour suivant, Désiré Suran faisait ses adieux à son camarade et remontait le Rhône comme marinier à bord d'un des bateaux qui avaient amené les sapins de M. Vertamboz. Quant à celui-ci, plus gai, plus confiant, plus enthousiaste que jamais, tout heureux d'ailleurs d'avoir gardé son cousin Yves, qu'il aimait beaucoup, il se rendit avec lui à Marseille par le chemin de fer.

Dès qu'il fut arrivé dans la grande ville, il courut retenir deux places sur un paquebot qui devait partir le lendemain matin pour Alger. Puis il dit à son jeune cousin :

« Mon cher Yves, nous avons devant nous une bonne demi-journée; nous allons tâcher de l'employer le mieux possible à visiter **Marseille** (fig.). As-tu de bonnes jambes?

— Oh! oui, mon cousin, répondit Yves; et si je n'en avais pas, la curiosité m'en donnerait.

---

donner au levier L B un mouvement de va-et-vient, il est facile de lui faire marquer des points, des traits, correspondant aux lettres de l'alphabet. Exemple :

— Alors tout va bien : en route ! mais par où commencer ?

— Par le port, si vous le voulez bien; car nous avons quitté si tôt la ville de Cette, que je n'ai pas eu le temps de me rassasier de la vue de la mer; et j'aime tant la mer !

— Oui, je sais... j'ai même peur que tu ne l'aimes trop....

— Pourquoi donc, mon cousin? si je devenais plus tard un bon matelot, serait-ce un grand malheur pour la marine française?

— Au contraire, mon ami : mais, avant de songer à faire

Marseille. — Le vieux port, vu de Notre-Dame de la Garde.

partie de la flotte, attends d'avoir vu si tu as le cœur solide et le pied marin. Sur ce, mettons-nous en chemin, il n'est que temps. »

M. Vertamboz et son jeune parent suivirent la fameuse avenue qui s'appelle la *Canebière* et dont Marseille est toujours aussi fière, bien qu'elle ait maintenant d'autres voies non moins belles, comme le *Prado*.

Arrivés au vieux port, ils le trouvèrent tout encombré de navires. Passant ensuite près du bassin de la Joliette et des autres bassins créés récemment pour remédier à l'étroitesse du port primitif, ils remarquèrent encore le même encombrement : certains navires manquaient de place pour se mouvoir et décharger commodément leurs marchandises, qui s'entassaient dans des entrepôts, dans des *docks* innombrables. M. Vertamboz dit à Yves Gloanec :

« Ce que tu vois ici te donne l'idée de l'importance de Marseille. Voici de beaux bassins, vastes, nombreux; leurs quais, mis à la suite les uns les autres, auraient plus de 15 kilomètres de longueur : cependant ils sont insuffisants. C'est que, vois-tu bien, mon cher Yves, Marseille n'est pas seulement le premier port de France : c'est un des premiers ports de l'univers. Les gens qui vont et viennent autour de nous

Palais de Longchamp, à Marseille (Bouches-du-Rhône).

parlent bien des langues diverses, l'anglais, l'allemand, le russe, l'espagnol, l'italien, l'arabe, le chinois, et d'autres idiomes encore; et, si nous pouvions interroger ces étrangers, ils nous donneraient des renseignements sur la plupart des contrées de la terre : un grand port de commerce comme Marseille, c'est le monde en petit. »

Yves Gloanec n'avait aucune envie de voir autre chose que le port de Marseille. Mais M. Vertamboz tint à le conduire au **Palais de Longchamp** (fig.). Ce palais est l'œuvre de l'architecte Espérandieu. Les galeries de droite et de gauche sont des musées. Au centre est une belle cascade d'eau limpide, dominée par un groupe de statues.

« Mon cousin, dit Yves Gloanec, je voudrais bien savoir ce que ce groupe représente.

— Tu vois, lui répondit M. Vertamboz, la statue de la **Durance**, entre la statue du **Blé** et celle de la **Vigne** : comprends-tu ce que cela signifie?

— Je crois que oui, mais veuillez me l'expliquer tout de même.

— Hé bien, mon cher Yves, avant 1850, Marseille et les territoires voisins manquaient d'eau : on eut l'idée d'en demander à la Durance. En conséquence on fit un canal, qui, prenant à cette grande rivière sept mètres cubes d'eau par seconde, passe la vallée de l'Arc sur le célèbre aqueduc de *Roquefavour* et aboutit au Palais de Longchamp, que nous avons sous les yeux. Grâce aux eaux amenées par ce bienfaisant canal à Marseille et dans les environs, les fontaines coulent avec abondance, les jets d'eau jaillissent, les gazons verdissent, la vigne et le blé poussent à merveille. Et voilà pourquoi Marseille a élevé une statue à la Durance; voilà pourquoi tu vois là-haut la *Durance* représentée sous la figure humaine, ayant auprès d'elle la *Vigne* et le *Blé*, qui lui doivent la vie, et à ses pieds les bœufs vigoureux qui lui doivent leurs frais pâturages. »

Yves Gloanec remercia son cousin de ses explications, et tous deux se rendirent à l'hôtel. Après y avoir pris un frugal repas, ils gravirent la colline de Notre-Dame de la Garde, d'où l'on a une vue très étendue. Las des courses nombreuses qu'ils avaient faites, ils s'assirent et contemplèrent Marseille, éclairée, ainsi que la mer, par la pâle lueur de la lune.

« Mon cher Yves, dit M. Vertamboz, résumons nos impressions : que penses-tu de Marseille?

— Marseille m'a l'air d'être la reine de la Méditerranée.

— C'est juste; elle est aujourd'hui ce que Venise était au moyen âge. Ensuite?

— Marseille est une ville pleine de mouvement et de gaieté.

— Oui, c'est bien vrai : elle ne demande qu'à vivre, qu'à travailler, qu'à faire du commerce, qu'à s'épanouir au beau soleil du Midi. Et ensuite?

« — Marseille est une ville qui date d'hier : car elle semble toute neuve.

« — Ici, je t'arrête; dis plutôt que Marseille est une ville renouvelée : car ses origines remontent à la plus haute antiquité, c'est-à-dire au moins jusqu'au vi^e siècle, avant Jésus-Christ. D'ailleurs, même au commencement de notre siècle, Marseille gardait encore son aspect de vieille ville. L'insalubrité de certains quartiers, le manque d'eau, l'exposaient à revoir un jour les horreurs de la fameuse **peste** [1] de 1720. Mais dans le cours du xixe siècle, Marseille, a été transfigurée. L'eau qu'on y a amenée, les rues qu'on y a percées, les jardins qu'on y a dessinés, les places, les monuments, les statues d'hommes célèbres dont on l'a ornée, en ont fait véritablement une ville toute resplendissante de jeunesse. »

La nuit tomba. M. Vertamboz se tut. La paix du soir s'étendait sur Marseille; la cité si bruyante, si active pendant le jour, s'endormait par degrés. La lumière de la lune scintillait sur les flots de la mer, tandis que sur le port les lueurs rouges ou vertes des lanternes de navires se croisaient avec les rayons bleus de la lumière électrique. La campagne était tranquille comme la ville et comme la mer; l'air était doux et pur, la brise légère et parfumée; et vraiment ce soir-là, à cette heure tardive, heure du repos et du silence, Yves Gloanec et son cousin Vertamboz goûtèrent bien plus vivement que dans la journée les délices du climat de la Provence, si heureusement exprimées dans ces vers d'André Chénier[*] :

> La Provence odorante et de Zéphyre[*] aimée
> Respire sur les mers une haleine embaumée,
> Au bord des flots couvrant, délicieux trésor,
> L'*orange* et le *citron* de leur tunique d'or;
> Et plus loin, au penchant des collines pierreuses,
> Forme la grasse *olive* aux liqueurs savoureuses,
> Et ces réseaux légers, diaphanes[*] habits,
> Où la fraîche *grenade* enferme ses rubis[*].

---

[1] **Peste de Marseille.** — La peste de 1720 emporta plus de 40 000 personnes. Parmi les courageux citoyens qui se signalèrent alors par leur dévouement, citons les échevins[*] **Estelle** et **Moustier**, l'évêque **Belzunce** et le chevalier **Rose**.

58. — LA MÉDITERRANÉE. — LE VÉSUVE. — LES FRANÇAIS EN ÉGYPTE

Le paquebot quitte le port de Marseille pour se rendre en Algérie. L'énorme maison flottante, mise en mouvement par sa machine à vapeur et par son hélice (fig.), va son chemin sans arrêt, sans détour. Yves Gloanec n'a pas le mal de mer, il marche sans hésiter sur le pont du navire, il a le pied marin ; aussi il est tout content, tout fier, il se dit tout bas : « Quel bonheur ! Je pourrai faire mon service militaire sur la flotte de l'État ! » Son cousin Vertamboz s'entretient avec lui de la Méditerranée, et, selon son habitude, il se laisse aller à tous les rêves qui séduisent son imagination.

Hélice de navire. — L'hélice est entièrement plongée dans l'eau. Mue par une machine à vapeur ou par une machine électrique, elle s'avance dans l'eau comme une vis dans du bois.

« Oh ! mon cher Yves, dit-il, quand j'aurai fait fortune en vendant du bois, il faudra que je te mène en Italie ! Depuis longtemps je meurs d'envie de voir la rade de Naples (fig.), une des plus belles du monde, et je voudrais aussi regarder de près ce fameux volcan du Vésuve, qui s'est réveillé si terriblement au 1er siècle après Jésus-Christ, en ensevelissant sous la cendre et la lave Pompéï, Stabies et Herculanum ! Et même, je ne serais content qu'à la condition de te faire connaître tous les rivages de

Le Vésuve et la rade de Naples, en Italie.

la Méditerranée. Car enfin c'est la mer la plus célèbre du globe, c'est sur ses bords qu'ont vécu les peuples les plus fameux de l'antiquité.

« Ainsi, pour ne parler que des nations qui sont à l'orient par rapport à nous, n'avons-nous pas à notre gauche l'**Italie**, avec **Rome**, qui finit par devenir la maîtresse du monde antique? Plus loin, c'est la **Grèce**, avec **Athènes** (fig.), patrie

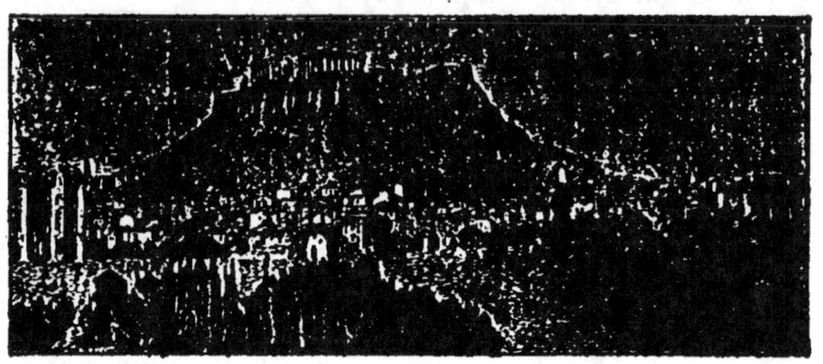

Athènes, capitale de la Grèce. Remarquez, sur la hauteur, les ruines du **Parthénon**, ou temple de Minerve'.

de tant d'écrivains et d'artistes fameux, Athènes, dont le **Parthénon** à demi ruiné te pénétrerait encore d'admiration, mon cher Yves! Plus loin, c'est **Constantinople**, la capitale de l'empire turc; du même côté, mais plus au sud, c'est **Jérusalem**, but suprême des croisades.

« Plus au sud encore, c'est l'**Égypte**. Ah! mon cher ami, c'est là surtout que nous aurions plaisir à voyager, car à chaque pas on y retrouve le souvenir de la France. L'étranger qui passe à Damiette, songe à **Louis IX**, le roi chevalier, qui, dans sa prison comme sur le champ de bataille, fit admirer son courage et sa grandeur d'âme. Le touriste qui s'arrête au pied des Pyramides se rappelle forcément le mot de **Bonaparte** avant la bataille du 21 juillet 1798 : « Sol-
« dats, du haut de ces Pyramides, quarante siècles vous con-
« templent! »

« Le savant qui va sur le sol égyptien pour y faire des recherches et des études, imite **Monge** et les autres Français de l'Institut d'Égypte'. C'est le Français **Champol-**

' **Institut d'Égypte.** — Quand l'armée française fit l'expédition d'Égypte, en 1798, elle fut accompagnée d'écrivains, de savants

lion qui a trouvé le secret des *hiéroglyphes*, c'est-à-dire des caractères mystérieux de l'écriture égyptienne. Ce sont les Français **Mariette** et **Maspéro** qui ont mis au jour et conservé les plus curieux monuments de l'art égyptien.

« Enfin les innombrables navires anglais qui se pressent dans le **canal de Suez** (fig.), pour se transporter rapidement dans les colonies anglaises de l'Inde, profitent d'une idée et d'une œuvre bien françaises. Aussi, mon cher Yves, ceux de nos compatriotes qui mettent le pied sur le rivage égyptien, ont le droit de se dire : « *Nous voici dans le pays des Pharaons, mais nous sommes encore un peu chez nous!* »

Canal de Suez, faisant communiquer la Méditerranée avec la mer Rouge et l'Océan-Indien.

et d'artistes, qui formèrent l'**Institut d'Égypte**, et qui furent chargés de faire des travaux de toute sorte. Citons parmi eux **Monge**, qui trouva l'explication du mirage, ce phénomène qui trompe le voyageur du désert en lui montrant l'image de l'eau où il n'y a que des sables arides ; citons encore le dessinateur **Denon**, qui prenait ses croquis sous le feu de l'ennemi, et **Geoffroy Saint-Hilaire**, qui fut, avec **Cuvier**, le plus grand naturaliste du commencement du XIXᵉ siècle. Saint-Hilaire se signala par un beau trait d'énergie. Lorsque les Anglais nous reprirent l'Égypte, ils voulaient s'emparer des collections scientifiques réunies par l'*Institut* : mais Geoffroy Saint-Hilaire jura qu'il brûlerait ces trésors, plutôt que de les livrer aux mains de l'ennemi. — Les Anglais nous laissèrent nos collections.

59. — LA CONFÉRENCE DE L'EXPLORATEUR. — L'ALFA. — COMMENT ON CRÉE DES OASIS.

Parmi les passagers que le paquebot emportait de Marseille à Alger (carte), en même temps qu'Yves Gloanec et son

Voyage d'Yves Gloanec de Marseille à Bordeaux. — Itinéraire : Marseille, Alger, Oran, Gibraltar, Tanger, Cadix, Lisbonne, Bordeaux.

cousin Vertamboz, il y avait beaucoup de cultivateurs français qui allaient s'établir en Algérie en qualité de colons*. Au moment où ils débarquèrent sur les quais d'**Alger** (fig.), on leur donna avis que, le lendemain même, un explorateur célèbre, qui connaissait à fond l'Algérie, leur ferait une conférence pour les familiariser un peu avec leur nouveau pays.

Port d'Alger. — Alger a été conquis en 1830. C'est le chef-lieu du département d'Alger, et la résidence du gouverneur général de l'Algérie.

Presque tous se rendirent à cet appel, et, comme la conférence était publique, M. Vertamboz ne se fit pas faute d'y assister avec Yves Gloanec. L'orateur était un de ces explorateurs savants et courageux dont les journaux ont beaucoup parlé dans ces derniers temps. Sa réputation, son air à la fois énergique et doux, sa voix cordiale et chaleureuse, lui conquirent dès l'abord la sympathie de son auditoire.

***

« Mes chers compatriotes, dit-il, je viens, au nom du gouverneur général de l'Algérie, vous souhaiter la bienvenue sur cette terre d'Afrique que vous avez la tâche de coloniser et de cultiver; je viens vous dire que, malgré la distance qui vous sépare des Bouches-du-Rhône, malgré les trente heures de navigation que vous venez d'accomplir, vous n'avez pas quitté le pays français.

« Car, sachez-le bien, l'Algérie c'est le prolongement de la France au delà de la Méditerranée; l'Algérie c'est une seconde France, moins civilisée que l'autre sans doute, plus ensoleillée et moins bien cultivée, mais c'est la France encore. Ainsi donc, mes amis, vous n'avez pas changé de patrie : vous avez changé seulement de sol et de climat. Que dis-je? les divers climats de l'Algérie, tout en étant plus chauds que ceux des provinces françaises, vous les rappelleront jusqu'à un certain point. Vignerons du Languedoc et du Roussillon ruinés par le **phylloxéra** (fig.), consolez-vous! Vous retrouverez en Algérie un second Languedoc, un autre Roussillon. Vous mettrez dans une terre toute neuve des plants de vigne tout neufs, eux aussi, et ces plants braveront la maladie. Ils ne redouteront pas la grêle et gelée, et vous aurez des raisins énormes, qui mûriront sûrement au soleil de l'Afrique.

Phylloxéra ailé, considérablement grossi. Le phylloxéra est presque invisible à l'œil nu. Ce puceron est le plus terrible ennemi des vignobles français.

***

« A vous, cultivateurs venus de la Gascogne, de la Provence, de l'Alsace-Lorraine et d'autres pays encore, la région algérienne qu'on nomme le *Tell* prodiguera ses ressources infinies. Vous pourrez y faire prospérer non seulement le blé et les autres céréales*, mais encore l'oranger et le citronnier aux beaux fruits dorés; vous récolterez la figue succulente, et, si vous voulez planter des mûriers, vous élèverez aisément des vers à soie. Vos pâturages vous permettront d'engraisser des bœufs, des moutons et des porcs, et de nourrir des chevaux appartenant à la race arabe, qui est si renommée.

Récolte de plumes d'autruche.

« Quelques-uns même d'entre vous pourront chercher des revenus nouveaux, élever par exemple des chameaux pour la traversée des déserts, ou faire concurrence aux Anglais de la colonie du *Cap* (carte page 41), en achetant des **autruches** pour récolter et vendre leurs plumes (fig.).

***

« Et vous, montagnards venus des Ardennes ou des Vosges, des Cévennes ou du Jura, des Alpes ou des Pyrénées, vous qui ne redoutez pas les brusques changements de température, je vous engage à vous fixer dans les régions montagneuses de l'Algérie. Vous y trouverez des forêts de pins et de hêtres, que vous ferez bien d'exploiter avec sagesse et économie, au lieu de les ravager et de les détruire, comme on l'a fait dans les siècles passés. Adonnez-vous aussi à l'industrie du **chêne-liège** (fig.), dont l'écorce fournira de bons

Ouvriers détachant l'écorce du chêne-liège.

bouchons pour les bons vins d'Algérie, mis en bouteilles par vos frères du vignoble.

« Préférez-vous aux forêts les plateaux découverts et garnis d'herbages? Allez dans le département d'Oran : vous y trouverez une plante qui pousse sans culture et que vous n'aurez qu'à faucher, une plante qui sert à faire des sacs, des toiles, des tapis, des vêtements, du papier, des toits de cabanes, à savoir : **l'alfa** (fig.).

Plants d'alfa
(Algérie).

****

« Et maintenant, je m'adresse à vous, ô jeunes gens qui sortez à peine du service militaire et qui n'êtes pas encore chefs de famille, à vous qui cherchez un bon emploi de votre vigueur et de votre vaillance.

« Je ne vous dirai pas d'aller chasser les lions ou les panthères : il n'y en a plus guère dans la colonie, et il faut aller les chercher bien loin vers le sud. Vous avez mieux à faire que de tuer ou de détruire. Allez jusqu'à la lisière du Sahara : vous verrez des **oasis**, qui sont comme des îlots de verdure au milieu d'un océan de sable : là vous récolterez, si tel est votre désir, les dattes, dont les Européens usent si volontiers pour leurs desserts.

« Vous pouvez faire mieux encore : emportez avec vous les outils perfectionnés qui servent à creuser des puits; percez le sol sablonneux et stérile du Sahara jusqu'à la couche d'eau souterraine. Alors, par cette ouverture, l'eau s'élancera en bouillonnant; les caravanes viendront la boire, et bientôt le sol humide se couvrira de végétation. Une **oasis** (fig.) naîtra : ainsi, rien qu'en creusant un **puits artésien**, vous aurez ramené la vie dans une con-

Une oasis en Algérie. — La gravure vous montre des **Arabes** s'empressant autour d'un **puits artésien.**

trée qui semblait vouée à la sécheresse, à la stérilité, à la mort !

* *

« Voilà, chers colons, les tâches diverses qui vous attendent. Quel que soit votre choix, vignerons, laboureurs, pasteurs, habitants des oasis, vous jouirez bientôt de l'aisance, mais à une condition : c'est que vous travaillerez sans découragement, avec une patience et une énergie soutenues pendant des années.

« S'il en est parmi vous qui viennent en Algérie avec l'espérance d'y tirer sans peine de la terre de riches et abondantes récoltes, s'il en est qui se fient plus à la fertilité du sol qu'à la force de leurs bras, et qui comptent plutôt sur l'argent des prêteurs ou sur les secours de l'État, que sur leurs efforts personnels, tous ceux-là peuvent retourner dans leur pays par le prochain paquebot : l'Algérie n'a rien pour eux.

« Si, au contraire, votre résolution est bien prise, si vous avez fait provision de force et de sagesse, oh! alors, mes chers amis, ouvrez votre âme à l'espérance : car bientôt vous aurez de grandes joies : la joie de posséder une gaie maisonnette dans un coin de terre bien à vous, la joie de vivre dans le bien-être avec toute votre famille, la joie de voir vos enfants s'élever dans un air sain et fortifiant ; la joie enfin *d'avoir travaillé pour votre Patrie, tout en travaillant pour vous!* »

60. — D'ALGER A BORDEAUX. — GIBRALTAR. — LISBONNE. — LA MARÉE. — LA BOUSSOLE. — LES ÉTOILES.

La conférence de l'explorateur fit le plus grand bien aux colons nouvellement débarqués. Mais pour M. Vertamboz, elle augmenta le désir qu'il avait déjà de visiter Alger et les environs ; il perdit plusieurs jours en promenades et en flâneries, et, quand il se prépara à faire sa provision de bois pour retourner en France, une dépêche télégraphique, venue,

NAVIRE A VOILES (Fig. d'ensemble).

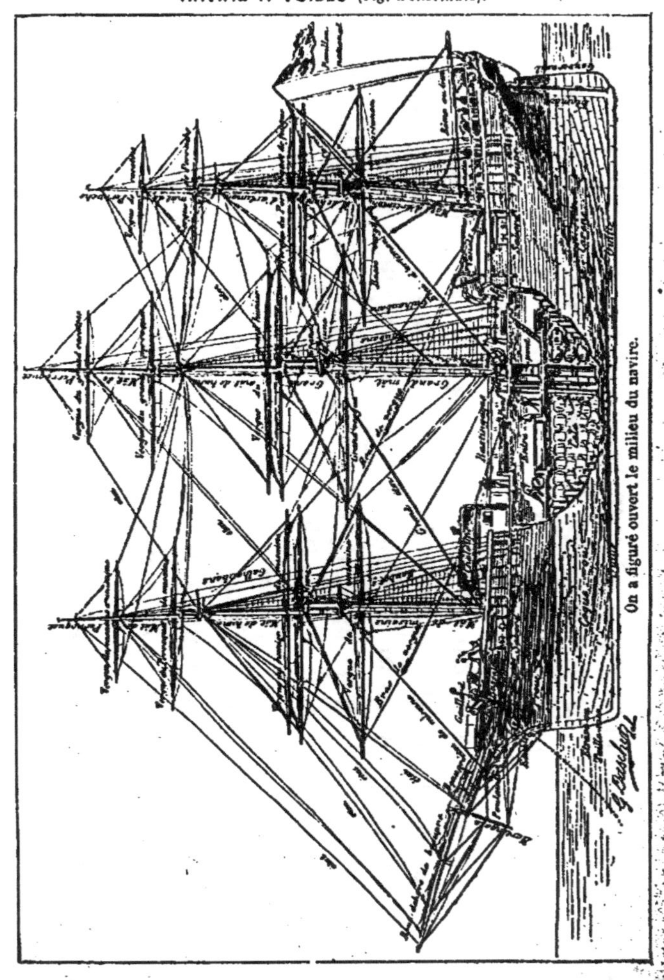

On a figuré ouvert le milieu du navire.

par le **câble sous-marin**[1], d'un correspondant qu'il avait à Marseille, lui apprit que les bois ne faisaient plus défaut dans les chantiers marseillais. Il dut donc renoncer à la belle spéculation qu'il avait rêvée, et dont il eût pu tirer grand profit en se hâtant davantage. Il se mordit les doigts et se repentit amèrement d'avoir perdu, à visiter Alger, des journées précieuses. Puis, comme il n'était pas homme à se désespérer longtemps, il se dit : « Bah ! je vais acheter des vins que j'irai revendre à Bordeaux. Le paquebot nous y transportera. Ou plutôt, pour payer moins cher notre trajet, je m'embarquerai avec Yves sur un navire de commerce. »

Yves Gloanec se débattit de son mieux contre cette nouvelle tentation. Mais, comme la première fois, M. Vertamboz réussit à lui faire partager ses espérances, ou plutôt ses illusions, et tous deux, après avoir écrit à madame Gloanec une lettre affectueuse et encourageante, prirent place, avec leur chargement de vin, sur un **navire à voiles** (fig. d'ensemble, p. 251) qui se rendait à Bordeaux.

La traversée fut assez douce jusqu'à Oran (carte, p. 246); mais ensuite le vent souffla violemment, et le navire fut assez ballotté pour rendre un peu malade le pauvre M. Vertamboz. Il se réfugia au fond de sa cabine, en compagnie de son cousin Yves, qui le soigna avec beaucoup de dévouement et de gentillesse. Par bonheur, le malaise se dissipa assez vite, et M. Vertamboz put remonter sur le pont juste à temps pour voir, au passage, le rocher de **Gibraltar** (fig.), où les Anglais se sont établis, afin de commander l'entrée de la Méditerranée.

Le navire fit relâche à Lisbonne. M. Vertamboz aurait bien voulu se promener dans toutes les rues de la capitale du Portugal; mais comme il était assez mal remis de son

---

[1] **Câble sous-marin.** — Vous savez déjà comment l'électricité circule le long des fils télégraphiques (voir page 237). Dans la mer, ce fil se rouillerait et se romprait bien vite. On le remplace par un **câble** ainsi formé : sept fils de cuivre sont revêtus d'un **enduit** qui empêche l'électricité de se perdre; puis le tout est enveloppé d'une sorte de **cuirasse** protectrice, très résistante et inattaquable à l'eau de mer. De nombreux câbles sous-marins relient aujourd'hui les diverses parties du monde.

indisposition, il ne tarda pas à sentir la fatigue, et il dut s'asseoir sur un banc du port. Cette halte forcée eut du moins un avantage : elle permit à Yves Gloanec de se rendre compte du phénomène des **marées**[1], phénomène infiniment plus sen-

**Détroit, rocher
et fort
de Gibraltar.**

sible sur les côtes de l'Océan que sur celles de la Méditerranée.

Yves et M. Vertamboz reprirent le large, le jour suivant, pour se lancer en plein Océan Atlantique. Quand ils eurent perdu de vue la terre, ils eurent plus encore qu'auparavant le sentiment que leur navire n'était qu'une coquille de noix,

---

[1] **Marées.** — Dans l'espace de vingt-quatre heures cinquante minutes, la mer monte (*flux*) et redescend (*reflux*) deux fois. Il y a donc deux *marées* par jour, avec un retard de cinquante minutes d'un jour à l'autre. — Pourquoi, direz-vous, la mer monte-t-elle à certaines heures? — Parce que le soleil, et surtout la lune, l'attirent. — Pourquoi l'attirent-ils? — Parce que tous les corps qui sont dans la nature s'attirent les uns les autres, en vertu d'une grande loi qu'on appelle l'*attraction universelle* et que vous connaîtrez mieux plus tard. Sachez seulement que cette loi assure l'ordre de l'univers. C'est elle qui fait que les corps tombent dans la direction du centre de la terre; c'est grâce à elle que les astres s'attirent entre eux, et obéissent à des mouvements d'une constance et d'une harmonie si merveilleuses.

abandonnée aux flots. Ils avaient beau avoir confiance dans l'aiguille aimantée de la **boussole** (fig.) et dans les cartes marines du capitaine, ils n'en éprouvaient pas moins un serrement de cœur en songeant à la France si lointaine encore.

Pour se distraire, ils aimaient, le soir, à s'accouder sur le bordage du navire;

Boussole marine. — La boussole indique le nord avec une aiguille aimantée. La boussole marine permet aux navigateurs de voir, à chaque instant et du premier coup d'œil, s'ils sont dans la bonne direction.

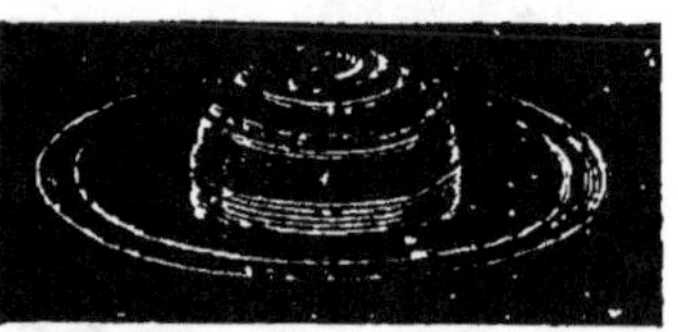

Planète Saturne avec son anneau. — L'anneau qui entoure la planète Saturne, sans la toucher, l'accompagne dans sa rotation autour du soleil.

ils se montraient les planètes, les étoiles et les principales constellations; ils se désignaient **Saturne** (fig.), la **Grande-Ourse** et la **Petite-Ourse** (fig.), l'**étoile polaire**, le meilleur guide des navigateurs au temps où l'on n'avait pas encore inventé la boussole. Alors il leur venait des pensées sérieuses et élevées, et M. Vertamboz adressait à son cousin des paroles comme celles-ci : « Mon cher Yves, je t'ai entraîné bien loin de ceux qui te connaissent et qui t'aiment; mais ils sont moins séparés de toi que tu ne l'imagines : car, sans doute, ton frère et ta mère regardent souvent comme nous ces mêmes étoiles, et, pendant que notre pensée va vers eux, la leur vient vers nous à travers l'immensité des cieux. »

Enfin le navire arriva au but. Le

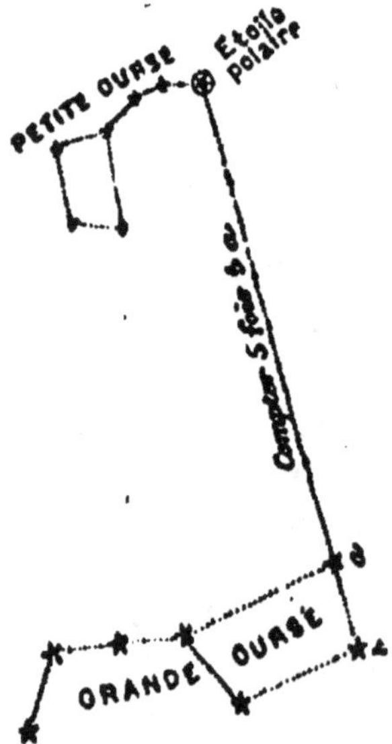

Grande-Ourse, Petite-Ourse, étoile polaire.

port de Bordeaux (fig.), orné de si beaux édifices et si gracieusement arrondi en forme de croissant, inspira à M. Vertamboz une admiration qui sembla le remettre de toutes ses fatigues. Il ne pouvait assez marquer son enthousiasme; il se récriait, il gesticulait : on eût dit qu'il était venu à Bordeaux en artiste, en simple touriste. Homme aimable, cordial, charmant, il n'avait qu'un tort : il oubliait qu'il était commerçant. Il s'était trompé sur ses aptitudes.

Yves et son cousin sur les quais de Bordeaux (Gironde).

Hélas! il en eut bientôt la preuve cruelle. Tout entier au plaisir de voir une nouvelle ville, il surveilla fort mal le débarquement de ses tonneaux, qui restèrent longtemps exposés au soleil. Le vin, qui avait été acheté au hasard, et qui n'était pas d'une très bonne qualité, se gâta, et quand il fut mis en vente, les acheteurs le jugèrent détestable, bon tout au plus à faire du vinaigre. M. Vertamboz en tira tout juste le prix du transport, et, après ses rêves de fortune, il se retrouva sur le quai d'une ville inconnue, aussi pauvre qu'avant. Ou plutôt non : avant de tenter ses entreprises, il avait de beaux écus sonnants, qui étaient bien à lui; maintenant il ne lui restait en poche que quelques francs : il n'avait plus de quoi payer les services d'Yves Gloanec.

L'artiste ne doit pas agir en commerçant,
Le commerçant ne doit pas agir en artiste

61. — TRISTE RÉALITÉ.

Quand la triste réalité apparut à M. Vertamboz, il en fut profondément affligé : il manquait d'habileté, de volonté, et de ce qu'on appelle l'esprit pratique. Mais, nous l'avons dit, ce n'était point un malhonnête homme; il souffrait autant du dommage qu'il faisait subir à son jeune parent, que de sa ruine personnelle.

« Pardon, mon cher Yves, répétait-il, je croyais bien t'enrichir; et voici que je ne puis même pas te payer ton salaire. »

Yves se comporta très bien dans cette circonstance. Il ne fit aucun reproche à son parent, et lui prodigua au contraire des encouragements affectueux.

Les deux cousins se décidèrent à chercher chacun un emploi, M. Vertamboz dans les maisons de commerce, Yves sur le port, ou sur quelque navire. Ils se donnèrent rendez-vous pour le soir, à l'endroit même où ils se trouvaient.

M. Vertamboz remit à Yves un écrit où il reconnaissait sa dette, et partagea avec lui les quelques francs restés au fond de son porte-monnaie. Puis il commença sa recherche.

En le voyant s'éloigner le dos courbé, la tête basse, les épaules comme écrasées sous un fardeau trop lourd, Yves ne pouvait songer à sa propre détresse.

Mais quand il eut perdu de vue son parent, et qu'il se sentit seul sur le quai de ce port de Bordeaux où, comme à Marseille, on parle toutes les langues du monde, il fut bien près de succomber au découragement.

La pensée de sa mère le soutint cependant. Il se mit en quête d'ouvrage. On lui demanda qui il était, d'où il venait, ce qu'il savait faire, s'il avait des papiers : très embarrassé, il répondait d'une voix hésitante, et on lui disait froidement : « Nous verrons, nous réfléchirons, repassez dans huit jours! »

« Dans huit jours! se disait Yves; j'ai le temps de mourir de faim d'ici là. Mais ne désespérons pas trop vite. Peut-être mon cousin a-t-il trouvé une bonne place.... »

En arrivant au rendez-vous que lui avait fixé son cousin, Yves Gloanec ne vit personne. Il attendit une heure, deux heures même, M. Vertamboz ne reparaissait pas.

L'inquiétude s'empara du pauvre garçon. Comme il avait

faim, il acheta un peu de pain et de fromage, et, revenant à l'endroit indiqué par son cousin, il attendit jusqu'à dix heures du soir.

Alors, voyant rôder autour de lui des gens de vilaine mine, qui semblaient mal à l'aise chaque fois que passait un gardien de la paix, Yves craignit d'être confondu avec ces mauvais sujets; il quitta la place et s'en alla coucher, pour quelques sous, dans une auberge misérable.

Le matin, dès l'aurore, il regagna le rendez-vous de la veille, mais sans être plus heureux. Il se demanda, avec un redoublement d'inquiétude, ce que son cousin avait bien pu devenir : était-il malade, était-il mort? ou bien, dans sa honte, n'avait-il pas eu le courage de se représenter devant son jeune parent?

Tout en allant aux renseignements, le malheureux Yves cherchait du travail. Mais, comme il n'avait pas de *papiers*, pas de lettres de recommandation, on lui faisait partout l'éternelle réponse : « Attendez, revenez! » Il revenait, et c'était en vain.

Quatre jours furent consumés à ces vaines démarches. Pendant ce temps, Yves Gloanec constatait avec tristesse que sa petite bourse s'épuisait. Le cinquième jour, quand il eut terminé son repas de midi, il fouilla ses poches et son porte-monnaie : cinquante centimes, voilà tout ce qui lui restait!... Une pauvre petite pièce de cinquante centimes!

Yves se demanda, avec plus de souci que jamais, ce qu'il allait devenir. « Que ferai-je, se disait-il. Tendrai-je la main pour recevoir l'aumône? Ou bien écrirai-je à ma mère, pour la prier de m'envoyer un secours? Mais dans quelle angoisse ne sera-t-elle pas, quand elle apprendra ma misère, elle qui me croit en train de faire de beaux bénéfices! Et puis que lui dire de notre cousin? »

Après s'être posé ces questions douloureuses, Yves se rendit une dernière fois sur le port, à l'endroit où il allait vainement, depuis quatre jours, attendre M. Vertamboz. Cette fois il y resta plus longtemps encore. Dans chaque passant qui s'approchait, il croyait reconnaître son cousin : et toujours son espérance était déçue.

Triste et découragé, il alla s'accouder sur la bordure du quai, et regarda avec envie des portefaix qui allaient et venaient, et qui semblaient avoir trop d'ouvrage, tandis que lui-même ne trouvait rien à faire.

Tout à coup il se redressa et tâta fiévreusement la poche de sa veste : une lueur d'espoir éclairait son visage... Que lui arrivait-il donc?

Oh! une chose bien simple, en vérité, mais si heureuse en un pareil moment! En s'appuyant sur la banquette de pierre, Yves avait senti craquer dans sa poche la couverture d'un carnet auquel il ne songeait plus. Ce carnet, c'était son livret de Caisse d'épargne. Il le prit à la hâte, et il y lut avidement ce qui suit :

Caisse d'épargne. Livret national n° 17246, au nom de Yves Gloanec, marinier. Versement de 25 francs, fait à Lyon. Le porteur de ce livret peut demander le remboursement de ses fonds dans tous les bureaux de poste de France.

Ces lignes étaient assez claires. Cependant Yves les relut plusieurs fois, tant le malheur l'avait rendu défiant. Puis il se rendit au bureau de la **poste** et du **télégraphe** (fig.). Cette fois du moins, son espoir se réalisa : car le receveur, devinant sa misère, lui versa ses 25 francs, en abrégeant les formalités usitées en pareil cas.

Séance tenante, Yves Gloanec écrivit à sa mère. Il se serait fait scrupule de lui demander quelque chose. Il se contenta de lui faire savoir qu'il n'était pas malade, et qu'il

Bureau de la poste et du télégraphe.

retournerait vers elle le plus tôt qu'il le pourrait. Du cousin Vertamboz, il n'osa pas dire un mot, espérant toujours le retrouver.

Ensuite, venant à se regarder dans un de ces miroirs qui se trouvent à la devanture des grands magasins, il constata que son accoutrement n'était pas fait pour inspirer la confiance : ses vêtements étaient percés aux coudes et aux genoux, et ses souliers s'entr'ouvraient et bâillaient lamentablement, comme des poissons hors de l'eau. Il acheta donc un pantalon et une paire de chaussures, fit coudre des pièces à sa veste et se remit courageusement à chercher de l'ouvrage. En trouva-t-il? La suite vous l'apprendra.

Mettez vos économies à la caisse d'épargne : votre superflu d'aujourd'hui sera peut-être votre nécessaire de demain.

(Ici finit la Première partie de l'histoire d'Yves Gloanec. — Seconde partie, page 285.)

A RÉTENIR

Instruction.

Géographie. — **Villes du parcours :** *Epernay*, vins de Champagne; *Châlons-sur-Marne*, défaite d'Attila; *Nancy* (87 100 hab.), ancienne capitale de la Lorraine, grand centre d'industrie et d'études; *Epinal*, imagerie; *Besançon*, ancienne capitale de la Franche-Comté, horlogerie; *Lons-le-Saunier*, chef-lieu du Jura, salines; *Bourg*, ancienne capitale de la Bresse, volailles; *Bellegarde*, perte du Rhône, usines; *Genève* (52 000 h.), grande ville de Suisse, sur le lac Léman, horlogerie', bijouterie; *Lyon* (410 000 hab.), seconde ville de France, au confluent du Rhône et de la Saône, soieries; *Avignon*, château des papes; *Cette*, port de commerce, vins; *Marseille* (403 700 hab.), le plus grand port de la Méditerranée, nombreuses industries, palais de Longchamp; *Alger* (73 000 hab.), résidence du gouverneur général de l'Algérie; *Gibraltar*, rocher fortifié, commandant l'entrée de la Méditerranée et appartenant aux Anglais; *Lisbonne*, capitale du Portugal; *Bordeaux*, grand port, belle ville, vins réputés.

— **Montagnes, Fleuves et Rivières des pays parcourus :** Vosges, Alpes. — Rhône, Gironde. — Marne, Doubs, Saône.

— **Canaux :** canal du Rhône au Rhin, canal de Beaucaire, canal des Etangs, canal du Midi; canaux d'irrigation dérivés de la Durance.

Hommes illustres. — **Racine**, grand poète français du xviiᵉ siècle.

— **La Fontaine** (xviiᵉ siècle), **Florian** (xviiiᵉ siècle), ont fait des fables.

— **Voltaire, J.-J. Rousseau :** grands écrivains français du xviiiᵉ siècle.

— **Mirabeau**, grand orateur de la Révolution française.

— **Monge**, fondateur de l'Ecole polytechnique, trouva l'explication du mirage.

— **Geoffroy Saint-Hilaire :** grand naturaliste, empêcha les Anglais de s'emparer des collections de l'*Institut d'Egypte*.

— **Jacquard**, inventeur du métier à tisser la soie.

— **Niepce, Daguerre**, inventeurs de la photographie.

— **Jenner** (xviiiᵉ siècle) : vaccination de la petite vérole.

— **Pasteur** (xixᵉ siècle), vaccination de la rage. Etude des *microbes*, guérison de plusieurs maladies contagieuses.

Peuples célèbres de l'antiquité : Egyptiens, Grecs, Romains.

Connaissances usuelles. — **Photographie** : la *lumière* imprimant l'image des objets sur une *plaque sensible* dans une *chambre noire*, voilà le principe de la photographie. Aujourd'hui, à l'aide d'appareils dits *instantanés*, on peut photographier l'éclair, le vol de l'oiseau, etc. On a trouvé récemment le moyen de photographier les *couleurs*.

— **Canal** : sorte de *rivière artificielle*, créée par la main des hommes. — Grâce aux canaux à *écluses*, les bateaux peuvent *franchir* des *montagnes*. Pour cela, ils montent ou descendent d'un *bassin* dans un autre, et ainsi de suite.

— Il est encore d'autres canaux qui servent à l'arrosage des pays privés d'eau.

— **Boussole** : instrument qui permet de trouver les *points cardinaux* à l'aide d'une *aiguille aimantée*.

— **Etoile polaire** : étoile appartenant à la constellation de la *petite Ourse*, et très voisine du *pôle céleste*.

— **Saturne** : planète entourée d'un anneau lumineux.

— **Marée** : *flux* et *reflux*, c'est-à-dire mouvement par lequel les eaux de l'Océan s'élèvent et s'abaissent alternativement.

— **Microbes** : organismes très petits, qu'on ne peut voir qu'au *microscope*. Les *microbes* se multiplient avec une rapidité inouïe dans une foule de maladies des plantes, des animaux ou des hommes.

La **vaccination** a pour but de combattre l'action pernicieuse de certains *microbes*.

Éducation.

— Si je suis **commerçant**, je n'obéirai pas à toutes mes **fantaisies**, comme M. Vertamboz : je serai constant, réfléchi, économe et actif.

— Je tâcherai d'apprendre les **langues vivantes.**

— Quel que soit mon métier, je garderai l'habitude de la **marche** et des **exercices corporels.**

— Je me ferai **vacciner** tous les dix ans au moins.

— Je paierai sans murmurer mes **contributions.** C'est de l'argent que je prête au Trésor public pour qu'il me le rende sous des formes diverses : routes, écoles, armée, justice, etc.

— Je n'oublierai pas que le **braconnage** et la **contrebande** sont défendus par la **loi.**

— Si je suis témoin d'un **accident**, je n'attendrai pas la police pour **secourir** les victimes.

— Je serai **prévenant** pour les **étrangers** en voyage : ainsi le veulent la fraternité humaine et la courtoisie française.

— J'**oublierai** toujours les **injures** ; les **bienfaits**, jamais.

— Je me **contenterai** de mon sort : si je suis pauvre, je veux que l'**honneur** soit ma richesse.

— Je **fuirai** les sociétés qui me feront **rougir.**

— Je **vénérerai** mes **parents** : leur **blâme** sera pour moi le plus redoutable des **châtiments.**

LECTURE D'ORTHOGRAPHE VISUELLE

(Mots difficiles tirés du Quatrième Livre de Monsieur Prévôt.)

Lire comme suit : accent s'écrit avec deux *cc* ; — alcool s'écrit avec deux *oo* ; — allégresse s'écrit avec deux *ll* et deux *ss*, etc.

Substantifs.

un accent
un alcool
une allégresse
une amarre
une ancre
un aqueduc
un artisan
un âtre
une attraction
le ballot
la biographie
la boussole
le braconnage
la brasse
la brindille
la cargaison
la carte-lettre
les cartes-lettres
la caséine
la castagnette
la catastrophe
la cathédrale
la céréale
le chameau
le charron
la chasse
la châsse
le châtaignier
le chêne-liège
les chênes-liéges
le citronnier
la clairière
la compassion
la conscience
la consommation
la constellation
le créneau
le croc
la croissance
le croquis

la date
la datte
le dépôt
le désert
le dessert
le duc
une eau-de-vie
des eaux-de-vie
un ébéniste
un échantillon
une écluse
une écorce
un écureuil
une églantine
un embonpoint
un enthousiasme
un entretien
une expédition
le flux
la fourmi
le fracas
le gazon
la grêle
une habileté
une haleine
une halte
une harmonie
le harpon
la hâte
le hasard
un herbage
le hêtre
le hibou
les hiboux
un hiéroglyphe
la honte
une horlogerie
une hydrophobie
une illusion
un îlot
un immeuble
un impôt

un instinct
le jet
la lancette
le lapidaire
la maçonnerie
le mousse
le mûrier
le musée
la notice
une oasis
un ours
une ourse
un outil
la panthère
le paquebot
le parcours
le pèse-lait
les pèse-lait
le phénomène
la photographie
la phrase
le phylloxera
le pic-vert
les pics-verts
le pin (*arbre*)
la pisciculture
le plan (*géomé-
trique*)
la planète
le plant (*de vigne*)
la potion
le précipice
la prouesse
la pyramide
le raccommode-
ment
le radeau
la rancune
la réconciliation
le reflux
le remontoir
le rempart

le rendez-vous
la scène
la séance
la senteur
le site
la soierie
le souffle
la sympathie
le syndicat
le système
la taxe
le tic-tac
les tic-tac
le tire-bouchon
les tire-bouchons
le tisserand
le tonnelier
la vaccination
la vaccine
le ver-à-soie
les vers-à-soie
les yeux
le zéphyr
le zéphire

Adjectifs.

artésien
bienfaisant
chancelant
cinquante
circulaire
contagieux
diaphane
dérisoire
gemme (sel)
haletant
héroïque
indifférent
indomptable
inexpérimenté
injurieux

innombrable
jaloux
scientifique
sédentaire
soigneux
succulent
tenace
vertigineux
vicinal

Verbes.

accéder
accorder
adoucir
affluer
affranchir
aimanter
appesantir
arracher

atténuer
atterrer
ballotter
cailler
citer
compliquer
comporter (se)
concerner
dessécher
desserrer
différer
dissiper
échelonner
écorcer
effarer
effleurer
effrayer
embaumer
empiler
emprisonner

enchevêtrer
engager
ennuyer
essouffler
fixer
flotter
gaspiller
gesticuler
grésiller
grignoter
hâter
hurler
insuffler
isoler
méconnaître
parsemer
perfectionner
picoter
presser
rassasier

rattacher
ressouvenir (se)
scintiller
succomber
télégraphier
tisser
triompher

Mots invariables.

constamment, adv.
ci-joint, l. adv.
hors, adv.
longtemps, adv.
quand, conj.
quant (à), prép.
sitôt, adv.
si tôt, l. adv.
violemment, adv.

C'est toi, Yves !

LIVRE V

HISTOIRE DE NICOLAS CHAPLAMBERT L'AGRICULTEUR

(Deuxième Partie)

---

62 — UNE ENSEIGNE.

Comme tous les jeunes gens, Yves Gloanec était prompt à reprendre espérance, même dans les circonstances les plus difficiles. Quand il se vit mieux vêtu, quand il se sentit restauré par un repas substantiel, il lui sembla qu'il en avait fini pour toujours avec le malheur et avec la misère.

A la vérité, il ne se trompait pas tout à fait. Comme il avait maintenant meilleure apparence, il trouva bien quelques occasions de gagner un peu d'argent. Des marchands, des voituriers, des patrons de bateaux, lui demandèrent plus d'une fois un coup de main.

Mais c'étaient là des occupations passagères et peu lucratives, qui ne suffisaient pas pour faire vivre un jeune garçon robuste et de bon appétit, comme Yves Gloanec. Les douze francs qui lui restaient de l'argent remboursé par la Caisse d'épargne, s'épuisèrent avant qu'il eût pu trouver un emploi régulier et des appointements fixes. Déjà il ne mangeait plus tout à fait à sa faim, déjà il voyait approcher le jour terrible où son estoma ; crierait de nouveau famine, quand il vint à passer devant une crèmerie, dont l'enseigne éveilla dans son esprit un souvenir d'enfance; sur cette enseigne, en effet, on lisait : *OEufs et lait de la ferme de Chaplambert.*

« Chaplambert ! se dit Yves Gloanec, c'est le nom de mon ancien camarade Nicolas... Serait-il par hasard dans cette contrée? M. Prévôt m'a bien dit dans une de ses lettres que la famille Chaplambert avait quitté la Normandie : mais c'était, si je ne me trompe, pour aller demeurer aux environs de Limoges, et non pas aux environs de Bordeaux... Enfin, renseignons-nous toujours ! »

Yves Gloanec entra dans la crèmerie, demanda une tasse de lait, et interrogea poliment la marchande, qui lui répondit :

« La ferme de Chaplambert est à trois ou quatre lieues de Bordeaux. Les fermiers qui l'exploitent viennent ici tous les jours. Ce sont de bien braves gens, c'est tout ce que je puis vous dire. Si vous voulez les voir, revenez demain, à sept heures du matin. »

Yves passa la fin de la journée dans une hésitation facile à comprendre. Il dormit à peine dans le galetas à bon marché qui lui servait d'asile pour la nuit, et, le lendemain, dès six heures et demie du matin, il était installé dans la crèmerie et prenait patience en buvant lentement une tasse de lait, achetée de ses derniers centimes.

Sept heures sonnèrent, puis sept heures un quart... Yves commençait à craindre que le fermier ne parût pas.

Dix minutes s'écoulent encore et voilà qu'un joyeux carillon de clochettes et de grelots se fait entendre à sept heures et demie !

Yves a pâli : il a reconnu le grand jeune homme qui vient de sauter à bas de la voiture. C'est bien Nicolas, son vieux camarade! Yves, tout palpitant d'émotion, se lève pour aller à sa rencontre. Mais déjà Nicolas est auprès de lui et lui dit, en le regardant en face :

« Je ne me trompe pas, c'est toi, Yves Gloanec ! (fig. p. 263.)

— C'est moi, Nicolas Chaplambert ! quel bonheur de te rencontrer !

— Pour moi de même, Yves ! »

Les deux jeunes gens se jetèrent dans les bras l'un de l'autre, et, après ce premier moment d'effusion, Nicolas Chaplambert s'assit auprès d'Yves Gloanec, en lui disant :

« Mon cher Yves, nous allons boire une bonne bouteille de vin de Bordeaux en l'honneur de notre réunion.

— Nicolas, dit Yves, je ne boirai pas de vin ce matin ; j'ai trop souffert tous ces jours-ci, la tête et le cœur me tourneraient, si je prenais le moindre verre de vin ou de liqueur. Je me contenterai d'un peu de pain et de lait. »

Cette sobriété, qui prouvait qu'Yves était malheureux, mais non pas intempérant, plut beaucoup à Nicolas, qui se montra plus affectueux encore à l'égard de son ancien condisciple : il lui arracha le récit de son infortune, et, finalement, lui proposa de l'emmener à sa ferme pour quelques jours, ce qui lui donnerait le temps de se remettre et de réfléchir.

Mais Yves avait le cœur bien placé : il ne voulait être à charge à personne, pas même à un ami. Il dit très nettement à Nicolas :

« Je ne consens à te suivre que si tu me promets de me faire gagner mon pain, en me donnant du travail.

— Je te le promets, répondit Nicolas Chaplambert : ouvrier toute la journée, et le soir, ami de la maison, voilà ce que tu seras, aussi longtemps que tu le voudras. Tu viens bien à propos : car je manque de bras pour la vendange. Mais, j'y songe, tu as encore des camarades à revoir : attends un instant ! »

Il alla vers une remise et cria : « Holà ! » Deux jeunes et vigoureux garçons parurent.

« Les reconnais-tu, ceux-là, dit Nicolas à Yves, qui hésitait à répondre. Ce sont mes deux frères Sylvain et Blaise. Tu vois comme ils ont grandi ! C'est l'air de la mer et des pins qui les a ainsi fortifiés. Ah ! la vie au grand air, mon cher Yves ! quelle source de force et de santé !... Mais il est déjà tard ; il est temps que nous allions au marché. Faisons nos plans pour la journée. Pensons d'abord à toi, mon cher Yves.

Je te prierais bien de nous accompagner, pendant que nous ferons nos ventes et nos achats : mais tu me parais un peu fatigué.

YVES GLOANEC. — C'est vrai, mon cher Nicolas, j'ai si mal mangé, si mal dormi tous ces jours-ci, j'ai eu de si grandes inquiétudes...! Mais tout est oublié, la joie de te revoir m'a rendu mes forces, et je suis prêt à te suivre, à t'aider même !

NICOLAS CHAPLAMBERT. — Non, mon cher ami, il faut que tu te reposes.

YVES. — Mais où? Mon logement actuel est si petit, si mal aéré, que rien que d'y entrer, je me sens malade.

NICOLAS. — Aussi n'est-ce pas là qu'il faut que tu ailles. Je vais te mener dans l'hôtel où nous descendons d'ordinaire. Tu mangeras deux œufs sur le plat et une côtelette de mouton; puis tu feras un somme jusqu'à midi. Nous te retrouverons au retour du marché, et tu feras avec nous un bon repas, qui achèvera de te remettre. Ensuite nous irons trouver le commissaire de police, pour lui demander une dernière fois des nouvelles de ton pauvre cousin Vertamboz. Si cette démarche est infructueuse, comme je le crains, nous partirons aussitôt pour la ferme de Chaplambert. Tout cela te va-t-il?

YVES. — Que tu es bon, mon cher Nicolas ! quand je pense qu'hier j'étais si abandonné, si misérable, si découragé, et qu'aujourd'hui je suis avec des amis si généreux, si dévoués, c'est à n'y pas croire ! Mais vraiment, Nicolas, je ne veux pas vous être à charge, à toi et à ta famille, et...

NICOLAS. — Silence là-dessus, je t'en supplie, mon cher Yves. Laisse-moi faire : c'est moi qui commande la manœuvre, obéis-moi ! c'est entendu, n'est-ce pas ! Nous allons t'installer dans notre hôtel, avant de nous diriger vers le marché ! »

*
* *

La matinée fut employée selon le programme réglé par le sage Nicolas. Yves Gloanec dormit bien, mangea mieux encore, et, la joie aidant, il ne tarda pas à se sentir presque aussi dispos que ses aimables compagnons. Son contentement eût été complet, sans la réponse affligeante du commissaire de police, qui déclara, comme les jours précédents, qu'il n'avait pas de nouvelles de M. Vertamboz.

La pauvreté qui cherche du travail est digne de respect.

63. — LA TRANSFORMATION DES LANDES. — BRÉMONTIER. — CHAMBRELENT

A deux heures et demie de l'après-midi, les trois frères Chaplambert montaient en voiture avec Yves Gloanec, et quittaient Bordeaux.

Au bout de quelque temps, Nicolas, ayant engagé le cheval dans un nouveau chemin, dit à Yves Gloanec :

« Tu vois, nous tournons à droite, vers le sud : car, comme je te l'ai dit à table, c'est du côté des Landes que nous allons!

— Mon cher Nicolas, répondit Yves, ce matin quand tu m'as appris que vous demeuriez dans les Landes, je n'ai rien osé dire, de peur de t'être désagréable. Mais, si tu me permets de te parler franchement, je t'avouerai que tu m'as beaucoup étonné : car les Landes n'ont pas bonne réputation. J'ai entendu dire que c'est un pays malsain, où l'on vit soit dans les sables,

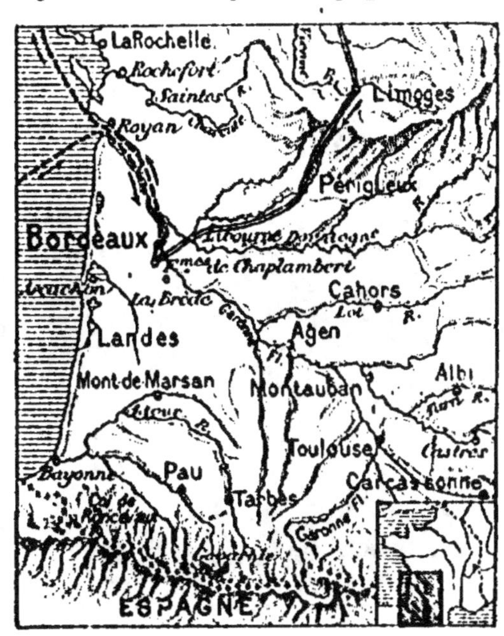

Sud-Ouest de la France. — Remarquez à droite le **carton d'ensemble**. — **Itinéraire** d'Yves Gloanec (----) : Lisbonne, Bordeaux, Fermes de Chaplambert. — **Itinéraire** de la famille Gloanec (====) : Pont-l'Évêque, Caen, Alençon, Le Mans, Poitiers, Limoges, Périgueux, Bordeaux, Fermes de Chaplambert.

soit dans les marécages; où l'on est menacé tantôt par la fièvre, tantôt par la fluxion de poitrine; où les bergers ne peuvent suivre leurs troupeaux qu'en marchant avec des échasses !

Nicolas. — Allons, je vois qu'il faut te compter parmi ceux qui calomnient notre région ! Laisse-moi te dire, mon cher Yves, qu'il n'y a aucune ressemblance entre les Landes d'aujourd'hui et les Landes d'autrefois.

— Que veux-tu dire ?

— Autrefois les sables du rivage de l'Océan, poussés par le vent, formaient des collines, des montagnes mouvantes, ou, si tu aimes mieux, des *dunes*, qui s'avançaient dans les Landes ; déjà elles avaient recouvert plus d'un village : mais **Brémontier** trouva le moyen d'arrêter les dunes à l'aide de plantations de pins savamment faites.

Yves. — Oh ! que voilà un homme habile et bienfaisant !

Nicolas. — Ah ! certes, c'est ce que je me dis souvent ; mais à son nom il faut associer celui de l'ingénieur **Chambrelent**, qui a complété son œuvre. Ce n'était pas assez en effet d'arrêter les dunes qui envahissaient progressivement les Landes. Restait un autre fléau : car les eaux de la pluie, forcées de séjourner dans ces régions désolées, sans pouvoir s'infiltrer dans le sol, ni

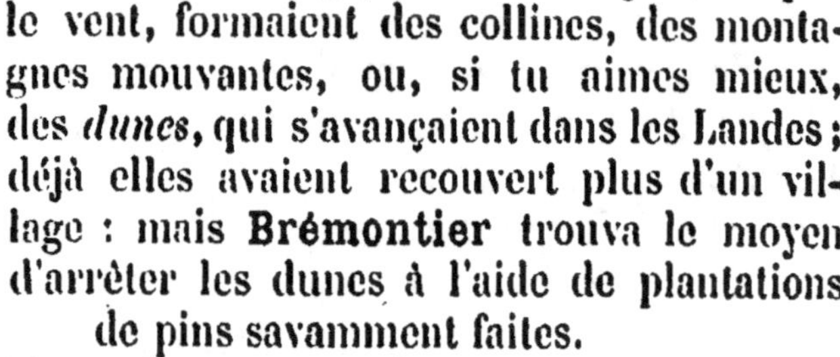

Les Landes autrefois.

s'écouler vers la mer, se corrompaient rapidement, dégageaient des miasmes* dangereux pour la santé humaine, et rendaient impossible toute culture régulière. Chambrelent eut l'heureuse idée de faire creuser dans ces mornes solitudes de nombreux canaux, destinés à faciliter l'écoulement des eaux. Ses efforts eurent un plein succès. Au bout de peu d'années, des forêts de pins, de chêne et d'autres arbres commencèrent à se développer. Les cultivateurs se disputèrent les terres si méprisées auparavant, et de beaux domaines se créèrent, comme, par exemple, celui que mes parents et moi nous faisons valoir, pour le compte de Mme Bonneville.

Yves. — Mme Bonneville, dis-tu?

Nicolas. — Tu ne te rappelles pas le nom de cette bonne dame qui, après l'incendie de notre maison, nous installa dans ses terres de Normandie?

Yves. — Je me souviens d'elle maintenant. Mais comment se fait-il que vous soyez venus ici à tant de lieues de la Normandie?

Nicolas. — Rien de plus simple : le climat normand ne convenait pas à ma mère. Mme Bonneville s'en aperçut, et elle eut la bonté de transporter mes parents aux environs de Limoges. Ils y restèrent peu de temps; car ma sœur Jeannette ayant épousé un très bon cultivateur, M. François Le Bihan, ancien élève d'une école d'agriculture comme moi, Mme Bonneville nous établit avec nos parents dans ses domaines des Landes, avec la charge d'y appliquer les nouvelles méthodes de culture et d'y expérimenter les procédés récemment découverts.

Yves. — Tu parles comme si vous aviez plusieurs domaines.

Nicolas. — En effet, notre exploitation est double. Nous possédons deux domaines, à un demi-kilomètre l'un de l'autre. Le premier porte le nom de mon beau-frère Le Bihan, qui le met en valeur, aidé de sa femme et de moi. Nous avons fait des plantations de vignes, qui nous donnent un bon petit vin blanc : il ne vaut pas les grands crus du Bordelais; il ne vaut ni le Jurançon, ni le Château-Margaux, ni le Sauterne, ni le Laffitte, mais il se vend aisément chaque année. Vois-tu ces terrains, là-bas, au loin : c'est notre champ de bataille : c'est là que nous luttons contre les sournois ennemis de la vigne. Nous combattons avec du soufre en poudre l'**oïdium**, qui fait moisir les raisins et les feuilles. Pour détruire le redoutable **phylloxéra** (page 247), nous couvrons d'eau nos vignes pendant un mois, ou bien nous les arrosons de certaines préparations chimiques, ou bien encore nous arrachons les ceps trop malades, pour les remplacer par des *plants américains*. Et tu pourrais nous voir aller et venir au milieu de nos vignobles avec un **pulvé-**

risateur (fig.), pour détruire le **mildiou**, ce maudit champignon, qui s'attaque aux feuilles de la vigne et les fait

Pulvérisateur.

tomber. Voilà ce que nous faisons, M. Le Bihan et moi, dans le premier domaine.

YVES. — Le second est sans doute une grande ferme.

NICOLAS. — Oui, c'est la *ferme de Chaplambert* : mon père et ma mère y résident avec mes deux frères, Sylvain et Blaise, et ma sœur Marie. Notre grand-père achève doucement auprès d'eux sa longue vie, entouré, je n'ai pas besoin de te le dire, de la vénération universelle. Tout ce monde, en se concertant amicalement, fait beaucoup d'ouvrage, élève des troupeaux, exploite des bois de pins avec une ardeur que récompense, je ne dis pas la richesse, mais du moins une large aisance, comme tu vas en juger. »

La voiture en effet avançait rapidement, et bientôt elle fut à l'entrée du domaine de Chaplambert (fig.).

Aux abords de l'habitation, des troupeaux de bœufs et de moutons paissaient. Des bouquets de pins, qui répandaient dans l'atmosphère un parfum de résine*, encadraient une maison d'une propreté qui faisait plaisir à voir.

Sur la façade, une plaque de métal brillait au soleil, témoignant à tout venant que la maison était bien et dûment assurée.

Les fenêtres et les lucarnes des étables étaient d'un modèle nouveau. Le vent faisait tourner une jolie roue, peinte en rouge, qui mettait une pompe en action et remplissait d'eau un réservoir de tôle très haut placé. Des poules picoraient dans une basse-cour remarquablement propre. Près du fumier se voyait une pompe à purin.

C'était — qui l'aurait cru? — la ferme du père de Nicolas. Ah! M. Chaplambert n'était plus ce cultivateur arriéré qui autrefois se dérobait aux sages avis de M. Prévôt, — vous vous rappelez? — Ce n'était plus cet obstiné qui s'entêtait à ne pas assurer sa maison, qui repoussait les bonnes méthodes de culture. L'incendie de sa ferme l'avait instruit; il avait renoncé à ses préjugés et à ses manies; il avait organisé, avec l'aide de ses enfants, une vraie ferme modèle.

Après les premières effusions, quand les voyageurs se furent restaurés, Yves fit avec Nicolas le tour du domaine; tous deux songeaient avec émotion à une promenade semblable qu'ils avaient faite à la ferme de Maisonvieille,

Les Landes aujourd'hui. — Ferme de M. Chaplambert, organisée selon les **nouvelles méthodes.** Remarquez le **réservoir d'eau,** la **pompe à purin,** le **poulailler** modèle, les **plantations** de pins, les **clôtures** en fil de fer, etc.

quelques semaines avant l'incendie qui devait ruiner la famille Chaplambert.... Que de changements depuis ce temps-là! Que de peines, que de luttes, heureusement récompensées de quelques succès!

Sylvain et Blaise, qui avaient appris à marcher sur des échasses, comme quelques habitants des Landes le faisaient encore, s'amusaient à précéder Yves et Nicolas et à tourner autour d'eux, en faisant des pas démesurés avec leurs grandes jambes de bois, fort inutiles d'ailleurs, car le sol, définitivement assaini, était sec et résistant.

Au premier moment de loisir, M. Chaplambert rejoignit

les jeunes gens; il se dirigea avec eux vers des chantiers d'exploitation où une vingtaine d'ouvriers façonnaient des pins récemment abattus.

« Vous connaissez déjà sans doute, dit-il en s'adressant à Yves Gloanec, l'industrie du bois (fig. d'ensemble page 193)?

— Oui, monsieur, répondit Yves; car j'ai séjourné dans les Vosges et dans le Jura, où l'on travaille le bois de bien des façons; mais j'avoue que je ne devine pas ce que vos ouvriers font en ce moment. Qu'est-ce donc que ces morceaux de bois taillés régulièrement comme des pavés?

— Ce sont des pavés, en effet, mon jeune ami, des pavés de bois, qu'on emploie dans les grandes villes, et qui sont aussi résistants que des pavés de pierre. Et ces traverses. en devinez-vous l'emploi?

— Non, monsieur.

— Elles serviront à porter des rails de chemin de fer; nous devons les expédier jusqu'en Amérique, en même temps que des poteaux télégraphiques. Et nous fabriquons aussi des échalas à soutenir la vigne, des clôtures de voies ferrées, des manches à balais, que sais-je encore! Il a bien changé, n'est-ce pas, mon cher Yves, le fermier Chaplambert, chez qui vous avez goûté autrefois, dans son jardin de Maison-vieille! Il n'est plus cet homme entêté, arriéré, qui ne connaissait que sa routine! C'est que, voyez-vous, j'ai voulu faire comme les Landes elles-mêmes : je me suis transformé; j'ai fini par croire que le progrès n'est pas un vain mot pour l'agriculteur; je me suis fait enseigner par mon fils et par mon gendre les nouvelles méthodes de culture, et, soit dit sans vanité, je tâche de prouver par mon exemple la vérité de ce que M. Prévôt me disait un jour :

Il n'est jamais trop tard pour bien faire. »

64. — LA VEILLÉE EN FAMILLE. — LES PORTS
DE LA FRANCE

Ainsi se passa la fin de la journée. Quand le crépuscule tomba, Yves dit à Nicolas :

« Je suis trop heureux maintenant pour ne pas m'empresser de le faire savoir à ma mère! Je vais lui écrire sur-le-champ. Je lui demanderai si elle n'a pas quelques nouvelles de M. Vertamboz.

— Très bien, et, pendant que tu auras la plume à la main, sais-tu ce que tu devras faire encore?

— Je le devine : écrire à M. Prévôt.

— Tout juste. Ne trouves-tu pas qu'à cette heure-ci son souvenir est plus que jamais avec nous, et que nous lui devons bien un mot? »

Ils montèrent au premier étage, et Nicolas Chaplambert installa Yves Gloanec à un petit pupitre, devant la photographie de M. Prévôt, qui lui souriait et semblait l'encourager. Yves, qui, en d'autres temps, aimait si peu à tenir une plume, ne pouvait se lasser d'écrire, ce soir-là : il trouvait toujours quelque chose à dire (fig.). C'est qu'il était content et qu'il parlait avec l'abondance du cœur.

Yves Gloanec écrit à sa mère et à M. Prévôt.

Il serait trop long de répéter tous les mots affectueux qu'il trouva naturellement. Contentons-nous de lire la fin de la lettre qu'il envoya à sa mère. Après lui avoir raconté son long voyage, après lui avoir annoncé la triste et inexplicable disparition du cousin Vertamboz, Yves ajoutait :

« Ma chère mère, je ne veux pas achever ma lettre sans te demander encore pardon pour mon absence prolongée. Que de soucis, que d'inquiétudes ont dû troubler tes journées et tes nuits, tandis que tu pensais à ton fils égaré par le monde et peut-être perdu en mer! Que de fois tu as dû regarder mon frère Marcel, en te disant : « Voici l'un de mes enfants, mais où est l'autre? Que fait-il à cette heure? Ne souffre-t-il pas de la faim, de la chaleur, de la fièvre? » Hé bien, ma chère mère, rassure-toi : je suis arrivé au port; je suis aux environs de Bordeaux, chez ce bon Nicolas Chaplambert que tu as bien connu autrefois à Cachan. Je vais l'aider à faire la vendange. Je gagnerai ainsi quelque argent, puis je retournerai auprès de toi, chère maman, et auprès de mon frère Marcel. Ne crains pas que je me risque encore dans quelque aventure imprudente. Je suis devenu sage, et Nicolas Chaplambert, qui a toujours été si raisonnable, me donnera un peu de sa raison. Cette fois, ma chère mère, si je te dis « A bientôt ! », ce n'est pas un mot en l'air, crois-le bien. Je ferai tout mon possible pour ne plus m'attarder en route. Quand je pense que, très probablement, je t'embrasserai dans quelques semaines, ainsi que mon frère, j'ai des larmes plein les yeux.

Ton fils qui t'aime tendrement,
YVES GLOANEC. »

Nicolas Chaplambert prit les lettres et les remit à un domestique, en le priant de les porter sans retard au village le plus rapproché, en même temps que deux colis* postaux

La veillée dans la famille Chaplambert.

contenant des raisins et destinés l'un à Mme Gloanec, l'autre à M. Prévôt.

A la fin de cette journée si heureusement remplie, après un gai repas, tout le monde se groupa autour de la lampe de famille (fig.). Le Bihan s'assit au coin de la cheminée. Sa femme se mit en face de lui, ayant son tout jeune enfant dans ses bras, et, tout près d'elle, une petite orpheline de quatre ans, qu'elle et son mari avaient généreusement adoptée.

Yves Gloanec fut, comme on le pense bien, le héros de cette petite fête de famille. On l'interrogea beaucoup sur ses voyages. Il répondit de bonne grâce; mais il fut discret et modeste, et ne se mit pas trop en évidence. Pendant qu'il parlait des côtes de la Méditerranée, François Le Bihan approuvait de la tête, en homme qui connaît à fond ce dont on l'entretient.

« Monsieur Le Bihan, lui dit Yves Gloanec, vous êtes donc allé dans ces parages?

— Oui, répondit François Le Bihan, j'ai séjourné à **Toulon** pendant mon service militaire, que j'ai fait dans la marine.

Yves. — Je voudrais bien avoir plus tard la même chance que vous, M. Le Bihan; car, depuis que je me connais, mon rêve est d'être marin. La traversée que je viens de faire ne m'a pas découragé, au contraire. Et sans doute, monsieur, vous avez visité les ports principaux de la France?

François Le Bihan. — Je les ai vus presque tous, en effet. J'ai vu le port de Brest, le port du Havre, le port de Saint-Malo, et d'autres encore, que j'oublie. Mais mon beau-frère Sylvain va me les rappeler. Sylvain, répète-nous la pièce de vers que tu nous as récitée l'autre jour, veux-tu?

Sylvain. — Mon cher François, je ne la sais plus guère, je me tromperai sûrement.

François Le Bihan. — Allons, Sylvain, lève-toi, nous t'écoutons; ne fais pas le timide! »

Sylvain Chaplambert se leva, après s'être fait un peu prier, car il n'était pas très hardi, et il récita la pièce suivante, d'*Alfred de Vigny*, un des grands poètes du xixe siècle :

> **Brest** vante son beau port et cette rade insigne*
> Où peuvent manœuvrer trois cents vaisseaux de ligne;
> **Boulogne**, sa cité haute et double; et **Calais**,
> Sa citadelle assise en mer comme un palais.
> **Dieppe** a son vieux château soutenu par la dune*,
> Ses baigneuses cherchant la vague au clair de lune,
> Et ses deux monts, en vain par la mer insultés.
> **Cherbourg** a ses fanaux* de bien loin consultés,
> Et gronde, en menaçant Guernsey* la sentinelle,
> Debout près de Jersey*, presque en France ainsi qu'elle.

Lorient, dans sa rade'au mouillage' inégal,
Reçoit la poudre d'or des noirs' du Sénégal.
Saint-Malo dans son port tranquillement regarde
Mille rochers debout qui lui servent de garde.
Le Havre a pour parure ensemble et pour appui
Notre-Dame de Grâce et **Honfleur** devant lui.
Bordeaux, de ses longs quais parés de maisons neuves,
Porte jusqu'à la mer ses vins sur deux grands fleuves.
Toute ville à **Marseille** aurait droit d'envier
Sa ceinture de fruits, d'orange et d'olivier.
D'or et de fer **Bayonne** en tout temps fut prodigue.
Du grand cardinal-duc' **La Rochelle** a la digue.
Tous nos ports ont leur gloire ou leur luxe à nommer.

A. DE VIGNY'.

65. — LA VEILLÉE EN FAMILLE (suite). — LES TORPILLEURS A FOU-TCHÉOU

— Bravo, mon cher fils, dit M. Chaplambert : tu n'as hésité que deux ou trois fois. Je te félicite de l'effort que tu as fait pour vaincre ta timidité. Pour vous, mon gendre, c'est très bien à vous de faire réciter les autres, mais parlez-nous de votre service. Dites-nous, par exemple, ce que vous avez fait au Tonkin.

FRANÇOIS LE BIHAN. — Vous le savez assez, mon cher beau-père, car je vous l'ai souvent raconté.

M. CHAPLAMBERT. — Oui, mais Yves Gloanec n'était pas là pour vous entendre.

YVES. — Je vous en prie, monsieur, parlez-nous de ce qui vous est arrivé au Tonkin.

FRANÇOIS LE BIHAN. — Hé bien donc, je fus envoyé au Tonkin avec le torpilleur' 46, qui était attaché à la flotte de l'amiral **Courbet**'. C'était en 1884. Les Chinois nous créaient toutes sortes d'embarras. L'amiral résolut de porter la guerre chez eux. Il s'engagea avec sa flotte dans la rivière *Min* et pénétra jusqu'au cœur de l'arsenal de **Fou-Tchéou**. Je l'avais suivi à bord de mon torpilleur. Notre commandant nous dit : « Mes enfants, c'est à nous que revient l'honneur « du premier coup, ainsi qu'à nos camarades du torpilleur « 45. Vous voyez ce gros navire chinois qui a l'air de se « moquer de nous avec ses sculptures grimaçantes. Son

« équipage est très nombreux : nous ne sommes que douze;
« n'importe, je puis vous assurer que nos forces ne sont pas
« inégales. Attachez solidement sur votre tête votre capu-
« chon de tôle, et gardez tout votre sang-froid. Nous par-
« tons! » Le torpilleur fit aussitôt machine en avant, et,
se ruant sur le vaisseau ennemi, le *Yang-ou*, il accrocha
une torpille à son flanc (fig.). Le terrible projectile éclata, et
cinq minutes ne s'étaient pas écoulées, que le *Yang-ou* s'engloutissait dans la mer. En même temps le torpilleur 45

Les torpilleurs français devant l'arsenal de Fou-Tchéou.

coulait à fond le *Fou-Po*. Les autres navires français s'acquit-
tèrent aussi bien de leur tâche, et, en moins d'une demi-
heure, la flotte chinoise perdit 22 navires de diverses grandeurs, et 2000 marins. Alors l'amiral Courbet bombarda
l'arsenal. Les ateliers où les Chinois construisaient leurs
navires furent anéantis, ainsi qu'un infortuné vaisseau de
guerre, qui était encore dans les chantiers, et qui périt avant
même d'avoir pu être lancé à la mer.... Et voilà ce que nous
avons fait à Fou-Tchéou!

YVES GLOANEC. — Je vous envie de plus en plus, monsieur Le
Bihan, et, quand je serai marin de l'État, il faudra que je
me fasse envoyer au Tonkin.

— Pour moi, dit Madame Chaplambert, ces récits me

donnent le frisson. C'est beau et brave, tout ce que vous avez fait là, mon cher gendre, et vous avez le droit d'en être fier; mais je suis tentée de vous plaindre; car dans vos combats et dans vos voyages, vous avez dû endurer bien des souffrances et exposer bien des fois votre vie!

— C'est vrai, mère! dit François Le Bihan, mais j'ai reçu ma récompense, ajouta-t-il, en se tournant vers sa femme Jeannette, qui l'écoutait, tout émue, et lui souriait avec une sorte d'admiration. »

Il reprit, après une petite pause :

« Tout en courant le monde, je n'avais pas perdu le meilleur espoir qui puisse soutenir un homme à travers les épreuves de sa jeunesse, celui de trouver enfin une bonne femme comme toi, ma chère Jeannette, et des parents comme les tiens, pour me faire une seconde famille.

M. Chaplambert. — Une famille qui vous aime tendrement, mon cher gendre.

Madame Chaplambert. — Oh bien sûr!

François Le Bihan. — Que de fois, lorsque j'étais en mer, j'ai pensé aux joies d'un aimable intérieur, aux maisons pleines de gais enfants!

M. Chaplambert. — Et vous aviez bien raison, mon cher ami, ce sont ces maisons-là que les hommes admirent et qui sont bénies. »

Pendant que ces paroles s'échangeaient, la fille adoptive de François Le Bihan, la pauvre orpheline qu'il avait si charitablement adoptée, prenait ses genoux d'assaut pour mettre un bon baiser sur ses joues, tandis que le tout petit garçon, trop jeune encore pour quitter les bras de sa mère, tendait gentiment ses mains.

Devant cette charmante scène de famille, Yves pensait à sa mère, à son jeune frère, et son cœur tressaillait de joie à l'idée qu'il les reverrait bientôt.

En même temps il se sentait tout pénétré de reconnaissance et d'estime pour les hôtes qui l'avaient si affectueusement recueilli; et, tandis qu'il arrêtait ses yeux sur la petite orpheline si bien traitée dans la maison, il songeait à tant d'autres enfants restés seuls sur la terre, sans parents et sans amis... A cette pensée, Yves Gloanec sentait des larmes monter à ses yeux, et, tout au fond de sa mémoire, il retrouvait ces vers si touchants, qui pourraient s'intituler *Les plaintes de l'orpheline* :

> J'ai fui ce pénible sommeil
> Qu'aucun songe heureux n'accompagne,
> J'ai devancé sur la montagne
> Les premiers rayons du soleil.
>
> S'éveillant avec la nature,
> Le jeune oiseau chantait sur l'aubépine en fleurs,
> Sa mère lui portait la douce nourriture ;
> Mes yeux se sont mouillés de pleurs.
> Oh ! pourquoi n'ai-je pas de mère ?
> Pourquoi ne suis-je pas semblable au jeune oiseau
> Dont le nid se balance aux branches de l'ormeau' ?
>
> Rien ne m'appartient sur la terre ;
> Je n'eus pas même de berceau,
> Et je suis un enfant trouvé sur une pierre
> Devant l'église du hameau'.
>
> Loin de mes parents exilée,
> De leurs embrassements j'ignore la douceur,
> Et les enfants de la vallée
> Ne m'appellent jamais leur sœur !
>
> Je ne partage point les jeux de la veillée ;
> Jamais sous un toit de feuillée
> Le joyeux laboureur ne m'invite à m'asseoir ;
> Et de loin je vois sa famille,
> Autour du sarment' qui pétille,
> Chercher sur ses genoux les caresses du soir.

Soumet'.

66. — LES VENDANGES. — LE BON SERVITEUR. — L'AMITIÉ

Le lendemain, dès cinq heures du matin, la récolte du raisin commençait. Entre les ceps* de vigne, madame Le Bihan, Blaise Chaplambert et deux ouvriers de supplément s'avançaient de front : de temps en temps le grand-père venait se joindre à eux, quitte à retourner s'asseoir à l'ombre, lorsque ses petits-enfants l'en priaient avec une respectueuse insistance.

Les travailleurs détachaient les grappes, et les mettaient, après en avoir enlevé soigneusement les grains gâtés, dans des paniers, dont Yves Gloanec et Sylvain Chaplambert allaient verser le contenu dans de grandes cuves.

Nicolas Chaplambert et son beau-frère M. Le Bihan s'occupaient des autres opérations de la **vendange**[1].

M. Chaplambert était resté à la garde de la ferme de Chaplambert, et sa femme surveillait l'autre maison.

M. Le Bihan et Nicolas Chaplambert interrompaient leur ouvrage à tour de rôle pour aller surveiller leur monde, et surtout les ouvriers de supplément, qu'ils ne connaissaient pas.

Ils n'hésitaient nullement à faire des reproches aux négligents et aux paresseux ; et comme ils ne se

Les vendanges. — Le bon **serviteur** prend la défense de son **maître**.

ménageaient pas eux-mêmes, personne ne leur gardait rancune.

Un des ouvriers supplémentaires, loués pour la vendange (fig.), essaya de murmurer.

Mais son voisin, un bon vieux valet de ferme, lui dit :

---

[1] **La vendange.** — Lorsque le raisin est mûr, on le coupe, puis on le foule, soit en le piétinant, soit en l'écrasant à l'aide du **pressoir** (fig. d'ensemble, p. 55). On l'entasse ensuite dans de grandes cuves de chêne, où bientôt il entre en **fermentation***. On n'a plus qu'à **soutirer*** le liquide, pour le séparer des résidus, comme les noyaux, les peaux, etc.... Ces résidus forment le **marc**, qui, soumis à la distillation dans un **alambic**, donne l'**eau-de-vie de marc**. — On fait du vin blanc même avec du raisin rouge, pourvu que la peau du grain soit séparée du jus avant la fermentation.

« Vous me voyez : j'ai les cheveux gris ; Nicolas a bien des années de moins que moi. Mais quand il commande, je lui obéis sans rechigner, parce que c'est mon devoir ; et même je lui obéis avec plaisir, parce qu'il est juste. Son père, son beau-frère, ses frères et lui, sont ce qu'on peut appeler de bons maîtres. Ils exigent notre travail : mais ils nous paient toujours comptant le prix convenu, et le plus souvent ils y ajoutent une blouse, un chapeau, un outil, ou une paire de chaussures. »

Yves Gloanec, qui entendit plusieurs fois des conversations de ce genre, appréciait de plus en plus les excellentes qualités de Nicolas Chaplambert.

Celui-ci, de son côté, en voyant l'activité d'Yves, sentait augmenter son affection pour lui. Leur bonne camaraderie d'école devenait de l'amitié.

Ils auraient été heureux assurément de vivre longtemps ensemble. D'autre part, le moment était venu pour Yves de retourner auprès de sa mère et de son frère, impatients comme lui de voir venir bientôt le jour de la réunion, ainsi que Madame Gloanec le disait dans une lettre pressante.

Nicolas trouvait ce désir trop légitime pour essayer de le contrarier. A force d'amabilité et de délicatesse, il fit accepter à son ami l'argent qui était la juste rémunération de ses peines, et chercha avec lui le moyen de le rapatrier économiquement.

Avant d'étudier un trajet quelconque pour son retour, Yves Gloanec fit de nouvelles démarches à Bordeaux, afin de retrouver son cousin Vertamboz ; il n'apprit rien. Il dut se résigner à s'en retourner seul vers son pays.

Mais il ne savait comment s'y rendre. Il ne pouvait songer à user du chemin de fer, qui aurait absorbé tout ce qu'il avait gagné chez les Chaplambert.

Yves pensa qu'il aurait plus de profit à reprendre son métier de marinier, à s'engager sur un bateau et à regagner la vallée du Rhône par le *Canal du Midi*.

Mais il se trouva justement que ce canal n'était pas praticable à ce moment-là : on était en train de le réparer et de le curer : il était par conséquent fermé à la navigation. Que faire ? A la fin M. Le Bihan trouva une combinaison. Il pria son oncle, Jean Bianic, patron d'un bateau de commerce qui allait de Bordeaux à Nantes et de Nantes à Brest, de prendre Yves gratuitement à son bord, et de le conduire jusqu'à l'embouchure de la Loire. Là le jeune garçon trouverait bien à s'engager sur un chaland* pour remonter ce fleuve jusqu'au *Canal d'Orléans*, et se rendre ensuite en Bourgogne, puis en Franche-Comté. Les Chaplambert dirent adieu à Yves comme à un véritable parent. Nicolas Chaplambert tint à lui faire la conduite jusqu'à Bordeaux ; il resta avec lui jusqu'à l'heure de l'embarquement, et les deux jeunes gens

Adieux de Nicolas et d'Yves.

ne se séparèrent qu'en se jurant une amitié fidèle et en se promettant de s'écrire souvent (fig.).

L'amitié naît de la sympathie et se fortifie par l'estime.

A RETENIR

Instruction.

Géographie. — Crus bordelais : les crus bordelais produisent les fameux *vins de Bordeaux*, rivaux des *vins de Champagne* et de *Bourgogne*.

— **Landes** : plaine immense entre la Garonne et l'océan Atlantique ; autrefois inculte et malsaine, à cause des *dunes* de sable qui l'envahissaient et des *eaux stagnantes** qui la rendaient marécageuse ; aujourd'hui assainie et mise en culture, grâce aux travaux de *Brémontier* et de *Chambrelent*.

Connaissances usuelles. —**Vendange** : récolte du raisin. Le jus des raisins, fermenté et traité par certains procédés, donne le vin (rouge, jaune ou blanc).

— **Maladies de la vigne** : *oïdium, mildiou, phylloxéra*.

— **École navale** : école établie à Brest, à bord du navire le *Borda*. C'est là que se forment nos futurs *officiers de marine*.

— **Torpilles** : ce sont des engins de guerre chargés de *dynamite** et pouvant faire explosion à un moment déterminé.

Les torpilles sont lancées contre les vaisseaux ennemis ou accrochées à leurs flancs par un *bateau-torpilleur*, capable de faire 45 kilomètres à l'heure. Les torpilleurs ont rendu de grands services à l'amiral *Courbet*, lorsqu'il détruisit la flotte chinoise à *Fou-Tchéou* en 1884.

Éducation.

— On peut se **corriger** à tout âge : voyez l'exemple du père Chaplambert.

— Voulez-vous avoir de **bons serviteurs** : soyez **bon maître**.

— Unis par l'**affection**, occupés chaque jour d'un nouveau **travail**, les agriculteurs ne connaissent pas l'**ennui**.

— C'est un beau spectacle que l'aïeul entouré de petits-enfants qui l'aiment et le respectent.

— Beau spectacle aussi qu'une veillée de famille où l'orphelin et le **pauvre** sont admis.

— J'aime et je respecte le pauvre qui garde sa **dignité** et qui cherche du travail, comme Yves Gloanec.

— Si je suis marin, comme Le Bihan, j'aurai pour mes officiers non seulement de l'**obéissance**, mais aussi de l'**affection** et du **respect**.

— Si je voyage, comme Yves Gloanec, la **pensée** de mes **parents** me suivra en pays étranger et me soutiendra dans mes peines.

— Je leur **écrirai** avec mon cœur, et je suis sûr que ma lettre leur fera du bien.

— Je ne me mettrai pas trop **en avant**, en présence de gens plus âgés et plus expérimentés que moi.

— Ne vous **réjouissez** pas bruyamment devant ceux qui sont **tristes**.

— Je remarque qu'Yves Gloanec et Nicolas Chaplambert s'**aimèrent** plus, à mesure qu'ils s'**estimèrent** davantage.

LECTURE D'ORTHOGRAPHE VISUELLE

(Mots difficiles tirés du Cinquième Livre de Monsieur Prévôt.)

Lire comme suit : alambic s'écrit avec un *c* à la fin du mot ; — apprentissage s'écrit avec deux *pp* et deux *ss* ; — cru, dans le sens de vignoble, s'écrit *sans accent* ; — crû, participe passé du verbe *croître*, s'écrit avec un *accent circonflexe*, etc.

Substantifs.			
	le commissaire	le grelot	le parfum
un alambic	le cru (crû, partic.)	le hamac	la pause
un appui	la délicatesse	le hameau	le pin
un apprentissage	le domaine	le hère	le plan
un arsenal	la dynamite	le héros	le plant
un assaut	un échalas	un hôte	la pose
une atmosphère	une échasse	le luxe	le poteau
la basse-cour	une effusion	le lycée	la photographie
les basses-cours	un enseigne	le marc	le phylloxéra
le carillon	une épître	la méthode	le préjugé
le cep	un étonnement	le mildew (ou mildiou)	le progrès
le chaland	la fermentation	le mouillage	le rail
la citadelle	le flanc	un oïdium	les rails
la clôture	la fluxion	un ormeau	la résine
le colis	le galetas	un orphelin	le roulis
			le respect

le sarment
la sculpture
la scène
le soufre
le supplément
la tôle
le torpilleur
le vaisseau
la vendange
la vingtaine

Adjectifs.

affamé
affectueux
bienfaisant
cuirassé
enchanteur
enchanteresse

énergique
entêté
grimaçant
habituel
hardi
inexplicable
marécageux
praticable
(pratiquer)
raisonnable
souffreteux
télégraphique

Verbes.

abattre
abats (j')
anéantir
assainir

atteler
attelle (j')
bombarder
concerter (se)
consentir
consens (je)
corrompre
corromps (je)
développer
cru (de croire)
crû (de croître)
emmener
entasser
envahir
exploiter
flotter
hésiter
installer
manœuvrer

nettoyer
pêcher
pêcher
procéder
restaurer
séjourner
tressaillir

Mots invariables.

aujourd'hui
dûment, adv.
généreusement,
  adv.
nettement, adv.
progressivement,
  adv.
récemment, adv.
savamment, adv.

Yves Gloanec en Bretagne.

LIVRE VI

HISTOIRE D'YVES GLOANEC, LE VOYAGEUR

(Deuxième Partie)

67. — EN BRETAGNE. — LES MENHIRS. — LA FERME BRETONNE. — LA LANGUE FRANÇAISE

Voilà donc notre Yves Gloanec lancé de nouveau dans l'inconnu, mais cette fois avec plus de sagesse et d'expérience, car ses malheurs lui avaient formé le caractère. Il ne songeait plus à satisfaire les caprices de son humeur voyageuse, il avait un but plus élevé : il voulait rentrer au logis les mains pleines, pour pouvoir dire à sa mère et à son frère : « Prenez, tout mon gain est pour vous. »

Le patron Bianic avait un neveu qui lui servait de mousse; c'était Job, que tout le monde appelait Jobic, par amitié. Jobic était un adolescent éveillé et leste comme un écureuil. Il prit en affection Yves et lui rendit la navigation très agréable par sa conversation vive et animée.

Le navire descendit par la Garonne dans la Gironde (carte page 267), formée de la Garonne et de la Dordogne; il passa devant la pointe de Graves, et, sans toucher ni à Rochefort ni à La Rochelle, faute de temps, il gagna l'embouchure de la Loire.

Pendant que l'oncle Bianic prenait des marchandises à Saint-Nazaire (carte ci-dessous), les deux adolescents remon-

Voyages d'Yves Gloanec dans l'Ouest de la France. — Itinéraire : Saint-Nazaire, Lorient, Brest, Landerneau, Lesneven, Brignaugan, *canal de Brest à Nantes*, Nantes, Angers, Tours, Blois, Orléans. Remarquez, à droite, le carton d'ensemble. — Cette carte est panoramique et montre le relief du sol. Comparez la carte panoramique de la page 201 et voyez combien le relief du sol y est plus accentué.

tèrent jusqu'à **Nantes**[1], belle ville qui vaut la peine d'être vue, même après Bordeaux.

Yves comptait s'embarquer sur la Loire : mais, par suite de la sécheresse, les eaux étaient très basses, et le moment était peu propice pour remonter le fleuve.

---

[1] **Nantes.** — La ville de Nantes a une riche bibliothèque, un musée de peinture intéressant, un musée d'histoire naturelle très bien organisé, un beau lycée, un jardin public, qui compte parmi les plus renommés de France. Grâce à **Saint-Nazaire**, qui est comme son avant-port, Nantes peut soutenir sa vieille réputation commerciale et industrielle. Elle possède des **raffineries** de sucre très importantes, et prépare en grand des **conserves** de légumes, de poissons et de viandes. Le nom de Nantes rappelle l'édit célèbre qui fut promulgué en 1598 par Henri IV, et qui mit fin aux guerres de religion en accordant aux protestants la **liberté de conscience**, édit malheureusement révoqué en 1685 par Louis XIV.

« Que devenir? se disait Yves Gloanec. Attendre une crue* sans rien faire, sans rien gagner? »

M. Bianic le tira de peine en lui faisant la proposition suivante :

« Mon cher Yves, vous m'avez été confié par mon neveu Le Bihan : je ne vous abandonnerai pas. Restez à mon bord, vous nous accompagnerez jusqu'à Brest. Vous viendrez ensuite vous reposer avec nous dans une ferme qui m'appartient et qui est située près d'un petit village nommé Brignaugan. Après cela, je vous trouverai une place sur un bateau qui vous ramènera de Brest à Nantes. »

Yves Gloanec accepta cette offre et remonta de Nantes à Brest avec les Bianic.

Ceux-ci avaient grand désir de revoir leur ferme. Aussitôt débarqués à Brest, ils partirent avec Yves pour le village de Brignaugan, en lui promettant de lui faire visiter Brest à son retour.

Ils traversèrent la jolie ville de Landerneau, puis l'antique bourg de Lesneven, et se dirigèrent sans retard vers le rivage de la mer.

Pendant la marche, les fermes et les champs, enveloppés de brume, attristaient les yeux d'Yves Gloanec, habitués à la claire lumière de l'Est et du Midi.

Cependant Yves trouvait dans ce paysage un certain charme de paix et de recueillement, et le ciel lui semblait moins bas et moins triste, quand la flèche d'un clocher à jour se détachait sur l'horizon.

Et puis, n'était-il pas dans la province natale de son pauvre père! Il se prit à aimer ce pays de Bretagne où le brave douanier Gloanec avait reçu ses premières leçons de vertu et d'honneur.

A mesure que les trois voyageurs marchaient, l'air, devenu plus vif, mettait un dépôt de sel sur leurs lèvres. La mer était proche.

Au bord d'un champ, Yves vit une haute pierre, plantée en terre par l'une de ses extrémités (fig. page 285). Il s'arrêta, et, la montrant du doigt :

« Qu'est-ce que cela? murmura-t-il.

— Je ne te le dirai pas, devine, répondit Jobic.

— Ah! s'écria Yves, j'oubliais que je suis dans le pays

des **dolmens** et des **menhirs** [1], dont notre maître, M. Prévôt, aimait tant à nous parler.

— C'est un menhir, en effet, qui se dresse là-bas, dit l'oncle Bianic. Nous en avons quelques-uns comme celui-ci ; mais c'est à Carnac qu'il faut aller pour en voir des centaines : là, ils sont rangés dans un certain ordre : aussi on les appelle les alignements de Carnac (fig.). Il faudra bien que j'y conduise mon neveu Jobic, un jour ou l'autre. Mais nous voici presque arrivés. »

En effet, l'on aperçut bientôt les rochers qui se dressent de chaque côté de la petite baie de Brignaugan.

Alignements formés par des **menhirs** dans la plaine de **Carnac** (Morbihan), sur une étendue de trois kilomètres.

Pour parvenir à la ferme, les trois marcheurs s'enfoncèrent dans un chemin creux, sillonné de profondes ornières, que la boue remplissait, surtout auprès de l'abreuvoir et de la fontaine. Ils ne purent se tirer de ce mauvais pas qu'en sautant de pierre en pierre.

Yves se demandait si l'intérieur de la ferme ne serait pas

---

[1] **Dolmens et menhirs.** — Un dolmen (fig.) se compose de larges pierres horizontales mises sur d'autres pierres placées verticalement. Un menhir (fig.) est une pierre longue et haute dressée debout sur le sol. Ces monuments s'appellent **mégalithiques** (c'est-à-dire faits de grandes pierres non taillées). Les **dolmens** furent construits au début de l'âge de pierre pour servir de tombeaux. Ils forment une ou plusieurs chambres où l'on trouve des ossements, des outils et des armes en pierre, des poteries grossières, des parures de coquillages, etc. On suppose que les **menhirs** étaient destinés comme les dolmens, à honorer les morts.

Dolmen.   Menhir.

en aussi mauvais état que les abords. Rien de plus propre au contraire. Les bahuts de chêne bien cirés reluisaient. La table de bois, lavée dix fois par jour, mettait dans la demi-obscurité de la cuisine une blancheur très gaie. Cette table n'était point creusée de ces cavités rondes qu'on pratiquait dans les tables bretonnes du vieux temps, et qui servaient d'écuelles. De vraies assiettes de faïence, enluminées de fleurs ou de coqs au plumage éclatant, brillaient entre les baguettes du dressoir.

Le sol de terre battue avait été recouvert d'un plancher de sapin.

On devinait que les maîtres de la maison n'avaient aucune répugnance pour tous les petits perfectionnements si favorables à la santé, si hygiéniques, inventés par la civilisation moderne.

Si la cuisine était trop sombre, l'air et la lumière circulaient dans les chambres. On y voyait bien encore de ces lits, fermés comme des armoires, où les Bretons d'autrefois aimaient à dormir. Mais ce n'étaient plus que de simples ornements, et les gens de la maison couchaient dans des lits à la mode française.

Des **crêpes** de blé noir, cuites sur une grande rondelle de fonte qui chauffait au feu de la cheminée (fig.), furent ajoutées au repas ordinaire des gens de la ferme, pour faire plaisir au nouveau-venu, qui en mangea plusieurs. Le bon M. Bianic alla chercher à la cave une bouteille de vin de Bordeaux : les convives la bu-

Bretonne faisant des crêpes.

rent, en mangeant de petits gâteaux secs, qu'une vieille domestique, attablée avec ses maîtres, appelait *Quiniou*.

Yves Gloanec remarqua que cette femme ne parlait que le breton. Les gens d'âge moyen, comme M. Bianic, par exemple, parlaient également le breton et le français. Les jeunes gens, comme Jobic, parlaient presque exclusivement le français. Et Yves songeait aux patois franc-comtois, presque disparus, eux aussi, même des campagnes. Il avait grand regret de la décadence de ces vieux parlers provinciaux, et, en même temps, il se réjouissait de constater que les Français tendent de plus en plus à avoir une seule et même langue, comme ils ont le même cœur, et il redisait avec satisfaction cette vérité que M. Prévôt lui avait enseignée :

L'unité de la grande patrie française devient chaque jour plus parfaite.

68. — LES SAUVETEURS BRETONS. —
LE CANON PORTE-AMARRES. — LES NAUFRAGEURS,
— LES PHARES

On se coucha. Mais, vers deux heures du matin, Yves et Jobic, qui dormaient dans la même chambre, furent réveillés par un orage épouvantable. Le vent gémissait, en passant par les fentes des portes et des fenêtres, et le roulement du tonnerre faisait trembler les vitres.

Yves Gloanec et son camarade écoutaient le fracas de la tempête, en échangeant un mot de temps à autre, pour plaindre les matelots qui naviguaient en un pareil moment.

Soudain ils virent paraître M. Bianic.

« Jeunes gens, leur dit-il, levez-vous! J'entends le canon d'alarme, qui gronde à quelque distance du rivage : sans doute c'est l'appel d'un navire échoué sur les écueils. En pareil cas, le devoir de tout homme est de porter secours aux naufragés. Partons! »

En quelques minutes ils furent sur la grève.

A cinq cents mètres du bord, un navire à voiles, engagé dans les écueils, faisait des signaux désespérés; à la lueur des éclairs, on apercevait le commandant qui donnait ses ordres suprêmes.

Sur le rivage un chariot venait d'arriver : c'était le chariot spécial de la *Société des Sauveteurs bretons.* Il apportait un grand bateau de sauvetage, construit de manière à affron-

ter les plus fortes vagues; il apportait aussi une petite pièce
d'artillerie, nommée **canon porte-amarres**. Ce canon s'appelle ainsi, parce qu'à l'aide d'une combinaison ingénieuse, il
peut lancer une corde, ou *amarre*, aux navires naufragés qui
ne peuvent approcher du rivage.

Le bateau fut mis à l'eau en un clin d'œil : douze hommes
y montèrent et ramèrent vers le navire échoué (fig.).

Déjà ils en étaient à quelques mètres, quand une lame
terrible les rejeta bien loin; ils réussirent à se rapprocher;

Un sauvetage à l'aide du canon porte-amarres.

mais une lame plus violente que la première les remporta
presque au rivage.

Le patron du canot de sauvetage jugea qu'il lui était impossible d'aborder le navire en détresse; il cria aux officiers qui le commandaient : « Saisissez l'amarre qu'on va
vous lancer! » Et en même temps il criait aux hommes restés sur le rivage : Lancez l'amarre! »

Ceux-ci braquèrent sur le navire le petit canon, qu'ils
avaient amené avec eux. Yves ne put s'empêcher de dire
à Jobic :

« Voici du nouveau, par exemple! nous allons sauver un
navire à coups de canon?

— Oui, camarade, lui répondit Jobic, le canon tue si souvent! C'est bien le moins qu'il sauve quelquefois! Regarde
et rends-toi compte! »

Les sauveteurs, aidés de M. Bianic, mirent dans le canon

un projectile de forme allongée et muni d'un anneau. A cet anneau était attachée une corde mince et solide, enroulée sur une grosse bobine.

« Feu ! » s'écria l'un des sauveteurs.

Le projectile partit, en entraînant avec lui la cordelette, qui se déroulait en serpentant ; il passa juste au-dessus du navire en danger, et tomba dans la mer à cinquante mètres au delà, en sorte que la cordelette s'abattit sur le pont du bâtiment. Un matelot la saisit aussitôt.

Dès lors la communication était établie entre les sauveteurs et les naufragés, car la cordelette servit à faire venir une corde, qui fut solidement amarrée au rivage par un bout, et, par l'autre, attachée au navire en perdition.

Les matelots se cramponnèrent à ce câble les uns après les autres, et gagnèrent le rivage à la force du poignet, les plus jeunes d'abord, les plus expérimentés ensuite. Quelques-uns se laissèrent choir dans la mer, mais le canot de sauvetage les recueillit.

Le commandant du navire échoué voulait rester à son bord : on l'en arracha avec peine, et d'ailleurs il se retira le dernier. Au moment où il mettait pied à terre, il se retourna ; à la lueur des éclairs, il vit son cher navire s'abîmer dans les flots. Le pauvre homme était désespéré. Habitué à se contenir, il ne s'emportait pas en imprécations, mais son silence était terrible, et ses yeux fixes, son front plissé, révélaient son chagrin. M. Bianic le consola de son mieux en lui disant :

« Mon cher commandant, nous vous avons vu à l'œuvre, et nous nous y connaissons, car nous sommes marins, nous aussi ; hé bien, je vous le dis, et le patron du canot de sauvetage vous le dira comme moi : vous n'avez rien à vous reprocher, vous avez fait votre devoir jusqu'au bout. C'est une grande satisfaction. Et puis vous en avez une autre encore, qui est d'avoir sauvé tout votre équipage.

— C'est vrai, répondit l'infortuné ; mais le navire a sombré avec les marchandises. Dès que l'orage sera terminé, il faudra que j'essaye d'en retrouver quelques débris.

— Nous vous aiderons dans vos recherches, reprit M. Bianic ; mais, je vous en prie, venez d'abord vous réchauffer un peu ! »

Le commandant se laissa entraîner auprès d'un bon feu, qui venait d'être allumé. Ses compagnons et lui, entourés des soins les plus dévoués, se remirent très vite de leur émotion, et même, quand le jour fut venu, ils eurent assez de force pour recueillir toutes les épaves rejetées par la mer sur le rivage, pendant que l'un des sauveteurs, se revêtant d'un **scaphandre** (fig.), descendait au fond de l'eau et rapportait certains objets précieux, qu'il remit au commandant du navire englouti.

En regagnant la ferme, M. Bianic s'entretint avec Yves et Jobic des progrès de la civilisation.

« Autrefois, leur dit-il, les habitants de ce pays de Brignaugan considéraient comme leur bien propre toutes les épaves que la mer rejetait sur leur rivage ; ils pillaient et dépouillaient sans scrupule les naufragés ; parfois même, dit-on, pour provoquer des naufrages, ils lançaient leurs bœufs sur le rivage pendant la nuit, après leur avoir attaché des lanternes aux cornes (fig.). Les navires en danger, voyant ces lanternes

Le **scaphandre** est un costume qui permet aux **plongeurs** de voir clair au fond de l'eau, et d'y **respirer** de l'air, qu'on leur envoie par un **tube**, visible dans la gravure.

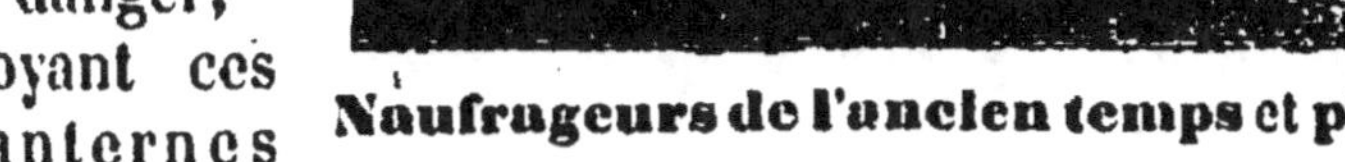

Naufrageurs de l'ancien temps et phare actuel.

qui se balançaient dans l'ombre, les croyaient suspendues

aux mâts d'un bateau; ils s'approchaient, se brisaient sur les écueils; et les pillards de la côte, les **naufrageurs**, n'avaient plus qu'à recueillir leurs épaves.

— Quelle horreur! dit Yves Gloanec.

— Je me hâte d'ajouter, dit M. Bianic, que cette férocité a disparu de nos mœurs. Des **phares** (fig.) s'élèvent maintenant tout le long de nos côtes, pour guider les navigateurs dans les passages les plus dangereux, et, si quelque naufrage vient à se produire, de généreux citoyens, comme ceux que vous avez vus cette nuit, accourent, et font, pour sauver les naufragés, des efforts héroïques. Les sociétés comme celles des Sauveteurs bretons méritent tous les encouragements. J'en fais partie et je vous engage tous deux à m'imiter, quand vous reviendrez du service militaire. »

Tout le monde ne peut pas être un sauveteur, mais tout le monde peut faire partie d'une société de sauvetage, en payant une cotisation annuelle.

69. — FOIRE BRETONNE. — UNE QUERELLE

Après trois jours passés à Brignaugan dans un agréable repos, M. Bianic partit pour Brest afin d'y régler quelques affaires. Son neveu Jobic et Yves Gloanec se mirent en route un jour plus tard pour le rejoindre. Ils repassèrent par Lesneven.

C'était jour de foire. Sur la place s'agitait une foule nombreuse, venue de cantons voisins ou même éloignés. Yves aurait voulu passer en revue tous les **costumes** (fig.) de la Basse-Bretagne, qu'il n'eût pu trouver meilleure occasion.

Les femmes portaient des robes plissées de cent façons, des coiffes de toute forme, rondes, pointues ou carrées, étroites et serrant la tête, ou bien laissant flotter au vent leurs blanches ailes, aussi larges que le nœud noir de la coiffure alsacienne.

Les hommes, à l'exception des pêcheurs de Plougastel, qui se mettent sur la tête de hauts bonnets retombant sur le côté, portaient de grands chapeaux, pareils à ceux des prêtres; à cela près qu'ils étaient ornés d'un ruban de velours noir.

La plupart avaient des vestes courtes et des pantalons élargis au bas de la jambe, comme ceux des Mexicains *; quelques-uns, originaires de Saint-Thégonnec, et surnommés Justins ou Julots, étaient plus élégants avec leur veste courte, leur gilet brodé et la ceinture bleue où ils cachaient leurs mains.

L'animation était grande. Les marchands annonçaient à grands cris leurs marchandises. Les acheteurs débattaient les prix. Autour d'un jeu de hasard, tenu par un de ces saltimbanques dont les fêtes des villes et des campagnes ne peuvent malheureusement se débarrasser, plus d'un Breton attendait avec anxiété le coup du sort qui allait emplir ou vider son porte-monnaie.

Costumes bretons.

A un moment donné, de petites prunes vinrent à tomber au milieu des enjeux. Les joueurs n'y prêtèrent aucune attention, croyant à un accident.

Mais un second projectile les dérangea de nouveau. Cette fois ils levèrent la tête et virent quatre jeunes gens juchés sur le toit des halles et riant à gorge déployée.

Alors ils commencèrent à se fâcher et apostrophèrent avec vivacité ces mauvais plaisants, en leur criant :

« C'est vous, n'est-ce pas, qui troublez notre jeu? Tâchez de nous laisser en paix, autrement, gare à vous ! »

Les jeunes gens ainsi interpellés ne firent que rire davantage. Des injures s'échangèrent ; puis, comme il arrive souvent, des injures on passa aux coups, et une véritable bataille s'engagea à coups de poing, à coups de pied, à coups de bâton. Certains même renversaient leurs adversaires en leur donnant un coup de tête en pleine poitrine, suivant une vieille coutume bretonne. A cet instant, Yves et Jobic arrivaient.

« Laisserons-nous ces garçons se maltraiter ainsi? dit Yves.

— En Bretagne, pas de bonne fête sans bataille, dit Jobic.

— Alors ils vont se casser bras et jambes, et personne ne les en empêchera ?

— C'est l'usage.

— Attends un peu! Tu vas voir le cas que j'en fais, de l'usage! »

En même temps, Yves se jeta entre les combattants ; Jobic le suivit instinctivement, et les voilà tous deux au plus épais de la mêlée. Les autres, surpris, s'arrêtèrent, prêts à tomber ensemble à bras raccourcis sur ces trouble-fête. Mais déjà Jobic et Yves s'étaient mis en posture de boxe, et leur air martial donnait à réfléchir (fig.). Leurs adversaires, qui n'étaient pas des poltrons, les auraient néanmoins attaqués,

Yves Cloanec et Jobic apaisent une querelle, sur la place de Lesneven (Bretagne).

si l'un d'eux n'avait reconnu en Jobic son ancien condisciple du collége de Lesneven et ne l'eût interpellé en lui criant :

« Hé ! c'est toi, Jobic?

— C'est moi, camarade, répondit Jobic. Faisons la paix. On ne se bat pas entre amis.

— Et d'ailleurs, ajouta Yves, ne sommes-nous pas tous Français ? Ne nous battons pas entre nous ! Battons-nous seulement contre les ennemis de la France ! »

En entendant ces paroles de paix et de conciliation, la plupart des combattants suspendirent leurs coups.

Aussitôt Jobic passa son bras au bras de son ancien condisciple. Yves Gloanec fit de même pour le Breton le plus rapproché de lui, et il entonna, de sa voix jeune et sonore, la chanson des conscrits jurassiens :

> Aux frontières
> On nous attend,
> Montagnards
> Partons gaîment.

C'en fut assez pour gagner tous les cœurs. Les adversaires les plus acharnés se serrèrent la main, et, se rangeant derrière Yves et Jobic, ils les accompagnèrent, en chantant, jusqu'à Landerneau.

Réservons nos forces pour les employer contre les ennemis de la France.

70. — BREST. — LE PONT-TOURNANT. — LE CANAL DE BRETAGNE. — LA TRAVERSÉE DE LA FRANCE PAR EAU

Jobic et Yves Gloanec retrouvèrent à Brest le patron Bianic, qui obtint la permission de les introduire dans l'arsenal maritime, où s'alignent des milliers d'armes rangées avec la plus parfaite symétrie, astiquées, brillantes, entretenues, en un mot, avec ce soin méticuleux dont les matelots prennent l'habitude sur leurs navires.

Ils passèrent quelques heures à admirer les bassins de réparation, dits *bassins de radoub*, qu'on emplit ou qu'on vide à volonté, en sorte que les navires peuvent être à sec pendant qu'on les répare, et à flot dès qu'ils sont en état de naviguer.

Yves ne s'intéressa pas moins au **pont tournant de Recouvrance** (fig.). Ce pont est en fer. Il se compose de deux parties admirablement équilibrées sur des pivots et pouvant tourner sur elles-mêmes. Yves vit ces deux moitiés se séparer pour livrer passage à un vaisseau de haute mâture,

Pont tournant de Brest, ouvert pour le passage d'un navire.

Pont tournant de Brest dans sa position ordinaire.

et se réunir ensuite pour servir à la circulation des gens de la ville.

Après une promenade sur le cours *Dajot*, d'où l'on domine la rade de Brest, qui est une des plus belles du monde, le moment de la séparation se trouva venu. M. Bianic, qui était en rapports avec tous les caboteurs* et les mariniers du port de Brest, n'eut pas de peine à obtenir pour Yves un emploi d'homme de peine sur un chaland, qui devait aller jusqu'à Nantes par le *canal de Bretagne*, et remonter ensuite la Loire jusqu'à Orléans.

Yves fit aux Bianic des adieux très affectueux, très reconnaissants, en leur montrant le regret qu'il éprouvait de les quitter, mais sans leur dissimuler sa joie de retourner vers son pays et sa famille. Puis il leur serra chaleureusement la main, et prit ses fonctions sur le chaland, dont le patron se montra très bon pour lui.

Le chaland s'engagea dans le canal de Brest à Nantes ou *canal de Bretagne*, et le suivit jusqu'à la Loire, sans événement digne de remarque (carte).

Une fois à Nantes, le chaland, remorqué par un petit

Voyages d'Yves Gloanec de l'Ouest à l'Est de la France. — *Itinéraire* : *canal de Brest à Nantes*, *Loire*, Tours, Blois, Orléans, *canal d'Orléans*, *canal du Loing*, *Seine*, *Yonne*, *canal de Bourgogne*, Dijon, Saint-Jean-de-Losne, *canal du Rhône au Rhin*, *Doubs*, Dôle, Saint-Claude, Septmoncel. — Remarquez le **carton d'ensemble**.

vapeur, remonta aisément la Loire déjà plus abondante, et fit un arrêt assez prolongé dans la ville d'**Angers**, où il avait à prendre un chargement d'ardoise; puis, par la Mayenne, il poussa jusqu'à **Laval**, où il fit provision de chaux. Yves Gloanec reçut de son patron la permission de visiter cette dernière ville. Comme il arrivait sur une place, une petite pluie fine le força à chercher un abri. Il regarda autour de lui et vit sur la façade d'un monument : *Bibliothèque publique*. « Si j'entrais là! se dit-il, je demanderais à lire un livre intéressant. »

Il pénétra dans un vestibule et poussa une porte, non sans une certaine timidité. Mais, dès son entrée, il fut rassuré : un bibliothécaire vint à lui, et, devinant son embarras, le mit à l'aise tout de suite, l'installa devant une grande table, entre un jeune professeur et un vieux savant, et lui demanda ce qu'il voulait lire.

Yves Gloanec, qui se souvenait des services que lui avait rendus, dans la région de l'Est, le petit *Guide* de M. Prévôt, témoigna le désir d'avoir quelques renseignements sur Laval et les villes voisines. Le bibliothécaire lui confia un grand dictionnaire de géographie, et prit même la peine de lui marquer les bons endroits. Yves lut ce qui suit :

« *Le Mans*, ancienne capitale de la province du Maine, aujourd'hui chef-lieu du département de la Sarthe, est une ville qui a un bel avenir, à cause des cinq chemins de fer qui y aboutissent. Son industrie est très active, et toute la France connaît ses oies et ses poulardes, aussi célèbres que celles de la Bresse.

« *Rennes :* cette ville, chef-lieu de l'Ille-et-Vilaine, ancienne capitale de la Bretagne, est dans une situation encore plus favorisée que celle du Mans, car elle est à l'entrée de la péninsule bretonne, et sur le chemin qui va de la Loire à la Manche. Pour se mettre en relation avec le reste de la France, Rennes possède quatre chemins de fer, onze grandes routes, deux rivières, l'Ille et la Vilaine, et un canal navigable, le canal d'*Ille-et-Rance*, qui réunit l'Océan à la Manche.

« *Saint-Malo :* cette ville, longtemps enfermée dans une presqu'île qui ne se rattachait à la terre ferme que par une chaussée de quelques mètres, était comparée, par nos pères, à un navire qui va couper ses amarres et prendre son élan en mer. C'est qu'en effet, les habitants de Saint-Malo ont eu de tout temps la passion de la nouveauté et des aventures. Ses marins ont découvert le Canada et les îles Malouines. Ses écrivains ont, eux aussi, cherché du nouveau : c'est ainsi que **Chateaubriand** (fig.), au commencement du xixᵉ siècle, a montré aux poètes et aux prosateurs français qu'ils n'étaient pas obligés d'imiter éternellement leurs prédécesseurs du xviiᵉ siècle, et qu'ils pouvaient trou-

Chateaubriand,
grand écrivain français
du xixᵉ siècle, né à
Saint-Malo (1768-1848).

ver, soit dans le monde, soit en eux-mêmes, des sujets nouveaux pour leurs livres. »

Après avoir lu ces notices, Yves reporta le dictionnaire au bibliothécaire, qui lui dit :

« Hé bien, jeune homme, vous avez tout lu ; vous avez vu ce qui concerne notre bonne ville de Laval ?

— Non, monsieur ; j'ai ouvert le livre aux pages que vous aviez eu la bonté de marquer, mais je n'ai pu trouver Laval.

— C'est juste ; j'avais oublié de vous indiquer la notice : la voici. »

Yves reprit le volume avec plaisir et lut :

« *Laval* : jolie ville sur la Mayenne. Fours à chaux, filatures et fabriques de coutils. Vieux château ; lycée rajeuni et gai ; belle École* normale ; élégant viaduc ; promenades agréables, avec la statue d'Ambroise **Paré**, œuvre du sculpteur **David d'Angers**. Ambroise Paré est né au bourg Hersent, près de Laval. Il a fait faire de grands progrès à la **chirurgie**. Comme il avait autant de bonté que de science, il s'illustra au siège de Metz par son **dévouement** (1552). Il nous a laissé de ce siège un récit dont voici un fragment ; remarquez la naïveté du style de nos pères du xvie siècle :

« Quand je fus entré dans la ville, dit Paré, je soignai les
« pauvres soldats blessés, qui étaient en grand nombre à
« l'Hôtel-Dieu. Je soignai aussi M. de Pienne, qui avait été
« blessé d'un éclat de pierre à la tempe. Je le pansai avec
« d'autres chirurgiens, et Dieu le guérit ; et aujourd'hui il
« est encore vivant, Dieu merci. Nos gens faisaient souvent
« des sorties. Les tambours des Espagnols, nos ennemis,
« sonnaient *plan plan, ta ti ta ta, ta ti ta ton, ton, ton* ;
« pareillement leurs trompettes et clairons ronflaient et son-
« naient : *boute-selle*, *boute-selle, monte à cheval* ; et tous
« les soldats criaient *à l'arme, aux armes*, comme l'on fait
« la huée* après les loups. Et on les voyait sortir de leurs
« tentes drus* comme fourmis, lorsqu'on découvre leur four-
« milière, pour secourir leurs compagnons, qu'on égorgeait
« comme moutons. Et nos Français aussi ne s'en revenaient
« pas tous leur peau entière, et il en mourait toujours quel-
« ques-uns, pour la dîme*, lesquels étaient joyeux de mourir

« au *lit d'honneur*. Et là où il y avait un cheval blessé, il
« était écorché et mangé par les soldats; c'était au lieu de
« bœuf et de lard. Et pour panser nos blessés, c'était à moi
« de courir. »

Yves Gloanec ayant remercié poliment le bibliothécaire qui
avait été si bienveillant pour lui sortit et regagna le chaland
avec ce sentiment de satisfaction que donne une lecture
instructive.

D'ailleurs, son esprit devenait de plus en plus sérieux.
Tandis qu'il remontait la Loire, il profita de toutes les occa-

Château de Luynes (Indre-et-Loire).

sions pour se renseigner sur la géographie des régions qu'il
traversait. Aussi, quand il arriva à **Orléans**, il avait fait
provision d'agréables souvenirs.

Il connaissait maintenant la **Touraine**, qu'on appelle si
justement le jardin de la France, tant elle est gracieuse,
douce et reposante pour les yeux, avec ses champs et ses
prés coupés de bouquets de bois, ses saules qui frissonnent
au bord des grandes nappes d'eau formées par la Loire, ses
coteaux verts, fermant l'horizon de leurs lignes harmonieu-
ses; il connaissait **Nantes, Angers, Tours, Blois,** villes
riches, paisibles et riantes; il avait vu nombre de beaux châteaux; il avait pu visiter celui de **Luynes** (fig.), qui com-

mande une ville dont beaucoup d'habitations ont été creu-
sées dans le roc.

Orléans est une des cités les plus importantes dans l'histoire de la France. Elle a vu César*, Attila*, Jeanne* Darc;
en 1870, elle a vu l'armée de la Loire tentant de délivrer
Paris. Rien de tout cela n'échappa à Yves Gloanec, parce
qu'il eut l'esprit de faire comme à Laval, et d'entrer dans
les musées et dans les bibliothèques.

Il lui semblait, en vérité, qu'il fût un riche touriste, voya-
geant pour son agrément. Et n'avait-il pas les plus grands
biens, la jeunesse, la santé, le courage, l'honnêteté, et enfin
ce bien suprême du voyageur, l'espoir d'un prochain retour?

Un engagement sur un autre chaland le mena par le *canal
d'Orléans* (carte p. 299) jusqu'au *canal du Loing*, qui le mit
sur la Seine. Il remonta ce fleuve, pour s'engager dans
l'Yonne. Puis, par le *canal de Bourgogne*, il se rendit, sans
aucune aventure, à Dijon et à Saint-Jean de Losne.

Yves aimait de plus en plus cette navigation. A chaque
village nouveau qu'il apercevait, à chaque chaland qu'il rencontrait, il retrouvait dans sa mémoire ces vers appris en
classe :

> On voyage à travers les campagnes fleuries,
> En écoutant parfois, dans un si long parcours,
> Les bœufs des grands vergers, les coqs des métairies*,
> Ou le grave angelus enroué des vieux bourgs.
>
> André Lemoyne*.

71. — LE RETOUR

Saint-Jean de Losne est sur la Saône. Yves gagna le Doubs
par le *canal du Rhône au Rhin*, et se trouva à Dôle, qui lui
marqua le terme de son voyage par eau.

Comme les divers patrons qu'Yves Gloanec avait servis
pendant son grand trajet s'étaient trouvés très satisfaits de
son zèle et de son habileté, ils l'avaient très grassement
payé, en sorte qu'Yves avait maintenant une bourse bien
garnie.

Pour ne pas donner à sa mère une surprise qui eût pu lui
être fatale, il l'avertit par une lettre de son arrivée prochaine.

Puis, prenant un bâton ferré, il gravit à pied le Jura, qui

forme de la France à la Suisse comme un grand escalier, dont les marches seraient séparées par les vallées de l'Ain et de la Bienne.

Au sortir des riantes contrées de l'Anjou, de la Touraine, de l'Orléanais, de l'Ile-de-France, de la Bourgogne, de la basse Franche-Comté, Yves Gloanec éprouva un moment de surprise quand il se retrouva au cœur de la haute montagne, devant le paysage sévère et tourmenté qui sert de cadre à la

Le pont suspendu de Saint-Claude (Jura). — Vers le milieu de ce siècle, on imagina de suspendre des ponts de bois à des **câbles de fil de fer**. Ainsi furent faits le pont de **Fribourg** et celui de **Saint-Claude**, qui sont d'un bel effet pittoresque. Aujourd'hui, on préfère construire des ponts entièrement métalliques, en assemblant des charpentes de fer dont la résistance est considérable (viaduc de **Garabit**).

ville de **Saint-Claude** (fig.). Cette ville est le centre industriel du haut Jura. Pendant que Morez, sa voisine, fait des montres et des horloges, Saint-Claude taille des diamants et fabrique des tabatières, des robinets, des pipes, et cent objets divers.

En d'autres temps, Yves Gloanec aurait cherché à visiter quelques fabriques; mais il était trop pressé de revoir sa mère et son frère pour s'arrêter en route. Il se contenta de jeter un coup d'œil sur la ville, du haut du **pont suspendu**, et prit immédiatement la route de Septmoncel.

La maisonnette de sa mère se voyait de loin : il put la considérer longtemps avant d'y atteindre, à cause des détours nombreux de la route. La cheminée ne fumait pas : Yves s'en inquiéta bien un peu : mais en ouvrant la porte d'une main tremblante, il vit sa mère qui cousait, assise auprès de son second fils Marcel....

Ah ! qui dira les joies de ce retour ! Enfants, qui n'avez jamais perdu de vue la maison de famille, enfants que le toit paternel a toujours abrités, vous avez eu bien des bonheurs ! mais vous ignorez peut-être le plus vif, celui de l'absent qui rentre, et qui, en ouvrant la porte, voit une mère, un frère lui tendant les bras !

Quand Mme Gloanec eut demandé à son enfant tout ce qui pouvait intéresser son cœur maternel, elle lui lut une lettre qui le remua singulièrement.

Cette lettre était de M. Vertamboz. Si le pauvre cousin n'avait pu être fidèle au rendez-vous, donné, on se le rappelle, sur le port de Bordeaux, c'est que ses forces l'avaient trahi ; au moment où il faisait ses offres de service à un hôtelier, il était tombé évanoui, en proie à une fièvre terrible. L'hôtelier, qui était riche et compatissant, l'avait fait soigner dans son hôtel même. M. Vertamboz avait repris connaissance au bout de quelques semaines seulement, et, sa convalescence terminée, il avait trouvé un emploi de caissier à Libourne, grâce à son bienfaiteur.

Une fois en possession de quelque argent, comme il ne pouvait ressaisir la trace d'Yves, en honnête homme qu'il était, il avait envoyé à Mme Gloanec l'argent dû à son fils.

Cette somme, jointe à celle qu'Yves avait gagnée depuis son séjour chez Nicolas Chaplambert, servit à réaliser un des rêves favoris de Mme Gloanec, c'est-à-dire à payer la pension de Marcel, à l'École de fromagerie de Poligny, dans le Jura.

Yves, devenu très sage et très maître de lui-même, employa sa vigueur à abattre des sapins. Avec des patrons plus expérimentés que M. Vertamboz, il conduisit des radeaux à Lyon, sans jamais dépasser cette ville. Il acquit très vite la pratique des affaires commerciales, et, avant de commencer son service militaire, il sut réaliser des bénéfices assez sérieux, qui lui permirent d'augmenter sensiblement les ressources de sa mère ; et la digne femme, tout heureuse des bons sentiments de ce fils qui lui avait donné tant d'inquiétudes à un certain moment, connut la joie des mères qui ont le droit d'être fières de leurs enfants.

Enfants, puissent vos mères être fières de vous !

72. — YVES GLOANEC A BORD D'UN VAISSEAU DE GUERRE. — LE TONKIN

Lorsque Yves Gloanec fut appelé par la conscription militaire, il demanda à faire son service dans la marine. Il fut envoyé à Toulon, et désigné pour faire partie de l'équipage d'un **vaisseau cuirassé** (fig. d'ensemble), nommé le *Menaçant*.

En entrant en fonctions, Yves eut une bien douce surprise : car parmi les mécaniciens chargés de l'entretien et de la direction des machines à vapeur du cuirassé, il retrouva, devinez qui ? — Simon Ferrier.

Je vous laisse à penser si les deux jeunes gens furent heureux de se revoir dans de telles circonstances. Sans doute, ils s'étaient écrit rarement, trop rarement même, depuis le temps où ils recevaient les enseignements du bon monsieur Prévôt. Mais ils s'estimaient, s'aimaient l'un l'autre, et, dès qu'ils se serrèrent la main après une si longue séparation, ils sentirent que leur mutuelle sympathie était aussi vive qu'autrefois.

Le *Menaçant* ne tarda pas à recevoir l'ordre de se mettre en route vers nos possessions d'Orient.

Yves Gloanec et Simon Ferrier n'étaient pas de ces jeunes gens au cœur sec, qui seraient capables de faire le tour du monde avant de donner signe de vie à leurs proches. Avant le départ du vaisseau, Yves écrivit à sa mère, et Simon envoya une lettre détaillée à son maître et ami, M. Prévôt.

Le *Menaçant* franchit rapidement la mer Méditerranée, passa par l'isthme de Suez (fig. page 245) et par la mer Rouge, renouvela sa provision de charbon à Obock, stationna deux jours devant Pondichéry, et gagna ensuite l'**Indo-Chine**

Coupe d'un vaisseau cuirassé. (Voir page 251 la coupe d'un navire à voiles.)

Torpille.

Coupe d'un torpilleur.

française[1] (carte). Après un arrêt à Saïgon, capitale de la Cochinchine, il remonta la côte de l'Annam et parvint à son but, c'est-à-dire à Haïphong, principal port du Tonkin.

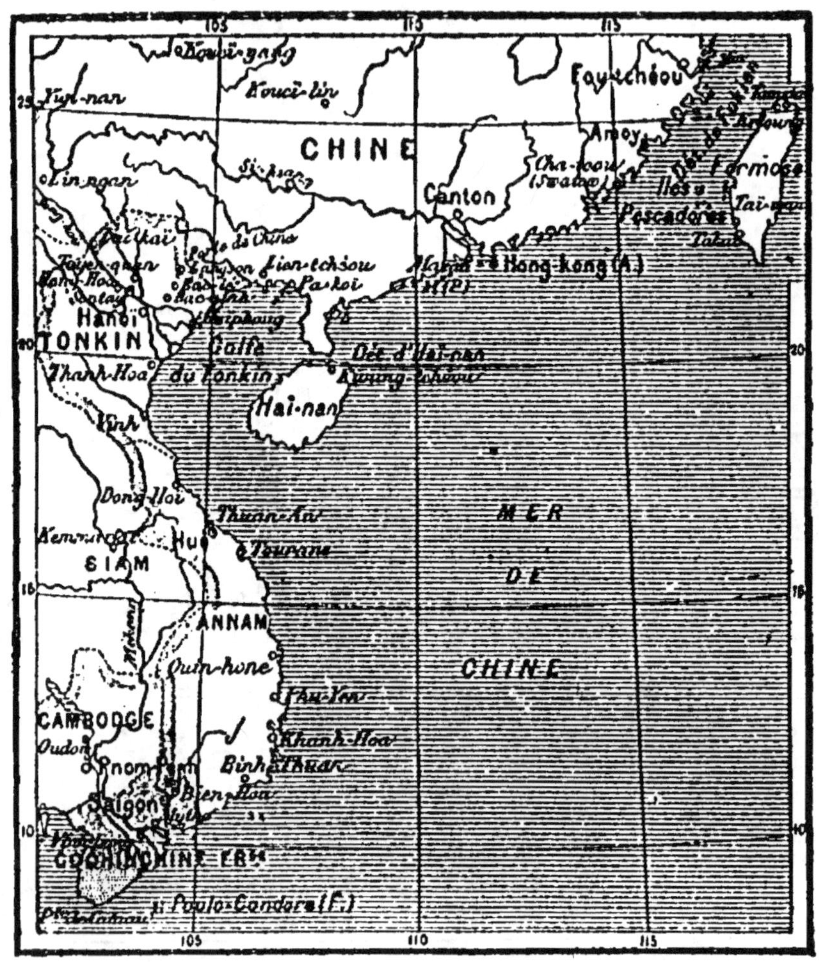

Indo-Chine française, habitée par les Cambodgiens et les Annamites, et colonisée par les Français.

Le courrier de France venait d'arriver. Yves Gloanec et Simon Ferrier reçurent deux lettres, en réponse à celles qu'ils avaient écrites avant de quitter Toulon. Toutes deux

[1] **L'Indo-Chine française.** — La République française est le gouvernement qui a le plus travaillé à reconstituer notre puissance coloniale, ruinée sous le règne de Louis XV. Depuis 1870, la République française a mis sous son autorité directe ou indirecte la **Tunisie, Madagascar, le Congo** et l'**Indo-Chine orientale,** ce qui a porté la population totale de nos colonies à 28 ou 30 mil-

donnaient d'excellentes nouvelles. L'une était de Mme Gloanec et débutait ainsi :

> Mon cher fils,
>
> J'ai été bien émue en apprenant ton départ pour nos colonies d'Indo-Chine, oui, bien émue, et un peu effrayée aussi, je te l'avoue. Les marins comme toi n'ont pas peur du danger; mais nous autres, pauvres mères, nous tremblons toujours pour nos enfants. Ce qui ne m'empêche pas, mon cher Yves, d'être fière de te savoir au service de la France dans un poste des plus honorables.

A la suite de ces lignes, Mme Gloanec ajoutait toutes ces petites recommandations si utiles et si touchantes dont les mères ont le secret. Puis elle continuait ainsi :

> Peu de jours après ton départ, mon cher fils, j'ai eu la consolation de voir revenir au pays ton frère Marcel et notre cousin Vertamboz. Marcel est sorti de l'École de fromagerie avec d'excellentes notes, et le conseil municipal de Septmoncel lui a confié la direction de la fromagerie modèle que la commune a organisée. Marcel est assez occupé par ses nouvelles fonctions. Mais dès qu'il a un moment de liberté, il le passe auprès de moi, et tu fais le sujet de presque toutes nos conversations. Tu ne peux t'imaginer, mon cher Yves, tout ce que ton frère Marcel invente pour diminuer la peine que me cause ton éloignement. Il m'a offert des livres et des gravures, qui me font connaître en détail les colonies où tu vas séjourner. Il a acheté une carte d'Indo-Chine très nouvelle, très détaillée, et, pendant qu'il me montre le Tonkin où tu vas pénétrer, le port de Haïphong où tu vas trouver ma lettre, je me sens moins éloignée, moins séparée de toi.
>
> Le cousin Vertamboz est revenu ces jours derniers de Libourne. Il va très bien, il a trouvé un bon emploi dans une usine de Saint-Claude, et bien certainement il s'y tiendra. Tous les dimanches, il gravit la montagne par les sentiers de traverse que tu connais

---

lions d'habitants. Grâce à cet agrandissement de ce qu'on peut appeler la *France extérieure*, notre commerce et notre industrie ont de nouvelles ressources et de plus nombreux débouchés. — **L'Indo-Chine française** comprend : 1° une colonie que nous gouvernons nous-mêmes, la **Cochinchine**; 2° le **Tonkin** et les royaumes de **Cambodge** et d'**Annam**, soumis à notre protectorat.

Les villes principales de l'Indo-Chine sont : **Saïgon**, chef-lieu de la Cochinchine ; **Hanoï**, capitale du Tonkin ; **Pnom-Penh**, capitale du Cambodge ; **Hué**, capitale de l'Annam.

bien, et il passe la journée avec nous. Il parle volontiers du voyage d'Algérie que vous avez fait ensemble autrefois, et il ne manque guère d'ajouter : « C'est avec moi qu'il a vu la mer pour la première fois, notre marin! c'est moi qui lui ai donné la première idée du métier! » Il faut entendre avec quel orgueil ton cousin Vertamboz dit « notre marin! » quand il parle de toi. Et moi, je suis comme lui, mon cher fils, je suis toute glorieuse de te savoir honnête et vaillant, comme ton père.

Ta mère, qui pense à toi jour et nuit, et qui t'embrasse de tout son cœur.   Veuve GLOANEC.

La seconde lettre était de M. Prévôt; elle s'adressait à Simon et donnait de bons conseils aux deux amis. La voici :

Mon cher Simon Ferrier,

« J'ai reçu sans retard la lettre que tu m'as adressée, en quittant Toulon : c'est une grande satisfaction pour moi de penser que tu te trouves avec Yves Gloanec sur le même navire. Forts de votre mutuelle amitié, vous braverez plus aisément les fatigues et les épreuves qui peut-être vous sont réservées. Quelles qu'elles soient, je suis bien sûr que vous les supporterez courageusement, et que vous vous montrerez les dignes successeurs des héros qui ont donné à la France ses colonies de l'Indo-Chine.

« Je dis *héros* : c'est bien le mot, car les actions de ces hommes me rappellent les exploits les plus fameux de l'histoire. Vous souvenez-vous de l'Espagnol Fernand Cortez qui conquit le Mexique? Le souverain de ce pays immense pouvait armer des centaines de mille hommes : il se laissa vaincre pourtant par les sept cents soldats, les dix-huit chevaux et les dix-neuf canons de Fernand Cortez. C'est ainsi que les mandarins* établis dans Hanoï,

Un Pavillon noir. — On appelle de ce nom des bandits chinois réfugiés au Tonkin, et ayant pour drapeaux des étendards de couleur sombre.

capitale du Tonkin, ne purent tenir, malgré leurs troupes considérables, contre le lieutenant de marine Francis **Garnier**, qui n'avait avec lui, au début, que deux canonnières et cent soixante-quinze soldats. Cette poignée de combattants s'empara, non seulement de la citadelle de Hanoï, défendue par sept mille hommes, mais encore de tout le pays environnant.

« Depuis ce temps-là, vous le savez, mes chers amis, il y a eu au Tonkin bien des embuscades; les **Pavillons noirs** (fig.), encouragés par la Chine, nous ont tendu plus d'un guet-à-pens; mais, grâce à la vaillance de nos soldats et de nos généraux, grâce à l'habileté et à l'audace de l'amiral **Courbet** (fig.), la paix a été signée avec la Chine à Saïgon, en 1884. Il y a gros à parier que, pendant votre séjour au Tonkin, vous n'aurez pas beaucoup d'occasions de combattre.

« Sans doute, il y reste encore, comme dans tous les pays récemment conquis, un certain nombre de révoltés, de pirates, de pillards : vous aurez à surveiller ces mauvaises gens, à leur donner la chasse. Mais, pour ce qui est de prendre part à une grande bataille, je crois que notre cher Yves peut en faire son deuil : on ne recommencera pas la guerre pour lui faire plaisir.

Amiral Courbet, né à Abbeville, mort en mer, à bord du *Bayard* (1885).

« Désormais vos plus grands ennemis, ce sont les ennemis ordinaires des jeunes gens, je veux dire l'imprudence, la témérité, le mépris de l'hygiène, l'oubli des précautions exigées par les climats chauds et humides. Croyez-moi : méfiez-vous des breuvages glacés, et des boissons alcooliques. Portez des ceintures de flanelle. Ne découvrez pas votre tête au soleil, ne fût-ce que quelques instants. Si vous voulez éviter les maladies d'yeux, ne vous exposez pas à la fraîcheur des nuits. En un mot, souvenez-vous bien de ceci : dans les colonies plus encore qu'en France, la *Prudence* et la *Tempérance* sont les gardiennes de la santé.

« J'ai vu, il y a quelque temps, Nicolas Chaplambert : il est dispensé du service militaire à cause de sa vue, qui est mauvaise. Il en est très contristé : il eût été si heureux de payer sa dette à la France, de la même façon que vous! Son frère Sylvain se prépare à partir pour le régiment; s'il pouvait vous rencontrer le long des chemins, j'en serais bien aise, et lui aussi. La famille Chaplambert va bien. M. Harbel est toujours aussi actif, aussi dévoué à ses ouvriers. Il pense beaucoup à toi, mon cher Simon, et fait grand cas de tes capacités.

« Je termine, mes chers amis, en vous annonçant une bonne nouvelle, à laquelle je suis convaincu que votre amitié prendra une grande part. Vous savez que je songeais depuis des années à assurer l'avenir de ma sœur : la voilà établie et heureuse, comme je le désirais. Elle a épousé un jeune agent voyer* du canton de Sceaux. Ma sœur ne renonce pas à l'enseignement. Seulement elle demeure à Sceaux avec son mari. Tous deux viennent me voir souvent : n'empêche que, sans mes chers élèves, la maison d'école me semblerait bien grande....

« Au revoir, mes chers amis; assis au coin de mon feu, je vous suis par la pensée, dans le pays lointain que vous parcourez, en faisant respecter des Annamites l'uniforme des marins français.

Votre maître dévoué.
Claude Prévôt.

73. — PROPOS DE MATELOTS. — LA VIE EN INDO-CHINE

Comme M. Prévôt l'avait deviné, Yves Gloanec et Simon Ferrier n'eurent guère d'autre rôle en Indo-Chine que celui de gendarmes poursuivant des malfaiteurs. Le *Ménaçant* avait pour mission spéciale de surveiller les pirates qui se cachent dans les rochers de la baie d'Along près d'Haïphong. Le vaisseau français les poursuivit avec l'aide de deux canonnières (fig. p. 307) sans rencontrer de résistance sérieuse, et les força, au bout de quelques mois, à se réfugier sur les rivages de la Chine.

Yves Gloanec reçut au bras une légère blessure, que lui fit une balle perdue. Simon Ferrier souffrit de la chaleur dans la **chambre de chauffe** de la machine à vapeur (fig. p. 307) et il lui vint un peu d'enflure. Son commandant l'envoya en même temps qu'Yves à l'hôpital de Hanoï.

Les deux amis guérirent à peu près en même temps; ils purent faire ensemble leur première sortie, ce qui fut pour eux une grande joie. Comme ils ne se sentaient pas encore assez forts pour tenter de longues promenades, ils s'assirent à côté d'un de ces temples, si nombreux en Indo-Chine, qui s'appellent des **pagodes.**

Pendant qu'ils s'amusaient à considérer l'étrange monument, si curieux avec ses toits relevés aux angles et ornés d'animaux grimaçants, une bande de matelots français passa près d'eux (fig.), et l'un de ces marins, un Marseillais, leur adressa ainsi la parole :

« Hé bien, les amis, que faites-vous là, sans bouger, assis à l'ombre, les jambes croisées, comme des tisserands annamites ? Venez avec nous ; nous chanterons les chansons du pays et nous nous donnerons un peu de bon temps.

— Tu vois bien, dit un matelot breton, qu'ils sont fatigués, les pauvres ! Ils sont tout pâles, comme s'ils sortaient de maladie. Restons plutôt auprès d'eux pour leur tenir compagnie. Nous causerons avec eux, et ça les distraira.

— D'accord, dit le Marseillais. »

Yves et Simon se rencontrent avec des matelots français.

* *

Aussitôt les matelots firent le cercle autour d'Yves Gloanec et de Simon Ferrier. Vous pouvez croire que la conversation ne languit pas, et que les plaisanteries allèrent leur train.

« Drôle de pays ! dit le Marseillais, qui de tous avait la langue la mieux pendue ; on voit bien qu'en venant de France en Indo-Chine, on vient d'un autre côté du monde ! Ici tout est à l'envers de chez nous. Pour porter le deuil, on se met en blanc ; pour faire honneur aux gens, on les place à gauche. Les hommes portent des chignons, et les femmes sont vêtues comme les hommes. J'avais toujours cru que plus les dents étaient blanches, plus elles étaient belles : ici on les noircit tout exprès. Décidément, je ne voudrais pas être Annamite.

— Camarade, dit Simon Ferrier, tu as tort. Le peuple annamite, en venant au monde, a reçu trois grands dons de la fée Carabosse !

— Lesquels, s'il te plaît ?

— D'abord, un domestique à tout faire, l'**éléphant** (fig.), qui va chercher l'eau, qui fend le bois, qui fait les transports, comme les voitures des messageries…. Puis un arbre à tout faire, le **bambou** (fig.). Vous voulez un joli meuble, une forte charpente? Taillez le bambou ! Une haie, une clôture solide? Plantez le bambou ! Une salade? Salez et vinaigrez la pousse du bambou! Que vous faut-il encore, un tuyau de conduite pour les eaux, un instrument de musique, une arme, une lance, par exemple, ou bien un arc et des flèches? Le bambou vous fournira tout cela !

Tête d'éléphant.

Bambou.   Épi de riz.

— Voilà bien le deuxième don, dit Yves Gloanec, et il vaut cher! Mais quel est le troisième?

— C'est une plante à tout faire, c'est un grain qu'on ne trouve en France que chez les épiciers, et qui, au Tonkin, se trouve dans tous les champs; un grain qui tient lieu de pain et de viande, qui fournit le potage, le plat de résistance, le dessert; qui donne au besoin de l'eau-de-vie : c'est le **riz** (fig.) que je veux dire; le riz qui est aussi utile à l'Annamite que la pomme de terre à l'Irlandais ! Avec ces trois ressources, l'éléphant, le bambou et le riz, l'Annamite est heureux.

— Heureux ! reprit un petit matelot normand, qui n'avait rien dit encore; heureux, les Annamites ! Je ne tiens pas à ce bonheur-là, merci bien; s'il se vendait au marché, ce n'est pas moi qui l'achèterais. Heureux, un peuple qui vit dans des cabanes humides et étouffées comme des terriers de renards; un peuple rongé par la vermine et piqué par les moustiques* !

— Le fait est, dit un vieux loup de mer des environs de Lorient, qu'ici, pour bien faire, il faudrait dormir sous une moustiquaire et tenir tout le jour un éventail! Mais me voyez-vous, moi, Jean-François-Léonce, autrefois pêcheur de sardines, et maintenant matelot de la flotte française, me voyez-vous jouant de l'éventail comme une demoiselle, et dormant sous des rideaux de gaze, comme un petit enfant! Non, j'aime encore mieux me laisser manger aux bêtes!

— Et vous avez, ma foi, bien raison, dit Simon Ferrier. Le mieux est de ne pas faire attention à ces petites misères. Avec de la *patience*, on supporte tout.

— Ah! la patience, dit le Marseillais, vous faites bien d'en parler, camarade, car il en faut terriblement aux Annamites, grands et petits, pour apprendre à lire avec un alphabet de 40 000 signes; pour écrire avec des pinceaux, tout en gardant des ongles de plusieurs centimètres; pour manger, sans fourchettes ni cuillers, avec de simples petits bâtons!

— Vous avez beau plaisanter, reprit Simon Ferrier; j'admire beaucoup la patience et la force de résistance dont les Annamites, comme les Chinois leurs frères, font preuve dans leur travail. Que dis-je, dans leur travail? Ils font preuve aussi de ces qualités au milieu des souffrances et même devant la mort. Et puis, ils sont très rangés, très sobres, à l'exception des malheureux qui fument l'opium*, poison bien plus funeste encore que le tabac. De plus, ils savent inspirer à leurs enfants un très profond respect. Tout cela n'est pas à dédaigner, savez-vous?

— D'accord, dit le Marseillais. Mais ils sont si arriérés! Ils arrosent leurs champs de riz, leurs immenses rizières, avec des paniers percés, en restant dans l'eau jusqu'aux genoux; ils abattent des arbres, façonnent des meubles et des bateaux, construisent des maisons, sans autre outil que la hachette appelée *coupe-coupe*; ils transportent leurs plus lourds fardeaux sur la petite voiture à bras qu'on nomme *pousse-pousse*; oui, le coupe-coupe, le pousse-pousse, voilà leurs plus belles inventions!

— Et puis, vraiment, dit le matelot normand, ils ne sont pas assez éclairés! Leur justice est d'une brutalité et d'une barbarie qui fait frémir : à tout coup les supplices, à tout coup la mort! Et leur médecine, qu'en dites-vous? Pour arrêter le choléra, ils ne trouvent rien de mieux que de jeter dans les fleuves de grands mannequins grotesques, de sorte qu'en temps d'épidémie, vous croiriez voir flotter sur l'eau des files d'arlequins et de polichinelles.

— Soyez tranquilles, camarades, dit Simon Ferrier; si nous sommes venus ici, nous autres Français, c'est justement pour faire profiter de nos progrès ces peuples de l'Indo-Chine, qui sont si en retard par rapport à nous. Nous leur ferons connaître nos outils, nos machines, nos inventions diverses. Et, ce qui vaut mieux encore, nous établirons chez eux notre législation' qui est si juste et si clémente; tout en respectant ce qu'il y a de bon dans leurs usages et dans leurs mœurs, nous éclairerons leur esprit et nous leur inspirerons des idées, des sentiments plus raisonnables et plus élevés. Car, comme je l'ai entendu dire à l'un de nos officiers :

« Quand la France colonise un pays, elle le civilise en même temps. »

74. — AUTRES COLONIES FRANÇAISES.
AU DAHOMEY. — L'ESCLAVAGE. — LA MARCHE EN AVANT. — SENTINELLES, VEILLEZ !

Tous les matelots approuvèrent les paroles de Simon Ferrier; puis ils le reconduisirent aimablement jusqu'à l'hôpital, ainsi que son camarade Yves Gloanec.

Un mois plus tard, Yves et Simon reprirent leur service actif, à bord du *Menaçant*, qui ne tarda pas à quitter l'Indo-Chine et l'Asie, pour se rendre dans d'autres parties du monde.

Nous ne pouvons parler en détail de toutes les **colonies françaises** (voir le planisphère page 318) visitées par Yves Gloanec et par ses compagnons. Parmi elles, citons, en **Amérique**, *Saint-Pierre et Miquelon*, près du fameux banc de Terre-Neuve, sur lequel plus de 8000 marins français vont chaque année pêcher la morue; les *Antilles françaises*, surtout la *Martinique* et la *Guadeloupe*, qui produisent le café, le cacao et la canne à sucre. Citons, en **Océanie**, la charmante île *Taïti*, dont le climat est si délicieux et le sol si pittoresque; la *Nouvelle-Calédonie*, lieu de déportation*, où la France envoie certains condamnés, non seulement pour les punir, mais pour tâcher de les corriger. Citons, en **Afrique**, la *Réunion*, qui est un vrai département français, et l'île de *Madagascar*, plus grande que la France elle-même.

En 1892, le *Menaçant* reçut l'ordre de se rendre à Porto-Novo, dans la Guinée française (carte page 41), pour fournir du renfort au corps expéditionnaire envoyé par la France contre le Dahomey. Quand le vaisseau fut sur le point d'aborder à Kotonou, qui se trouve au sud du Dahomey, sur la Côte des Esclaves, le capitaine jugea bon d'adresser à son équipage la proclamation suivante :

Officiers, sous-officiers, matelots et soldats,

« La France vous appelle à combattre Behanzin, roi du Daho-
« mey, qui, rompant les traités conclus précédemment avec nous,
« envahit nos territoires de la Côte des Esclaves, sur le golfe du

Convoi d'esclaves en Afrique.

« Bénin, ravage les plantations, coupe les palmiers, massacre les
« habitants, ou les emmène en captivité. La France ne peut laisser
« sans vengeance de si graves injures. Mais ce qu'elle se propose
« surtout, c'est de faire ici, comme ailleurs, une œuvre de civilisa-

**Planisphère terrestre, avec les itinéraires des navires
se rendant dans les colonies françaises.** — Voyage à la
Guyane et aux Antilles françaises : Bordeaux, Cayenne, La Martinique, La Guadeloupe, Iles Saint-Barthélemy, Saint-Martin (F. et H.). —
Voyage en Indo-Chine : Marseille, Canal de Suez, Obok, Mahé, Karikal,
Pondichéry, Hué (cap. de l'Annam), Hanoï (cap. du Tonkin), par Haïphong, principal port du Tonkin. — **Tour de l'Afrique** : Marseille,

« tion. Vous n'ignorez pas sans doute que l'esclavage règne dans
« l'intérieur de l'Afrique. Les peuples barbares qui habitent cette
« partie du monde n'ont aucun respect pour la liberté humaine :
« les rois vendent non seulement leurs prisonniers de guerre,
« mais encore leurs sujets; les frères vendent leurs frères, les
« pères vendent leurs enfants. Plusieurs fois par an, de longs
« convois d'esclaves (fig.) sont emmenés vers les pays de l'orient
« pour y être vendus. Ces malheureux marchent sous un soleil
« brûlant, les mains liées, le cou pris dans une fourche de bois;

TERRESTRE

Algérie, Sénégal, Dahomey, Congo, Le Cap (A.), La Réunion, Madagascar, îles Saint-Maurice, Nossi-Bé, Comores; Obok, Suez, Marseille. — **Tour du monde** : Le Havre, îles Saint-Pierre et Miquelon; New-York, voie ferrée jusqu'à San Francisco; îles Sandwich (indépendantes); îles Marquises, Touamotou, Gambier, Rapa, Toubouai, Taïti, de la Société, Wallis, Loyauté, Nouvelle-Calédonie; Australie (A.); La Réunion, Le Cap (A.); Congo, Dahomey, Sénégal; Bordeaux.

« s'ils tombent, on les fait relever à coups de fouet; s'ils retom-
« bent, vaincus par la fatigue, on les tue ou bien on les aban-
« donne sur place, sans prendre la peine de les délier; ils meurent
« de faim, de chaleur, d'épuisement, quand ils ne sont pas dévorés
« par les fourmis et par les oiseaux de proie. Ces horreurs font
« frémir : hé bien, ce qui se passe au Dahomey est encore plus
« affreux. Là, si l'on a besoin d'esclaves, c'est pour les immoler par
« centaines dans des fêtes sanglantes, dont le seul récit est épou-
« vantable!... C'est vous, soldats et marins, que la France envoie

« pour mettre un terme à ces abominations. Vous serez dignes,
« j'en suis sûr, de la mission qui vous est confiée; *vous saurez*
« *combattre pour la noble cause de la patrie et de l'humanité.* »

Ainsi éclairées sur ce qu'elles allaient faire, les troupes
amenées par le vaisseau cuirassé se sentirent pleines d'ardeur quand elles débarquèrent à Kotonou. Yves Gloanec et
Simon Ferrier n'étaient pas des moins enthousiastes. Ils auraient pu rester à Porto-Novo ou à Kotonou et faire le service
des approvisionnements. Mais ils se firent autoriser à suivre
la colonne de marche.

*
* *

Grâce à l'activité du colonel **Dodds** (fig.), le corps expéditionnaire était déjà presque entièrement organisé lors de
l'arrivée du *Menaçant*. Il se composait de troupes africaines, spahis *, tirailleurs algériens et sénégalais *, ainsi que de soldats
venus de France.

Parmi ces derniers se trouvait
Sylvain Chaplambert. Averti par
M. Prévôt qu'Yves Gloanec et Simon Ferrier pourraient bien faire
partie de l'expédition du Dahomey, il chercha ses anciens camarades et les reconnut bien vite,
quoiqu'il ne les eût pas vus depuis quelques années.

Colonel Dodds, nommé
général après la prise de
Cana (Dahomey).

Cette rencontre fut un bonheur pour les trois jeunes gens,
mais surtout pour Sylvain Chaplambert, qui, n'étant pas
habitué, comme Yves et Simon, à vivre dans un climat
humide et chaud, avait plus besoin qu'eux d'aide et d'encouragement.

Les premiers jours, il montra beaucoup d'entrain. Mais
quand il fallut s'engager à fond dans un pays sans chemins
frayés, traverser des forêts épaisses, des broussailles enchevêtrées, des herbes géantes, atteignant plus de deux mètres
de haut; quand il fallut souffrir d'une soif ardente pendant
des jours entiers, pour être ensuite trempé jusqu'à la moelle

des os, par un de ces tourbillons de pluie qu'on appelle des *tornades*; quand il fallut subir la morsure d'insectes redoutables, qui s'insinuent sous la peau, toutes ces misères finirent par miner les forces du pauvre Sylvain Chaplambert.

Ses deux amis s'apercevant de ses souffrances firent leur possible pour les adoucir. Ils l'aidaient à porter son sac et son fusil, ils lui tendaient la main dans les passages difficiles, ils lui adressaient des paroles affectueuses, qui ramenaient un petit rayon de gaîté dans ses yeux. Mais, l'instant d'après, Sylvain recommençait à sentir sa fatigue. Il lui échappait de sourdes plaintes; il avait des frissons et de petits tremblements nerveux : s'il n'avait pas la fièvre, à proprement parler, il était du moins dans une disposition maladive qui inquiétaient fort ses deux amis.

* * *

Une fois dans les forêts, l'armée fut obligée, chaque soir, de pratiquer au milieu des arbres et de la brousse, une vaste clairière, au bord de laquelle des soldats montaient la garde pendant toute la nuit. Un soir, Sylvain reçut à son tour l'ordre de se placer en sentinelle avancée, loin de ses camarades, à la lisière de la forêt mystérieuse et profonde.

Le pauvre garçon obéit. Mais il était plus las que jamais, et cependant il ne pouvait compter, comme d'habitude, sur l'aide d'Yves Gloanec et de Simon Ferrier, qui avaient été postés à l'autre bout de la clairière. Il souffrait de la tête et de l'estomac, — mauvaise condition pour le soldat qui monte la garde la nuit, en songeant qu'il y a peut-être là, tout près, caché dans les hautes herbes, ou grimpé sur un arbre, un Dahoméen qui met en joue son fusil, non pas le vieux fusil à pierre, arme ordinaire des sauvages, mais une carabine à tir rapide, achetée sur la côte, aux ennemis de la France....

Sylvain Chaplambert s'énerva peu à peu, et la fatigue fit danser devant ses yeux des images qui se brouillaient : tantôt c'était la ferme des Landes, la ferme paternelle, avec sa basse-cour, ses vergers et ses plantations de pins; tantôt c'était la brousse, habitée par des bêtes méchantes, parcourue par des hommes plus méchants encore. Envahi par de telles pensées, Sylvain perdit de plus en plus son sang-froid : il

11.

regardait, il écoutait avec une appréhension croissante.... Au haut d'un arbre quelque chose semblait briller aux rayons de la lune.... N'était-ce pas le canon d'un fusil dahoméen?... Soudain une branche craqua!

Sylvain ne fut plus maître de son imagination malade : il quitta son poste machinalement, et s'enfuit, tout agité, vers les soldats groupés au centre de la clairière....

Quand ceux-ci virent Sylvain Chaplambert se replier vers eux, ils le regardèrent avec tant d'étonnement, de mépris et d'indignation, que le pauvre garçon revint aussitôt à lui-même, et comprit la gravité de sa faute. Un instant il demeura immobile et comme atterré de ce qu'il avait fait. Puis il se retourna brusquement et prit sa course pour regagner son poste. Mais son capitaine, qui l'avait vu, l'arrêta et le fit remplacer aussitôt; seulement, comme il se rendait compte de son état maladif, il prit sur lui de ne pas lui appliquer le règlement militaire dans toute sa rigueur, et se borna, pour l'exemple, à lui adresser, en face de ses compagnons d'armes, ces reproches sévères :

« Malheureux, reste au centre du bivouac! Tu n'es pas digne de veiller sur le sommeil de tes camarades. Tu ne sais donc pas qu'un soldat ne doit jamais quitter son poste, quand même il devrait y mourir! Tu mériterais d'être fusillé; mais nous n'avons perdu que trop de monde déjà, je te laisse la vie. J'espère que tu te conduiras mieux à l'avenir. Je te défends de retourner à ton poste, c'est un plus brave que toi qui t'y remplacera! »

Sylvain Chaplambert s'en alla s'asseoir à l'écart, la tête dans ses mains, et ses compagnons purent voir ses épaules se soulever d'un mouvement convulsif : Sylvain pleurait amèrement son honneur perdu....

Pendant ce temps, Yves Gloanec et Simon Ferrier étaient en sentinelle. Ils ne furent relevés de faction qu'au bout d'une heure. En apprenant ce qui s'était passé, ils allèrent auprès de Sylvain, qui ne les vit pas d'abord, car il regardait la terre fixement.

« Sylvain, lui dit Yves Gloanec, lève la tête et regarde-nous! Regarde tes deux amis, tes deux camarades de classe, qui ont reçu en même temps que toi les leçons du bon M. Prévôt! Ah! s'il était ici, il te dirait mieux que nous qu'il ne faut jamais désespérer, qu'on n'est pas déshonoré pour un moment de défaillance !

— Surtout, ajouta Simon, quand cette faiblesse s'explique par la lassitude et par l'épuisement. Demain, j'en suis sûr, tu montreras ton courage. Tes nerfs sont un peu fatigués, un peu ébranlés, mais tu peux les dominer par ta volonté. **Turenne** (fig.), le grand Turenne, était pris parfois de tremblements nerveux, en allant à la bataille. Alors il s'apostrophait lui-même, en se disant : « Tu « trembles, carcasse ! mais tu tremble- « rais bien davantage encore si tu « savais où je vais te conduire », et il faisait des prodiges.... Hé bien, mon cher Sylvain, fais comme Turenne ! »

Turenne, grand général français du xviie siècle.

Sylvain Chaplambert se redressa, regarda les deux jeunes gens d'un œil plein de reconnaissance, et leur dit :

« Merci, mes chers amis, merci ! Vous m'avez rendu le courage et l'espérance ! Je me sens tout autre. Vous verrez que je n'aurai plus de faiblesse, ni demain, ni les jours suivants. Je gagnerai la **croix** de la légion d'honneur !

— J'en suis bien convaincu, lui répondit Simon ; car *si malade, si débile que soit le corps, une volonté forte peut le faire obéir.* »

76. — LA PRISE DE CANA ET D'ABOMEY. — RÉPARATION D'HONNEUR. — TRIOMPHE DE L'HUMANITÉ

Quelques jours plus tard, le colonel Dodds arrivait avec ses troupes devant **Cana**, l'une des deux capitales du Dahomey. L'héroïque armée ne se laissa étonner ni par les soldats d'élite qui avaient fait devant Behanzin le serment de ne pas reculer, ni par les chasseurs d'éléphants chargés de viser uniquement les officiers, ni par les Amazones royales, guerrières farouches et hardies. Les faubourgs furent emportés à la baïonnette, et Behanzin s'enfuit.

Après la bataille, les Français survivants se comptèrent. Yves Gloanec et Simon Ferrier, qui s'étaient signalés par leur bravoure, n'avaient cependant aucun mal. Mais d'autres ne répondirent pas à l'appel de leur nom; parmi eux se trouvaient un jeune sous-lieutenant et le soldat Sylvain Chaplambert.

Ainsi donc Sylvain n'était pas là?... Yves Gloanec et Simon Ferrier, tout consternés, se demandèrent à voix basse : « Où est Sylvain? Est-il mort en brave, ou bien aurait-il fui de nouveau? » Ils n'eurent pas le temps d'en dire davantage : car presque aussitôt le capitaine les emmena avec lui à la recherche des absents.

A l'une des entrées de Cana, la petite troupe retrouva le sous-lieutenant disparu. Le jeune officier était près d'une cabane à demi détruite. Il avait une blessure à la jambe, et soutenait de son mieux la tête d'un soldat évanoui, qu'il tâchait de ranimer. Ce soldat, c'était Sylvain.

Yves et Simon poussèrent ensemble le même cri : « Voilà Sylvain! Sylvain s'est conduit en brave!

— Oui, dit le sous-lieutenant, comme un brave entre les braves! C'est lui qui m'a protégé contre les Dahoméens étendus autour de nous. Il est tombé lui-même, tout criblé de blessures, et j'essaye de le rappeler à la vie. »

Le capitaine, aidé d'Yves et de Simon, souleva Sylvain Chaplambert avec des précautions infinies, et l'appuya au mur de la cabane, pendant que, sur son ordre, les soldats emportaient le sous-lieutenant au poste de secours.

Au bout de quelques instants, Sylvain entr'ouvrit ses paupières. Il ne pouvait parler, mais ses yeux semblaient chercher quelqu'un : son regard s'arrêta d'abord avec une douceur affectueuse sur Yves Gloanec et sur Simon Ferrier, puis se fixa avec une sorte de crainte sur le visage du capitaine. Celui-ci comprit cette interrogation muette, qui voulait dire : « N'ai-je pas reconquis votre estime? » Aussi, prenant à l'instant même sa croix de la Légion d'honneur, il l'attacha sur la poitrine du mourant (fig.). Alors un éclair de joie suprême passa dans les yeux de Sylvain, sa bouche eut un pâle sourire, et il expira.

Quand le capitaine eut la certitude que tout était fini, il se pencha sur le mort, reprit avec respect la croix d'honneur, et la confia aux deux amis de Sylvain, en leur disant :

« Certes, si votre pauvre ami avait pu guérir de ses blessures, la Chancellerie* de la Légion d'honneur n'aurait pas hésité à le décorer, en confirmant mon jugement. Du moins je désire que vous fassiez parvenir à la famille de Sylvain cette croix d'honneur et ce ruban rouge, qui ont reposé un instant sur la poitrine de ce vaillant soldat, et adouci sa dernière heure. »

Sylvain Chaplambert meurt avec honneur.

Yves Gloanec et Simon Ferrier promirent au capitaine de faire selon sa volonté. Puis, tout en larmes, ils couchèrent leur ami dans une fosse creusée auprès d'un palmier. Ils prirent à l'arbre deux palmes, qu'ils croisèrent sur la poitrine de Sylvain; puis Yves Gloanec, penché sur la tombe, adressa à son camarade cet adieu :

« Dors, pauvre ami, dors tranquille et satisfait! Ton honneur est en bonnes mains! Nous ferons connaître à tes parents ta belle mort; nous leur porterons cette croix d'honneur teinte de ton sang, payée de ta vie; ils la suspendront auprès de leur foyer, ils la montreront avec un orgueil légitime, et ce glorieux souvenir leur rappellera sans cesse le fils, le frère tombé dans les pays lointains, pour la patrie, pour le devoir et pour l'honneur! »

* * *

Pendant le repos nécessaire que prirent les vainqueurs, Yves Gloanec et Simon Ferrier écrivirent à M. Prévôt, pour lui faire connaître les derniers moments de Sylvain, et le prier de transmettre aux parents, avec tous les ménagements nécessaires, la douloureuse nouvelle, ainsi que la croix et le ruban offerts par le capitaine.

Les Français ne tardèrent pas beaucoup à se remettre en marche, et gagnèrent Abomey, la seconde capitale de Behanzin.

Ils trouvèrent cette ville en flammes : ils la laissèrent se consumer, et, quand l'incendie se fut apaisé, ils occupèrent les ruines et les fouillèrent en tous sens. Ils brûlèrent l'eau-de-vie, la poudre et les provisions avariées qu'ils trouvèrent dans les souterrains. Mais surtout ils s'efforcèrent de faire disparaître les derniers vestiges des coutumes sanguinaires en usage au Dahomey. Cette tâche fut plus spécialement confiée à la compagnie de Simon Ferrier et d'Yves Gloanec. Soutenus par leur capitaine, les soldats se donnèrent à leur œuvre avec un zèle qu'augmentaient encore leur pitié et leur indignation. Quand les derniers souterrains furent comblés, les derniers pans de murs abattus et rasés, le capitaine réunit ses hommes et leur dit :

« Mes chers compagnons d'armes,

« Je vous félicite en mon nom, au nom du général Dodds, au nom de la France entière, de tout ce que vous avez fait pendant notre rude campagne. Vos efforts ont réussi. Nous sommes maîtres du Dahomey, et nous avons supprimé ses deux capitales. C'en est fait désormais de l'esclavage dans cette contrée; c'en est fait des sacrifices humains qui l'ensanglantaient perpétuellement. On ne verra plus, dans cette plaine qui nous entoure, trois mille captifs décapités en même temps; on ne verra plus Behanzin verser à flots le sang humain pour cimenter les tombeaux de ses ancêtres, et pour emplir les grandes fosses voisines de son palais; on ne le verra plus recevoir les Européens dans une enceinte décorée de têtes saignantes : car il n'est plus qu'un fugitif traqué de toutes parts, et bientôt il n'aura d'autre refuge que notre clémence. Ainsi donc, mes chers compagnons d'armes, ce n'est pas en vain que vous avez exposé votre vie dans les marches et dans les combats, et que vous avez bravé la soif, les insolations et la fièvre, sous un soleil de plomb ! Et ce n'est pas non plus pour rien que nos chers camarades sont morts : car ils sont tombés pour la plus noble cause; ils ont racheté de leur vie des milliers de vies humaines, ils ont préservé des milliers d'innocents de l'esclavage et des supplices. Rendons hommage à la mémoire de nos braves compatriotes, et montrons-nous, comme eux, dévoués jusqu'à la mort à notre devoir patriotique ! »

Les soldats furent très émus des paroles du capitaine; Yves et Simon les gravèrent dans leur mémoire, et, tout en pleurant Sylvain Chaplambert, ils songeaient, avec une noble satisfaction, que sa mort avait contribué à faire pénétrer sur la terre d'Afrique un peu plus de **liberté**, de **justice** et de **douceur**.

Une partie des troupes fut laissée à la garde du pays conquis. L'autre fut rapatriée. Yves Gloanec et Simon Ferrier furent de ceux qui retournèrent en France. Ils eurent l'honneur de rentrer dans leurs foyers avec la **médaille militaire** (fig. page 10). Yves Gloanec se reposa quelque temps auprès de sa mère et de son frère, et retourna à son poste à bord du *Menaçant*, avec l'intention de reprendre un engagement quand il aurait fini son temps de service. Simon Ferrier, libéré du service militaire, se remit à la disposition de M. Harbel, qui lui confia la direction d'une fabrique de machines agricoles établie à Lille.

C'est dans cette nouvelle période de leur existence que nous retrouverons ces jeunes gens, tout à l'heure, en terminant.

A RETENIR

Instruction.

Géographie. — **Villes signalées dans le Sixième Livre :** *Nantes* et *Saint-Nazaire*, grands ports de commerce; — *Lorient* (primitivement *l'Orient*), port donné au xviie siècle à la Compagnie des Indes orientales, aujourd'hui port militaire; — *Brest*, grande rade, une des plus belles du monde, port militaire; — (autres ports de guerre : *Cherbourg*, célèbre digue; *Rochefort*; *Toulon*, grand arsenal maritime); — *Saint-Malo*, patrie de hardis marins, est une des villes de France qui ont fourni le plus de grands hommes; — *Rennes*, ancienne capitale de la Bretagne, grand centre de communications;

— *Le Mans*, ville importante par son commerce et son agriculture, poulardes; — *Laval*, fours à chaux, coutils; — *Angers*, ardoisières; — *Tours*, *Blois*, *Orléans*, villes heureusement situées sur la Loire et célèbres dans l'histoire de France.

— **Cartes :** remarquez la carte *panoramique* de la Bretagne (p. 200) et comparez-la avec la carte *panoramique* de la vallée du Rhône (p. 201) : celle-ci a beaucoup plus de relief. — La France en effet est beaucoup plus *montagneuse* à l'est et au sud qu'au nord et à l'ouest.

Colonies françaises. — **Algérie :** départements d'*Alger*, de *Constantine* et d'*Oran*. — Le gouverneur général réside à Alger. — L'Algérie est la plus proche et la plus belle de nos colonies.

— **Tunisie** : beau pays mis en 1881 sous le protectorat de la France. C'est le prolongement naturel de notre colonie d'Algérie.

— **Sénégal, Soudan français, Guinée française et dépendances** : colonies françaises de l'Afrique occidentale. Missions du capitaine *Binger* et de *Marcel Monnier*. Expédition victorieuse contre le *Dahomey*, sous le commandement de *Dodds*. Prise de *Cana* et d'*Abomey*. Suppression des sacrifices humains.

— **Ouest-Africain ou Congo français** : explorateurs, *S. de Brazza, Crampel, Dybowski, Monteil, Mizon*.

— **Ile de la Réunion** : chef-lieu *Saint-Denis*.

— **Madagascar** : île plus grande que la France.

— **Obock** : entrepôt de charbon, sur la mer Rouge.

— **Inde française** : territoires de *Pondichéry*, de *Karikal*, de *Yanaon*, de *Mahé* et de *Chandernagor*.

— **Indo-Chine française** : elle se compose d'une *colonie*, la *Basse-Cochinchine*, capitale *Saïgon*, et de trois pays soumis au *protectorat* de la France, à savoir : le *Cambodge*, capitale *Pnom-Penh*, l'*Annam*, capitale *Hué*, et le *Tonkin*, capitale *Hanoï*. (Port principal, *Haïphong*.)

— **La conquête** du Tonkin a été achevée en 1885. Elle a été marquée par de glorieux épisodes, entre autres la *prise de Hanoï* par *Francis Garnier* (1873), la défense de *Tuyen-Quan* par le chef de bataillon *Dominé* et le sergent *Bobillot*, la prise de *Sontay* et le bombardement de l'arsenal chinois de *Fou-Tchéou* par l'amiral *Courbet*.

— **Nouvelle-Calédonie** : ville principale *Nouméa*, lieu de déportation pour les condamnés français.

— **Iles Tahiti** : pays pittoresque et salubre.

— **Terre-Neuve** : îles de *Saint-Pierre* et *Miquelon*, pêche de la morue et du homard sur le banc de Terre-Neuve.

— **Guadeloupe** : terrain volcanique.

— **Martinique** : sucre, cacao, café.

— **Guyane française** : colonie pénitentiaire, chef-lieu *Cayenne*.

— **L'empire colonial** de la France a pris un tel développement, que la République française a créé en 1894 un ministère spécial pour l'administration des colonies.

Éducation.

— Je suivrai les préceptes de l'hygiène, pour conserver ma force et ma **santé**.

— Une joie trop **soudaine** peut faire du mal : j'annoncerai avec **ménagement** les mauvaises nouvelles, et même les bonnes.

— Quelle différence entre le sentiment de l'**avare**, qui enfouit jalousement son trésor, et la joie d'Yves Gloanec **payant la pension** de son frère !

— J'interviendrai courageusement dans les **querelles** pour les **apaiser**.

— Si mon service militaire m'appelle dans un autre **climat** que le mien, je serai sobre, prudent, modéré et **maître de moi-même**. Je me ferai un devoir de ménager ma santé, qui appartient à la France, autant qu'à moi : un soldat malade à l'hôpital impose à sa patrie une charge inutile.

— Loin de mépriser les indigènes de nos colonies, je tâcherai de voir leurs qualités plutôt que leurs défauts, et de les faire participer aux bienfaits de la civilisation française, tout en respectant ce qu'il y a de bon et de légitime dans leurs usages.

— Si par malheur je me laissais aller à une défaillance, je me **réhabiliterais** comme le frère de Nicolas Chaplambert.

— S'il le faut, je donnerai ma vie pour la France; et je la donnerais non moins volontiers, s'il me fallait mourir pour ces grandes choses que la France a toujours aimées et protégées, la **justice**, la **liberté**, l'**humanité**.

— Je serai toujours l'adversaire de l'**injustice** et de la **violence** : les hommes sont faits non pour se haïr et pour se battre, mais pour s'**entr'aimer** et s'**entr'aider**.

— Jeune écolier que je suis encore, je me demande à qui je ressemble le plus, à Nicolas Chaplambert, à Simon Ferrier ou à Yves Gloanec? — Je crois que je ressemble plutôt à Yves Gloanec. Je suis sujet, comme lui, à de petites défaillances; comme lui j'ai plus d'une fois hésité entre le bien et le mal. Mais je vois qu'il a lutté bravement contre ses mauvais penchants, et qu'il en a triomphé. Un moment j'ai bien cru qu'il ne pourrait jamais être qu'un mauvais fraudeur : et voilà qu'il est devenu un bon marin.

— Moi aussi je perfectionnerai chaque jour mon **éducation morale**; je fortifierai ma **volonté**, comme je fortifie mes muscles, par l'exercice; et j'écouterai la voix de ma **conscience**.

LISTE D'ORTHOGRAPHE VISUELLE

(Mots difficiles tirés du Sixième Livre de Monsieur Prévôt.)

Lire comme il suit : amazone s'écrit avec un *z*; — ancêtre s'écrit avec un *c*; — **ancre** s'écrit avec *an*, etc.

Substantifs.			
	une aventure	la ceinture	la détresse
	la baïonnette	le chariot	le diamant
une aise	le bambou	la chaussée	une eau-de-vie
une amarre	la bibliothèque	la chaux	des eaux-de-vie
une amazone	le bivouac	le choléra	un écart
un ancêtre	le bœuf	le colonel	un éclair
une ancre	la boxe	la communication	un écueil
une anxiété	la brousse	le condisciple	une élite
un appel	la broussaille	la convalescence	une embuscade
un arc	le caissier	le convoi	une enflure
une ardoise	la canonnière	les convois	un engagement
un arrêt	la capacité	la cordelette	un engin
un arriéré	la carabine	le coutil	un enjeu
un arsenal	la carcasse	la cuiller	un équipage

un esclavage
un éventail
le faubourg
la férocité
la flanelle
le fouet
la fourchette
la fourmi
la fosse
(fausse, adj.)
la gaze
le géant
le gendarme
une hachette
une haie
la halle
un héros
un hommage
un horion
une horloge
une hygiène
le mandarin
le mannequin
le matelot
la mâture
le mécanicien
la mêlée
le ménagement
le message
la métairie
la moelle
le moustique
la moustiquaire
la naïveté
la nappe
la navigation

la nef
le nœud
une occasion
un officier
un outil
un opium
le pan (d'habit)
le pansement
le paon (oiseau)
la paupière
la pensée
la pension
le phare
la plaisanterie
le plomb
la pompe
le porte-monnaie
les porte-monnaie
la pousse
le projectile
le prosateur
le riz
la rizière
le roc
le sacrifice
le saltimbanque
le sculpteur
la sentinelle
le signal
le souterrain
le successeur
le supplément
la symétrie
la tabatière
le territoire
le trouble-fête

les trouble-fête
le tuyau
le vaisseau
le velours
le vestige
le viaduc
les yeux
le zèle

Adjectifs.

affectueux
convulsif
fixe
généreux
héroïque
mille
mystérieux
navigable (navi-
guer)
paisible
pittoresque
précieux

Verbes.

abîmer
agiter
allonger
arracher
arroser
assaillir
astiquer
attacher
atterrer
avarier
braquer

cimenter
cramponner (se)
débattre
déshonorer
dissimuler
entonner
environner
équilibrer
essayer
étouffer
expirer
fouiller
frayer
frissonner
grelotter
huer
jucher
massacrer
plisser
raccourcir
rapatrier
rassurer
réchauffer
recueillir
ressaisir
serpenter
sombrer
submerger

Mots Invariables.

grassement, adv
fixement, adv.
néanmoins
récemment, adv

Le Concours agricole.

CONCLUSION

RÉUNION DE NICOLAS CHAPLAMBERT DE SIMON FERRIER ET D'YVES GLOANEC AVEC MONSIEUR PRÉVÔT

Le Concours agricole.

Le temps a passé.

Reprenons pied en France, dans cette France qui n'a cessé d'être présente à notre pensée, pendant que nous suivions Yves Gloanec au Tonkin et au Dahomey.

Transportons-nous au **Concours agricole** qui se tient chaque année à Paris. Vous ne reconnaissez pas ces deux messieurs (figure ci-dessus) qui se promènent au milieu des machines? Voyez donc! l'un montre du doigt une faucheuse mécanique. C'est un constructeur de machines agricoles, c'est notre ami Simon Ferrier. Son compagnon n'est autre que Nicolas Chaplambert, devenu le régisseur des propriétés de Mme Bonneville, et forcé, pour cette raison, de se tenir au courant de tous les perfectionnements de l'agriculture.

Pour l'instant, ils examinent les machines exposées par Simon Ferrier. Par moments ils s'arrêtent, se regardent et causent, sans s'occuper de ce qui se trouve autour d'eux, comme s'ils oubliaient entièrement le lieu où ils sont. C'est qu'ils se rappellent les chers souvenirs de leur enfance; ils reprennent en quelque sorte tous les chemins de leur vie passée; et tous ces chemins les ramènent à leur pays natal, à leur école, à leur cher maître, M. Prévôt.

« Que peut-il bien faire à cette heure? demande Nicolas Chaplambert.

— Voilà bien des semaines que je n'ai pu lui écrire, tant je suis occupé, répond Simon Ferrier. La dernière fois que je l'ai fait, c'était pour le féliciter de son mariage. Car tu sais, n'est-ce pas, mon cher Nicolas, qu'il a enfin songé à lui-même, une fois sa sœur établie?

— Oui, je le sais, répondit Nicolas, et j'en suis bien heureux. Personne ne méritait mieux que lui de connaître la vie de famille. »

Ce que faisait M. Prévôt.

Assis auprès de sa fenêtre, un peu las d'avoir corrigé une trentaine de cahiers d'élèves, M. Prévôt se reposait en parcourant un journal.

Il fut interrompu par l'entrée de sa femme.

« Tiens, Lucie, lui dit-il, en prenant une lettre ouverte, posée sur la table, si tu veux des nouvelles du Soudan (carte page 41), tu n'as qu'à lire cette lettre. Devine de qui elle me vient?

— De ton ancien élève, du marin Yves Gloanec, dont tu m'as si souvent parlé?

— C'est lui en effet qui m'écrit. Il a fait campagne au Soudan, et s'y est distingué par son courage. Puis il est revenu à Toulon, et, pour le moment, il se rend à Brest, en passant par Paris (carte, page 82). Il m'annonce sa prochaine visite.

— Ah! j'en suis bien heureuse! nous lui ferons fête. Mais décidément, c'est aujourd'hui le jour des nouvelles; car, à mon tour, je t'apporte un télégramme que le facteur vient de me remettre. »

M. Prévôt rompit le cachet et parcourut le billet des yeux : il se leva brusquement, de surprise et de joie.

« Sais-tu, dit-il, ce que cette lettre m'annonce?

— Je ne le devine pas.

— L'arrivée de Nicolas Chaplambert et de Simon Ferrier, deux autres de mes élèves, dont je t'ai souvent loué le mérite.

— Pas possible !

— Ils se sont retrouvés au Concours agricole, et ils me demandent quand ils pourront venir nous voir. Je vais leur télégraphier que je les attends après-demain, jeudi : je suis plus libre ce jour-là, et sans doute, si Yves Gloanec doit venir, il le choisira lui aussi. Tu nous prépareras un bon petit dîner.

— Compte sur moi, mon ami; je vais dévaliser le jardin et la basse-cour en l'honneur de ces chers enfants.

— Ce sont des hommes aujourd'hui, ma chère Lucie, et de vrais hommes, je te le jure : ils se sont fait leur place au soleil, à force de bon vouloir et de courage. »

L'arrivée de Nicolas et de Simon.

Oui, c'étaient bien maintenant deux hommes énergiques et intelligents que Nicolas Chaplambert et Simon Ferrier.

Quand ils vinrent à Cachan et qu'ils passèrent sur la place du bourg (fig.) en compagnie de leur ancien maître, qui était allé les

Nicolas Chaplambert et Simon Ferrier revoient leur village.

recevoir à la gare, plus d'un habitant se demanda qui pouvaient bien être ces deux inconnus de belle mine et de bonne allure. Peut-être ne les aurait-on pas reconnus, si M. Prévôt n'avait dit leur nom. Alors toutes les mains se tendirent vers ces deux enfants du pays qui avaient si bien conduit leur vie, et ce fut à qui leur donnerait les plus grands témoignages d'estime et de considération.

Les deux jeunes gens se dérobèrent avec peine aux félicitations, et ce ne fut qu'après avoir fait un bout de causette avec tous les vieux amis rencontrés le long de la rue, qu'ils purent se rendre à la maison d'école. M. Prévôt les présenta à sa femme, qui trouva des paroles pleines de cordialité pour leur souhaiter la bienvenue; et, comme elle connaissait en détail, par son mari, la mort héroïque de Sylvain Chaplambert, elle parla de lui avec une émotion discrète, mais vive, qui remua profondément Nicolas.

L'arrivée d'Yves Gloanec.

Pendant que Mme Prévôt se retirait pour veiller aux préparatifs du repas, son mari fit un tour de promenade dans la campagne avec ses deux anciens élèves. Il espérait trouver Yves Gloanec en rentrant. Son espoir fut déçu : à sept heures, le marin n'était pas encore là. Mais, au moment même où, désespérant de le voir venir, on allait se mettre à table, un pas alerte retentit dans l'escalier. M. Prévôt se hâta d'ouvrir la porte, et l'on vit paraître un grand jeune homme, maigre et brun, vêtu en marin :

« Salut, dit-il, en entrant, c'est la marine!

L'arrivée d'Yves Gloanec.

— C'est Yves Gloanec, » dit M. Prévôt.

Aussitôt Nicolas Chaplambert, Simon Ferrier et M. Prévôt lui-même serrèrent les mains d'Yves Gloanec, et s'empressèrent à qui mieux mieux autour de lui (fig.). Nicolas et M. Prévôt, qui ne l'avaient pas revu depuis de longues années, admiraient sa taille élancée, son port martial, son teint bronzé; et Simon Ferrier lui trouvait le visage encore plus énergique, que lorsqu'ils avaient fait campagne ensemble au Dahomey. Yves, de son côté, regardait son maître et ses deux amis d'un œil tout brillant de joie, et il se prêtait à toutes leurs questions avec cet air bon enfant que prennent les marins, quand ils n'ont plus leur air terrible des grands jours de guerre et d'abordage.

Mme Prévôt fit observer timidement que le potage refroidissait : alors on se mit à table et l'on s'attarda en de longues et douces causeries. Les demandes se croisaient sans attendre les réponses.

A chacun selon son mérite.

« Vous souvenez-vous, mon cher maître, disait Nicolas Chaplambert, de nos promenades à travers champs?

— Vous rappelez-vous, disait Simon, le jour où, grâce à votre aide, je fis tourner ma roue pour la première fois? Le bon chien Farino vivait en ce temps-là! Pauvre Farino, il est mort il y a deux ans; j'en ai bien de la peine. »

Les trois amis voulurent savoir ce qu'étaient devenus leurs camarades d'école.

« Hélas! dit M. Prévôt, pour plus d'un déjà la fin est arrivée. La plupart de ceux qui vivent sont en bonne santé, et beaucoup d'entre eux, mes chers amis, ont trouvé des récompenses pour leur bonne volonté et pour leurs efforts. Ceux qui dès l'école se sont obstinés à vivre dans la paresse et dans l'insouciance, sont bien misérables aujourd'hui.

Nicolas Chaplambert. — Qu'est devenu ce Pierre Lalirant qui ne savait jamais ses leçons et ne faisait ses devoirs que par contrainte?

M. Prévôt. — Il cherche en vain de l'ouvrage. Hier encore je l'ai vu : il venait demander un secours à la mairie.

Yves Gloanec. — Et ce grand Rabugnon qui battait les plus faibles de la classe?

M. Prévôt. — Il a reçu un mauvais coup un jour de fête, dans une bagarre; il marche avec des béquilles, et demanderait l'aumône, sans une vieille tante qui lui a laissé de quoi végéter.

SIMON FERRIER. — Et cet excellent Pascal qui avait une si belle main?

M. PRÉVÔT. — Il est caissier dans une grande maison de commerce et met de l'argent de côté.

NICOLAS CHAPLAMBERT. — Et Léon Denizet, celui que vous vous plaisiez à envoyer au tableau noir?

M. PRÉVÔT. — Il est instituteur.

M. YVES. — Et son frère?

M. PRÉVÔT. — Son frère fait valoir les champs paternels, comme d'ailleurs la plupart de vos anciens camarades. Ces jeunes gens ont eu la sagesse de comprendre qu'à moins d'avoir un goût particulier pour le métier militaire, pour le commerce, pour l'industrie ou pour l'étude, c'est folie de quitter l'aisance et *le bon air* de la campagne, pour s'enfermer dans une ville et y vivre à l'étroit. Ils ont résisté à ceux qui leur conseillaient de déserter leur village; ils ont compris que, si l'on gagne plus d'argent à la ville, on y dépense bien davantage aussi, et ils s'adonnent avec un contentement parfait aux travaux tranquilles et fortifiants de l'agriculture. Vivant dans la frugalité d'une vie simple et honnête, ils peuvent satisfaire tous leurs désirs, et, *comme ils n'ont besoin que de peu, ils sont toujours assez riches.*

NICOLAS CHAPLAMBERT. — Comme vous dites vrai, mon cher maître! C'est ce que je répète, pour mon compte, à tous les agriculteurs de ma connaissance, et j'en ai retenu plus d'un qui voulait aller s'établir à la ville, *au risque d'y mourir de faim.*

Prédiction réalisée.

M. PRÉVÔT. — Voilà donc, mes chers amis, le sort de vos anciens condisciples. Vous voyez qu'à part de rares exceptions, ils vivent honorablement. Comme vous, ils ont servi la France à l'armée; comme vous aussi, ils la servent maintenant en se donnant avec zèle aux travaux de la paix, et en accomplissant scrupuleusement les obligations du bon citoyen et de l'honnête homme. Grâce à eux, grâce à vous, grâce à tous ceux qui vous ressemblent, et qui sont nombreux heureusement, la France a repris définitivement sa place en Europe. Et à ce propos, mes chers amis, laissez-moi vous rappeler une prédiction modeste, effacée sans doute de votre mémoire, une prédiction que je vous fis ici même, à Cachan, dans mon jardin, un jour de tirage au sort, vous en souvenez-vous?

SIMON FERRIER. — Vous demandez si nous nous en souvenons, cher maître! Mais je pourrais vous réciter textuellement vos propres paroles! [Elles se sont bien vérifiées; oui, comme vous nous l'annonciez, *la France a repris sa place au premier rang des nations.*

YVES GLOANEC. — C'est vrai! La République française a su se faire respecter partout, sur terre et sur mer, en Europe et dans les colonies : en 1881, elle a mis la Tunisie sous son protectorat ; en 1882, elle s'est établie définitivement au Congo ; en 1884, elle a conquis le Tonkin et l'Annam ; en 1885, elle a fait valoir ses droits sur Madagascar ; en 1892, elle a envoyé contre le Dahomey une expédition victorieuse que nous ne saurions oublier, n'est-ce pas, et pour cause ; Behanzin s'est remis en notre pouvoir, et nous l'avons traité avec une clémence qui l'a étonné ; en 1893, nous avons mis à la raison les habitants du Siam (carte p. 308) qui, mal conseillés par leurs voisins, voulaient nous créer des embarras aux frontières de nos possessions d'Indo-Chine.

NICOLAS CHAPLAMBERT. — Et, si je ne me trompe, en 1894, nos soldats ont pénétré dans la vallée du Niger jusqu'à la ville mystérieuse de Tombouctou, dans le Soudan.

SIMON FERRIER. — Chaque jour d'ailleurs les voyageurs français rivalisent avec les explorateurs étrangers, pour percer jusqu'au centre de l'Afrique, et fournir des notions de plus en plus précises à nos géographes.

M. PRÉVÔT. — Et j'en suis bien content, car c'est la meilleure preuve de notre force et de notre prospérité ; et les étrangers, qui rencontrent nos explorateurs et nos soldats en Afrique et partout ailleurs, ne peuvent pas se dissimuler que nous nous sommes singulièrement relevés de nos désastres. Tous les peuples nous estiment, à l'heure actuelle, et plus d'un désire notre amitié. Il n'y a pas bien longtemps encore, vous avez vu la Russie tendre la main à la République française; les vaisseaux français ont été reçus dans le port russe

de **Cronstadt**, les vaisseaux russes sont venus à **Toulon**
(fig.); et sans doute vous n'avez pas encore oublié le grand
élan d'enthousiasme des fêtes franco-russes?

YVES GLOANEC. — Oh! pour cela non, mon cher maître;
je n'ai jamais rien vu de si beau. Je ne suis pas allé à Cronstadt, mais j'étais à Toulon, lors de l'arrivée de l'escadre
russe : vous dire ce que j'ai vu et entendu, vous décrire les
allées et venues des vaisseaux et des barques, le pavoisement
et l'illumination des maisons et des navires, les salves

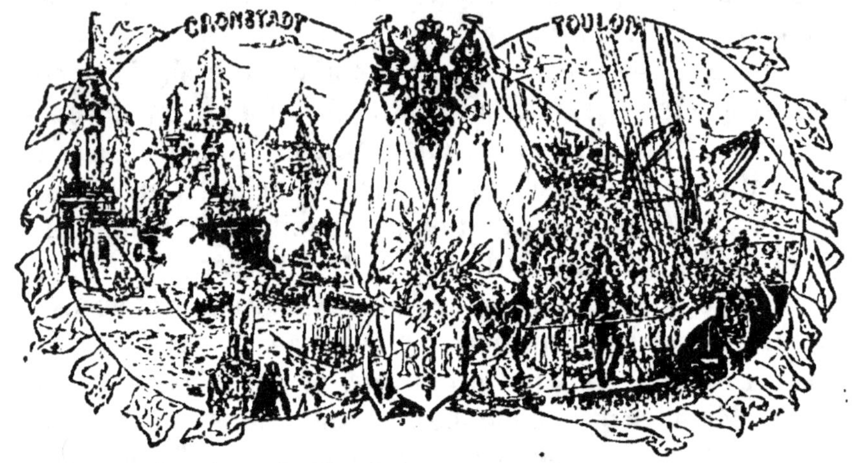

Cronstadt-Toulon. — Russie-France.

d'artillerie, les cris et les chants d'allégresse, non, voyez-
vous, c'est impossible, j'aime mieux y renoncer!

M. PRÉVÔT. — Et moi aussi, j'ai assisté à ces fêtes. J'ai vu
le cortège passer sous les drapeaux, sous les fleurs, sous les
arcs de triomphe; j'ai vu le **carrousel** (fig.) de nos officiers
de cavalerie : ils ont fait preuve d'une hardiesse, d'une habileté qui émerveillaient nos amis russes, si bons cavaliers
eux-mêmes. Ces vaillantes prouesses, ce mélange des drapeaux et des uniformes de France et de Russie, formaient un
spectacle très réconfortant pour le cœur d'un Français. Aussi
la satisfaction était universelle; tous s'associaient aux réjouis-
sances publiques, non seulement parce qu'elles consacraient
l'amitié de deux peuples, mais encore et surtout parce qu'elles
célébraient la fête de la paix et du travail.

YVES GLOANEC. — C'est bien, en effet, ce que j'ai constaté
pendant toute la durée des fêtes franco-russes. Sur les drapeaux, les banderoles, les monuments, j'ai lu maintes fois

ces mots *Paix* et *Travail*, inscrits en français, en latin ou en russe; et je me rappelle qu'à Toulon, la municipalité avait fait dresser deux grands piliers qui portaient l'image de la France et de la Russie se tendant l'une à l'autre un rameau d'olivier, symbole de paix et de prospérité.

M. PRÉVÔT. — Oui, mon cher Yves, si la France est toujours prête à châtier ceux qui voudraient porter la plus légère atteinte à son honneur, il n'en est pas moins vrai qu'elle

Le Carrousel des officiers français au Champ-de-Mars.

aime ardemment la paix et le travail, comme elle l'a bien prouvé, n'est-ce pas, durant la longue période de tranquillité dont elle jouit depuis 1871. Aussi elle a été récompensée de sa sagesse, et elle a pu réaliser d'utiles progrès, sans parler de ceux qu'elle médite encore, et qu'elle accomplira sûrement, grâce à sa bonne volonté, grâce à son énergie, grâce aussi aux ressources que lui fournissent les grandes **inventions** du XIXe siècle.

Les inventions modernes.

Mme PRÉVÔT. — Puisque tu parles d'inventions, mon cher mari, tu ferais bien de montrer à nos amis les deux gravures que tu as reçues la semaine dernière. Pendant ce temps, je préparerai le dessert et je mettrai le café sur le feu.

M. Prévôt. — Bonne idée, ma chère femme ; jeunes gens, je vous quitte ; mais je reviens à l'instant. »

M. Prévôt se rendit dans sa classe et rapporta deux tableaux d'ensemble, qu'il montra à ses anciens élèves, en attendant le retour de Mme Prévôt.

Le premier tableau (fig. page 341) représentait quelques-unes des **grandes inventions** qui ont révolutionné le monde moderne : c'était d'abord l'**adduction de l'eau salubre** dans les villes (nᵒˢ 1, 2), procédé connu des anciens, mais bien perfectionné de nos jours. C'était aussi l'**imprimerie** (nᵒ 3), qui date du xvᵉ siècle, mais qui a produit de notre temps ses plus grandes conséquences, en mettant la **lecture** (nᵒ 4) à la portée de tous.

Venaient ensuite des inventions propres à notre siècle, à savoir les principaux usages de la **vapeur** et de l'**électricité**.

On voyait une **locomotive** à vapeur (nᵒ 5), s'élançant sur ses rails, ainsi qu'un bateau à vapeur (nᵒ 6) qui franchissait les mers, poussé par l'**hélice** (nᵒ 7) et guidé par la **boussole** (nᵒ 8). Plus bas c'était l'intérieur d'une **usine** (nᵒ 9) ; la vapeur y mettait en mouvement des machines-outils, une machine à percer, un tour à tourner le fer, etc., tandis qu'au dehors une **grue à vapeur** (nᵒ 10) faisait, à elle seule, le travail de vingt ouvriers terrassiers.

La figure suivante (nᵒ 11) était consacrée à l'un des effets les plus prodigieux de l'**électricité**, à savoir la **transmission de la pensée** et de la **parole** à de grandes distances, grâce au télégraphe et au téléphone.

La dernière figure du premier tableau (nᵒ 12) était la plus curieuse de toutes, et la plus nouvelle aussi : elle étonna Simon Ferrier lui-même, bien qu'en sa qualité de mécanicien, il fût au courant de bien des découvertes. Cette figure avait pour sujet : la **transmission de la force motrice** à de grandes distances, par l'électricité. Au fond d'un précipice, étroit et presque inaccessible, on distinguait une roue hydraulique, mise en mouvement par l'eau d'une cascade. Des appareils électriques recueillaient la **force motrice** (fig. d'ensemble, page 103) de cette roue et l'envoyaient à l'aide de fils métalliques jusqu'à une usine, peu éloignée dans la gravure, mais distante de plusieurs kilomètres dans la réalité.

TABLEAU I. — GRANDES INVENTIONS (Fig. d'ensemble).

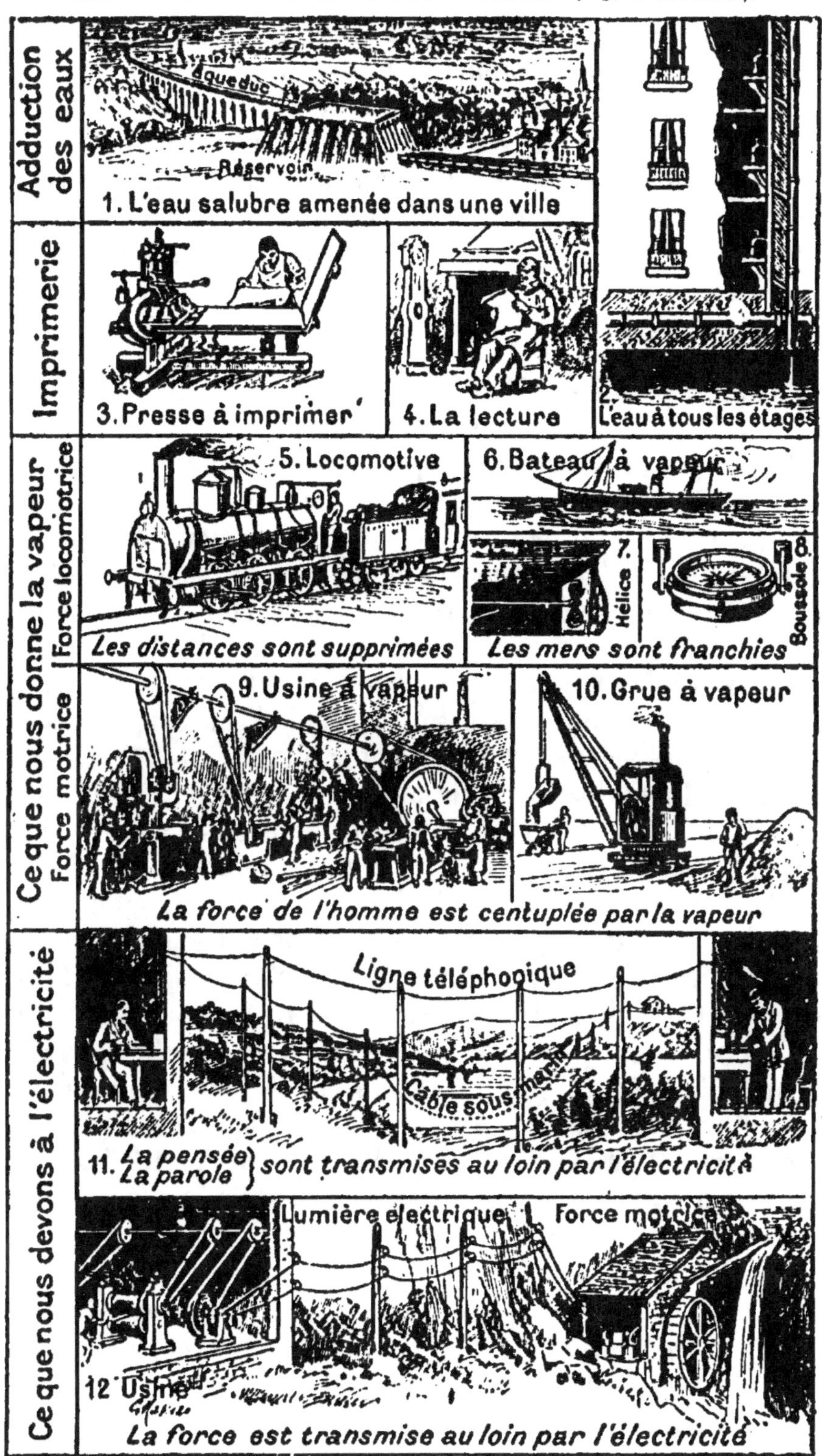

Les jeunes gens regardèrent avec intérêt ce premier tableau. Certes ils y retrouvaient des choses qu'ils avaient vues plus d'une fois, comme la presse à bras, le bateau à vapeur, la boussole ou la locomotive. Mais cela ne leur déplaisait pas, bien au contraire : ils éprouvaient un plaisir sérieux à voir les grandes inventions groupées ainsi par un tableau d'ensemble, qui donnait une idée exacte et simple des progrès de la science et de l'industrie dans les temps modernes.

*
* *

Quand le premier tableau eut été suffisamment examiné, M. Prévôt l'écarta, et montra le second.

Celui-ci représentait quelques **inventions pratiques** (page 343), moins importantes, à coup sûr, que les précédentes, mais de la dernière nouveauté. On y voyait un **tramway électrique** (n° 1), s'avançant de lui-même, sans machine apparente; un **ascenseur** (n° 2) transportant une dame au troisième étage, sans aucune fatigue pour elle; une **fontaine** (n° 3) donnant de l'eau chaude à tout venant, pour dix centimes; un grand **bassin** (n° 4) plein d'eau congelé par certains procédés, et permettant le patinage en toute saison; une **bicyclette** (n° 5), bon petit cheval d'acier, obéissant sans révoltes ni caprices, ne prenant jamais le mors aux dents, et ne coûtant rien à nourrir; un **avertisseur d'incendie** (n° 6), formé d'un téléphone et d'une sonnette électrique et servant à appeler immédiatement les pompiers en cas de feu; un **théâtrophone** (n° 7), c'est-à-dire un téléphone, à l'aide duquel on peut, tout en restant au coin de sa cheminée, écouter tout ce qui se dit ou se chante dans un théâtre éloigné; un **phonographe** enfin (n° 8), vraie petite merveille qui enregistre les airs de musique et les paroles humaines, et les fait entendre de nouveau toutes les fois qu'on le désire, même après bien des années écoulées.

*
* *

Simon Ferrier remarqua que dans le second tableau, comme dans le premier, l'électricité jouait le rôle principal. Ce fut l'occasion d'une petite discussion amicale sur la concurrence de la **vapeur** et de l'**électricité**.

Tableau II. — QUELQUES INVENTIONS RÉCENTES (Fig. d'ensemble).

1. Tramway mû par l'électricité

2. Ascenseur
(Pression de l'eau)

3. L'eau chaude à
la portée de tous

4. Patinage en toute saison

5. La bicyclette
dans l'armée

6. Avertisseur électrique d'incendie

Phonographe

7. Le théâtre chez soi
par le téléphone

8. Les paroles du grand-père conservées
par le phonographe

« Moi, dit Yves Gloanec, je crois que l'électricité ne réussira pas à supplanter la vapeur.

— Moi, dit Nicolas Chaplambert, je connais mal la question, aussi je réserve mon opinion.

— Eh bien, moi, dit Simon Ferrier, je déclare hardiment la mienne : je crois que bientôt l'électricité remplacera avantageusement la vapeur dans beaucoup de ses usages. Remarquez ceci, en effet : l'électricité nous éclaire ; l'électricité met en mouvement des machines-outils, des voitures, et même des locomotives et des bateaux, et de plus elle transporte au loin la pensée, la parole, la force motrice. La vapeur ne peut en faire autant. Ce siècle qui finit est le **siècle de la vapeur**. Mais le xxe siècle, qui va commencer, sera le **siècle de l'électricité**. Qu'en pensez-vous, mon cher maître ?

— Je n'ose me prononcer aussi nettement que toi, répondit M. Prévôt ; je suis convaincu que la vapeur continuera longtemps à nous être utile ; mais je crois volontiers, avec toi, que l'électricité est appelée à nous rendre de plus grands services encore que la vapeur. »

L'assistance.

Cette conversation se poursuivit jusqu'au moment où Mme Prévôt apporta le dessert.

« Eh bien, messieurs, dit-elle, en servant à chacun une portion de gâteau, vous avez vu ces gravures? Elles sont très intéressantes, n'est-ce pas, et tout ce qu'elles représentent est vraiment bien merveilleux. Cependant je dois dire qu'entre tous les progrès, je préfère ceux qui font honneur, non seulement à l'intelligence de l'homme, mais aussi à son cœur, je veux dire toutes ces innovations, toutes ces améliorations qui sont l'œuvre de la bonté, de la générosité, de l'**humanité**.

M. Prévôt. — Tu as parfaitement raison, ma chère femme. Il ne faut pas oublier tout ce que notre siècle a fait pour adoucir le sort de ceux qui ont le plus à travailler et à souffrir. L'État rivalise avec les particuliers pour fonder toutes sortes d'institutions secourables : dans certaines écoles spéciales l'on apprend aux **aveugles** à lire et à travailler comme s'ils voyaient ; dans d'autres, on enseigne aux **sourds-**

muets les moyens de se faire comprendre. Il est des asiles pour les **vieillards et les infirmes** qui ne peuvent plus rien faire; il en est pour les enfants **orphelins** qui ne peuvent pas encore travailler et qui sont sans ressources, parce que leurs parents sont morts ou les délaissent.

Mme Prévôt. — Pauvres petits ! C'est bien le moins que la Patrie les recueille, quand la famille leur manque ou les abandonne !

M. Prévôt. — Cela paraît bien juste et bien naturel, n'est-il pas vrai? Et cependant, même au XVIIe siècle, les passants

Asile d'aliénés de Charenton. (Charenton est près de Paris. Voir la carte de la page 25.)

se souciaient à peine des nombreux enfants abandonnés au coin des rues; et pour exciter la pitié publique en faveur de ces infortunés, il fallut toute l'opiniâtre charité du bon Vincent de Paul. Aujourd'hui les enfants abandonnés sont recueillis soit par des orphelinats particuliers, soit par l'*Assistance publique*, qui les met en nourrice et les fait élever.

Nicolas Chaplambert. — Non seulement elle les met en nourrice, mon cher maître, mais elle les fait surveiller régulièrement par des médecins scrupuleux et instruits, et, grâce à cette précaution, la mortalité des enfants assistés diminue notablement.

M. Prévôt. — Et les **aliénés,** vous savez aussi avec quelle humanité on les soigne! A la fin du siècle dernier, on les traitait encore comme des coupables; on les enfermait dans des prisons avec les malfaiteurs; on les rouait de coups. Aujourd'hui, on traite avec douceur ces pauvres innocents, qui méritent si bien leur nom; car, s'ils font du mal, c'est sans le vouloir. Il faut bien les enfermer pour les empêcher de nuire; mais on les met dans des **hospices** vastes et sains.

Yves Gloanec. — Comme celui de **Charenton** (fig. p. 345) par exemple!

M. Prévôt. — Oui, comme celui de Charenton et comme bien d'autres. Car les établissements de ce genre se multiplient, tant à Paris qu'en province. Dans ces maisons les aliénés ne manquent de rien et peuvent se promener sous la garde de leurs surveillants.

Yves Gloanec. — Et j'ai remarqué que ceux-ci les ménagent le plus possible et respectent en ces infortunés la dignité humaine.

La guerre aux maladies.

M. Prévôt. — Quant aux maladies qui ne sont pas incurables, les médecins et les chirurgiens s'acharnent à les guérir avec une énergie et une bravoure que rien n'épouvante. Plusieurs d'entre eux succombent chaque année à des maladies qu'ils ont contractées au chevet de leurs malades. Mais leur mort ne fait qu'augmenter le zèle de leurs confrères survivants, et l'on peut dire que plus le mal est redoutable, plus les secours abondent. Si le choléra, par exemple, se déclare en Europe, comme cela arriva à Hambourg il y a quelques années, aussitôt la France met sur pied une véritable armée de savants et de médecins, qui s'apprêtent à barrer la route au fléau; presque toujours on arrive à le vaincre, et l'on fait de même pour les autres maladies épidémiques.

Yves Gloanec. — Et que d'efforts ne fait-on pas aussi, monsieur, pour prévenir les maladies et préserver la santé publique en prenant de bonnes mesures d'**hygiène!** J'en ai été très frappé autrefois, lors de mon passage à Marseille.

M. Prévôt. — En effet presque toutes les municipalités de France se préoccupent de l'hygiène publique. Ainsi, pour ne parler que de Paris, les employés de la ville vont assainir gratuitement les maisons infectées par quelque maladie contagieuse. De nouveaux aqueducs, celui de la Vanne d'abord, et dans ces derniers temps celui de l'Avre et de la Vigne, ont été construits pour fournir des eaux plus abondantes à la population parisienne. Maintenant encore, on continue un travail commencé dès le milieu du siècle, en perçant des voies larges et droites, à travers des quartiers où l'air et le soleil ne pénétraient jadis qu'à regret.

Mme Prévôt. — Et l'on entretient de beaux jardins publics

Un square dans une grande ville.

avec des cascades, des fleurs et de la verdure, comme le parc de Montsouris ou celui des Buttes-Chaumont.

M. Prévôt. — En effet, ma chère amie; et ceux qui n'ont pas le temps de gagner ces grands jardins, peuvent toujours trouver, non loin de leur porte, un **square** (fig.), ouvert à tout le monde, qui leur donne en petit l'image de la campagne. Ah! ces squares, certaines gens les raillent, parce qu'ils sont trop petits, trop poussiéreux; mais moi, je m'y asseois volontiers, quand je traverse Paris. J'aime à voir l'ouvrier qui s'en revient du travail, prendre place à côté de moi sur le banc public, ou s'en aller boire à la fontaine Wallace*, dont l'eau pure et fraîche ne coûte rien. Pendant ce temps, la mère de famille, pauvre et laborieuse, descend de son sixième étage, non pour elle, qui voudrait travailler toujours à son ménage, mais à cause de ses enfants; et tout en tricotant, elle surveille les chers petits, qui jouent le long des pelouses, ou font aller de légères barques sur les pièces d'eau.

L'union fraternelle.

Simon Ferrier. — A Lille, dans le faubourg où M. Harbel m'a établi sous sa haute direction, nous ne pouvons guère créer des jardins et des parcs pour nos ouvriers. Mais M. Harbel a tenu à suivre l'exemple du fameux industriel alsacien Dollfus : il a fait construire des habitations ouvrières très propres, très gaies, et entourées chacune d'un jardinet. Les ouvriers qui louent ces maisonnettes, peuvent, à très bon compte, en devenir propriétaires, au bout de quelques années. Vous n'ignorez pas que M. Harbel est tout dévoué aux intérêts des travailleurs, et je n'ai pas besoin de vous dire que moi, qui suis un ancien ouvrier, je le seconde de mon mieux.

M. Prévôt. — Beaucoup de patrons et de chefs d'industrie font comme M. Harbel et comme toi, mon cher Simon, et il est certain que de notre temps il y a une tendance heureuse qui pousse la plupart des hommes à s'unir, à s'aimer, à s'intéresser les uns aux autres. Personne, pour ainsi dire, ne demeure indifférent à ceux qui sur terre ont pour lot le dur labeur toujours, et parfois la misère. Parmi les heureux du monde, on en voit peu gaspiller entièrement leur vie dans les fêtes qui étourdissent l'esprit, et dans les mauvais plaisirs qui dessèchent le cœur. Presque tous prélèvent sur leur temps et sur leur argent une part qu'ils consacrent à leurs frères déshérités.

Simon Ferrier. — Ceux-ci, de leur côté, sont fiers de voir leur travail honoré comme il le mérite, et ils ne repoussent pas la main qui se tend vers eux.

M. Prévôt. — Cela est bien. Mais, n'est-ce pas, mes chers amis, pour que cette fraternité soit durable et s'accroisse, il faut que chacun y mette du sien, comme on dit; vous devez donc, vous qui êtes arrivés, donner votre aide à ceux qui commencent. Seulement il est à désirer que ceux-ci, à leur tour, se montrent reconnaissants des efforts qu'on fait pour eux, et s'arment de patience et de résignation, en attendant ce que l'avenir peut faire encore : car, on l'a dit souvent, *tout progrès en ce monde demande non seulement de la bonne volonté, mais aussi du temps et de la persévérance.* »

Le perfectionnement moral.

M. Prévôt s'était tu, et l'esprit des jeunes hommes demeurait tout occupé de ces belles inventions, de ce grand mouvement de progrès et d'amélioration que leur maître venait d'admirer avec eux. Quant à M. Prévôt, sa pensée se reposait avec plaisir en ce moment sur l'heureux sort de ses trois jeunes amis, qui goûtaient le plus pur et le plus délicat des bonheurs, le bonheur mérité.

Au souvenir des années laborieuses par lesquelles avaient passé Nicolas Chaplambert, Yves Gloanec et Simon Ferrier, leur maître se disait que ces trois jeunes gens avaient été vraiment les principaux auteurs de leur prospérité, en affermissant leur volonté, en cultivant leur intelligence et en élevant leur cœur.

Aussi, quand il reprit la parole, ce fut pour les féliciter et les encourager :

« Oui, mes amis, leur dit-il, y a de grandes choses à admirer dans ce temps, et il y a aussi de grandes choses à faire. Travaillez donc de toutes vos forces au bien de la société. Rappelez-vous toutefois, et dites sans cesse à ceux qui vous entourent, que, si l'homme a le droit de jouir du bien-être et du repos achetés par le travail, il est un bonheur plus relevé qu'il peut tirer du fond de lui-même.

« Vous l'avez bien senti, n'est-ce pas, en ces heures de contentement que vous avez connues, toutes les fois que vous avez remporté une victoire sur vos défauts ! *Se vaincre soi-même, se modérer, se perfectionner,* c'est là un premier travail que nous ne devons jamais perdre de vue, parmi nos autres travaux, et, si chacun y restait fidèle, tous seraient meilleurs et par suite plus heureux.

« Cela est une vérité de tous les temps. Je vous la rappelle à vous, mes chers amis, avec une satisfaction parti-

culière, parce que vous avez été vous-mêmes des « exemples à
l'appui de la règle », comme disaient vos bons vieux livres de
grammaire; et parce qu'en regardant en arrière dans votre
vie, et en examinant la conduite que vous avez tenue dans
les circonstances difficiles, vous pouvez répéter avec notre
grand Corneille * :

Je le ferais encor, si j'avais à le faire. »

Nicolas, Simon, Yves, émus, prirent la main de M. Prévôt,
et ils allaient lui dire quelle part ils lui attribuaient dans
leurs efforts passés et dans le succès final. Mais l'instituteur
les interrompit, en buvant à leur prospérité et à celle de
leurs familles; et chacun leva son verre, non pas avec ces
éclats de gaîté bruyante qui manifestent des joies étourdies
et passagères, mais avec une émotion profonde, tranquille,
recueillie.

Sur cette réunion si simple, si intime, il planait je ne sais
quoi de grand et de solennel : c'est que les élèves, comme
le maître, pouvaient s'estimer réciproquement et se rendre
témoignage; *c'est qu'ils ressentaient en leur âme la joie
légitime du travail récompensé, en même temps que la satisfaction, plus noble et plus vive encore, du devoir consciencieusement accompli.*

LEXIQUE

Abd el-Kader : le plus grand adversaire des Français lorsqu'ils firent la conquête de l'Algérie : sa *smala* (espèce de capitale ambulante comprenant ses tentes, sa famille, ses troupeaux, ses trésors) fut prise en 1843. Lui-même fut contraint de se rendre en 1847. La France le traita avec clémence et il se montra reconnaissant.

achalandé : qui a beaucoup de *chalands*, c'est-à-dire de clients.

actionnaire : personne qui possède une ou plusieurs *actions* dans une entreprise industrielle ou financière. L'actionnaire *bénéficie* des gains, mais *souffre* des pertes de l'entreprise.

agent voyer : agent chargé de veiller à la création et à l'entretien des *voies* et chemins.

alfa : voir page 219.

Amazone : femme guerrière au Dahomey, possession française d'Afrique.

ambre : espèce de résine fossile d'un beau jaune transparent.

ambulance : hôpital qui se déplace à la suite d'un corps de troupes. Se dit aussi des hôpitaux improvisés en temps de guerre.

amiral : ce mot désigne la dignité la plus élevée dans la marine militaire. Parmi les défenseurs de Paris, il y avait de nombreux marins. La République ne crée plus d'amiraux. Le grade de *contre-amiral* correspond au grade de général de brigade, et le grade de *vice-amiral* correspond au grade de général de division.

anémique : atteint d'anémie. L'*anémie* est un état maladif qui vient de l'appauvrissement du sang. Le travail intellectuel excessif, le séjour dans le mauvais air des villes et des maisons trop populeuses, l'insuffisance de la nourriture, l'usage des poêles à combustion lente, telles sont les principales causes de l'*anémie*, qui se combat par une bonne hygiène (exercice, grand air, bains fortifiants, nourriture substantielle, breuvages ou pilules contenant du fer, etc.).

antiseptiques : substances qui préviennent la *putréfaction* et qui, par suite, combattent efficacement les maladies contagieuses. Ex. : l'*acide phénique*, le *sublimé corrosif* (bichlorure de mercure), le *chlore*, le *chlorure de chaux*, l'*acide sulfureux*, etc.

aqueduc : voir fig. page 311.

arable : se dit de la partie du sol qui est atteinte et remuée par les instruments de culture. Épaisseur : 16 à 20 centimètres.

arène : sable, et par suite sol couvert de sable de l'amphithéâtre où combattaient les gladiateurs romains; par suite encore, l'amphithéâtre lui-même. Ex. : les *arènes de Nîmes* (voir fig. ci-contre).

argile : terre grasse et molle, à base de silice et d'alumine, qui sert de matière première à l'industrie de la poterie. L'argile verte s'appelle aussi *terre glaise*. — On appelle *kaolin* une argile blanche qui entre dans la fabrication de la *porcelaine*. — *Argile schisteuse* : argile qui se divise aisément en feuilles minces. — Les terrains argileux sont appelés *terres fortes*; elles sont difficiles à cultiver et peu fertiles.

armateur : celui qui équipe, qui *arme* à ses frais un ou plusieurs navires de commerce.

asphalte : sorte de bitume noir et compact qui sert à recouvrir le sol des rues, des cours, des places, etc. La *mer Morte*, ou lac asphaltite, en produit beaucoup. On en trouve aussi dans les environs d'Autun, dans le Puy-de-Dôme, et à Seyssel, dans l'Ain.

Asphyxie : voir page 224.

assisté (*enfant*) : enfant qui reçoit les secours de l'*Assistance publique*. On donne le nom d'Assistance publique à l'ensemble des institutions de bienfaisance : hôpitaux, hospices, asiles d'aliénés, crèches, dépôts de mendicité, colonies agricoles, etc.

Attila : roi des Huns, qui se surnommait lui-même *le fléau de Dieu*. Il envahit la Gaule avec des hordes de barbares, mais fut vaincu par Aétius à *Châlons-sur-Marne*. Il mourut en 453.

aval : côté de la *vallée* vers lequel descend un cours d'eau. Contraire : *amont*.

bail : contrat écrit par lequel un propriétaire et un locataire prennent des engagements l'un vis-à-vis de l'autre. Pluriel : *baux*. Bail à ferme, bail à cheptel.

balle, *bâle* ou *bale* : pellicule qui enveloppe le grain dans l'épi.

Bayard : brave seigneur français, dit *le Chevalier sans peur et sans reproches*. Il se distingua par son courage sous Charles VIII, Louis XII et François Ier.

Beauce : grand plateau, très fertile en blé, qui se trouve au S.-O. de Paris.

beffroi : tour où se trouve une cloche d'alarme. Ce mot désigne surtout les *tours* élevées par les *communes* du moyen âge en commémoration des *franchises* et des droits conquis par elles sur les seigneurs.

boute-selle : son de trompette ordonnant aux cavaliers de mettre la selle et de monter à cheval.

braconnage : action de chasser soit sans permis, soit avec des engins interdits, soit en temps prohibé, soit en un lieu défendu. Le braconnage est une révolte contre les règlements établis; il est blâmable et devient souvent coupable et criminel.

Arènes de Nîmes (vue intérieure).

broche : tige de fer qu'on passe au travers de la viande qu'on veut rôtir. Pour présenter successivement au feu toutes les faces de la viande, on fait tourner la broche soit avec la main, soit avec un mécanisme appelé *tournebroche*, soit à l'aide de chiens qui portent aussi ce nom.

Brumaire : nom du second mois dans le calendrier de la première République. Voici la série des mois de ce calendrier : *vendémiaire, brumaire, frimaire, nivôse, pluviôse, ventôse, germinal, floréal, prairial, messidor, thermidor, fructidor.*

budget : chaque année les Chambres établissent d'une part le compte des dépenses à faire, d'autre part le compte des revenus assurés ou probables. C'est ce qu'on appelle le budget. Le budget est en *équilibre* si les revenus sont de nature à couvrir les dépenses : si les dépenses l'emportent sur les revenus, il y a *déficit* (mot latin qui signifie manque).

caboteur : navigateur qui fait du commerce sans perdre de vue les côtes (de l'espagnol *cabo*, cap ; *caboter*, aller de cap en cap).

calcaire : qui contient de la *chaux*. La pierre à bâtir, le marbre, la craie, sont des calcaires.

calleuse : se dit de la peau des mains endurcie par le travail manuel.

Canada : contrée située au nord des Etats-Unis dans l'Amérique du Nord et appartenant à l'Angleterre.

canal : il y a deux sortes de canaux : les canaux d'*irrigation* ou d'arrosage ; les canaux de *navigation*, qui sont des rivières artificielles. Ces derniers se divisent en portions appelées *biefs* et séparées par des *écluses*. En manœuvrant les écluses de certaines façons, on permet aux bateaux de passer dans un bief supérieur ou inférieur, et par suite de franchir des hauteurs assez élevées.

canonnière : bâtiment de petite ou de moyenne grandeur, armé de canons.

cape : manteau à capuchon. Rire sous cape, rire en cachette, à la dérobée.

cardinal-duc : le cardinal duc de Richelieu, ministre de Louis XIII ; il prit La Rochelle ; après avoir fermé son port à l'aide d'une digue.

cep : s'emploie spécialement pour désigner un pied de vigne.

céréales : nom donné à un groupe de plantes : *blé, orge, avoine, seigle, riz, maïs, sarrasin.*

César : voir page 115.

chaland : grand bateau plat servant au transport des marchandises.

Chambres : le gouvernement de la France est la République. Le *Sénat* et la *Chambre des députés* ont le pouvoir de faire des lois. Le Président de la République a la mission de faire exécuter les lois. On peut être élu *député* à partir de vingt-cinq ans ; *sénateur* à partir de quarante ans. Quand on dit les *Chambres*, on désigne à la fois le Sénat et la Chambre des députés.

Chancellerie de la Légion d'honneur : bureaux où réside l'administration de l'ordre de la Légion d'honneur.

chat-huant : sorte de hibou qui va à la chasse la nuit, et qui détruit les souris, les mulots, etc. Utile à l'agriculture.

Chénier (André) : grand poète français du XVIII° siècle.

chevalement : espèce de charpente. (De *chevalet*, charpente ayant vaguement la forme d'un cheval de bois).

chevaleresque : qui a des sentiments dignes d'un de ces chevaliers du moyen âge qui juraient d'être courageux, loyaux et généreux, même à l'égard de leurs ennemis.

cloporte : petit crustacé qui vit dans les endroits obscurs et humides (fig.).

Cloporte.

code : recueil de lois. *Code civil* : recueil des lois qui règlent les rapports de l'homme avec ses concitoyens, en tant qu'il est père, fils, frère, héritier, etc. Il y a aussi le code de *procédure civile*, le code d'*instruction criminelle*, le code *pénal*, le code *rural*, le code *forestier*, le code de *commerce* et le code de *justice militaire*.

coignassier, ou cognassier : arbre qui porte des coings (famille des *rosacées*).

colis postal : paquet expédié sous le contrôle de l'administration des postes. Colis de 3 kil. 0 fr. 60, en gare. — Colis de 5 kil. 0 fr. 80 en gare. — Ajouter 0 fr. 25 s'il y a livraison à domicile. — A Paris : 0 fr. 25.

colon : homme qui quitte sa mère-patrie pour habiter et cultiver une *colonie*.

combinaison : désigne en chimie l'union de deux corps qui se confondent si *intimement* qu'ils forment un corps nouveau, distinct des deux premiers. — Ne pas confondre la *combinaison* avec le simple *mélange*.

commune : portion du territoire français administrée par un *maire* et un ou plusieurs *adjoints*, élus par le *conseil municipal* de la commune et pris parmi les membres de ce conseil. — Le conseil municipal vote le budget de la commune et contrôle les actes du maire. Ce conseil est élu au suffrage universel par les électeurs de la commune.

Constantinople : capitale de l'empire ottoman (voir Turcs). Les *Croisés* y entrèrent en 1204 (4° croisade), et y fondèrent l'empire latin de Constantinople, qui dura jusqu'en 1261. Constantinople fut prise par les Turcs en 1453.

contingent : chaque année un certain nombre de citoyens français sont désignés pour être soldats ; ils forment ce qu'on appelle le *contingent annuel*.

contribuable : personne soumise au payement de l'impôt, ou *contribution*.

coopérative (société) : association de particuliers qui achètent en grand et à frais communs des denrées de première nécessité (pain, vin, viande, etc.), pour se les partager ensuite au prix coûtant (sociétés coopératives de *consommation*). — Il y a aussi des sociétés coopératives de *production*. — Ces sociétés doivent être encouragées.

Corneille : voir page 169.

Coulmiers : petite ville du Loiret, à l'O. d'Orléans.

courant électrique : voir page 111.

Courbet : amiral français qui remporta de grands succès au Tonkin et en Chine, en 1881. (Voir page 311.)

crépuscule : clarté confuse qui précède le lever du soleil et qui dure quelque temps après son coucher.

cristal : corps qui, en se solidifiant, a pris une forme géométrique.

croix de la Légion d'honneur : voir page 10.

crue : la pluie et la fonte des neiges déterminent une élévation des eaux des fleuves et des rivières, qu'on appelle *crue*.

déficit : voir **Budget**.

Delille : poète français du XVIII° siècle

Il n'eut pas un grand génie, mais fit des vers avec beaucoup d'habileté.

département : division administrative de la France. A la tête de l'administration départementale est le *préfet*. Il a sous ses ordres les sous-préfets, qui sont à la tête des arrondissements. Les actes du préfet sont contrôlés par le *conseil général*, dont chaque membre est élu au suffrage universel par les électeurs d'un des cantons du département.

déportation : peine qui consiste à exiler des condamnés, en les forçant de rester dans un lieu déterminé, et sous une certaine surveillance. La France envoie ses déportés à *Nouméa* (Océanie), *Cayenne* (Amérique du Sud).

député : voir Chambres.

despotique : se dit d'un gouvernement arbitraire et qui n'admet pas de contrôle.

diaphane : que la lumière peut traverser. On distingue les objets extérieurs à travers un corps *transparent*; on ne les distingue pas à travers un corps *diaphane*.

dîme (du latin *decima*, dixième partie): prélèvement (du dixième environ) que, sous la féodalité, le seigneur faisait sur les récoltes.

drus : nombreux et serrés comme les fourmis dans une fourmilière.

Ducis : poète français, né à Versailles en 1733, mort en 1816. Il a composé des pièces de théâtre intéressantes, et s'est fait admirer par l'indépendance de son caractère; il refusa les faveurs de Napoléon I".

dune : monticule que le sable forme sur le bord de la mer.

Dupont (Pierre) : célèbre chansonnier français, né à Lyon (1821-1871).

dynamite : substance composée de nitro-glycérine et de sable fin. C'est un explosible dont les effets sont beaucoup plus violents encore que ceux de la poudre à canon.

échevin : nom des magistrats municipaux avant 1789.

Ecole normale : les départements français entretiennent des *Ecoles normales primaires* destinées à former des instituteurs et des institutrices pour l'enseignement public. L'*Ecole normale supérieure* forme des professeurs pour les lycées et pour les Facultés. On ne peut entrer dans ces Ecoles qu'à la suite d'un *concours*.

Empire (second) : voir page 163.

État : gouvernement d'un pays.

état-major : corps d'officiers sans troupe qui forme le conseil d'un officier supérieur.

explorateur : voyageur qui se donne ou reçoit la mission de visiter et d'étudier des contrées mal connues.

Facultés : corps de professeurs établis soit à Paris, soit en province, pour donner aux étudiants français ou étrangers ce qu'on appelle l'*enseignement supérieur*. Il y a quatre sortes de facultés : facultés de *droit* (magistrats, avocats, avoués, notaires); facultés de *médecine* (docteurs en médecine); facultés des *lettres* (cours supérieur de littérature, d'histoire, de philosophie); facultés des *sciences* (cours supérieurs de mathématiques et de sciences physiques et naturelles). A Paris, la *Sorbonne* est le siège des facultés des lettres et des sciences.

fanal : feu allumé au sommet des tours et des phares, à l'entrée des ports et sur les côtes. Par suite, grosse lanterne.

fermentation : il y a dans la nature de petits organismes animaux ou végétaux, ou *ferments*, qui vivent aux dépens des corps qu'ils touchent; par suite, ces corps entrent en fermentation, se décomposent chimiquement et donnent naissance à des corps nouveaux. Ainsi les ferments déposés par l'air sur la pelure des raisins font fermenter la vendange; elle dégage des bulles d'*acide carbonique* et perd peu à peu sa saveur sucrée. Les matières qui troublaient le jus de raisin se déposent et forment la lie; c'est le moment de transvaser le liquide épuré, ou, comme disent les vignerons, de le *soutirer*.

feu grégeois : feu qui servait à la guerre au moyen âge. Pour l'obtenir, on se servait de substances assez analogues à celles qui entrent dans la composition de la poudre à canon.

filature : grande usine où, à l'aide de machines très perfectionnées, on file le lin, la laine, le coton, la soie, etc. (voir fig., p. 169). C'est *Philippe de Girard* (1775-1845) qui a inventé la machine à filer le lin.

filtre : appareil propre à débarrasser l'eau de certaines impuretés. Pour retirer de l'eau les microbes qui l'infectent, on la fait bouillir, ou bien on la fait passer à travers une porcelaine poreuse (filtre Chamberland).

fléau : instrument servant à battre le blé (fig.).

Franklin (Benjamin) : savant, philosophe et homme d'État, né en Amérique. Il inventa le paratonnerre et il contribua à établir l'indépendance des États-Unis.

Fléau.

frelaté : se dit d'un breuvage altéré par un mauvais mélange.

Gallo-Romains : Il y a deux mille ans, notre pays se nommait la *Gaule*. Les Gaulois, très braves, mais peu civilisés et mal unis, furent vaincus par le général romain *Jules César* (58-50 av. J.-C.), malgré les efforts héroïques de *Vercingétorix*. César fut impitoyable pour Vercingétorix et pour ses compatriotes. Mais plus tard les Romains civilisèrent la Gaule, y firent des routes, y fondèrent des villes. De beaux monuments s'élevèrent, comme le *Pont du Gard*, comme les *Arènes* et la *Maison carrée* de Nîmes, comme le *Théâtre d'Orange*, comme l'*Aqueduc d'Arcueil* et le *Palais des Thermes* à Paris; et les Gaulois, adoptant les usages des Romains et se confondant avec eux, s'appelèrent *Gallo-Romains*. — *Mercure*, en l'honneur de qui les Gallo-Romains élevèrent un temple sur le Puy de Dôme, était le dieu du commerce chez les Romains.

Garabit (viaduc de) : pont métallique qui se trouve dans le Cantal et qui fait partie du chemin de fer de Clermont-Ferrand à Millau. Ce viaduc est l'œuvre des deux ingénieurs Boyer et Eiffel; il a 564 mètres de long, 122 mètres de haut, avec une arcade centrale de 165 mètres d'ouverture.

géomètre-arpenteur : homme qui fait profession de mesurer la superficie des terrains, en se servant de ses connaissances en géométrie.

grès : pierre formée de grains de sable agglomérés.

Guernsey ou, en prose, Guernesey : île anglaise à l'ouest de Cherbourg et au nord de Saint-Malo.

Hambourg : ville libre d'Allemagne, ayant un port sur l'Elbe.

hameau : petit groupe isolé de maisons, dans la campagne, dépendant d'une commune.

Hastings : port d'Angleterre, sur la Manche. C'est près de là que le Normand Guillaume le Conquérant remporta la victoire qui le rendit maître de l'Angleterre (1066).

houblon : plante grimpante, dont la fleur sert à parfumer la *bière* (qu'on fabrique en jetant de l'eau sur de l'orge germé).

huée : bruit que font les paysans quand ils poursuivent un loup en battue.

Hugo (Victor) : voir page 163.

immersion : action de plonger quelqu'un ou quelque chose dans un gaz ou dans un liquide.

inscription maritime : tous les citoyens français qui s'adonnent à la navigation ou à la pêche, soit sur les côtes de la France, soit sur les cours d'eau, jusqu'au point où la marée s'y fait sentir, sont *inscrits* comme matelots à l'âge de dix-huit ans, et dès lors l'État peut les requérir pour le service de la flotte. Ils jouissent en revanche de grands avantages : c'est ainsi, par exemple, qu'ils ont seuls le droit d'exercer la navigation maritime et de pêcher sur les côtes de France.

insigne (adj.) : qui doit être particulièrement remarqué.

insolation : maladie causée par l'ardeur du soleil. Quand on se trouve exposé au soleil, il faut toujours se tenir la tête couverte, afin d'éviter les insolations.

intendance militaire : corps spécial chargé de pourvoir aux besoins matériels d'une armée (vivres, équipements, munitions, solde, etc.).

international, : (se dit de tout ce qui se fait de nation à nation : commerce international.

Jacquard (1752-1834), né à Lyon, inventa le métier à tisser. Il eut à subir plus d'un malheur et d'une persécution, comme *Philippe de Girard* (1775-1845) qui inventa le métier à filer le lin, et comme le Franc-Comtois *Jouffroy d'Abbans* (1751-1832), qui dès 1783, bien avant *Fulton*, fit marcher un bateau à l'aide de la vapeur.

Jeanne Darc : jeune héroïne qui provoqua le réveil du sentiment patriotique en France, pendant la guerre de Cent Ans (1409-1431), et contribua à chasser les Anglais qui avaient envahi notre pays.

Jersey : île anglaise de la Manche, à 22 kil. des côtes de France.

Kant : grand philosophe allemand (1724-1804).

La Fontaine : grand fabuliste du XVIIe siècle, né à Château-Thierry, auteur des Fables qui n'ont pas d'égales.

Laprade (Victor de) : poète français du XIXe siècle, né à Montbrison.

législation : ensemble des lois d'un pays.

Lemoyne (André) : poète français du XIXe siècle.

Louvre : palais immense édifié à Paris, sur le bord de la Seine. Sa construction, commencée sous Philippe Auguste en 1204, fut continuée sous François Ier, Henri II, Louis XIII et Louis XIV, qui fit élever la magnifique colonnade de la façade principale.

Les rois de France y séjournèrent. C'est maintenant un admirable musée de peinture et de sculpture ouvert à tout le monde.

lustré : poli et brillant.

mairie : administration municipale et maison où elle siège (ne pas dire *mairerie*).

Malouines (îles) : îles Falkland, nommées aussi *Malouines*, en souvenir des *Malouins*, ou habitants de Saint-Malo qui les ont découvertes. Elles se trouvent à l'E. du détroit de Magellan et appartiennent aux Anglais.

mandarins : Chinois et Annamites très instruits dans les lettres et, à ce titre, ayant droit aux grandes fonctions.

manœuvres (grandes) : simulacre de guerre que font des troupes en temps de paix.

maraîchère : vient de *marais* (terrain humide). On appelle *culture maraîchère* la culture spéciale des légumes (Syn. : culture potagère).

maréchal des logis : sous-officier de cavalerie, ayant un grade analogue à celui de sergent dans l'infanterie.

Marivaux : écrivain du XVIIIe siècle, qui a fait beaucoup de romans et de comédies.

métairie : domaine exploité par un *métayer*, c'est-à-dire par un fermier qui donne au propriétaire la *moitié de la récolte*, comme prix du fermage.

Mexicain : habitant du Mexique. Le Mexique est une république de l'Amérique du N. au S.-O. des États-Unis.

mi-août : milieu du mois d'août.

miasmes : exhalaisons qui peuvent donner des maladies. Les miasmes se produisent souvent dans le voisinage des marais, des endroits où se décomposent des substances animales ou végétales.

Minerve : déesse de la science et de la sagesse chez les Grecs et chez les Romains. Les Grecs l'appelaient Athéné.

ministère. Ce mot s'emploie en deux sens : tantôt il sert à désigner par abréviation un des divers *ministères* qui se partagent l'administration de la France; tantôt il désigne collectivement la réunion des *ministres* chargés de la direction des divers ministères. Ces *ministères* sont au nombre de 12, depuis la création du *ministère des colonies* (1894); ce sont : le ministère de l'Intérieur, — de l'Instruction publique, des Beaux-Arts et des Cultes, — de la Justice, — du Commerce et de l'Industrie, — de l'Agriculture, — des Travaux publics, — des Postes et des Télégraphes, — des Affaires étrangères, — de la Guerre, — de la Marine, — des Finances, — des Colonies.

ministre : voir **ministère**.

mobile : on appelait ainsi, en 1870, des soldats faisant partie de la *garde nationale mobile*, qui avait été créée en 1867, et qui n'était pas encore bien organisée quand la guerre de 1870 éclata.

moteur : voir page 103.

mouillage : endroit de la mer voisin d'un port et où un navire peut jeter l'ancre.

moustique : petite mouche des pays chauds. Ses piqûres sont très douloureuses. On s'en préserve la nuit en dormant sous des rideaux de gaze ou de mousseline, appelés *moustiquaires*.

nef : du latin *navis* (navire) : intérieur voûté d'une église. Si l'église est divisée par deux rangées de colonnes, elle se compose de trois nefs, la grande nef et les nefs latérales (c'est-à-dire de côté).

Nélaton : célèbre chirurgien du XIXe siècle.

noir (subst.) : homme de race noire (Afrique).

obligation (de chemin de fer). Vous prêtez de l'argent à une compagnie de chemin de fer : vous recevez, en échange, un papier qui constate que la compagnie est votre débitrice, et qu'en conséquence elle doit vous payer les intérêts annuels de la somme prêtée et vous la rembourser dans les conditions convenues. L'engagement écrit de la compagnie vis-à-vis de vous s'appelle *obligation*. — Les *obligations* sont plus sûres que les *actions*, qui entraînent de graves responsabilités.

octroi : droit que les villes perçoivent sur l'entrée de certaines denrées ; par suite, bureau où ces droits sont perçus par des employés choisis à cet effet.

œil nu (à l') : sans le secours de lunettes.

opium : suc tiré du pavot blanc. C'est un médicament utile. Mais il faut l'administrer à très petite dose, car il est très vénéneux. Beaucoup d'Orientaux ont la funeste passion de mâcher et de fumer de l'opium, ce qui les mène rapidement à l'abrutissement et à la mort.

organisme : ce mot désigne une chose ou un être qui, ayant des organes, se distingue par là de la matière brute et *inorganique*.

ormeau : jeune orme, arbre.

palier : plate-forme qui sépare deux rampes d'escalier.

panerée : contenu d'un panier plein.

panoramique (carte) : carte qui représente le sol avec ses vallées et ses montagnes, comme on le verrait d'un endroit élevé.

paralysie : maladie qui prive l'homme soit du sentiment, soit de l'intelligence, soit du mouvement. La paralysie peut être partielle ou totale. Une personne privée de l'usage d'un membre est *impotente*.

Pérou : république de l'Amérique du Sud, cap. *Lima*. Célèbres mines d'or, d'argent, de cuivre, etc.

pigeons voyageurs : pigeons qui ont le vol très rapide et qui savent revenir sûrement à leur colombier. C'est grâce aux pigeons voyageurs qu'en 1870-1871 Paris, bloqué, put recevoir des nouvelles de la province. Des ballons emportaient en province quelques-uns de ces oiseaux, qui ne tardaient pas à revenir à leur colombier parisien, porteurs d'une dépêche minuscule attachée à leur queue.

pisciculture : art d'élever et de multiplier les poissons.

plateau : plaine qui s'étend sur une montagne, sur une colline ou sur une élévation de terrain assez sensible.

P.-S. : abréviation pour *Post-scriptum*, mot latin servant à désigner ce qu'on ajoute dans une lettre après la signature.

pulpe : partie molle et charnue des fruits, des légumes.

Racine : grand poète du XVIIe siècle, qui a rivalisé avec Corneille et composé d'admirables tragédies : *Britannicus, Phèdre, Athalie*, etc. (voir le mot **Tragique**).

ramure : ensemble des branches d'un arbre ou d'un arbuste.

rapide : endroit où un cours d'eau descend avec plus de violence qu'ailleurs.

redoute : petit ouvrage de fortification.

rente (sur l'État) : il arrive souvent qu'un État (France, Russie, Angleterre, Suisse, etc.) emprunte de l'argent aux particuliers : il leur paye une rente, c'est-à-dire un intérêt annuel, et leur délivre un titre.

La rente est perpétuelle, et l'État ne s'engage pas à rembourser le capital qui la représente, mais le titre est négociable. La rente sur l'État français est un des placements les plus sûrs qu'on puisse faire. Ne pas oublier qu'en général les revenus *les moins élevés* sont *les plus sûrs*.

réservistes : citoyens français faisant partie de la réserve de l'armée active pendant dix ans, et soumis à deux périodes d'instruction, de 28 jours chacune.

résine : matière inflammable qui découle de certains arbres, notamment du sapin, et qui a une odeur assez forte.

résineuse (senteur) : parfum de résine. (Voir *Résine*.)

Restauration : période de l'histoire de France de 1814-15 à 1830. (Voir page 163.)

rotative (presse) : presse d'imprimerie dans laquelle la composition, au lieu d'être disposée dans un cadre plat, est placée autour d'un cylindre. Ce cylindre, constamment encré, tourne sur lui-même d'un mouvement continu ; sous le cylindre, et pressée contre lui, se déroule une bande de papier de longueur illimitée, qui reçoit l'impression. Une presse rotative peut imprimer 20 000 journaux de grand format en une heure. (Voir fig., page 137.)

rouennerie : toile de coton peinte, fabriquée spécialement à Rouen.

Rouget de Lisle, né près de Lons-le-Saunier (Jura), en 1760, fut officier d'artillerie et composa, à Strasbourg, en 1792, notre hymne guerrier, appelé d'abord le *Chant de l'armée du Rhin*, et ensuite la *Marseillaise*, en souvenir des volontaires marseillais qui le firent entendre à Paris, cette même année.

Rousseau (Jean-Jacques), voir p. 201 : écrivain philosophe du XVIIIe siècle ; a été l'un des précurseurs de la Révolution française.

rubis : pierre précieuse d'un beau rouge transparent. — Par extension (page 211), grains de grenade, pareils à des rubis.

rucher : endroit où sont réunies des ruches d'abeilles. L'élève des abeilles a fait de grands progrès. A l'heure actuelle on peut, en employant certaines ruches perfectionnées, recueillir le miel des abeilles sans être obligé de les enfumer.

sarment : bois léger et flexible que fournissent chaque année les ceps de vigne.

sauge : plante aromatique (c'est-à-dire parfumée) de la famille des *labiées*, comme la lavande.

schiste : roche qui se divise aisément en feuillets (ardoise) ; schiste *bitumineux*, schiste qui contient du *bitume*, matière minérale, liquide ou solide, qui peut s'enflammer. L'asphalte dont on fait les trottoirs est une sorte de *bitume*.

sédentaire (vie) : vie d'un homme qui reste dans le même endroit et qui prend peu d'exercice.

Sénat : l'une des deux Chambres qui forment la représentation nationale dans les gouvernements parlementaires.

Sénégalais : habitant du Sénégal, colonie française d'Afrique. (Voir page 41.)

sevrer (du latin *separare*, séparer) : priver un enfant du lait de sa nourrice, pour lui donner une nourriture plus forte.

Soumet : poète français du XIXe siècle, né à Castelnaudary.

souffrer, voir **Fermentation**.

spahi (mot persan d'origine) : soldat appartenant à la cavalerie indigène de l'Algérie.

square (mot d'origine anglaise) : jardin public entouré d'une grille, sur une place ou une voie publique. Dans les grandes villes, à Paris notamment, les squares, avec leurs arbres, exercent une heureuse influence sur l'hygiène générale.

stagnant : s'emploie pour qualifier l'eau qui n'a pas d'écoulement.

syndicat : société de personnes qui s'unissent en vue d'un but et d'un intérêt commun.

Tanger : grande ville du Maroc. (Voir page 246.)

tesson : débris de bouteille ou de cruche.

tibia : os qui avec le *péroné* forme le squelette de la jambe.

Tiers État (troisième État) : ce nom, sous l'ancien régime, désignait la *bourgeoisie* qui, dans les *États généraux*, figurait après les deux autres États, *clergé* et *noblesse*.

tisserand : ouvrier qui entrelace des fils, de manière à en faire une étoffe.

Tonkin : voir la carte de la page 303 et la notice de la page 309.

Töpffer : peintre et écrivain genevois du XIXᵉ siècle. Il a écrit pour les jeunes gens les *Nouvelles genevoises* et les *Voyages en zigzag*.

torpilleur : voir la figure d'ensemble de la page 307.

touriste : personne qui voyage à son gré pour son plaisir et pour son instruction.

toxique : se dit d'une substance qui contient du poison.

tragique (poète) : poète qui compose des pièces de théâtre d'un genre sérieux et propres à exciter la terreur, la compassion, l'admiration. Principaux poètes de France : *Corneille, Racine, Voltaire*.

train de bois : pièces de bois marchand assemblées de manière à former un radeau et qu'on conduit à destination en leur faisant descendre le cours d'une rivière ou d'un fleuve.

trempe : opération qui consiste à tremper dans un bain d'eau froide, d'huile ou de graisse le fer ou l'acier chauffés au rouge cerise. La trempe a pour effet d'augmenter la *dureté* de ces métaux et de leur donner de l'*élasticité*.

treuil : cylindre de bois ou de métal autour duquel s'enroule une corde ou une chaîne qui traîne ou élève un fardeau.

Tunisie : voir page 11.

turbine : roue hydraulique combinée de manière à utiliser plus complètement que les roues ordinaires la force d'une chute d'eau. Voici un des systèmes les plus employés (fig.). Le dessin représente deux roues à aubes, ayant même axe, placées *horizontalement*, se pénétrant l'une l'autre. La plus petite roue est immobile, la grande *seule* tourne sur elle-même. Supposons de l'eau tombant de trois ou quatre mètres de hauteur dans la partie centrale du système, en vertu de la force acquise, l'eau, qui s'est engagée entre les aubes de la roue immobile, va frapper les aubes de la roue mobile qu'elle met en mouvement et s'échappe. La roue mobile

entraîne avec elle un arbre qui actionne un mécanisme quelconque.

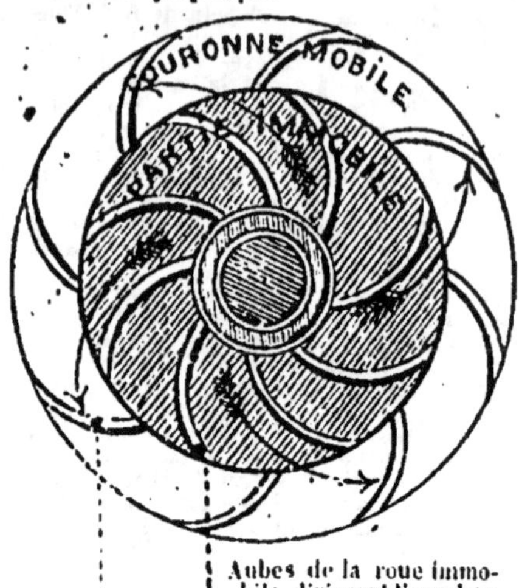

Aubes de la roue immobile, dirigeant l'eau dans le sens des flèches.

Aubes de la roue mobile recevant la pression de l'eau.

Plan horizontal d'une turbine.

Turcs : habitants de la Turquie. La Turquie, appelée aussi *Empire Ottoman*, s'étend en Europe, en Asie et en Afrique. Elle est gouvernée par un empereur nommé *sultan*, qui réside à *Constantinople*.

vareuse : blouse d'ouvrier ou de marin; par suite, en termes militaires, veste de gros drap, ample comme une blouse.

Vercingétorix : voir Gallo-Romains.

Vigny (A. de) : poète français du XIXᵉ siècle, né à Loches.

vilebrequin : outil qui sert à percer le bois, la pierre ou le métal, à l'aide d'une mèche que l'on fait tourner (fig.).

vitesse (petite) : les chemins de fer français transportent les marchandises soit par *grande*, soit par *petite* vitesse. Le tarif de la petite vitesse est bien moins cher que l'autre.

Vilebrequin.

Voltaire : écrivain d'un talent presque universel, a eu la plus grande influence sur le XVIIIᵉ siècle (voir p. 204).

volte-face (faire) : faire un demi-tour sur soi-même.

Wallace (Richard) : philanthrope qui a fait don à la ville de Paris d'un certain nombre de petites fontaines publiques très élégantes.

Zéphyre : dieu des vents favorables, dans la mythologie antique.

TABLE DES MATIÈRES

INTRODUCTION

LIVRE I

Les souvenirs et les espérances de M. Prévôt.

LIVRE II

Histoire de Nicolas Chaplambert, l'agriculteur.

(Première Partie.)

LIVRE III

Histoire de Simon Ferrier, le mécanicien.

LIVRE IV

Histoire d'Yves Gloanec, le voyageur.

(Première Partie.)

LIVRE V

Histoire de Nicolas Chaplambert, l'agriculteur

(Deuxième Partie.)

LIVRE VI

Histoire d'Yves Gloanec, le voyageur.

(Deuxième Partie.)

CONCLUSION

Réunion de Nicolas Chaplambert, de Simon Ferrier et d'Yves Gloanec avec Monsieur Prévôt.

TABLE DES CARTES

TABLE DES FIGURES D'ENSEMBLE

———— 24401. — Imprimerie Lahure, rue de Fleurus, 9, à Paris.

La Réforme du
Certificat d'études
Arrêté ministériel du 29 décembre 1899.

Charles Dupuy
Agrégé de l'Université,
ancien inspecteur d'Académie, vice-recteur honoraire,
ancien ministre de l'Instruction publique,
député de la Haute-Loire.

L'Année du Certificat d'études
comprend :
Livret de Morale. 1 vol. in-16, cart. . . . . » 30
    Le même, Opuscule du Maître. . . . . » 30
    Tableau mural de Morale, double face, en deux
    couleurs (format des Cartes murales Vidal-
    Lablache). 4 50
Livret d'Instruction civique. 1 vol. in-16, cart. » 30
    Le même, Opuscule du Maître. . . . . » 30
    Tableau mural d'Instruction civique (format des
    Cartes murales Vidal-Lablache) 4 50
Livret de Sciences élémentaires, avec leurs applica-
    tions à l'hygiène et à l'agriculture. 1 vol. in-16,
    cart. . . . . » 30
    Le même, Opuscule du Maître. . . . . » 30
    Tableau mural de Sciences élémentaires (format
    des Cartes murales Vidal-Lablache . . . » »
Livret d'Histoire. 1 vol. in-16, cart. . . . . » 40
    Le même, Opuscule du Maître. . . . . » 30
    Tableau mural d'Histoire (format des Cartes
    murales Vidal-Lablache . . . . » »
Livret de Géographie. 1 vol. in-16, cart. . . . » 30
    Le même, Opuscule du Maître. . . . . » 30

www.ingramcontent.com/pod-product-compliance
Lightning Source LLC
LaVergne TN
LVHW050138030726
842520LV00002B/256